김양호 박사가 선정한

세계의
명연설

김양호 박사가 선정한

세계의
명연설

한국언어문화원장 김양호 지음

비전코리아

명연설은
역사 속에 핀 꽃이다

인류의 역사는 '말의 역사'라고 해도 과언이 아닙니다. 인간은 서로 말로 소통하고, 말로 문화를 계승 발전시켜, 오늘날 찬란한 문명의 꽃을 피웠습니다. 말에도 여러 가지가 있지만, 대중을 움직이는 탁월한 명연설이야말로 역사 속에 향기롭게 피어 질 줄 모르는 꽃이 아닐까요?

나는 스피치speech라는 꽃을 좋아하고, 탁월한 연사speaker를 존경하고 사랑합니다.

그래서 수많은 연사들을 만났고, 그들의 스피치를 듣고 보아왔습니다. 살아 있는 현존 인물은 삶의 현장에서, 발자취를 남기고 간 역사 속의 인물은 문헌을 통해서 접했습니다. 그리고 그들이 외친 절규나 함성에 감동을 받았고, 박수갈채를 보내며, 호기심이 발동했습니다.

'그들의 스피치에 왜 사람들의 마음이 움직였을까?'

'그들은 무엇을 말하고, 어떻게 표현했을까?'

'그들은 누구이며, 어떤 삶을 살았을까?'

이 지적 탐구는 내가 한국언어문화원을 설립한 1971년 이래 지금까지 45년이나 계속되었습니다. 나는 그동안 발견하고 터득한 '스피치의 원리와 비결들'을 강의와 책을 통해서 계속 발표하였고, 그때마다 뜨거운 호응에 감사하며 지칠 줄 모르고 즐겁게 일하고 있습니다.

이번에 출간되는 《세계의 명연설》은 동서고금을 통하여 탁월한 연사들과 그들이 한 연설 가운데 명연설로 꼽히는 연설문들을 골라서 실었습니다. 이 책의 특징은 시간과 공간을 초월하여 한 시대를 대변하고 이끌었던 인물들의 일생을 조명하고, 그들의 사상과 견해를 주창한 명연설 가운데 하이라이트를 소개한 그야말로 스피치의 보고寶庫라는 것입니다. 한 분야의 정상에 오른 사람이나 걸작품을 만나기란 쉽지가 않습니다. 그런데 이 책을 손에 든 당신은 만인이 우러러보는 시대의 총아 114명과, 만인이 좋아하는 명품 스피치 114편을 단번에 얻게 되었으니, 실로 축하할 일이 아니겠습니까?

이 책에는 시간적으로는 2500년 전 아테네를 전성기로 이끌었던 명 연설가 페리클레스, 철학자 소크라테스와 같은 고대의 위인들을 비롯하여 오늘날 세계 제일의 강대국 미국의 대통령이자 탁월한 연설가인 오바마까지, 공간적으로는 광활한 국토와 인구 대국인 중국의 주석 시진핑에서부터 히말라야 산기슭에서 인구 10만의 망명정부를 이끌고 있는 지도자 달라이라마까지 소개되어 있습니다. 그런가 하면 경제적으로는 세계적인 부호였던 강철왕 카네기에서부터 세계에서 가장 가난한 대통령 우루과이의 무히카까지, 연령적으로는 95세로 타계한 만델라 대통령에서부터 19세로 노벨평화상을 받은 저항소녀 말랄라까지 선보이고 있습니다.

선정 기준은 지위고하, 빈부귀천을 가리지 않고 시대의 대변자로서 이슈가 있는 인물과 심금을 울린 내용으로 뽑았습니다. 그리고 한 가지 양해를 구할 것은 세계 명연설가 대열에서 빠져서는 안될 위인 몇 명이 빠졌습니다. 링컨, 처칠, 스티브 잡스 등은 꼭 들어가야 하지만, 그들의 연설문은 너무나 많이 알려져 있고, 또 저자의 다른 책에 이미 소개가 되었기에 넣지 않았습니다. 누락이 아니라 유명세를 치른 셈입니다.

스피치는 실용 학문입니다. 이 책은 딱딱한 이론서가 아닙니다. 스피치를 하게 되거나 스피치에 관한 글을 쓸 때 참고할 수 있는 그야말로 풍부한 자료집입니다. 이 한 권의 책이 당신의 교양과 스피치의 격을 높이는 데 기여하기를 바랍니다.

김양호

차례

정치 1

정치 2

문학·예술

종교·인권운동

고전·경제·기타

BEST SPEACH OF THE WORLD

정치 1

최초의 미국인,
벤저민 프랭클린

━━ 다방면에 뛰어난 업적을 남긴 위인

100달러 지폐에 실려 있는 초상화의 주인공, 벤저민 프랭클린Benjamin Franklin만큼 다방면에 두각을 나타낸 인물도 드물 것이다. 그는 정치가, 저술가, 과학자, 교육자, 인쇄인, 계몽 사상가로 자수성가의 대표적 인물이다. 그래서 '최초의 미국인', '건국의 아버지', '미국 최초의 위대한 작가', '미국 사회의 미래상을 제시했던 인물' 등등 그에 대한 수식어도 많다.

프랭클린은 1706년 보스턴에서 비누와 양초를 만드는 집안의 열다섯 번째 아이로 태어났다. 열 살 때 집안 형편 때문에 다니던 학교를 그만두고 형의 인쇄소에서 일을 배우기 시작했는데 1923년 그의 나이 열일곱 살 때 형과 다투고 가출하여 필라델피아 인쇄소의 견습공으로 들어갔다. 낮에는 힘든 노동을 열심히 하고, 밤에는 탐욕스럽게 책을 읽는 주경야독의 생활이었다. 그의 성실한 태도는 곧 주위 사람들의 신망을 얻었고, 주변 사람들의 도움으로 인쇄소의 경영자가 되었다. 1729년 〈펜실베이니아 가제트〉라는 신문을 사들여 단기간에 이를 펜실베이니아에서 가장 영향력 있는 신문으로 만들었다.

1732년에는《가난한 리처드의 연감》을 펴냈다. 다가올 한 해의 날씨, 생활정보, 간단한 지식, 삶의 지혜 등을 다룬 일종의 종합 안내서인데 나오자마자 식민지 전역에서 선풍적인 인기를 끌었다. 이 책은 1958년까지 발행되었으며 매년 1만 부 이상이 팔린 베스트 셀러였다. 프랭클린은 큰 재산을 모았고 동시에 그의 이름을 모든 사람들에게 알릴 수 있었다.

이렇게 모은 돈으로 1736년 식민지 최초의 주민자원봉사 소방서인 유니언소방서를 설립했고, 1751년에는 필라델피아 대학교의 설립을 주도하고 초대 총장으로 부임했다.

그는 과학에도 일가견이 있어 고성능 난로, 사다리 의자, 다초점 안경, 피뢰침 같은 물건들을 발명했다. 이런 뛰어난 과학적 업적으로 하버드, 예일, 윌리엄앤메리, 옥스퍼드 대학교에서 명예 박사학위를 받았고, 영국 왕립학술원 명예 회원도 되었다. 정규 교육이라고는 2년밖에 받지 못한 그가 '프랭클린 박사'가 된 것이다.

1747년, 그의 나이 50대에 인쇄사업을 정리하고 정치에 뛰어들었다. 1751년 펜실베이니아 주의회 의원으로 당선되었고, 1757년 펜실베이니아 식민지 사절로 영국에 15년 동안 파견되어, 영국이 식민지에 부과한 인지세법을 철폐하는 데 크게 이바지했다.

1775년 식민지 독립운동이 본격화되면서 그는 선봉에 서서 싸움을 이끌었다. 독립선언서를 기초하고, 신생 미 합중국 대사로 프랑스에 파견되어 프랑스의 군사적 지원과 참전을 끌어냈다. 1787년 그는 82세의 노령이었으나 제헌회의에 펜실베이니아 주

대표로 참석해, 헌법 제정에 이바지한 것을 마지막으로 오랜 공직 생활을 마감했다. 1790년 평온하게 눈을 감았다.

━━ 미국 연방헌법안을 지지하는 연설

다음은 1787년 9월 17일, 미 합중국 헌법 최종안 서명 직전에 헌법제정회의에서 벤저민 프랭클린이 한 명연설의 요지다.

"의장님, 솔직히 이 헌법안에는 지금 제가 찬성할 수 없는 부분이 몇 군데 있습니다. 그러나 앞으로도 찬성하지 않을 것이라고 확신하지는 못합니다. 오래 살다 보니 중대한 사안에조차 제 생각을 수정하지 않을 수 없는 경우가 많았기 때문입니다. 상황을 더 잘 알게 되고 더 깊이 생각을 하면, 제가 옳다고 믿었던 일들이 실제로는 그렇지 않다는 것을 깨닫게 되곤 했습니다.

저는 나이가 들수록 제 판단을 더욱 의심하게 되고, 다른 분들의 판단을 더욱 존중하게 되었습니다. 대다수 종파가 그러하듯 대개 사람들은 자기만이 모든 진실을 알고 있다고 생각합니다. 남들이 자신과 의견을 달리할 때는 그것은 잘못된 것이라고 여깁니다. 영국 개신교도인 스틸이 봉헌에서, 교황에게 가톨릭교회와 개신교회가 각자 교리의 확실성을 믿음에 있어 유일한 차이는 전자가 전혀 오류가 없는 교회임에 반하여 후자는 결코 잘못하는 일이 없다는 점이라고 말한 바 있습니다.

사실 많은 사람들이 자신이 속한 종파가 절대로 오류를 범하지 않는다고 믿습니다. 잠시 재미있는 일화를 하나 들려드릴까요? 여기 아주 현명한 여인의 이야기가 있습니다. 언니와 말다툼을 하던 프랑스의 한 여인이 이렇게 말했다고 합니다.

'어찌된 때문인지 모르겠어. 항상 옳은 사람은 나 말고는 아무도 없으니 말이야.'

자기 자신은 절대로 오류를 범하지 않을 것이라는 생각을 이렇게 자연스럽게 표현할 수 있는 사람은 거의 없을 듯합니다.

의장님, 저는 이와 같은 마음으로 이 헌법안이 가진 많은 결함에도 불구하고 이 헌법안에 찬동하는 바입니다. 왜냐하면 연방정부는 우리에게 필요불가결하기 때문입니다….

의장님, 저는 이보다 더 좋은 헌법을 기대하지도 않고 이것이 최선의 헌법이 아니라는 확신도 없기 때문에 이 헌법에 찬동합니다. 이 헌법안에서 잘못된 부분에 대해 품었던 제 생각은 공공의 이익을 위해 기꺼이 버리겠습니다….

그러므로 저는 국민의 일부인 우리 자신과 우리의 후손을 위하여, 우리의 영향이 미치는 한 이 헌법을 지지함에 있어 충심으로 만장일치를 이루어 함께 행동하기를 희망합니다. 나아가서 이 헌법을 올바로 활용할 수 있도록 앞으로 우리의 사유와 노력을 경주하기를 바랍니다. 저의 뜻을 다시 요약해 말씀드리면, 한 가지 소망을 피력하지 않을 수 없습니다. 아직도 이 헌법안에 반대하는 분이 계시다면 그분들께 꼭 드리고 싶은 말이 있습니다. 자신은 절대로 오류를 범하지 않는다는 믿음을 한번쯤 의심해보라는 것입니다. 그리고 우리의 만장일치 합의를 천명하는 뜻에서 이 문서에 서명해주시기 바랍니다."

평민의 대변인,
빅토르 미라보

━━ 귀족 출신의 평민 대변자로 정계 진출

프랑스혁명 초기의 중심 지도자이며, 가장 영향력 있었던 웅변가 미라보Victor Riquetti Marquis de Mirabeau. 그는 1749년 가티네의 비뇽에서 귀족의 아들로 태어났다. 아버지의 엄격한 교육을 받고 어학·수학·음악·미술 등에 재능을 보였으나 청년 시절에 방탕하여 아버지의 분노를 사서 여러 번 감금된 일도 있었다.

미라보는 감옥에 있을 때의 사령관 부인 소피와 네덜란드로 달아나다가 3년 간 다시 하옥되고, 거기서 《소피에게 서한》을 써서 출판했다. 1784~88년엔 영국·독일·스웨덴·프랑스 등을 여행했으며 1786년부터 프리드리히 대왕의 궁정에 드나들기 시작했다.

당시 프랑스 사회의 가장 큰 문제는 국가의 재정 위기였다. 프랑스는 미국의 독립전쟁에 참여했는데 그 비용이 얼마나 막대했던지 빚을 갚을 방법이 없었다. 루이 16세는 이를 해결하기 위하여 프랑스 의회인 삼부회三部會를 소집해달라는 건의를 받아들였다. 삼부회는 제1신분 성직자, 제2신분 귀족, 제3신분 평민의 대표로 구성된 신분제 의회로 왕이 주도하여 국민의 대표에게 협력을 요청하는 자문기관이다. 1789년의 위대한 프랑스혁명은 바로 이 회의에서부터 시작되었다. 미라보는 원래 귀족이지만 영지를 가지고 있지 않았기 때문에 평민의 대표로 참여했다. 가장 힘 없는 평민들의 입장을 대변한 미라보는 귀족의 특권을 공격하면서 평민의 대표권을 강화하라고 주장했다.

이 시대에는 자유로운 체제 아래 웅변술이 발달하여 능란한 웅변가 미라보는 삼부회의 지도적 인물로 부상했다. 그가 얼마나 탁월한 웅변가였는지에 대해 고향 친구이며 재무장관이었던 클라비에르는 이렇게 말했다.

"미라보는 비상한 웅변 능력, 타고난 힘, 절제된 감정의 소유자로 광범위한 지식과 예리한 지성, 앞을 내다보는 탁월한 정치 감각을 지녔다. 그가 내뱉는 말 한마디 한마디는 형식과 내용에서 놀라울 만큼 설득력을 지녔다."

클라비에르의 말처럼 미라보는 말이 날카롭고, 형이상학적이었으며, 친절하고 신중한 성격을 지녔을 뿐만 아니라 항상 호감 가는 말씨와 목소리로 사람들을 매료시켰다. 그의 연설은 매우 친근하게, 마치 일대일로 말하듯, 아무도 모르는 비밀을 이야기하듯, 수수께끼를 설명하듯 했다. 그러나 즉석연설은 잘하지 못했으며, 화가 나 있거나 자존심이 상했을 때는 의회를 휘어잡을 정도의 감동적인 어조로 연설을 했다. 연설이 끝나면 모두가 기립박수를 쳤고, 미라보는 만장일치의 찬성을 얻어 의회를 장악하곤 했다.

1791년 국민의회 의장이 되고, 민권의 신장과 왕권의 존립을 조화시키려고 노력했으나, 궁정에 매수되었음이 밝혀져 반역자로 낙인이 찍혔다. 무절제한 방탕생활로 건강이 악화되어 1791년 4월 2일 밤의 풍성한 파티 후, 미라보는 한창 나이 42세에 갑자기 사망했다.

━━ 특권층은 사라져라, 인민은 영원하다

다음은 미라보가 1789년 2월 3일, 프로방스 삼부회의에서 한 명연설이다.

"어느 나라, 어느 시대든 귀족들은 항상 인민의 편에 선 사람들을 가차없이 공격해왔습니다. 그리고 이유는 알 수 없지만 어쩌다 귀족사회에 그런 친구가 등장하면 곧바로 그 사람을 매도하고, 그들이 이전에 그런 사람들을 어떻게 희생시켰는지 강조하면서 공포심을 불러일으켰습니다.

그라쿠스도 그렇게 귀족들의 손에 최후를 맞았습니다. 하지만 죽도록 얻어맞은 그라쿠스는 하늘을 향해 흙을 뿌리며, 복수의 신들에게 이 광경을 기억해달라고 외쳤습니다. 그리고 그 흙으로부터 마리우스가 태어났습니다. 킴브리족을 물리쳤고, 로마에서 귀족의 독재를 근절한 것으로 유명한 마리우스 말입니다.

여러분, 박수에 현혹되지 않고 그것을 가슴속에 간직하는 사람의 말을 귀담아들으십시오. 사람은 서로 단결함으로써 힘을 얻을 수 있고, 평화를 통해서만 행복을 얻을 수 있습니다. 고집만 센 사람이 되기보다 신념이 굳은 사람이 되십시오. 감정이 앞서는 사람보다 용기가 있는 사람이 되십시오. 방종한 사람보다 자유로운 사람이 되십시오. 마음만 조급한 사람보다 민첩하게 행동하는 사람이 되십시오.

어려운 순간이 아니라면 멈추지 말고 흔들리지 않는 사람이 되십시오. 자신의 생각은 무시한 채 개인과 국가 사이에서 억지로 균형을 잡으려 하지 마십시오. 다른 무엇보다 여러분이 겁을 먹고 피했다는 비난을 하고 있는 그들이 결과를 더욱 두려워할 것입니다. 다양한 주장이 펼쳐지고 다양한 악행이 개선되며, 권리가 다시 수립될 삼부회의, 한마디로 군주 자신이 그것을 통해 프랑스가 재탄생하기를 바라는 그 삼부회의를 앞당기십시오.

공직에 있는 제가 행여나 그릇된 행위를 하지 않을까 하는 걱정 말고는 두려울 것이 없습니다. 양심을 방패삼아 원칙적으로 무장한 저는 우주를 상대로도 맞서 싸울 수 있습니다. 저는 의회에서 제 목소리를 내고 노력하여 여러분에게 봉사할 기회를 얻을 수 있습니다. 만약 그렇게 할 수 없다면 단지 기도만으로 여러분을 돕게 될 수도 있습니다. 어떠한 경우라도 공허한 소란이나 분노에 찬 협박, 독기 넘치는 항의와 같은 그런 발작적인 편견으로 저를 위협하지는 마시기 바랍니다.

프랑스 사람 중에서 처음으로 지금보다 상황이 훨씬 덜 긴박한 때에 국가의 중대사에 관하여 자기의 의견을 힘차게 선언한 사람을, 과연 무엇으로 멈추게 할 수 있겠습니까?

절대로, 그 어떤 위협에도 굴복하지 않겠습니다. 과거에도 그랬고, 현재에도 그러하며, 앞으로도 영원히 저는 자유와 헌법을 수호하는 사람으로 남을 것입니다. 귀족이 아닌 인민의 친구가 되고자 한다면 특권계층은 사라져야 하며, 더 이상 특권이 존재해서도 안 됩니다. 인민은 영원하기 때문입니다."

보수주의의 아버지,
에드먼드 버크

━━ 웅변과 문필에 뛰어났던 정치 이론가

영국의 정치가, 웅변가, '보수주의의 아버지'로 추앙받는 에드먼드 버크Edmund Burke. 그는 1729년에 아일랜드 더블린의 부유한 가정에서 태어났다. 열다섯 살에 더블린의 트리니티 대학교에 입학하여 1748년에 문학사 학위를 받고 대학에 남아 미학 연구를 계속한다. 변호사인 아버지의 희망에 따라 1750년 런던의 법학원 미들 템플에 들어가 법학을 공부한다.

그러나 문학에 대한 열정 때문에 법학 공부를 그만두고 1755년부터 저술 활동을 시작했다. 1756년에 첫 저술인《자연적 사회의 옹호》를 출간했고 1757년《숭고함과 아름다움의 기원에 관한 철학적 탐구》로 지식사회의 주목을 받게 되었다. 1758년에는 연감《애뉴얼 레지스터》를 창간했다.

버크의 정치적 이력은 1758년 이후 아일랜드 수상이 된 윌리엄 해밀턴의 비서로 시작되었다. 1765년 해밀턴과 결별하고 휘그당의 지도자로 자신의 첫 내각을 꾸리게 된 로킹엄 후작의 비서가 된다. 그리고 그는 1765년 12월 후작의 후원에 힘입어 하원의원으로 선출되었고, 1766년에 의회에 들어가 의원으로 활동하며, 자신의 정치적 소신을 당당하게 발표하였다.

국왕 조지 3세와 '왕의 친구'라고 불린 보수주의자 당원들이 명예혁명 이후 제한된 권한을 되찾으려고 하는 중, 1770년에 〈현대의 불만의 원인에 대한 고찰〉에 의해 정당정치의 의의를 말하고 의회의 왕권으로부터의 독립, 의회 정보의 공개를 주장했다.

그는 식민지 정책을 둘러싸고 통상정책을 중시해 '미국에 대한 과세', '화해의 제안'을 적어 미국 식민지 주민과의 화해를 주장했다. 또 아일랜드의 가톨릭교도를 변호해 경제상 형벌상의 규제 완화를 호소했다. 게다가 동인도회사에 의한 부패한 인도 통치를 시정하기 위해 인도 법안의 기초자가 된다. 초대 인도 총독인 워렌 헤이스팅스에 대해서는 1773년에 불신을 표명해 후에는 탄핵운동을 시작해 1794년에 자신이 의원을 은퇴할 때까지 계속했다.

그는 자기주장을 단순하고도 명료하게 제시하는 한편, 웅변조의 화려함과 열기를 적절하게 혼합할 줄 아는 산문 작가이기도 하였다. 1797년에 생을 마감할 때까지 수많은 정치적 이슈에 관한 유명한 연설과 저술을 남겼다. D. 브롬위치는 '영국에서 가장 위대한 정치 저술가이며 가장 영감에 찬 웅변가'라는 찬사를 바쳤다.

브리스톨 선거구에서 입후보했을 때는 근대 민주주의의 대표제에 있어서의 '국민 대표'의 관념으로 유명한 브리스톨 연설을 했다. 1784년에는 글래스고 대학교의 학장으로 임명되었다. 1794년에 의회를 물러나 비콘즈필드에서 은퇴생활을 하다가 1797년 68세로 영면했다.

━━ 승리에는 불가피한 중상과 비방이 따릅니다

다음은 1783년 12월 1일, 영국 하원에서 한 동인도회사 개혁안에 대한 지지 연설의 일부다.

"저는 자신의 감정을 평안하게 유지하기 위해서라도 잠자코 있으려고 했습니다. 그러나 그에게 퍼붓는 비난이 의회 자유를 무색케 할 만큼 비열하고 교양 없는 말뿐이라 도저히 한마디 하지 않을 수 없는 지경에 이르렀습니다.

저는 가장 참혹하게 억압당한 최대 다수를 사상 최악의 독재에서 구하려는 임무가 그 일을 수행할 능력과 성격을 갖춘 사람들에게 부여된 점, 위험을 감수하고 박애를 행하려는 훌륭한 법안을 이해할 수 있는 아량과 그것을 떠맡을 용기와 변호할 언변을 가진 사람에게 부여된 점이야말로 이 시대를 규정지을 하나의 특징이라고 생각합니다.

그 용기는 사람과 사물에 대한 이해가 모자라기 때문에 나타나는 종류의 것이 아닙니다. 그는 자신이 가려는 길 위에 어떤 함정이 놓여 있는지 잘 압니다. 그것은 개인의 증오에서 비롯된 함정일 수도 있고, 의회에서 흔히 볼 수 있는 술책일 수도 있으며, 대중적 망상에서 기인한 함정일 수도 있습니다.

그러나 그는 자신이 한 번도 만나보지 못한 사람들을 위해, 자신의 평안과 안위와 이득과 권력을 잃더라도 심지어는 대중적 인기마저 떨어지는 것을 감수하였습니다. 이것이야말로 그보다 앞선 모든 영웅이 걸었던 길이기도 합니다.

사람들은 그의 동기를 제멋대로 상상하고, 그를 비방하고 매도

합니다. 악담이야말로 모든 진정한 영광에서 빠지지 않는 요소라는 것을 그는 기억해야 할 것입니다. 승리에는 불가피한 중상과 비방이 따른다는 것은, 고대 로마 시대에만 유효한 이치가 아닙니다. 그것이 세상 이치이자 사물의 본질임을 기억해야 합니다.

그런 생각만이 일시적 불명예의 부담에서 명예를 지키고자 하는 정신을 지탱하게 할 수 있을 것입니다. 그의 행동은 진정 다수의 행복을 위한 것입니다. 이런 행동은 아무에게서나 찾아볼 수 있는 것이 아니며, 대개의 사람들이 품는 욕망과도 다른 것입니다. 그에게 시간을 줍시다. 그에게 자신의 박애를 실천할 기회를 줍시다.

그는 진정 높은 곳에 올라 있으며, 전 인류의 눈이 그를 향하고 있습니다. 그가 얼마나 오래 살든, 얼마나 많은 일을 하든, 현재 그가 있는 곳에서 더 높이 올라가지는 못할 것입니다. 그가 오늘 하고자 하는 일보다 더 중요한 일을 할 기회는 다시없을 것입니다.

저는 지금까지 동인도회사 개혁안의 작성자에 대한 제 생각과 감정을 말했습니다. 그를 칭송한 또 다른 명예로운 동료의 말은 주도면밀하게 꾸며낸 칭찬이라는 공격을 받았습니다. 그의 말이 꾸며낸 칭찬인지 아닌지는 잘 모르겠지만, 저의 말이 면밀하게 만들어진 것은 맞습니다. 저의 말은 수많은 사색을 거쳐 20년 가까운 기간에 걸친 관찰의 결과로 만들어진 것이기 때문입니다. 저는 이날까지 살아서, 오늘을 목격하게 되어 기쁘기 한량없습니다.”

혁명의 펜,
토머스 제퍼슨

—— **부유한 가정 출신의 위대한 대통령**

'미국 독립선언의 기초자', '철학적 대통령', '자유의 사도', '몬티첼로의 현자' 등 등으로 불리는 미국 역사상 가장 위대한 대통령 가운데 한 명인 토머스 제퍼슨Thomas Jefferson. 1743년 미국 버지니아주 서부의 앨버말에서 대농장주의 아들로 태어난 그는 열네 살 때 부친이 갑작스레 사망해 5,000에이커(약 300만 평)의 토지와 수백 명의 노예를 거느린 부유한 집안의 가장이 되었다.

어린 시절에는 기숙학교에서 공부했고, 1764년 윌리엄앤드메리 대학교를 졸업했으며, 1767년 변호사가 되고, 정계로 진출하여 1769년 버지니아 식민지의회 하원의원이 되었다.

그는 뛰어난 연설가는 아니었지만 손꼽히는 문장가였다. 1775년, 2차 대륙회의에 버지니아 주 대표로 참석한 제퍼슨은 1776년에 독립선언서 기초 위원 5인 가운데 한 명이 되어 그 유명한 독립선언서의 초안을 작성했다. 그는 18세기 계몽주의적 자유주의의 문맥에서 독립의 정당성의 원리를 찾았다.

제퍼슨은 1779년 버지니아 주지사, 1784년 프랑스 주재공사를 역임하고 1789년 워싱턴 정권에서 국무장관에 취임했다. 그러나 강력한 중앙정부제를 주장하는 재무장관 알렉산더 해밀턴과의 정책 대립으로 1793년 사임했다. 해밀턴이 주도하는 연방파聯邦派에 대항해 민주공화당을 결성하여 그 지도자가 되었는데, 이것이 현재 민주당의 기원이다.

1796년 존 애덤스 정부에서 부통령을 지냈고, 1800년 제3대 대통령에 당선되어 새 수도 워싱턴에서 취임식을 거행한 최초의 대통령이 되었다.

재임 중 1803년 캐나다 국경에서 멕시코만에 이르는 광대한 지역, 루이지애나를 프랑스로부터 매입하여 영토를 배가한 것은 제퍼슨의 가장 큰 업적으로 평가된다.

국제적으로는 나폴레옹전쟁에 의한 긴장에 휩쓸리지 않도록 고립주의 외교정책을 유지하면서 중립을 지켰다.

1804년 재선되고 1809년 4월에 정계에서 은퇴했다. 그 후 고향 버지니아에 직접 설계하여 지은 저택 몬티첼로에 돌아가 1819년 버지니아 대학교를 설립하고 초대 학장에 취임해 민주적 교육의 보급에 노력했다. 철학, 자연과학, 건축학, 농학, 언어학 등 다방면에 걸쳐 많은 사람들에게 영향을 주어 '몬티첼로의 현자'로 불리었다.

그가 세상을 뜬 것은 1826년 7월 4일, 독립선언 50주년 기념일이었다. 생전에 자신이 직접 정해놓았다는 묘비명 '미국 독립선언서와 버지니아 종교자유법의 기초자, 버지니아 대학교의 아버지 토머스 제퍼슨 여기에 잠들다'라는 글귀가 유명하다.

역사가들은 '혁명의 검' 조지 워싱턴, '혁명의 혀' 패트릭 헨리,

'혁명의 펜' 토머스 제퍼슨을 건국의 3대 위인으로 명명했으며, 토머스 제퍼슨은 지금도 미국인들에게 추앙받고 있다.

▬▬ 정부가 해야 할 가장 중요한 기본정책

다음은 1801년 3월 4일, 토머스 제퍼슨의 첫 대통령 취임 연설의 요지다.

"친애하는 동료 그리고 국민 여러분, 저는 이 나라의 행정 수반으로 부름을 받았습니다. 저는 여러분에게 감사를 드리며 아울러 충정을 말씀드리고자 합니다.

우리 중에는 공화당원이 있고 연방당원도 있습니다. 우리 모두는 나라를 사랑하고 나라가 성장하기를 바랍니다. 합중국 체제가 해체되기를 바라는 사람도 있고 공화제를 원치 않는 사람도 있을 수 있습니다. 그런 사람들에게도 두려움 없이 자유롭게 발언할 수 있게 합시다. 미국은 그들이 원하는 바를 이야기할 수 있도록 허용하기에 충분할 만큼 강력합니다.

공화제의 미국은 강력할 수가 없다고 걱정하는 일부 솔직한 미국인들이 있습니다. 저는 이들 선량한 사람들에게 한 가지 질문을 하고 싶습니다.

그들은 10년 동안 우리를 강력하고 자유롭게 만들어온 정부를 우리가 망치길 원하고 있습니까? 그렇지 않기를 바랍니다.

우리는 이 새로운 세계에 있다는 것을 행운으로 알아야 합니다. 3,000마일이나 되는 대양이 우리를 유럽의 독재자들과 전쟁으로부터 격리시켜주고 있습니다.

여기 있는 우리는 유럽인들이 겪는 고통을 겪지 않고 있습니다. 우리는 앞으로 태어날 수백 세대 어쩌면 수천 세대의 미국인들이 살아갈 수 있는 광활하고 비옥한 땅을 갖고 있습니다.

우리들, 그리고 앞으로 태어날 미국의 어린이들은 모두 동등한 권리를 갖고 있습니다. 우리는 개개인이 어떤 아버지를 두었느냐가 아니라, 각자의 인격체를 존중하고 있습니다. 우리는 각 개인이 어떤 종교를 갖고 있는지 문제 삼지 않습니다. 우리나라에서는 어떤 종교도 가질 수 있습니다.

이 짧은 연설에서 저는 정부가 해야 하는 것과 해서는 안 될 것을 다 말씀드릴 수는 없습니다. 그러나 저는 정부가 해야 하는 일 중 가장 중요한 기본정책이라고 믿는 것만은 말씀드릴 수 있습니다. 이것이 바로 제가 믿는 원칙들입니다.

신앙, 정치관 또는 사회적 계층에 관계없이 누구에게나 똑같은 평등한 권리를 제공해야 합니다. 모든 나라와의 평화, 교역, 우호 관계를 유지하며, 어떤 나라와도 전쟁을 위한 동맹을 맺지 않을 것입니다. 우리 공화국의 최선의 수호자인 각 주 정부의 권리를 지원할 것입니다. 국내의 평화 그리고 세계 다른 지역에서의 우리의 안전을 수호하기 위해 헌법에 근거한 강력한 중앙 정부를 유지하는 것입니다.

저는, 여러분의 저는 미 합중국 대통령으로 일을 시작할 것입니다. 그리고 여러분과 우리 국민이 저보다 나은 사람을 발견했을 때 그 자리를 떠날 준비를 할 것입니다. 평화와 행복을 가져다주시기를 기원합니다."

아일랜드의 데모스테네스,
헨리 그래튼

━━ 탁월한 웅변술로 대영제국과 맞선 애국자

삶의 질이 세계에서 제일 높은 나라, 1인당 GDP 약 4만 7,000달러,
인간개발 지수 세계 7위의 선진국 아일랜드공화국이 대영제국의 식
민지로부터 독립하기까지는 수많은 민족주의자들의 공로가 있었다.
그 가운데 결코 빼놓을 수 없는 인물이 바로 '아일랜드의 데모스테
네스(고대 그리스의 유명 정치가, 웅변가)', '아일랜드의 아버지'로 불리
는 민족 지도자 헨리 그래튼Henry Grattan이다.

그는 1746년 아일랜드 더블린에서 프로테스탄트교도 집안의
아들로 태어났다. 1772년 변호사가 되었으나, 더블린의 하원의원
이었던 아버지가 자신의 상속권을 박탈하자 1775년 민족독립운동
에 참여했다. 그해 12월 아일랜드 의회 의원이 되었고, 뛰어난 웅
변술로 곧 민족주의운동의 대변인이 되었다. 1780년 아일랜드의
국민당 총수가 되었다.

시인 바이런은 영국 의회와는 독립적으로 아일랜드의 법률을 제
정하고자 했던 그의 민족주의 운동을 가리켜 '웅변의 전쟁'이라고
했으며, 영국의 휘그당 총수 찰스 제임스 팍스는 그를 '아일랜드의

데모스테네스'라고 불렀다.

그래튼은 1780년 34세의 나이로 오직 왕과 귀족, 하원의원만이 아일랜드를 위한 법을 제정하는 권한이 있다고 주장하는 연설을 했다. 이 연설에서 그는 아일랜드 의회에서 통과된 모든 법안이 영국 의회의 승인을 받도록 정한 '포이닝스법'의 폐지를 요구한 것이다. 그의 제안은 좌절됐지만 2년 후 아일랜드는 입법적 독립을 되찾게 된다.

1782년 헨리 그래튼은 다시 한 번 아일랜드인의 권리를 논의하기 위해 아일랜드 의회를 소집하여 상하의원들 앞에서 혼신의 힘을 다해 연설을 했다. 그 후 한 달이 지난 어느 날, 마침내 아일랜드에 자유를 부여하는 법안이 영국 양원에서 모두 통과되는 이변이 일어났다. 영국 정부가 그래튼의 요구와 아일랜드 10만 의용군의 압력에 굴복해 마침내 아일랜드 의회에 대한 영국 의회의 통제를 풀었던 것이다.

이런 성과에도 불구하고 그래튼이 영국 의회에 아일랜드 의회를 통제하는 모든 권리를 완전히 포기하도록 요구하지 못했다는 비판에 휩쓸리기도 했다. 그래튼은 아일랜드 의회 조직을 개혁하기 위해 힘썼고, 아일랜드 가톨릭교도들의 투표권 쟁취투쟁을 벌였으나 성과는 미미했다. 1789년 프랑스혁명이 일어나면서 아일랜드에 민주주의 이념이 들어오자 그의 대의명분은 고무되었다. 그러나 곧이어 아일랜드에서 급진적인 가톨릭교도 해방운동이 일어나자 영국은 이를 강경하게 탄압했고, 그래튼은 진퇴양난에 빠졌다.

건강이 나빠지고 낙담한 나머지 1797년 의원직을 그만두었다가 1800년 다시 의회로 돌아와 아일랜드 영국 의회 합동법 반대투쟁을 격렬하게 벌였으나 실패했다. 1805년 영국 하원의원으로 선출되어 1820년 죽을 때까지 가톨릭교도 해방운동에 몸 바쳤다.

▬▬ 영국의 운명은 이제 아일랜드의 손에 달렸습니다

다음은 1780년 4월 19일, 아일랜드 의회에서 한 입법권 독립을 위한 그래튼의 연설의 요지다.

"영국은 지금 미국 독립전쟁을 교훈삼아 더욱 영리해졌습니다. 그들은 대영제국 입법부의 방침이 위협받고 있다는 사실을 깨달았습니다. 게다가 세법과 독과점이 지지를 받을 수 없다는 것도 알고 있습니다. 영국은 그 법을 강요할 수 있는 권한을 잃어버렸습니다. 영국의 적들은 세계 곳곳에서 영국에 불만을 쏟아내고 있습니다. 영국 군대는 해산되었습니다. 해상제공권은 더 이상 영국의 수중에 있지 않습니다. 영국에는 충신도 동맹군도 추종자도 없습니다. 영국이 오랫동안 신뢰했던 사람들은 모두 사라졌습니다.

영국의 운명은 이제 아일랜드의 손에 달렸습니다. 아일랜드는 영국의 마지막 끈일 뿐만 아니라, 유럽에서 유일하게 영국에 대해 적대적이지 않은 나라입니다. 게다가 최근 영국의 군대와 의회는 음습한 무기력증으로 뒤덮여 있습니다. 그에 반해 여러분에게서는 기적과도 같은 활기가 느껴집니다. 여러분과 함께 모든 것이 뒤바뀌고 있기 때문입니다.

아일랜드에서는 지금까지 의회가 국민의 신임을 받은 적이 없습니다. 여러분은 지금 세상에서 가장 위대한 정치집회에 참가하고 있습니다. 여러분은 막강한 군대의 지휘석에 앉아 있습니다. 우리는 무적의 군사력을 보유하지는 않았으나 결코 꺼지지 않는 민중의 횃불을 들고 있습니다. 그 횃불은 마치 직접 닿기라도 한 듯 모든 계층의 마음을 달구었습니다.

여러분은 천부적인 자신의 권리를 정당하게 누리지 못하고 있습니다. 여러분은 응당 해야 할 많은 일을 하지 않았습니다. 여러분은 스스로 국가의 권리를 아무 말 못하고 포기하거나 공개적으로 반환해야 할 상황으로 몰고 갔습니다.

영국은 자유주의 통치방법을 써야 하며, 스스로 화를 자초해온 입법 권력은 포기해야 합니다. 영국은 자국 헌법의 토대이며, 대영제국의 지주이기도 한 자유주의로 돌아가야 합니다. 이것은 자매국의 진정한 의미라고 할 수 있는 헌법상의 합병이자 자유의 동맹을 말합니다. 영국 의회가 1세기 동안 여러분을 휘둘렀던 그 권력을 용인하지 마십시오.

저는 여러분에게 요구합니다. 우리에게 말해주십시오. 법에 의해 우리의 아일랜드 법을 확인하고 아일랜드의 자유를 선언하게될 거라고 말입니다. 위대한 사람들이 변절하더라도 그 대의는 살아 있을 것입니다. 대중 연설가는 죽더라도 영원불멸한 횃불은 그 발성기관보다 오래 남을 것입니다. 자유의 숨결은 성인의 한마디 말처럼 성인이 죽은 후에도 오래 기억될 것입니다.

저는 여러분을 움직일 것입니다. 친애하는 폐하, 그리고 아일랜드의 상하의원 여러분, 여러분만이 아일랜드를 묶어줄 법을 만들 권한을 가지고 있습니다.”

영국의 양심,
윌리엄 윌버포스

—— 영국의 개혁 정치가이며 명연설가

'반노예제도운동의 선구자', '숭고한 영웅', '영국의 양심'이라고 불리며 2008년 우리나라에서도 개봉한 영화 〈어메이징 그레이스〉를 통해 국내에 알려진 윌리엄 윌버포스William Wilberforce.

그는 1759년 부유한 사업가 집안에서 태어나, 주위 사람들의 환영과 부러움을 받으며 오락과 유흥을 즐기면서 화려한 청소년기를 보냈다. 그러다가 케임브리지 대학교를 졸업하면서 정치가가 되기로 결심하고 21세인 1780년에 하원의원으로 정계에 입문했다.

윌버포스는 의원이 된 후 많은 정치단체와 사교클럽을 다니며 사람들을 만났다. 그리고 사람들을 사로잡는 매력적인 목소리와 뛰어난 웅변술로 많은 이들을 감동시키면서 점점 영향력 있는 정치인으로 성장했다.

이렇게 승승장구하던 어느 날, 그는 강한 양심의 힘을 느끼고 중대한 결심을 하기에 이른다. 1787년 10월 28일, 그는 일기장에 이렇게 요약해놓았다.

'전능하신 하느님께서 내 앞에 두 가지 커다란 목표를 두셨다.

하나는 노예무역을 근절하는 것이고 다른 하나는 관습을 개혁하는 것이다.'

당시 영국은 세계 최고의 해군력으로 아프리카의 흑인들을 마구 잡아들여 북미 대륙으로 보내는 노예무역의 중심지였다. 영국 경제의 3분의 1에 해당하는 2,000만 파운드를 벌어들이고 있었던 노예무역으로 연간 5,500명의 선원이 일자리를 얻었고, 그 고용 효과는 16만 톤의 선박과 그에 비례한 수의 선원들이 취업한 것과 마찬가지였다.

이런 와중에 노예제 폐지를 주장한다는 것은 국가 경제를 위축시키는 반국가적 행동으로, 계란으로 바위를 치는 격이며 건드려서는 안 되고, 건드릴 수도 없었다. 기득권자들ㅡ거대 상인, 재벌, 식민지 세력, 왕족과 귀족들은 노예무역 반대를 매국賣國으로 몰아붙였으며 그런 주장을 하는 사람에게 살해 위협까지 서슴지 않았다.

그러나 그는 소신을 굽히지 않고 투철한 집념으로 '영국이 황금에 눈이 멀어 노예제도를 고집하는 이상 진정으로 위대한 나라가 될 수 없다'고 경고하며 사람들의 양심에 호소했고, 150번의 대對의회 논쟁을 통해서 끈질기게 의원들을 설득했다.

그 결과 1806년 영국 의회는 마침내 노예무역 폐지 법안을 통과시킨다. 장장 20년에 걸친 노력의 결과였다. 법안이 통과된 이후에도 그는 노예제 자체를 없애기 위한 활동을 계속해나간다. 그리고 1833년, 영국 의회는 노예제도를 영원히 폐지한다는 법안을 통과시켰다.

윌버포스는 법안이 통과되고 난 사흘 뒤, 74세를 일기로 생을 마감했고, 웨스트민스트 사원에 안치되었다. 그는 부패한 영국에 경종을 울렸고 빅토리아 시대의 초석이 되었다.

━━ 아프리카에 배상을 합시다

다음은 1789년 5월 12일, 윌버포스가 영국 의회에서 노예제도 폐지를 주장한 명연설이다.

"아프리카의 모든 발전이 영국과 교류를 하게 되면서 어떻게 좌절되어왔는가를 생각해볼 때, 그들을 지독한 야만성과 잔인성으로 타락시킨 것은 바로 우리라는 생각이 듭니다. 이제 와서 우리는 그들의 야만성과 잔인성을 들어 우리가 지은 죄를 합리화하고 있습니다.

그토록 오랫동안 지은 죄를 모르는 척한 채 배상하려는 시도조차 하지 않는 우리는 얼마나 큰 죄를 지은 것입니까? 이 비인간적인 거래를 즉각 중지시키자는 것입니다. 그렇게 하지 않는다면 우리는 왕과 신민들을 서로 갈라놓는 짓을 저지르는 것이며 모든 마을에 불화의 씨를 뿌리고, 모든 가정에 두려움과 공포를 심으며, 수백만 인류로 하여금 서로를 사냥하게 하고, 지구의 대륙 하나를 통째로 인육의 전시장이자 시장으로 만들며, 정책이라는 미명 아래 노예 거래를 자행하는 우리들의 비열함을 숨겨, 죄에 대한 심판을 회피하려는 셈이 될 것입니다.

노예무역 문제는 오직 전면적 폐지만이 해결책입니다. 자메이카 보고서는 노예무역에 따르는 수많은 악행을 인정하면서 아프리카 관습에 반하여 납치하거나 노예로 삼는 것만을 금지하는 쪽으로 노예무역을 규제하자고 제안하고 있습니다. 그러나 아프리카의 관습에 반하지 않는 방법을 통해서도 그들이 부당하게 노예가 될 수 있다는 사실을 모르시겠습니까? (…)

그러나 제가 강조하고자 하는 것은 정책상의 유리함과 불리함이 아닙니다. 어떤 정책이나 정치적인 것보다 중요한 원칙이 한 가지 있습니다. 그것은 '살인하지 마라'는 계율입니다. 그것은 하느님의 명령입니다. 제가 어찌 감히 하느님의 계율을 놔두고 저 자신만의 논리를 만들어내려고 하겠습니까? 우리가 영생과 모든 인간 행동이 미래에 가져올 결과에 대해 생각할 때 정책이든 다른 무엇이든 간에 세상의 그 어떤 것이 우리의 양심, 정의의 원칙, 신앙의 계율과 하느님의 계율을 어길 만큼 중요하단 말입니까?

상원의원 여러분! 이제는 노예무역의 성격과 그와 관련된 모든 주변 상황을 우리가 알고 있습니다. 우리는 더 이상 몰랐다고 할 수 없습니다. 그렇게 빠져나갈 수는 없습니다. 이것은 이제 우리 앞에 놓인 현실입니다. 못 본 척할 수 없게 된 것입니다. 더 이상 피할 수 없습니다. 우리가 나아갈 길에 방해물이지만, 그렇다고 그것을 피해 돌아갈 수는 없습니다. 우리 눈앞에, 우리 정면에 놓여 있기 때문에 의회는 결정을 내려야만 합니다. (…)

의회가 이런 국민적 정의감을 느끼지 못하는 둔해빠진 유일한 기관이 되지는 맙시다. 참으로 상업적인 원칙에 근거한 무역을 통해, 할 수 있는 만큼 아프리카에 배상을 합시다. 그리 하면 우리의 공정한 행동에 대한 보상으로, 점진적이고 일관되게 발전하는 교역이라는 혜택을 누리게 될 것입니다."

헤인에게 답한다,
다니엘 웹스터

━━━ **미국을 대표하는 웅변가가 탄생하다**

다니엘 웹스터Daniel Webster는 변호사, 연방 하원의원, 상원의원을 거쳐 국무장관을 두 번이나 역임한 19세기 전반의 미국을 대표하는 정치가 중 한 명이다.

그는 뉴햄프셔 솔즈베리의 작은 농장에서 가난한 농부의 아들로 태어났다. 부모는 열 명이나 되는 자녀들의 양육으로 가난했지만 웹스터를 공부시키기 위해 가정교사를 고용했으며, 웹스터는 당시 미국에서 가장 유명한 사립기숙학교인 '필립스 엑서터 아카데미'에 입학했다.

그러나 웹스터는 엑서터 아카데미를 9개월 만에 떠난다. 어린 시절 그는 스피치가 서툴러 학교 수업에 필요한 발표나 낭독에 대한 두려움을 극복하지 못했던 것 같다. 엑서터를 그만 둔 후, 웹스터는 1797년 다트머스 대학교에 입학하여 수학이나 영어문법 및 지리와 라틴어 등 다양한 공부를 하고 1881년에 졸업했다.

대학 시절 그는 스피치에 대한 두려움을 극복하고 기억력과 연설 원고 작성 능력을 키우기 위해 엄청난 노력을 했으며, '연합남학생클럽'에 참가하여 연설 훈련을 했다. 미국의 대학 우등생들로 구성된 친목단체인 '파이 베타 카파'의 멤버이기도 했으며 〈다트머스 가제트〉라는 학생 신문의 기자로도 활약했다.

이런 노력의 결과, 스피치 스트레스로 고통 받던 웹스터는 자신감을 얻게 되었고 변호사 개업을 하자 그의 명성은 금세 높아졌다. 1812년 30세의 나이에 그는 하원의원으로 선출되었다. 1820년 '청교도 상륙 200주년 기념'으로 매사추세츠에 있는 플리머스 바위에서 한 그의 연설은 웹스터를 미국을 대표하는 웅변가 반열에 올려놓는다.

1830년 1월 26일, 상원에서 한 웹스터의 대표적인 연설 〈헤인에게 답한다〉에서 미국 정부를 "국민을 위해, 국민에 의해 만들어졌고, 국민에게 책임을 져야 한다"고 설명한 부분은 33년 후인 1863년 에이브러햄 링컨이 〈게티스버그 연설〉에서 '국민의, 국민에 의한, 국민을 위한' 정부라는 표현으로 다시 정리되어 유명해진다.

연설의 배경은 미국 상원에서 다니엘 웹스터 의원과 로버트 헤인 의원 간에 격론이 벌어졌는데 헤인은 "헌법에 의해 수립된 주 연방은 각 독립 주 사이에 성립된 하나의 맹약일 뿐이므로 각 주가 원한다면 합법적으로 주 연방으로부터 탈퇴할 수 있다"고 주장했고 웹스터는 "헌법은 전 미국 국민에 의해 제정 확립된 것이며, 각 주를 구속하여 각 주가 제각기 합법적으로 탈퇴할 수 없는 항구적인 연합에 가입케 한 것"이라고 말했다.

미국의 3대 명연설 가운데 하나로 꼽히는 웹스터의 연설을 들어보자.

"의장님 그리고 존경하는 의원 여러분! 안개가 자욱한 낯선 바다에서 폭풍을 만나 표류하던 선원은 폭풍이 멎으면 해돋이를 이용해 자신이 항로를 얼마나 벗어났는지, 또 어느 방향으로 가야 할지를 알아냅니다. 논쟁이 격해지기 전에 우리도 토론의 주제에 대해 차분히 생각해보고, 방향을 잃고 우왕좌왕하는 토론의 갈피를 잡도록 해야 하겠습니다.

귀하가 주장하는 이론에 따르면, 불가피하게 미국 정부가 여러 주州의 산물일 뿐만 아니라 개개 주의 개별적인 산물이므로, 각 주는 미국 정부 자체의 권한 내에서 행동해야 할 것인지의 여부를 결정하는 주권을 스스로 주장할 수 있다는 결론으로 이끌어진다는 사실은 충분히 주목할 만한 일입니다. 미국 정부는 뜻과 목적을 달리하는 24개 주의 주인들의 하인이면서, 동시에 국민 전체에게 복종해야 합니다. 이러한 불합리는 미국 정부의 기원과 그 진정한 성격에 관한 오해에서 생겨난 것입니다. 정부의 기원은 국민의 헌법이며, 정부의 성격은 국민을 위해, 국민이 만든, 국민에게 책임지는 국민의 정부라는 것입니다.

미국 국민은 이 헌법을 최고의 법이라고 선언했습니다. 우리는 이 선언을 시인하거나 이 선언의 권위를 거부해야 합니다. 각 주는 그들의 주권이 이 최고의 법에 저촉되지 않는 한 확실히 주권자입니다. 하지만, 정치적 조직체인 주 입법부들은, 제아무리 독자적인 권한을 가졌다 할지라도, 국민이 미국 정부에게 권한을 부여하고,

이 주권이 확실히 유효하고, 그리고 미국 정부가 주 정부들을 바탕으로 하지 않고 국민을 바탕으로 하고 있는 한, 국민에게 주권을 행사할 수는 없습니다. 우리는 모두가 동일한 최고 권력인 국민의 대행자들입니다. 미국 정부와 주 정부의 권한은 동일한 연원에서 나오는 것입니다. 미국 정부는 국민이 부여한 만큼의 권한을 소유하고 있으며, 그 이상은 가지고 있지 않습니다. 모든 잔여 권한은 주정부들이나 국민 자신에게 귀속됩니다. 국민이 미국 헌법에서 그들의 의사표시를 통해 주의 주권을 제한한 한 주의 주권이 실제로 통제되었음이 시인되지 않으면 안 됩니다.

주여, 적어도 내 평생에는 그 베일이 거두어지지 않도록 하여 주시옵소서. 그 베일 배후의 것이 절대로 나의 시계에 나타나지 않게 해 주옵소서. 내 눈이 하늘의 태양을 마지막으로 바라다보게 될 때, 한때 영광스러웠던 주연합의 부서진 수치스러운 단편들 위에서, 분열되고 불화하고 호전적인 주들 위에서, 그리고 민중의 반목으로 찢겨졌거나 혹은 아마도 동포의 피로 흠뻑 젖어 있는 땅 위에서 빛나고 있는 태양을 보지 않게 하소서!

그리고 '이 모두가 무슨 보람 있는 것인가?'라는 비참한 질문이나 '우선 자유 그리고 주 연합은 나중' 따위의 망상적이고 어리석은 말들을 표어로 삼지 않고, 이 공화국기가 바다와 육지 위에, 그리고 온 천하의 하늘에서 나부낄 때 모든 진정한 미국인들의 심중에 귀중한 또 다른 감정, 즉 '자유와 주 연합'은 현재도 그리고 영원히 하나이고 서로 불가분의 것이라는 감정이 살아 있는 빛인 양 온 누리에 퍼지게 해주소서!"

의회 정치의 거인,
벤저민 디즈레일리

—— 유대계 출신, 영국 수상에 오르다

영국 빅토리아 시대 황금기, 보수당의 리더로 재무상과 총리를 여러 차례 역임하면서 '해가 지지 않는 나라' 대영제국을 건설한 주역 벤저민 디즈레일리Benjamin Disraeli.

그는 1804년 런던의 넉넉지 않은 유대인 가정에서 태어났다. 17세에 변호사 사무소에 견습으로 들어갔으나 적응을 못하고 어릴 때부터 흥미를 가졌던 문학으로 전향하여 1826년 처녀작 《비비앤 그레이》를 발표하여 문명文名을 얻었다. 1831년 《젊은 군주》를 발표하여 성공하고 1832년 《콘타리니 플레밍》과 《알로이》 등을 연이어 발표했다.

소설가로 유명해지자 1832년 급진당 후보자로 보궐선거에 입후보했으나 낙선하고, 이어서 토리당원으로서 입후보, 또 낙선했다. 자그마치 여섯 번이나 낙선한 후 1837년 토리당원으로 하원의원에 피선되어 비로소 정계에 입문하게 된다.

그 후 뛰어난 필력과 웅변에 힘입어 《코닝스비》, 《시빌》, 《탱크렛》 등 정치소설로 토리 데모크라시를 주장하는 동시에, 보수당 내에 청년영국당을 결성하여 R. 필의 곡물법 철폐를 격렬히 비판하는 등 보호무역주의의 지도자로서 두각을 나타냈다.

1852년부터 1868년 사이에 재무장관을 세 번이나 지냈고 1868년에 총리가 된데 이어 영국이 1870년대에 '세계 공장'의 지위로 부상하고 제국주의 시대가 도래하자 그는 재빨리 영국제국의 통합을 보수당의 기치로 내걸어 1874년 총선에서 압승, 다시 총리 자리에 앉게 되었다. 1875년 수에즈 운하의 주식 17만 주를 400만 파운드에 매수하여 동방 항로를 확보하고, 1877년 법률을 통과시켜 빅토리아 여왕이 '인도 여황제'의 칭호도 갖게 했다.

1878년 베를린 회의에 전권으로서 출석하여 러시아의 야망을 누르고 사이프러스 섬을 획득하는 등 제국주의적 대외 진출을 추진했고, 내정으로는 공중위생과 노동조건의 개선에 힘써서 1876년 백작에 봉해졌다. 그는 글래드스턴과 함께 빅토리아시대의 번영기를 지도하여 전형적인 2대 정당제에 의한 의회정치를 실현한 정치 거인으로 평가받고 있다.

정치인으로서는 물론 인간적으로도 디즈레일리는 남다른 인물이었던 것 같다. 당시의 영국은 유대계에게는 극심한 인종차별이 심했다. 그런 시대에 검은 머리에 까무잡잡한 피부를 가진 유대계 디즈레일리가 상류사회로 진입할 수 없는 차별의 벽을 무너뜨리고 자수성가하여 수상까지 되고 빅토리아 여왕으로부터 백작 작위를 수여받았다는 것은 오늘날 흑인 오바마가 미국 대통령이 된 것만큼이나 힘들고 어려웠을 것이다.

━━ 부담의 증가가 아니라 감소되었습니다

다음은 1878년 7월 27일, 런던의 한 만찬에서 한 연설의 요약이다.

"이 협약을 통해 우리의 부담이 가중되었다고 말합니다. 우선 이 협약 때문에 우리의 책임이 증가됐다는 생각을 나는 인정하지 않습니다. 오히려 부담이 줄었습니다. 가령 유럽의 안정이 콘스탄티노플 협약과 사이프러스 섬의 점령을 포함하지 않고 단지 베를린 협정에만 제한되었다면, 모든 가능한 상황하에서 어떤 일이 발생할 수 있겠습니까? 10년, 15년 후, 아니 20년 후에 러시아의 힘과 자원이 소생했을 것이고, 불가리아나 폴란드 지역 그리고 모든 가능한 지역에서 분쟁이 몇 차례 더 일어났을 것입니다. 모든 가능성을 동원해서 러시아의 군대가 유럽과 아시아의 오토만 점령 지역을 공격했을 터이고 콘스탄티노플 시와 유리한 지역들을 먹어치워 버렸을 것입니다. 장관이 누구이든지, 어떤 정당이 정권을 잡든지, 이러한 상황에서 이 나라의 정부가 할 수 있는 일은 무엇입니까?

'이 일은 결코 용납할 수 없다. 우리는 소련이 소아시아를 점령하는 것을 막아야 한다.'

이 문제를 정당하게 여기는 국민은 누구라도 이런 상황하에서 이 정부가 나가야 할 길이 무엇인지를 조금도 의심하지 않을 것입니다. 상황이 이러함으로 영국의 정책이 지시하는 대로 한 발짝 앞으로 나가야 하는 것은 아주 중요합니다. 여러분들은 장관들이 회의실에서 탁상공론만 하고 의심하고 예기치 않는 사건을 생각하느라고 결국 취해야만 할 행동을 늦추게 해서는 안 됩니다. 그렇다고 해서 이 나라의 부담이 늘어났다고 말하는 것은 아닙니다. 우리가 수행해야 하는 것들이라면 거기에는 늘 책임감이 있습니다.

우리는 유럽 문명에 새로운 기원을 열 초석을 다져놓았습니다. 그리고 영국과 그 국가의 더 밀착된 관계로 인해 생겨나는 고요와 질서를 통하여 세계의 복지와 부가 증가할 것이라고 주장하는 바입니다. 우리가 그 국가에 유리한 정책을 세우기 위해 이토록 골머리를 썩였음에도 우리를 비판하는 사람들이 만족하지 못했다면 유감스럽습니다.

6월 4일의 회담을 '미친 회담'이라고 부르는 걸 알고 본인은 아주 놀랐습니다. 그것은 지나친 표현입니다. 본인이 존경하는 적수만큼 본인은 그 '미친 회담'에 대한 준엄한 재판관의 티를 내지 않습니다. 나는 이 문제를 영국 배심원에게 상정하고 싶습니다.

여러분은 과연 이 '미친 회담'을 도대체 누가 시작했다고 생각하시는지요? 폐하와 동료 중신들의 신임을 한 몸에 받으면서 5년 간 충실히 그리고 성공적으로 국정을 담당했던 일군의 영국 신사들일까요? 아니면 자기의 장황한 화술에 도취되어 이기적인 상상력을 동원해 상대방을 비방하고 자신을 신격화하는 데 끝없이 열중해 있는 저 기교적인 수사학자일까요?

친애하는 신사 숙녀 여러분! 본인은 그 회담에 대한 판단을 의회와 국민 여러분께 맡기겠습니다. 본인은 그 정책의 내부에는 영국뿐만 아니라 유럽과 아시아의 미래를 밝혀줄 열쇠가 놓여 있다고 믿습니다. 그리고 우리가 천거한 정책만이 국가의 지지를 받을 것이라고 믿으며 본인과 그리고 본인과 행동을 같이해준 모든 이들은 어떠한 공략에도 넘어가지 않을 것임을 약속드립니다."

자유주의를 추구한
윌리엄 글래드스턴

━━━ '위대한 평민' 글래드스턴 수상

영국의 정치가 윌리엄 글래드스턴William E. Gladstone은 백만장자 무역상
의 넷째 아들로 태어났다. 이튼을 나와 옥스퍼드 대학교에 입학한
글래드스턴은 1831년 동대학을 수석으로 졸업했는데 재학 시절에
이미 두각을 나타냈다. 23세에 하원의원이 되었으며 상무장관, 식
민지장관, 재무장관 등을 역임하는 동안 자유무역을 목적으로 하
는 관세개혁을 단행하고, 곡물법 철폐에 찬성했으며, 상속세 설치
와 소득세 감소에 따른 예산안을 제출하는 등 자유주의자로 명성
을 떨쳤다.

그의 나이 59세인 1867년 자유당의 당수가 돼 1868년~1894년
까지 네 차례에 걸쳐 모두 17년 동안이나 수상을 역임하며 자유당
내각을 이끌었다. 그가 85세 되던 1894년 상원에서 자신이 제출한
군사비 증액 법안을 거부하자 수상직을 은퇴했다. 수상에서 물러난
사람에게는 작위를 부여하는 영국 전통에 따라 왕실에서는 그에게
작위를 내렸지만 거절했다. 비록 수상을 지냈지만 평민으로 남겠다
는 것이다.

그러나 후세 사람들은 글래드스턴에게 '백작'보다 더 값진 '위대한 평민'이라는 칭호를 헌사했다. 정계에서 은퇴한 글래드스턴은 연구와 연설로 여생을 보내고, 1898년 하워든에서 생을 마감했다. 유해는 웨스트민스터 성당에 안치되었다.

글래드스턴은 처칠과 함께 가장 위대한 영국의 수상이며, 웅변가로 평가받고 있다. 스피치는 정치인에게 중요한 필수 능력이다. 그래서 정치인들의 첫 연설은 시금석이다.

글래드스턴은 1833년 6월 3일에 하원에서 첫 연설을 했는데 대단한 호평을 받았다. 첫 연설은 환영받을 것이 관례지만 그의 첫 연설은 관례를 뛰어넘어 감동을 주었다고 한다. 여당 휘그당 소속 원내총무도 국왕 윌리엄 4세에게 전도유망한 의원으로 글래드스턴을 추천했으며, 윌리엄 4세는 "그와 같이 미래가 기대되는 의원이 진출한 것은 기쁜 일이다"고 했다.

글래드스턴은 목소리에 깊이가 있고 어조의 변화에 풍부하며 단상의 태도도 능숙했다. 그 몸짓은 호방하면서도 자연스러웠고, 난폭하거나 과장하고 있다는 인상을 주지 않아 연설가로 선천적인 재능을 가지고 있었다.

그렇지만 "부단한 노력과 지식이 없으면 대연설가는 될 수 없다"는 키케로의 명언을 가슴에 새기고, 2만여 권의 책을 독파하여 풍부한 지식을 갖추었고, 변론술 연마에 노력도 게을리 하지 않았다고 한다.

글래드스턴은 명연설의 방법을 다음과 같이 제시했다.

- 용어는 쉽고 간편한 것을 선택한다.
- 어구는 될 수 있는 대로 짧게 한다.
- 발음을 명료하게 한다.
- 논점을 철저하게 고찰한다.
- 임기응변할 수 있도록 연습한다.
- 청중을 파악하고 지켜본다.

▬ 글래드스턴의 명연설문

1840년 3월 19일, 영국 하원은 중국 정부가 아편을 선적한 영국 선박에 식량과 음료 제공을 거부한 사태를 두고 즉각 전쟁 개시를 주장하는 쪽과 평화적 해결을 주장하는 쪽이 맞서 치열하게 토론을 벌였다. 이때 젊은 글래드스턴이 연단에 올라 연설을 시작했다.

"중국 영토에 있으면서 그 법률에 복종하지 않는 외국인에 대해 중국이 식량과 음료 공급을 거절한 것이 어째서 중국의 죄가 되는지 본인은 잘 모르겠습니다. 정부는 이 전쟁이 언제까지 계속될 것인가, 이 작전행동이 어느 정도까지 확대될 것인가에 대해서는 어떠한 판단도 내릴 수가 없습니다.

그러나 이것만은 확신을 가지고 단언할 수 있습니다. 그 원인을 놓고 볼 때 이다지도 정의롭지 못하며 수치스러운 전쟁을 나는 여태껏 알지도 못하고, 또 본 적도 없습니다. 우리가 광저우에 나부끼는 대영제국의 깃발을 볼 때마다 벅찬 감격을 느끼는 것은 그것이 정의의 상징이고, 압제에 대한 반항이며, 공정한 경제행동을 격려하기 때문입니다. 그러나 지금은 고귀하신 귀족 파머스턴 경의 후

원 아래 우리 국기가 부끄러운 밀무역을 보호하기 위하여 중국 연안에서 나부끼고 있습니다. 위풍당당한 영국 국기를 볼 때마다 느꼈던 벅찬 감동을 앞으로 다시는 느낄 수 없게 될 것을 생각하면 전율스러울 따름입니다."

1866년 4월 27일, 글래드스턴은 선거법 개정안 법안통과를 독려하기 위한 연설을 했다.

"시야를 넓혀 두려움과 의심, 시샘, 비난, 지금 이 자리의 이 사안에 대한 공박과 반격 너머에 있는 세상을 봅시다. 우리 자식세대와 손녀 세대가 살아갈 미래를 바라봅시다. 앞으로 다가올 미래를 위해 우리가 마땅히 해야 할 일이 무엇인지를 생각해봅시다. (중략)

우리는 이 법안과 함께 살고 함께 죽을 운명입니다. 지금 이 법안을 살리면 우리도 굳건히 일어설 것이오, 그렇지 않으면 머지않아 이 법안과 함께 우리도 무너질 것입니다. (중략)

여러분은 미래와 싸울 수는 없습니다. 시간은 우리 편입니다. 거대한 사회세력들이 장엄한 모습으로 힘차게 전진하는 그날이 와도 우리의 격렬한 논쟁은 한순간도 멈추지 않을 것입니다. 저 거대한 사회세력들은 여러분과 맞서며 우리 편으로 모여들 것입니다. 이번 싸움에서 우리가 들고 있는 깃발이 어느 순간에 우리가 수그리는 머리 위로 축 늘어질지 몰라도 이내 다시 하늘 높이 휘날리고 하나로 뭉친 새 왕국의 인민들이 깃발을 굳게 잡고 쉽지는 않아도 분명히 승리할 날이 멀지 않았음을 보여줄 것입니다."

철혈재상,
오토 폰 비스마르크

━━━ **의회와 싸우며 독일 제국을 건설한 정치가**

'게르만의 영웅', '독일 제국의 건설자', '철혈재상'으로 역사에 획을 그은 정치가 비스마르크Otto Eduard Leopold von Bismarck. 그는 1815년 프로이센의 쉰하우젠에서 지방 귀족 가문의 넷째 아들로 태어났다. 젊었을 때 그는 어학에 뛰어난 재능을 보였으며, 셰익스피어와 바이런의 시를 좋아했다. 괴팅겐 대학교와 베를린 대학교에서 법학을 공부했고, 이후 공무원으로 근무하다 1847년 프로이센 의회 의원에 당선되어 정계에 진출했다.

1848년 베를린에서 혁명이 일어나자 그는 반反혁명파로 활동했고, 1851년 프랑크푸르트에서 열린 독일 연방의회에 프로이센 대표로 참석, 이때부터 비스마르크는 독일 통일을 위해서는 '오스트리아를 배제해야 한다'는 '소小독일주의' 통일관을 가지게 되었다. 그는 어학 능력이 탁월하여 9개 국어를 구사했으며, 러시아 주재 대사와 프랑스 주재 대사를 거치면서 국제적 외교 감각을 지닌 정치인으로 성장했다.

독일은 중세 이래로 신성로마제국이라는 이름 아래 서유럽에서 가장 큰 영토를 차지하고 있었으나 사실은 크고 작은 연방국가의 연합체에 지나지 않았고, 19세기에 이르러서도 통일국가를 형성하지 못하고 있었다. 게다가 사면이 강대국으로 둘러싸여 각국의 시달림을 받아야만 했다. 이런 상황에서 1861년 프러시아 왕위에 오른 빌헬름 1세가 비스마르크를 수상으로 임명해 정치를 맡겼다. 수상에 취임한 비스마르크는 군비 증강과 외교 문제를 내세우며 독일 통일을 주창했다. 비스마르크는 1862년 9월 독일 의회에서 "당면한 문제를 해결하는 데 필요한 것은 철鐵과 혈血밖에 없습니다"라는 유명한 연설을 한다.

그 후 제국통일을 위해 의회의 반대에도 불구하고 군비 확장을 추진하여 1866년 프로이센-오스트리아전쟁의 승리로 군비 확장의 성과를 과시했다. 의회와도 화해하여 소독일주의에 의한 독일 통일의 기초를 굳게 하고, 1870년부터 1871년까지의 프로이센-프랑스전쟁에서 승리를 거두어 1871년 2월, 베르사유 궁전에서 빌헬름 1세를 독일 제국의 황제로 하는 대관식을 올린다. 그리고 비스마르크도 독일 수상이 되어 강국 독일의 기반을 다진다. 1888년 빌헬름 1세가 사망하고 스물아홉 살의 혈기왕성한 빌헬름 2세가 새로 제위에 즉위했다. 1890년, 빌헬름 2세와의 불화로 28년 간 투신했던 수상직을 사임하게 된다.

정계 은퇴 후 비스마르크는 바르친과 함부르크 인근의 프리드리히스루에서 지냈다. 이 시기 수많은 방문객들이 비스마르크를 찾아가 경의를 표하면서 그를 '게르만의 영웅'으로 불렀다. 방문객들의 이러한 찬사는 1895년 4월 비스마르크가 80회 생일을 맞았을 때

절정을 이루었다. 450개 이상의 도시들이 비스마르크에게 명예시민증을 주었고 9,875통의 전보와 45만 통의 편지가 3월 25일부터 4월 2일까지 비스마르크에게 전달되었다. 아울러 그는 수많은 연회에서 축하를 받았다고 한다.

이후 1890년 10월부터 약 2년 간 회고록을 집필했으며, 1896년 그는 건강이 악화되면서 1898년 7월 30일 오후 11시에 딸이 지켜보는 가운데 임종했다.

▬▬ 당면문제 해결에는 철과 혈밖에 없습니다

다음은 1862년 9월 30일, 총리 취임 후 비스마르크의 첫 연설로서 그 유명한 '철혈정책鐵血政策'의 요지다. 이 연설로 훗날 그가 '철혈재상'이라는 별명을 얻게 되었다.

"나는 총리로서 1862년도의 예산안을 즐겁게 말씀드리겠습니다. 그러므로 오해를 받을 설명은 하지 않겠습니다. 헌법상 권리의 그릇된 응용은 어느 방면으로도 용납될 수 없는 것이고, 따라서 그러한 응용을 하면 다른 방면으로부터의 반동을 초래하게 되기 때문입니다. 예를 들면 헌법에는 12회까지는 계속해서 국회를 해산할 수 있다고 규정하고 있지만 이것은 실제로는 온당치 않은 일입니다. 마찬가지로 예산안의 편성이라고 하는 것 역시 크게 다르지 않다고 생각합니다. 법에는 편성 안에 대한 거부권의 행사 수를 제한하고 있지 않지만 이것을 이용하여 몇몇 의원들께서는 지극히 존경받아야 할 분임에도 불구하고 상비군은 필요 없다고 말하며 이에 필요한 예산 역시 불필요한 것이라는 주장을 통과시키려고 하십니다. 만약에 국회가 이러한 주장을 통과시킨다면 우리 정부는 이를 배척하지 않을 수 없습니다.

헌법이 위기에 놓여 있다고 하는 것은 결코 치욕이 아니며 오히려 명예롭기까지 한 것입니다. 우리는 헌법을 무리하게라도 지켜야만 하는 것처럼 생각하고 있습니다. 이에 대해서 우리는 아주 비판적으로 바라보아야 합니다.

여론은 변화하는 것입니다. 신문이 보도한 것을 여론이라고 생각할 수는 없습니다. 신문지상의 보도가 과연 어떻게 해서 이루어지는가를 알지 않으면 안 됩니다. 의원 여러분은 여론보다도 월등히 그 위에 서서 소리를 내야 하는 막중한 임무를 지니고 있습니다.

또 우리나라 국민에 대해서 말씀드리면 우리는 너무 피가 끓어 넘치고 있습니다. 우리는 우리의 마른 육체에 큰 군비라는 옷을 입으려고 합니다. 그리고 우리는 지금 이 군사를 증강하지 않으면 안 될 처지에 있습니다. 자유주의 같은 것에 우리나라는 조금도 귀를 기울이고 있을 수가 없습니다.

프러시아는 좋은 시기가 올 때까지 힘을 모아서 튼튼하게 대기하고 있지 않으면 안 됩니다. 이러한 시기가 이미 오늘날까지 세 번이나 지나가지 않았습니까?

이 시대의 중요한 문제들은 더 이상 연설이나 다수결에 의해 좌우되는 것이 아니며, 이를 잘 보여주는 것이 바로 1848년과 1849년에 일어났던 일련의 사건이라고 생각합니다. 즉 당면한 문제를 해결하는 데 필요한 것은 철鐵과 혈血밖에 없습니다."

승리의 아버지,
조지 클레망소

━━ 의사 출신으로 정계에 입문한 정치가

'호랑이', '승리의 아버지'란 별명으로 알려졌으며 1차 세계대전의
전황이 프랑스에 불리하게 전개되고 있을 때 수상이 되어 불굴의
의지를 표명해 자국과 연합군이 승리하는 데 크게 기여했던 클레
망소Georges Clemenceau.

그는 1841년 프랑스 서북부 해안 방데주의 공화파 집안에서 태
어났다. 1865년 의학 공부를 마치고 4년 동안 미국에 유학하며, 프
랑스 신문의 특파원을 맡는다. 당시 남북전쟁이 한창이었는데 그는
미국의 민주주의 제도에 큰 감명을 받았다. 클레망소는 프랑스로
돌아와 방데에서 병원을 개업했지만, 정치에 흥미를 느끼고 파리로
진출했다.

그 후 1870년에 파리 18구(몽마르트) 구장을 시작으로, 1871년
하원의원에 당선되었고, 공화파의 부르주아적 정책을 공격해 자주
내각을 사임하도록 한 것으로부터 '호랑이'라는 별명을 얻는다. 동
년의 파리 컴뮨 때, 정부와 컴뮨의 조정 공작을 실시하지만 실패해
사임했다. 1876년, 다시 하원의원으로 당선되어 의회의 최좌익, 급

진적 사회주의자 그룹에 소속해 리더로서 활약한다.

1885년 세 번째로 의회에 진출해 1886년에 발족한 샤를 드 프레시네 정부를 지지했다.

1894년에 일어난 드레퓌스 사건 때는 자신이 관여하는 언론지 〈정의La Justice〉〈새벽L'Aurore〉에 드레퓌스를 지지하는 기사를 싣는 한편 정부를 맹렬하게 공격하고 나섰다.

이러한 활동으로 인해 공화파 인사들의 지지를 크게 받게 되었고, 그 결과 1902년 4월에는 바르 지역의 상원의원으로 선출되었다. 이 선거 결과는 클레망소에게 큰 의미가 있었다. 이후 그는 활발하게 정치 활동을 했다.

정치가로서의 역량이 정상에 도달한 것도 이 시기였다.

그는 1906년에는 내무부 장관으로 입각해 3년 동안 총리를 역임했다. 프랑스가 1차 세계대전에 참전해 3년이 지난 1917년에 프랑스 국민의 사기는 땅에 떨어지고 자원은 바닥나 있었다. 바로 이때 당시 프랑스 대통령이던 레이몽 푸앵카레가 그에게 전시 내각을 이끌어달라고 요청했다. 76세의 나이에 총리로 컴백한 그는 냉정하고 단호한 정책으로 전쟁을 수행해 '승리의 아버지'라는 별명을 얻었다. 세계대전 중 클레망소의 공로는 무엇보다도 '이길 수 있다는 불굴의 의지'를 심어준 것이라 할 수 있다.

그는 1919년 파리강화회의에서 의장이 되었다. 이에 따라 베르사유조약이 준비되었는데 클레망소는 프랑스의 이익과 영국, 미국의 이익이 서로 일치되도록 노력했다. 그는 영국의 데이비드 로이드 조지 총리와 미국의 우드로 윌슨 대통령을 설득해 프랑스의 이익이 잘 지켜지도록 했다. 또한 독일의 무장해제도 관철시켰다.

1920년, 대통령 선거에 패배해 은퇴한 다음에는 고향에서 그리스 로마 시대의 고전을 읽으며 조용하게 지냈다. 1929년 11월 24일, 여든여덟 살의 나이로 파리에서 사망했다.

━━ 오직 하나, 승전보, 최후의 성공뿐입니다

다음은 클레망소가 1918년 6월 4일, 하원에서 한 호전적인 연설의 일부다.

"제가 이 자리에 온 것은 전방과 후방의 프랑스 국민들이 가지고 있는 감정을 표현하고, 세계만방에 분석할 수는 없으나 이 순간 모든 문명된 국민들이 존경하는 정신자세를 보여주는, 단순하고 간략하며 절도 있는 말들을 찾고자 하는 바람에서였습니다….

우리는 많은 땅, 여러분이나 제가 예상했던 것보다 훨씬 더 많은 땅을 포기했습니다. 이것을 위해 아무 보상 없이 자신의 피를 지불한 수없이 많은 사람들이 있습니다.

지금도 저항을 계속하면서 그들이 보낸 전서구에는 다음과 같이 적혀 있습니다.

'우리는 여기 있다. 우리는 항복하지 않기로 맹세했다. 우리는 끝까지 싸울 것이다. 여러분이 우리를 찾기 위해 올 수 있다면 오라. 우리는 하루 반을 더 버틸 수 있다.'

그런 사나이들이 여러분의 자랑인 이 나라를 만들고 또 지키고 있습니다. 그들은 가장 위대하고 고귀한 이상을 위해, 즉 모든 문명된 민족들의 역사들 가운데서 가장 뛰어난 역사가 될 그 역사를 연속시키기 위해 싸우고 있습니다.

우리 자신의 의무는 매우 단순하며 매우 온당합니다. 우리는 우리가 앉을 자리를 지키고 있습니다. 여러분은 여기에서, 나는 내각과 함께, 그 자리들은 병사들의 자리만큼 위험스러운 것이 아닙니다만 그럼에도 불구하고 이 나라의 사활이 걸린 이익이 결정되는 곳입니다. 여러분이 침착함을 잃지 않고 자신감을 가지면서 이 어려운 투쟁을 끝까지 감내할 결심만 굳힌다면 승리는 여러분의 것입니다….

중요한 것은 오직 하나, 승전보, 최후의 성공뿐입니다. 우리 장정들이 줄 수 있는 것이라고는 오직 자신들의 생명뿐입니다. 그들이 마땅히 차지할 만한 것, 즉 승리를 가져다줄 수 있는 사람은 여러분입니다. 여러분은 이 모임의 벽두에 여러분이 말씀하던 바대로, 승리를 거두지 않는 한 결코 타협의 가능성을 받아들이지 않는 정부를 갖고 있습니다. 여러분은 자신이 하고 있는 일을 알고 계십니다. 여러분은 우리를 강력하게 만드실 수도 있고, 산산이 흩트려버릴 수도 있습니다.

하지만 여러분이 우리를 쥐고 놓지 않는 한, 무슨 일이 일어나더라도 이 나라는 죽음을 다해 지켜질 것이며 어떤 무력도 승리를 목적으로 행사되지 않으리라는 것을 확신할 수 있습니다. 우리는 승리의 평화 외에는 어떤 것에도 양보하지 않겠습니다. 그것이야말로 우리 정부의 구호입니다….”

입지전적인 인물,
로이드 조지

━━ 영세민에서 총리가 된 인물

19세기 지주귀족 지배 시대에서 20세기 대중민주주의 시대로의 이행기에 대표적인 정치인이었던 로이드 조지David Lloyd George. 그는 한 마디로 영세민에서 총리까지 오른 입지전적 인물로 뛰어난 웅변가로도 유명하다.

로이드 조지는 1863년 잉글랜드 맨체스터에서 교사의 아들로 태어났다. 아버지는 그의 나이 두 살 때 폐렴으로 사망했다. 가장을 잃은 어머니는 세 아들을 데리고 신발가게를 하는 오빠에게 몸을 의지했다. 그런 연유로 그는 귀족 자녀들의 놀림을 받으면서 자랐다. 1884년 독학으로 변호사 시험에 합격, 변호사 사무소를 개업해 약자의 대변자로 치안판사에게 철저히 대항했다. 특히 현지의 국교회가 매장법을 위반하여 토지 기부자(지주)와 계약을 방패로 비국교신자의 매장을 거부한 사건에 비국교신자의 변호를 한 것으로, 스코틀랜드 '민족주의의 영웅'으로 이름을 날리게 된다.

1890년에 자유당 의원으로 정계에 입문한 그는 첫 연설에서 솔즈베리 후작 내각이 추진한 전보법을 '주류 판매업자를 옹호하는 법안'이라고 비판해 이 법안의 제출자인 보수당 의원 랜돌프 처칠과 자유통일당 의원 조지프 체임벌린을 규탄했다. 대다수 초선의원은 처녀연설에서 무난한 연설을 해두지만 로이드 조지는 그 관례를 지키지 않았다. 특히 당시 시대의 총아였던 체임벌린을 비판한 것은 로이드 조지의 용명勇名이 울려 퍼지게 하는 충분한 효과가 있었다. 매스컴에서도 격찬을 보냈다. 〈펠멜 가제트〉지는 "카나번의 새로운 의원의 처녀연설은 놀랍다. 그의 전도를 주목해야 할 것이다"라고 썼다.

1905년 이후 자유당 정권하에서 급진파 각료로서 사회개혁정책을 펼쳐나간다. 그의 주도로 영국 노령연금제도와 건강보험제도, 실업보험제도가 도입되었다. 1차 세계대전 중인 1916년 수상 애스퀴드의 전쟁 지도를 비판하고, 대신하여 연립내각을 조직, 수상으로서 전쟁 완수에 매진, 전승을 기회로 총선거에 대승했다. 파리강화회의에 영국 대표로 출석해 미국의 윌슨 대통령, 프랑스의 클레망소 수상과 함께 회의를 지도, 베르사유조약에 조인했다. 1921년 아일랜드를 대영제국 자치령으로 독립을 인정했고, 1922년에 대연정을 짜고 있던 보수당의 이반에서 총사퇴에 몰렸다.

총리 퇴임 후 권력으로부터 멀어졌지만 정치 활동은 쇠약해지지 않고 케인즈주의 경제정책을 수립하여 공공사업의 확대를 호소했다. 1931년 은퇴 후에도 글을 쓰고, 군의 재무장을 반대했으며, 실업자 구제방안을 제시하는 등 바쁜 나날을 보냈다. 1944년 작위를 수여받았고, 1945년에 82세의 나이로 세상을 떠났다.

다음은 1914년 9월 21일에, 독일과의 전쟁에 참여해야 한다고 외친 명연설이다.

"유럽의 수백만 사람들이 숭고한 목표, 자유를 위한 이 위대한 운동에 동참함으로써 흥분과 전율을 느낄 기회가 왔습니다. 이 전쟁은 두 세대에 걸쳐 암운을 드리우고, 세계를 피와 죽음의 소용돌이로 몰아가려는 군사 귀족의 속박으로부터 유럽을 해방시킬 수 있는 위대한 전쟁입니다.

어떤 이는 이미 자신의 목숨을 내놓았습니다. 자신의 목숨보다 더한 것을 내놓은 사람들도 있습니다. 바로 자신이 사랑하는 이의 목숨을 내놓은 사람들입니다. 저는 그들의 용기를 치하하며, 하느님이 그들에게 위로와 힘이 되어줄 것이라고 믿습니다. 그들의 희생은 당장 효과가 나타나고 있습니다. 전사자들은 죽음을 신성한 것으로 만들고 있습니다. 그들은 유럽을 새로운 대륙으로 만드는 데 일조했습니다. 나는 전쟁터의 포화 속에서 그런 세계가 오는 징후를 볼 수 있습니다.

사람들은 여러 지역에서 이런 전투를 벌이고 있습니다. 그들은 현재 생각하는 것보다 더 많은 이득을 얻을 것입니다. 자유에 대한 엄청난 위협으로부터 자유로워지는 것도 물론입니다. 그러나 그것만이 전부는 아닙니다. 이 위대한 대결을 통해 이미 한없이 위대하고 지속적일 어떤 현상이 나타나고 있습니다. 그것은 바로 과거보다 더욱 풍요롭고 숭고하게 고양된 애국심입니다.

지위고하를 막론하고 이기심을 스스로 버린 모든 계층이 생각하는 국가의 명예는 단지 포탄을 날리는 전쟁터에서 승리하여 영광을 유지하는 것만이 아닙니다. 우리는 재앙으로부터 국가를 지켜내야 합니다. 사회 전 계층에 그런 새로운 시각이 나타나고 있습니다. 이 땅을 뒤엎었던 사치와 나태의 커다란 물결이 밀려가고 새로운 영국이 떠오르고 있습니다. 우리는 처음으로 생명을 좌우하는 근본문제, 급속한 경제성장 탓에 시각이 흐려져 볼 수 없었던 그 근본문제를 볼 수 있게 되었습니다.

저는 이 전쟁이 어떻게 돌아가고 있는지 간단히 말씀드릴까 합니다. 저는 산맥과 바다 사이에 있는 북웨일스 계곡을 알고 있습니다. 사방이 산으로 둘러싸여 매우 아름답고 아늑하며 쾌적한데다 아무리 세찬 바람이 불어도 안전한 곳입니다. 그러나 계곡만 있으면 자극이 없고 무력해집니다. 그래서 젊은이들은 멀리 있는 높은 산을 힐끗 쳐다보다 그곳에서 불어오는 산들바람과 장엄한 산세에 활력을 느끼고 자극을 받아 툭하면 산에 오르곤 했습니다.

우리는 몇 세대 동안 그런 안전한 곳에서 살았습니다. 너무 편안하고 나태하게 지냈으며, 많은 사람들이 너무나 이기적이었습니다. 그러던 우리에게 따끔한 맛을 보여주기 위해 운명의 가혹한 손길이 우리를 높은 고지로 올라가게 만든 것 같습니다. 하지만 그 꼭대기에서 우리는 국가에 있어서 중요하고도 영원한 것을 볼 수 있습니다. 우리가 잊고 지내온 명예와 의무와 애국심의 장엄한 봉우리, 빛나는 흰옷을 입은 듯 깔쭉깔쭉한 손가락처럼 하늘은 향해 솟은 희생의 봉우리 말입니다⋯."

러시아 혁명의 지도자,
블라디미르 일리치 레닌

━━ 사회주의 이론을 실천한 인물

러시아의 정치가 블라디미르 일리치 레닌Vladimir Ilich Lenin. 그는 뛰어난 연설가로 제정 러시아의 혁명세력들을 결합해서 세계 최초로 성공한 사회주의 혁명가다. 러시아혁명에서 주도적인 역할을 하여 소비에트연방의 초대 지도자가 되었다. 마르크스주의 이론을 발전시키고 실천한 인물로 높이 평가받고 있다.

그가 세상을 떠난 지 90년이 지났지만 레닌의 인기는 지금도 건재하다. 일본 〈아사히 신문〉은 러시아 국민들에게 여론조사를 한 결과 '레닌이 가장 긍정적인 현대 사상의 인물로 선정됐다'고 보도하고 있다. 그렇다면 연설가로서 레닌은 어떤 특징이 있는지 살펴보기로 하자.

미국의 월간지 〈비전〉은 레닌을 '최근 100년 간 가장 설득력이 있는 연설가'라고 하면서 '독일의 히틀러에 버금간다'고 평했다. 그런가 하면 레닌과 동시대의 인물이며 사회주의 리얼리즘 문학을 창조한 막심 고리키는 레닌에 대해서 다음과 같이 말했다.

"레닌은 빠른 걸음으로 연단에 올라 '동지 제군!' 하고 더듬듯이 말했다. 그는 연설이 서툰 듯했다. 그런데 1초 만에 나는 다른 모든 사람들과 마찬가지로 그의 연설에 휩쓸려버렸다. 복잡한 정치 문제를 이처럼 간명하게 말한 이야기를 듣는 것은 처음이었다. 그는 미사여구를 늘어놓지 않고 간소한 말을 사용하지만, 각 단어의 정확한 의미에 사상이 가득 담겨 있어 조화를 유지하고 있었다. 그의 말은 명료하여 신뢰할 수 있었고, 비열함에 대한 적극적인 증오와 그의 열정에 나는 감탄하여 칭찬할 수밖에 없었다. 게다가 그의 투지를 나타낸 그 날카로운 눈빛은 연설을 더욱 타오르게 하고, 진실을 육체적으로 감득시키는 힘을 가지고 있었다.”

증언과 사진 등 여러 가지 자료를 분석하건대 레닌은 군중을 이끄는 재능을 가지고 있었으며 사람을 끌어들이는 매력을 갖추고 있었다. 왜소한 체구의 그가 '큰 대머리를 번쩍이며 단상에 나타나면 군중은 열광적으로 환호했다'고 한다. 연설할 때 그는 상체를 앞으로 내밀어 청중에게 다가가려는 듯한 적극적인 자세였으며, 두 손을 자유자재로 사용했다. 어떻게 보면 연극하는 것 같지만 그것은 청중에게 뜻을 정확하게 전달하려는 제스처다.

스탈린은 레닌의 연설에 대해 이렇게 평가했다.

“레닌의 연설은 복잡한 문제를 아주 간단하고, 명확하고, 힘이 있게 묘사해서 말 한마디가 총알 한 발과 같다.” 예로, “멘셰비키에게 정부를 맡겨주면 '여우에게 닭 집을 지키라고 하는 것과 같다'는 표현으로 아주 간단하고, 명확하게 왜 멘셰비키에게 정부를 못 맡기는지 원인을 쉽게 알려준다.”

그럼 레닌이 대중들을 어떻게 설득했는지, 연설의 현장을 스케

치해본다.

━━ 레닌의 '현장 연설 스케치'

러시아 10월 혁명 승리 후 적위군들이 동궁을 점유했다. 적위군들
은 옛날 왕실들이 겨울에 와서 호화스럽게 사는 동궁의 환경을 보
고, 또 황제 황후와 여러 대신들의 초상화들을 보고, 화가 나서 불
태워버리자는 등 군중의 분위기는 들떠 있었다. 이때 레닌이 이렇
게 말했다.

"여러분들의 얘기는 참으로 맞습니다. 이 동궁과 이 벽에 걸어놓
은 그림도 모두 태워버려야 됩니다. 바로 이들이 당신들의 살을 뜯
어먹고 피를 빨아먹었습니다. 그리고 또 자신의 모습을 영원히 대
대손손에게 물려주려고 이렇게 큰 그림을 그려 걸어놓고 이 그림으
로 자신들의 공적을 찬양하는 노래를 부르게 하겠다는 데 대해 여
러분이 이 그림을 불태우려는 것엔 그만한 이유가 있습니다."

적위군들이 레닌의 얘기를 들으니 완전히 자신의 입장에 서 있
는 것을 보고 매우 흥분하면서 불을 지르겠다고 나섰다. 이때 레닌
이 막으면서 말했다.

"여러분! 지금 서둘러서 불태우지 맙시다. 물건은 우리의 손에
쥐어져 있으니 언제든지 태울 수 있지 않습니까? 그리고 더 큰 군
중대회를 열고 불태우면 지금 불태우는 것보다 더 의의가 있을 것
입니다."

적위군들이 이 말을 들으니 일리가 있다며 더 좋아하면서 불을
지르지 않았다. 레닌은 군중들의 정서가 좀 안정되고 난 후 군중에

게 질문을 했다.

"이 그림들을 당신들이 보기에는 어떻습니까? 잘 그렸습니까, 못 그렸습니까?"

"잘 그렸습니다."

군중들이 입을 모아 외치자, 레닌은 또 물었다.

"여러분! 이 그림은 누가 그린 것인지 아십니까?"

누군가가 러시아의 저명한 화가의 이름을 댔다. 그러자 레닌이 또 물었다.

"우리는 이 동궁과 이 그림을 함께 보존하여, 한쪽으로는 이러한 놈들이 우리의 피를 빨아먹는 '흡혈귀들'임 알려주고, 또 한쪽으로는 이렇게 호화스럽게 살면서 우리의 압박을 했다는 증거로 남겨 두는 것은 어떻겠습니까?"

군중들은 이구동성으로 "좋습니다! 좋아요!" 하고 레닌의 의견에 찬성했다. 레닌은 이렇게 군중들을 한 단계 한 단계씩 유도해나가는 방법으로 설득했다.

레닌의 이러한 설득방법은 우리에게 또 다른 메시지를 준다. 리더십은 일종의 예술이다. 그리고 그 기초는 인간성에 대한 깊은 이해가 있느냐 없느냐다. 리더의 연설은 교묘하게 사람을 정확한 방향으로 유도하며, 그 유도는 상대방이 옳다는 것부터 시작해야 한다. 항상 청중의 입장에서 생각하자.

러시아의 영웅으로 추앙받는
이오시프 스탈린

—— **서민의 아들이 국가 원수로 출세**

'모스크바를 사수한 전쟁 영웅', '인민의 위대한 지도자'라는 찬양과 '조지아의 인간 백정', '살인마 독재자'라는 악평을 함께 받은 소련의 국가원수 스탈린Iosef Stalin. 그는 1879년 조지아에서 신기료장수를 하던 아버지와 재봉사이던 어머니의 셋째 아들로 태어났다. 아버지는 불같은 성격이었으며 경제적으로 무능력하여 그는 어려운 환경에서 자랐다.

어머니의 권고로 성직자가 되기 위해 종교 학교에 다녔으며, 열다섯 살에 종교 학교를 최고 성적으로 졸업하고 트빌리시 신학교에 입학했다. 1학년 재학 중 그는 지역 신문에 시를 발표했는데 문인들과 지역 유지들을 감동시켜 격찬을 받았다. 신학교 2학년 이후 마르크스, 플레하노프, 레닌 등의 공산주의 서적을 접하면서 마르크스주의를 중시하게 되었다.

스무 살인 1899년 스탈린은 트빌리시 천문대에 공무원으로 채용되어 서기로 몇 개월 간 근무했다. 1900년 지하 정치운동에 가담하고 지하단체에서 활동했다. 그는 캅카스 지방의 주요 공단지대에서 탁월한 언변으로 노동자의 시위와 파업을 선동했다. 1902년부터 1903년까지 스탈린은 혁명 활동을 하다가 일곱 번 체포되어 투옥과 추방을 되풀이했다.

1903년부터 볼셰비키 세력 확장을 위해 노력했다. 전국에 지하당을 조직하고 재정 문제를 해결하기 위해 대담한 강도행각도 서슴지 않았다. 1912년 그는 상트페테르부르크에 와서 잡지 〈프라우다〉를 창간했고 초대 편집장이 되었다. 이때부터 '강철 인간'이라는 뜻인 '스탈린'이라는 필명을 본격적으로 사용했고 필명으로 쓰던 것이 굳어져서 본명이 되었다.

1917년 레닌의 전폭적인 지지로 스탈린은 볼셰비키 중앙위원회의 위원으로 선출되었고, 10월 혁명으로 볼셰비키가 집권한 후 승승장구하여 마침내 1924년 소비에트연방의 서기장, 1941년 총리, 1945년부터 1953년까지는 소련 국가원수가 되었다.

그는 집권하자마자 경제개발 정책을 추진, 세계에서 가장 가난한 농업국가 중 하나였던 소련을 산업화하여 세계 2위의 경제대국을 이루었다. 또한 과학기술의 개발에도 중점을 두어 미국과 맞먹는 과학기술 국가로 발전시켰다.

스탈린은 경제 발전과 2차 세계대전의 승전 등을 바탕으로 철저히 우상화되었으나 정치적으로는 정적 숙청과 동지들마저 반혁명 혐의로 제거해, 죽은 후에는 흐루시초프에 의해 강력한 비판을 받고 격하당했다. 소련 붕괴 이후 사람들의 삶이 어려워지고 국가 위상이 곤두박질함에 따라, 스탈린을 그리워하는 여론이 높아졌다. 2008년 '러시아를 상징하는 인물'을 찾는 프로젝트에서 '러시아

3대 영웅' 중 한 명으로 뽑혔다.

━━ 전진합시다, 우리의 승리를 향해!

다음은 1941년 7월 3일, 스탈린이 독소전쟁을 독려한 대국민 라디오 연설의 요지다.

"동지 여러분! 국민 여러분! 여러분에게 말씀드립니다. 배신자 히틀러의 독일 군대가 6월 22일, 우리의 조국을 침공한 이래 지금도 그들의 공격은 계속되고 있습니다. 붉은 군대의 영웅적인 저항에도 불구하고 적군은 새로운 병력을 공격전선에 투입하며 계속 돌진해 들어오고 있습니다. 우리의 영광스러운 붉은 군대가 수많은 도시와 지역들을 파시스트 군대에 내주고 말다니 과연 이런 일이 어떻게 일어날 수 있었을까요?

사실을 말씀드리자면 이렇습니다. 독일의 군대는 이미 충분히 동원된 상태였기 때문에, 소련 침공의 목적으로 소련 국경에 배치된 독일의 170개 사단 병력은 완전한 준비태세를 갖추고 공격신호만 기다리는 상태였습니다. 반면 소련 군대는 동원되어 전선에 배치될 충분한 시간을 거의 갖지 못했습니다.

우리 조국에 감도는 위험을 종식시키기 위해 무엇이 필요하며, 적을 격퇴하기 위해서는 어떤 조치를 취해야 할까요? 이것은 소비에트의 생사, 소비에트연방공화국 국민들의 생사를 결정하는 문제입니다. 소비에트 국민들은 이 사실을 깨닫고 모든 경솔함을 버려야 합니다. 소비에트연방의 국민들은 적에 대항해 일어나, 자신의 권리와 자신의 영토를 수호해야 합니다.

붉은 군대, 붉은 해군, 소비에트연방의 모든 시민들은 소비에트 땅을 단 한 뼘도 빼앗기지 말고 지켜야 하며, 우리의 도시와 마을을 지키기 위해 마지막 피 한 방울까지 아끼지 말고 싸워야 하며, 우리 민족이 대대로 물려받은 과감성과 지력知力을 발휘해야 합니다.

우리는 붉은 군대를 전반적으로 지원하는 조직을 만들고, 강력한 병사지원 체제를 갖추고, 군대가 필요로 하는 모든 군수품을 조달해야 합니다. 우리는 군대와 군수물자의 신속한 수송체계와 부상자를 광범위하게 돕는 체제를 갖추어야 합니다.

적군에게 점령당한 지역에서는 기병과 보병으로 구성된 게릴라 부대가 조직되어야 합니다. 적의 군대와 전투하고, 어디에서든 게릴라식 전투를 일으키며 교량, 도로를 폭파하고, 전화 전신선을 파괴하며, 숲, 상점, 수송차량에 방화하기 위한 교란부대가 조직되어야 합니다.

우리 국민 모두는 무수히 봉기할 것입니다. 모스크바와 레닌그라드의 노동자들은 이미 붉은 군대를 지원하기 위한 대규모 국민 군대를 조직하기 시작했습니다.

이러한 국민 군대는 적의 침공 위험이 있는 모든 도시에서 조직되어야 할 것입니다. 모든 노동자들은 우리의 자유, 우리의 명예, 우리의 조국을 수호하기 위해 일어나야 합니다. 그리하여 독일 파시즘에 대항하는 애국전쟁에 참여해야 합니다. 우리의 용감한 붉은 군대와 우리의 영광스러운 해군을 지원하는 일에 우리의 힘을 모두 쏟읍시다. 우리 인민의 힘을 모두 뭉칩시다, 적의 섬멸을 위해! 전진합시다, 우리의 승리를 향해!"

불멸의 지도자,
프랭클린 루스벨트

━━━ 미국 역사상 전무후무한 4선 대통령

소아마비로 인해 불구의 몸을 가지게 되었으면서도 미국 대통령에
네 번이나 당선되었던 의지의 사나이, 대공황으로 국가 경제가 절
망적인 위기에 처하자 뉴딜정책으로 경제를 부흥시킨 유능한 지도
자, 일본의 기습공격에 단호하게 대처하여 미국은 물론 2차 세계대
전을 승리로 이끈 역사적인 인물 프랭클린 루스벨트Franklin D. Roosevelt.

그는 1882년 1월 30일, 미국 뉴욕 주 북부의 하이드파크에서
뉴잉글랜드의 명문인 루스벨트 가의 아들로 태어나 대저택에서 많
은 사람들의 부러움과 질시를 받으며 자라났다.

프랭클린은 열네 살 때 사립명문 그라턴 기숙학교에 입학했
고 고등학교를 졸업하고 만 19세 때 하버드 대학교에 입학했으며
1908년 콜럼비아 대학교의 법학대학원에 들어가 법률을 공부해
변호사가 되었다.

부유한 가정에 태어나 풍족한 환경에서 자랐고, 사람들로부터
앞날이 촉망되는 미래의 정치가로 각광을 받았다. 1913~1920년,
윌슨 대통령 아래서 해군차관을 거쳐, 1920년 선거에서 그는 부통

령 후보로 지명되었지만 워런 하딩의 공화당에 패배했다.

선거 다음 해인 1921년, 여름 별장에서 찬물에 빠진 이후 소아마비 진단을 받고 걷지 못했을 뿐만 아니라 극심한 통증에 시달려왔다. 그러나 절망하지 않고 뼈를 깎는 재활치료와 끈질긴 노력으로 두 다리로 걷지 못하는 장애를 극복하고 도움이 필요하기는 해도 어느 정도 움직일 수 있게 되자, 사람들의 놀라움 속에서 다시 정계로 돌아왔다.

1928년 그는 뉴욕 주지사에 당선되었고, 주州 수력회사의 설립, 양로연금 연제도의 확립, 농민실업 구제 등 혁신적인 여러 개혁을 실행했다. 두 번에 걸친 임기 중 '최고의 지사'라는 칭송과 함께 뛰어난 임무수행 능력을 인정받고, 마침내 1932년 민주당 대통령 후보로 지명되었다. 이후 낙관적인 경제론 때문에 인기를 잃은 허버트 C. 후버를 누르고, 대공황으로 허덕이는 국민들에게 뉴딜정책을 선언, 압도적인 득표 차로 대통령에 당선되었다. 루스벨트는 취임 연설에서 "우리가 두려워할 것은 우리 자신 안의 두려움밖에는 없습니다"라는 말로 국민들에게 희망을 불어넣었다.

루스벨트는 대공황과 2차 세계대전이라는 국난 동안 네 번이나 대통령직을 맡아 수많은 업적을 남겼다. 그 가운데 중대한 몇 가지를 꼽으면 뉴딜정책과 미국 경제 회복, 소외 계층 및 장애인을 위한 복지 정책, 인디안 보호정책 등을 들 수 있는데 이것들은 루스벨트가 장애를 통해 시달리는 민중들의 아픔을 더 잘 이해할 수 있었기 때문이다. 또 2차 세계대전 동안 미국을 일본과 독일을 상대로 승리로 이끌었고 국제연합을 창설했다.

루스벨트는 12년 동안의 대통령직 수행으로 엄청난 피로가 누적되어 1945년에 임기 중 뇌졸중 발작을 일으켜 63세에 세상을 떠났지만, 미국 국민의 '존경받는 대통령'으로 그의 이름은 역사 속에 영원히 살아 있다.

▬ 치욕의 날로 기억될 것입니다

다음의 연설은 '대일선전포고' 일명 '치욕의 연설'로 유명한 미국 명연설문 중 하나다.

"부통령, 하원의장 그리고 상·하원 의원 여러분. 어제, 1941년 12월 7일은 '치욕의 날'로 기억될 것입니다. 미국은 일본제국의 해군과 공군으로부터 치밀하게 계획된 불시의 공격을 받았습니다.

미국은 그 나라와 평화적인 관계를 유지하고 있었고 또한 일본의 요청으로 일본 황제와 태평양지역의 평화유지에 대한 방안을 놓고 대화를 진행하고 있었습니다. 사실, 일본 공군비행대가 미국의 오하우 섬에 폭격을 시작한 지 1시간 후, 주미 일본대사와 그의 동료가 최근 미국이 보낸 서신에 대한 형식적인 답변서를 제출했습니다. 그리고 이 답변서에는 기존의 외교협상을 지속시키는 것이 무용하다는 말은 있었어도 전쟁이나 무력 공격에 대한 위협이나 암시는 없었습니다.

하와이로부터 일본까지의 거리를 미루어보아 기습공격은 여러 날, 어쩌면 수주 전부터 치밀하게 계획되었음이 분명합니다. 이 기간 동안 일본 정부는 거짓 성명과 평화의 지속을 희망한다는 표현을 씀으로써, 고의적으로 미국을 속여왔습니다.

어제 있었던 하와이 제도에 대한 공격에서 미국 해군과 육군은 심각한 피해를 입었습니다. 유감스럽게도 많은 미국인이 목숨을 잃었다는 것을 보고드립니다. 그에 덧붙여 샌프란시스코와 호놀룰루 사이의 공해상에서 미국의 함선들이 어뢰공격을 받았습니다.

또한 어제 일본 정부는 말레이 반도에 대해 공격을 시작했습니다. 어젯밤 일본군은 홍콩을 공격했습니다. 괌을 공격했습니다. 필리핀 군도를 공격했습니다. 웨이크 섬을 공격했습니다. 그리고 오늘 아침 일본군은 미드웨이 제도를 공격했습니다. 일본은 태평양지역 전체에 대해 기습공격을 감행한 것입니다.

어제와 오늘 일어난 사태로 모든 것이 분명해졌습니다. 미국 국민들은 이미 의견을 굳혔으며 이러한 사태가 우리 국가의 존폐와 안위에 연관되어 있음을 잘 이해하고 있습니다.

미국 육·해군의 총사령관으로서 나는 우리의 국토방위에 만전을 기하도록 지시했으며, 우리들에게 가해진 공격의 성격을 항상 기억할 것입니다. 이 미리 계획된 침략을 패배시키는 데 얼마나 오랜 시간이 걸릴지는 모르겠으나 아무리 오래 걸린다 하더라도 정의의 힘을 지닌 미국인들은 완전한 승리를 거두게 될 것입니다.

나는 1941년 12월 7일 화요일, 일본에 의해 벌어진 정당치 못하고 비열한 공격 이후, 미국과 일본제국 간에 전쟁상태가 시작되었음을 의회가 선포해줄 것을 요청하는 바입니다."

리틀 빅 맨,
해리 트루먼

━━━ 갑자기 대통령이 된 사나이

세계 최초로 유일한 핵공격 명령을 내린 강력한 대통령, '리틀 빅 맨'이란 애칭으로 불렸던 세계적인 지도자 해리 트루먼_{Harry S. Truman}. 그는 1884년 미국 미주리주 라마에서 농부의 아들로 태어났다. 고등학교를 졸업하고 직장 생활을 하다가 1906부터 12년 간 가족과 함께 농장에서 일했다. 1917년 1차 세계대전 중에 포병 소위로 참전하여 1919년 소령으로 전역했다. 1923년 캔자스시티 법대 야간학부에 다녔고, 잭슨카운티 법원의 행정담당 판사로 선출되었으며, 1927년에는 수석판사에 선임되어 1934년까지 재임했다.

1934년 미주리주 연방 상원의원으로 선출되었고 1940년 '전쟁조사위원회' 의장이 되었으며 1944년 프랭클린 루스벨트 대통령의 러닝메이트로 부통령에 당선되었다. 그리고 1945년 4월 12일 대통령이 급사하자 부통령이 된 지 불과 82일 만에 대통령직을 승계했다.

갑자기 대통령에 취임하게 된 트루먼은 수많은 전시戰時의 난제들을 하루아침에 떠안게 되었다. 그는 기자들에게 '하늘의 달과 별과 모든 행성들이 내 머리 위로 떨어진 느낌이었다'고 당시의 심정을 토로했다.

트루먼은 대통령으로서 역사상 가장 중대한 결정을 내렸다. 취임 직후, 독일의 항복으로 전쟁은 끝났지만 일본과의 전쟁은 막바지에 다다랐다. 일본은 연합군의 항복 권유를 묵살했다. 트루먼은 1941년 일본의 진주만 공격으로 시작된 전쟁을 단번에 끝내기로 결심하고 원자탄 투하를 명령했다. 8월 6일 히로시마, 8월 9일 나가사키에 원자탄이 투하되자 경천동지할 위력에 일본은 무조건 항복을 했으며, 이로써 2차 세계대전이 종식되었다.

그 후 반소反蘇 반공反共을 내세운 '트루먼독트린'을 선포했다. 또한 유럽부흥을 위해 '마셜플랜'으로 불리는 마셜원조계획을 실시하면서 파괴된 유럽을 재건하고, 자본주의 질서를 공고히 했다. 이러한 정책은 국제사회가 냉전체제로 돌입하는 계기가 되었다.

1948년 대통령에 재선되었고, 1949년 소련으로부터 서유럽을 보호하기 위해 12개국 군으로 구성된 '북대서양조약기구NATO'를 탄생시켰다. 1950년 한국전쟁이 발발하자 트루먼 정부는 즉시 유엔 안전보장이사회를 소집하고 참전을 결정했다. 그러나 중국 공산군의 개입으로 전쟁이 길어지자 중국군에 대한 원자탄 공격을 주장한 유엔군 총사령관 맥아더 장군을 전쟁 수행 중 해임시켜서 세계의 여론을 진동시킨 바 있다. 중국 더 나아가서는 소련과의 정면충돌을 피하기 위해 전쟁이 확대되는 것을 원치 않았기 때문이다.

1953년 퇴임한 후, 그는 서방세계를 공산주의로부터 막아낸 거인이란 뜻의 '리틀 빅 맨'이라는 애칭을 얻었다. 인디펜던스에서 은

퇴생활을 했으며 1972년 향년 88세로 사망했다.

━━ 침략의 저지는 우리의 의무

1950년 9월 1일, 미 대통령 트루먼은 한국전쟁에 관한 중대연설을 하고 미국의 정책과 그 필승의 결의를 표명했다. 다음은 그 연설의 요지다.

"나는 오늘밤, 미국 국민 여러분에게 한국의 문제에 관하여 말하고자 합니다. 약 2개월 전, 공산주의는 한국에 대하여 야수적 공격을 해왔습니다. 이 사건이 발생하자 자유와 평화를 사랑하는 세계 각국은 두 가지의 문제에 당면했습니다. 하나는 우리가 단순히 외교적 항의만을 하는 동안에 공산당이 한국을 정복한 것이고, 다른 하나는 국제연합이 사실적 행동으로써 이 침략에 대항하는 역사적 결정인 것입니다.

2차 세계대전 이래, 모든 자유와 평화를 위하여 공동행동을 취하자는 전체적 총회가 있었음으로 이번의 한국전쟁에서 유엔이 행동할 수 있었습니다. 자유국가 대 적색 제국주의 간의 투쟁의 성과는 모든 자유국으로 하여금 더욱 단결하게 했고, 한국에 있어서 무력침략이 시작되자 모든 자유우방은 적극적이었습니다. 유엔 53개국 중 16개국이 이 도전에 응했고, 30개국이 구체적 원조를 표하여 이 침략을 격퇴하도록 유엔을 지지하고 있습니다.

우리들은 적군 섬멸에 자신만만하여 지금 병력이 한국에 집결되고 있습니다. 한국 전선은 바야흐로 민주주의와 전제 간의 공산주의 투쟁의 제일선이 되어 있으며, 그 투쟁은 세계의 영원한 평화와 정의를 건설하기 위한 당당한 대투쟁의 일부인 것입니다.

이것이 한국에 필요한 병력에 미국 방위군을 증강하지 않으면 안 되는 이유이며, 동시에 미국은 그 우방 자유국가에 대한 군사 활동을 강화하는 법안을 심의 중에 있습니다. 서유럽에만도 2억 이상의 인구가 있으며 그 공업력이 세계에서 미국 다음가는 큰 능력을 가지고 있습니다. 그들은 미국과 결합하여 공동방위군 건설에 힘쓰고 있습니다. 미국의 군사력은 자유세계의 중요한 군사력이 되어 있습니다.

한국의 사태에서 우리는 전쟁의 비참함과 가공할 결과를 자인한 바입니다. 북한 괴뢰측은 적색 독재자의 도구로써 무장전투를 한 자에게 어떠한 철칙이 내렸는지 경험했을 것입니다. 적색 독재자를 따라가는 자에게는 아무런 평화도 없을 것입니다. 독재주의의 말로와 그 비극적인 진로에 대하여, 미국은 전 세계 인민을 위하여 자유의 대로大路를 견지하렵니다.

미국은 인류가 평화와 정의를 따를 때 진보 발전할 수 있음으로 주장합니다. 세계 역사상 볼 수 없는 위기에 처하여, 미국은 국가 간의 평화와 정의를 유지하기 위하여 그 자원을 제공하고 그 노력과 그 지도력을 발휘하도록 요청받았습니다. 미국은 이에 응답했습니다. 미국은 결코 실패하지 않을 것입니다. 내가 사랑하는 미국에 부여된 이 대업은 그 수행상 대단히 위대한 것입니다.

신神이여! 모든 미국 국민에게 이기적 행위와 비열한 행동을 일소하게 하시며, 앞날을 위하여 능력과 용기를 주옵소서.”

아돌프 히틀러에게 배우는
연설 기법

━━ 히틀러 스피치의 비결 세 가지

히틀러Adolf Hitler는 '연설이야말로 세상을 움직이는 가장 큰 무기'라고 생각했다. 그래서 그는 이 비장의 무기를 갈고 닦아서 최강의 무기로 만들고, 이를 잘 활용하여 하사관에서 독일 최고의 총통에까지 오른 입지전적인 인물이다. 역사상 위인들 대부분이 무력으로 정권을 쟁탈하지만, 히틀러만은 연설로 90퍼센트란 압도적인 국민의 지지를 받아 최고 권좌에 오른다.

그렇다면 대중을 사로잡은 연설의 비결은 무엇일까? 그의 기법을 벤치마킹해보자. 히틀러의 스피치의 특징을 요약하면 '신비로운 등장' '알기 쉬운 내용' 그리고 '군중을 흥분시키는 열정적인 연설'이다. 좀 더 구체적으로 알아보자.

1. 신비로운 등장: 히틀러는 신비한 이미지를 유지하기 위해 선불리 대중 앞에 모습을 드러내지 않았다. 히틀러는 연설 효과를 극대화하기 위해서 반드시 사전행사를 기획했다. 악대의 연주라든가, 사회자로 하여금 분위기를 북돋운다. 한창 분위기가 고조되었을 때 사회자로부터 소개를 받은 다음에 등장하는데, 소개자들이 선전부

장관 괴벨스 등과 같은 거물이다. 소개말에 맞춰서 등단한 히틀러는 환호하는 청중석이 조용해질 때까지 청중을 지켜본다.

2. 대의명분을 내세우고 알기 쉬운 내용: '대중의 이해력은 작지만, 망각의 힘은 크다'고 히틀러는 분석했다. 그래서 '독일의 부흥'이란 대의명분 아래 '정부'나 '유대인' 등을 공동의 적으로 몰아붙여서 청중을 분노하게 만든 다음 통쾌하게 비판했다. 누구나 알 수 있는 쉬운 말로 '일자리와 빵을!'을 슬로건처럼 말했으며, 같은 의미의 말을 표현을 바꾸어 반복하여 주입시켰다. 메시지가 단순할수록 감정적으로 되며 호감도가 높을수록 설득력이 강해지기 때문이다.

3. 군중이 동화되어 흥분하도록 열정적으로 연설: 처음에는 부드러운 음성으로 시작하다가 곧 급피치를 올려 연설의 마지막까지 열변을 토하고, 절정에 이르면 연설을 마치고 미련 없이 하단한다. 그의 말을 듣는 청중은 신神의 음성이라도 듣는 것처럼 황홀경에 빠져들었다고 한다. 특히 표정, 제스처, 자세 등의 몸말body language의 연습에도 열심이었다고 한다. 히틀러는 온몸으로 말해야 연사 자신의 감정도 살아나고 청중도 연사에게 몰입하게 된다는 것을 잘 알고 있었기 때문이다.

▬ 대중을 사로잡은 천재 히틀러

이기면 충신이요 지면 역적이라고 했던가. 전쟁의 미치광이, 유대인 대량학살의 살인마, 국민을 오도시킨 독재자로 지탄을 받는 인물 히틀러! 그러나 패전 후 독일의 참상을 부흥시킨 탁월한 정치가, 다양한 개혁으로 독일을 재건한 지도자, 대중연설의 천재라는 평가도 있다. 그의 도덕성 문제는 차치하고, 명연설가 반열에서 히틀러는 결코 빼놓을 수 없는 인물 중의 하나다. 1933년 정권을 장악하고 수상이 된 그의 첫 연설을 들어보자.

"독일인이여! 올해 1월 30일에 새로운 정부가 탄생했습니다.

저를 비롯한 국가 사회주의자들도 정권에 참여했습니다. 이제 전제조건은 달성되었다고 생각합니다. 이 전제조건을 쟁취하는 것이 지금까지의 목적이었습니다.

1918년 전쟁이 끝났을 때쯤, 수백만의 독일인들과 마찬가지로 나는 독일은 잘못이 없다고 생각했습니다. 전쟁이 시작된 이유부터 전쟁에서 진 이유까지 독일의 정치적인 상황에서도 또한 책임이 없다는 것입니다. 난 800만에서 1,000만 명에 달하는 군인 중의 하나일 뿐이었습니다. (박수)

요즈음 독일이란 나라는 과거에 있었던 일만을 자랑할 수 있게 되었고, 현재의 일은 부끄러워서 얼굴조차 못 들게 되었습니다. 나라의 외교정책도 없어지고, 경제적으로는 불안해졌으며, 나라 전체가 점점 무너져 가기 시작했습니다. 나라는 점점 붕괴되어가고 썩고 해체만 되어갈 뿐입니다. 그리고 국가에 대한 믿음도 점점 사라져 가기 시작했습니다. 이 모든 것들은 누군가가 가지고 왔습니다. 1918년 11월에, 그 인간들로부터 시작된 것입니다. (옳소, 열렬한 박수)

그리고 우리는 계층들이 무너져 가는 것을 목격했습니다. 절망에 빠져 있는 중산층, 망가져 버린 수백 수천의 삶들, 매년마다 모든 게 심해져갈 뿐이며 수십만의 사람들이 파산을 하고 있습니다. 실직자들은 점점 그 수를 더해가고 있습니다. 100, 200, 300…

400만… 500만… 600만… 700만, 아마 오늘날 그 수는 700에서 800만에 달할 것입니다.

언제까지 이대로 보고만 있을 것입니까? 저는 확신을 가지고 말합니다. 우리는 우리가 너무 늦기 전에 행동을 취해야 한다고. 그러므로 저는 1월 30일에, 저를 지지하는 당과 일곱 명의 협력자, 그리고 1,200만의 강력한 여러분과 함께 이 나라를 살릴 것이라고 굳게 결심했습니다. (환호, 열광적인 박수)

14년 동안 끊임없이 일해왔고 이 운동을 이루기 위해 끊임없이 일해온 저와 함께 그리고 일곱 명에서 1,200명으로 성장을 이룩한 저와 우리는 모두 열심히 노력하고 일할 것입니다. 독일의 새로운 부활을 위해서! (환호와 열광적인 박수)

독일인들이여! 우리에게 4년만 주십시오. 저는 맹세합니다. 그것을 이루었을 때 저는 떠날 것입니다. 나는 보상을 받기 위해서 이일을 하는 것이 아닙니다! 오로지 여러분을 위해서 행동하는 것입니다.” (전원 기립, 환호와 박수의 물결)

연설은 글로 보기보다는 실제로 말하는 음성과 표정, 제스처를 보아야 실감이 난다. 특히 히틀러의 연설은 더욱 그렇다. 관심이 있는 사람은 〈의지의 승리〉라는 기록영화를 참고하기 바란다.

전쟁 영웅,
드와이트 D. 아이젠하워

━━ 만년 소령에서 초고속 승진으로 대장군이 된 인물

2차 세계대전 당시 연합군의 총사령관으로 '노르망디 상륙작전'을 승리로 이끈 전쟁 영웅, 애칭 '아이크Ike'로 미국 국민들의 사랑을 받으며 대통령이 된 드와이트 아이젠하워Dwight D. Eisenhower. 그는 1890년 데이비드 제이콥 아이젠하워의 일곱 아들 중 셋째 아들로 태어났다.

아버지는 크림 공장에서 일했고 집안 형편은 매우 가난했지만 아이젠하워는 형제들과 어울리며 잘 성장했다. 아이젠하워가 훌륭한 청년으로 자란 데에는 어머니의 교육이 있었다. 어머니는 자식들로 하여금 그날 목표로 한 일은 반드시 달성하게 했다. 목표량을 달성하지 못하면 밤늦은 시각에도 일을 해야 했다. 1909년에 아비그린 고등학교를 졸업하고 1909년부터 1911년까지 버터제조소에서 일을 했다.

그러다가 육군사관학교에 입학하여 1915년에 졸업하고 보병 소위로 임관했다. 1차 세계대전 중 참전은 못하고 전차훈련소를 비롯해 여러 곳에서 교관으로 근무하며 국내에 머물렀다. 종전 후

1924년까지 파나마운하 지역에서 근무했으며 육군참모학교에서는 장교 중 수석을 하는 등 두각을 나타내었고, 1928년 육군대학교를 졸업했다.

1932년 육군참모총장 더글러스 맥아더의 참모가 되었으며, 1935년에서 1939년까지 필리핀 군사고문을 지낸 맥아더 휘하에서 현지 주둔군 양성을 맡았다. 그는 1920년에 소령이 되어 중령이 되기까지 16년이나 제자리걸음을 하는 만년 소령이었지만, 결코 좌절하지 않고 묵묵히 인내하면서 실력을 쌓고 때를 기다렸다.

2차 세계대전이 일어나자, 3년이라는 짧은 기간 동안 그는 5성 장군으로 도약, 유럽 연합군 최고 사령관 직책을 맡게 됐다. 1944년 역사적인 노르망디 상륙작전을 성공시킴으로서 1945년 5월 마침내 독일의 항복을 받아냈다. 전쟁이 끝난 후 1945년 육군참모총장, 1948년 컬럼비아 대학교 총장을 거쳐 1950년 새로 창설된 나토NATO군 최고사령관을 지냈다.

1952년 주위 사람들의 권유로 공화당 후보로 대선에 출마했으며 'I like Ike(나는 아이크가 좋아요)'라는 선거 슬로건으로 대성공을 거두었다. 아이젠하워는 압도적인 표차로 대통령에 당선되어 민주당 대통령 시대를 20년 만에 종식시킨다.

1953년, 그는 한국전쟁 휴전조약을 이끌어냈다. 이는 그의 선거공약으로 선거 운동 당시 한국전쟁의 장기화 우려를 불식시키기 위하여 '제가 대한민국에 가겠습니다'라는 말을 했으며, 그 공약을 지키기 위하여 실제로 당선 직후 대한민국을 방문했다.

아이젠하워 대통령은 자기는 "공산군의 침략으로 말미암아 황폐화된 대한민국이 현저히 부흥되어 가고 있음을 눈으로 직접 보기 위해" 1952년 12월, 한국을 방문했고 1960년에 다시 한국을 방문했다. 1960년의 방문은 미국의 대통령 신분으로는 최초의 방문이었다. 그는 한국 전쟁의 종결, 자유경제의 복귀, 건전한 재정 등의 정책을 시행했다.

그에 대한 평가는 대통령 시대는 높은 지지율을 유지했지만 퇴임하자 평가가 떨어졌지만 역사가들의 최근 투표에서는 아이젠하워가 모든 대통령 중 11번째로 평가됐다.

1961년 민주당의 케네디에게 대통령직을 물려주었다. 퇴임 후 펜실베이니아주 게티즈버그에 있는 농장 집에서 생활하다가 1969년 3월 28일 심장병으로 사망했다.

━━ 노르망디 상륙에 앞서 장병들을 격려한 연설

다음은 1944년 6월 6일, 연합군의 노르망디 상륙에 앞서 총사령관 아이젠하워 장군이 장병들을 격려한 연설의 전문이다.

"연합 원정군의 육해공군 장병 여러분.

여러분은 바야흐로 위대한 십자군 원정에 나서려 하고 있습니다.

여러 달 동안 우리는 이 과업을 준비하기 위해 땀을 흘렸습니다.

전 세계가 여러분을 지켜보고 있습니다. 자유를 사랑하는 사람들은 어디에 있든지 그들의 희망과 기도는 여러분들과 함께 진군할 것입니다.

여러 전선에서 싸우고 있는 우리 연합군 전우들은 독일의 전쟁 기구를 파괴해야 하며, 유럽인들을 억압하고 있는 나치 전제주의

자들을 제거해야 하고, 자유세계의 모든 사람들의 안전을 확보해야 합니다.

여러분들의 임무는 결코 쉽지 않을 것입니다. 여러분들의 적은 잘 훈련되어 있고, 잘 무장되었으며, 수많은 전투 경험으로 단련되어 있습니다. 적은 필사적으로 저항할 것입니다.

그러나 지금은 1944년입니다. 1940년에서 1941년 간의 나치 승전 이후, 많은 일들이 일어났습니다. 나치에 맞선 연합국들은 수많은 전투에서 독일을 대패시켰습니다. 우리의 항공 전술에 의해, 그들의 항공 전력과 지상에서의 전쟁 수행 능력은 크게 약화되었습니다. 그들의 물자도 바닥나고 있습니다.

우리의 조국 후방전선은 우리에게 압도적으로 우세한 무기와 탄약을 제공하고 있으며, 잘 훈련된 전투 병력을 보내주고 있습니다. 대세는 바뀌었습니다!

전 세계의 자유민들도 우리와 함께 승리를 향해서 힘차게 전진할 것입니다! 나는 여러분들의 용기, 임무에 대한 헌신 그리고 전투 역량에 대하여 무한한 자부심을 느끼고 있습니다.

이제 우리는 완전한 승리만을 남겨놓고 있을 뿐입니다. 행운을 빕니다!

여러분들이 이 위대하고 고귀한 임무를 수행함에 있어서, 전지전능한 하느님의 축복이 우리와 함께하시기를 간구하는 바입니다."

샤를 드 골의 명연설과
리더십

▬ 불멸의 지도자 드 골 대통령의 리더십

샤를 드 골Charles De Gaulle은 프랑스의 자존심과 명예를 지켜낸 지도자이고 제5공화국을 출범시킨 주역이며 제5공화국의 첫 번째 대통령이다. 2차 세계대전 후 유럽 체제를 재창조한 불멸의 대통령으로 국민의 추앙을 받은 인물, 그의 리더십에는 몇 가지 특징이 있다.

첫째, 국민과의 소통할 줄 알았다. 소통 능력은 조직을 구성하는 데 필수다. 국가를 살리는 거사에 국민과의 소통이 우선임을 알았던 그는 런던에서 BBC방송을 통하여, 국민에게 항전의식과 결집할 것을 호소했고, 처칠 수상을 비롯한 연합국과의 소통으로 프랑스를 구하는 데 성공했다.

둘째, 비전 제시로 희망을 주었다. 목표, 방향성이 명확하게 정해져 있지 않으면 우왕좌왕하다가 조직원은 뿔뿔이 흩어지고 만다. 드 골은 '자유 프랑스'라는 슬로건을 내걸고 정확한 안목으로 항쟁에서 승리할 수 있는 요소들을 나열하며, 절망에 빠진 국민들에게 희망을 주었다. 희망은 프랑스 국민을 움직이게 만들었다.

셋째, 신념과 행동력이 있었다. 신념은 목표 달성을 이루려는 원동력이고 전력투구로 행동하게 만드는 추진력이다. 드 골은 프랑스 정부가 항복을 선언하기 5일 전에 영국으로 망명하여 스스로 '프랑스의 지도자'로 나서서 남은 병력의 결집과 동맹국과 협조로 프랑스의 자존심을 지켜냈으며 승전국으로 위상을 높였다.

넷째, 경제를 안정시킬 줄 알았다. 현대 사회는 경제가 곧 국력이다. 당시 프랑스는 전쟁의 후유증으로 국민의 살림살이는 말이 아니었다. 그래서 그는 정권을 잡자마자, 먼저 서민경제를 살려놓고, 건전한 통화정책으로 경제를 안정시켜 나라의 중심을 잡았다.

다섯째, 도덕적으로 청렴결백했다. 최고의 권좌인 대통령직을 은퇴하고 찾아간 그의 고향집엔 낡은 책상과 의자, 타자기 한 대가 전부였다. 그는 "나는 모든 특권, 격상, 위엄, 표창, 치장을 거절한다"는 유언장을 남겼다. 그래서 묘비에도 "Charles de Gaulle: 1890~1970"이라고만 적혀 있다. 뿐만 아니라 드 골은 정부에서 퇴임한 대통령에게 주는 연금과 가족들에게 주는 연금도 모두 불쌍한 국민들을 위해 사용하도록 했다. 세상에 둘도 없는 지도자의 본보기가 아닌가.

▬ 프랑스인이여, 아직은 끝나지 않았다!

독일의 침공으로 파리를 점령당하자 프랑스 정부는 항복하려고 휴전을 청했다. 풍전등화의 위기에 처한 조국을 구하기 위해 드 골은 런던에 망명정부인 '자유 프랑스'를 수립하고 '프랑스인이여, 아직은 끝나지 않았다!'는 방송 연설을 시작으로 프랑스인을 결집하고, 연합군과 책략을 펼치며 프랑스를 반석에 올려놓았다.

다음은 1940년 6월 22일 그의 명연설이다.

"프랑스 정부는 휴전을 청한 이래 적의 예속하에 있습니다. 머지 않아 프랑스의 육해공군은 완전히 무장 해제될 것이며, 우리 군은 적의 하인이 되어 프랑스 국토는 점령되고 프랑스 국가는 독일과 이탈리아의 속국이 될 것입니다. 이 휴전은 분명 예속되는 것입니다. 대다수의 프랑스인은 예속을 결코 인정하지 않습니다. 왜냐하면 '명예'와 '상식'과 '최상의 국익'이라는 이름의 이유가 있기 때문입니다.

나는 '명예'라고 말했습니다! 그것은 프랑스는 연합국과의 동의 없이는 무기를 놓지 않는다고 맹세했기 때문입니다. 연합국이 전투를 계속하는 한, 우리 정부는 적에게 굴복할 권한이 없습니다. 폴란드 정부, 노르웨이 정부, 벨기에 정부, 네덜란드 정부, 룩셈부르크 정부, 그리고 그 나라의 모든 계층의 사람들도 자신의 책임을 다하기로 합의가 끝난 상태입니다.

나는 '상식'이라고 말했습니다! 그것은 전쟁에 졌다고 생각하는 것은 비상식적이기 때문입니다. 확실히 우리는 크게 패배를 했습니다. 앞에 치른 전투에서 우리의 군사조직은 열악하고, 작전지휘는 실수를 범했고, 국민은 전쟁을 피하려는 분위기가 가득 차 있어, 우리 프랑스는 전투에 패배했습니다. 하지만 우리에게는 더 광대한 영역도, 손상되지 않은 함대도, 또 자금도 남아 있습니다. 우리에게는 엄청난 자원이 있고 해양을 총괄하고 있는 동맹국이 있습니다. 또한 우리는 엄청난 잠재력을 가진 미국의 공업력이 있습니다. 우리는 먼젓번에 진 전쟁을 5,000대의 항공기와 6,000량의 전차로 싸웠습니다. 그러나 이번에 또 전쟁을 하면 2만 대의 항공기와 2만 량의 전차로 우리는 반드시 승리할 수 있습니다.

나는 '최상의 국익'이라고 말했습니다! 그것은 이번 전쟁은 프랑스와 독일 간의 단순한 전쟁이 아닙니다. 이 전쟁은 세계대전입니다. 오늘 중립적인 나라가 내일도 그렇다고는 아무도 말할 수 없으며, 또 독일의 동맹국이 내일도 그대로 동맹이라고 말할 수 없습니다. 만약 자유주의의 군대가 프랑스의 적을 발아래 엎드리게 굴종시킨다면 어떻게 될까요.

명예도, 상식도, 국익도, 자유 프랑스인 모두에게 전투를 계속하도록 명령하고 있습니다. 그리고 프랑스인은 전력을 다해 계속 싸울 것입니다. 그래서 모든 곳에서 가능한 많은 프랑스의 힘을 결집해야 합니다. 재집결할 수 있는 자들은 모두, 프랑스군의 일부, 프랑스의 군수생산의 잠재력으로, 각각의 부서에서 노력하여야 합니다.

이렇게 말하는 나, 드 골 장군도 여기 영국에서 국민으로서의 의무를 다하고 있습니다. 나는 지금 영국에 체류하거나 대피해온 프랑스 육해공군의 군인들 그리고 프랑스의 기술자, 노동자, 군수전문가들에게 내 휘하로 집결하도록 촉구합니다.

지금 실제로 육해공의 부서에 있는 프랑스군 장병들에게 나와 함께 싸우기를 촉구합니다. 나는 자유를 바라는 프랑스인 모두에게 내 목소리에 귀를 기울이고, 나를 따라오도록 촉구합니다. 영광과 독립 아래, 자유로운 프랑스에 만세!"

환상의 대통령,
휴이 롱

━━ 소시민 출신의 개혁 정치가

통칭 '킹 피쉬'라는 닉네임으로 잘 알려진 휴이 피어스 롱Huey Pierce
Long은 1893년 8월 30일 루이지애나의 시골 마을에서 태어났다. 가
난한 환경을 극복하며 고등학교를 졸업한 그는 지방을 순회하는
유랑극단의 세일즈맨으로 돈을 벌어 오클라호마 뱁티스트 대학교
에 들어가 법률을 배웠다.

1915년, 스물두 살의 나이로 변호사 시험에 합격한 그는 정치에
관심을 갖고 대기업 공격으로 민중의 인기를 얻었다. 1924년 루이
지애나 주지사 선거에 출마했으나 경험 부족으로 낙선하고, 그 후
4년 동안 정력적으로 유세를 다니면서 교묘한 연설로 사람들의 마
음을 움직여 1928년에 최연소로 당선됐다.

주지사 시절 빈곤층의 복지를 위한 무상교과서법, 주립대학 설
립, 소득세·상속세 증가정책, 부유세 등등 다수의 혁신법안들을 통
과시켜 서민들로부터 열광적인 호응을 얻지만, 그에 반해 부유층과
석유업자들로부터는 반감을 사게 된다.

또한 주지사 재임 기간 동안 임명권을 남용하면서 주변에 많은

정적을 키우는 과오를 저지르기도 했다. 이후 1932년 상원의원에 당선되었고 1934년부터 '누구나 왕Every Man a King'이라는 모토를 내세우며 '부를 공유하자Share Our Wealth'는 운동을 창설했다. 이 운동은 부富가 공정하게 분배될 수 있도록 정부에서 조치를 취할 것을 주장한다. 그것은 공산주의가 아니라 어디까지나 자본주의 속에서 사기업의 이익을 세금으로 국민에게 돌려주어야 한다는 것이다.

미국 사회는 그의 사회개혁 사상과 이를 실현하려는 적극적인 의지, 열정, 전염성 있는 카리스마에 푹 빠졌다. 휴이 롱은 인기의 여세를 몰아 대통령직에까지 도전하지만 선거가 열리는 다음 해 1935년 9월 10일, 그에게 정치적인 불만을 품었던 칼 오스틴 웨이스의 총에 맞아 쓰러진다.

"하느님, 저를 죽게 놔두지 마십시오. 제게는 할 일이 너무나도 많습니다"라고 신음하며 자신의 꿈을 실현시킬 한창 나이 42세로 생을 마감한다. 휴이 롱의 장례식에는 수백 명에 이르는 지지자들이 몰려 '환상의 대통령'으로 끝난 그의 죽음을 애도했다.

━━ 휴이 롱의 스피치 특징

휴이 롱의 연설 특징을 《위대한 연설 100》의 저자 사이먼 마이어는 다음과 같이 평한다.

"그는 긍정적이고 자신감이 넘치며 열정적이었다. 특히 유머와 독설이 섞여 있는 그의 연설은 설득력이 있었다. 그는 《성경》 구절을 인용하는 동시에 신성모독적인 발언도 불사했다. 엄연한 사실과 도발적인 표현, 수사적인 질문들로 가득 차 있었다. 그는 모든 사람들이 이해할 수 있도록 이야기했고 모든 청중이 공감할 언어를 사용했다. 사람들은 그가 자신들과 비슷한 사람이라고 느꼈다."

또 한 신문기자는 이렇게 평했다.

"롱은 내가 이제껏 알아온 어떤 정치인보다 청중이 듣고 싶어 하는 이야기가 무엇인지 가장 잘 아는 연사다."

특기할 사실은 세계에서 가장 긴 연설을 한 사람도 휴이 롱이었다는 점이다.

1935년 6월 12일 오후, 정확히는 12시 30분부터 시작된 연설은 저녁을 지나 끝없이 이어지는 심야를 지나 다음 13일 오전 4시에 겨우 끝났다. 15시간 반의 대장정이 된 것이다.

이 시간에 종료된 것은 그가 신체적 피로에 의해 마비된 때문이었고 건강이 허락한다면 아직 더 할 말이 많았던 것 같다.

이 연설의 속기 기록은 15만 개에 이르러 안에는 쿠키 만들기, 기저귀 교환 방법이나 재미도 없는 잡담도 들어 있었던 것 같지만, 아무튼 의사록으로 100페이지 이상이 인쇄되어 있다. 이 의사록 제작을 위한 비용은 당시 금액으로 5,000달러였다고 한다.

━━ 휴이 롱의 연설문 감상

그럼 휴이 롱이 어떤 내용으로 연설을 했는지 일부를 감상해보자.

그는 주로 라디오 방송을 통해서 연설을 했는데 "이 나라의 정부를 구하는 일 역시 필요하지만 국민을 구하는 일이 더 시급합니다"라는 말은 그의 연설 중 대표적인 문구이기도 하다.

"'부를 공유하자' 협회가 현재 조직되고 있으며 사람들은 스스로 이 지독한 상황으로부터 벗어나기 위해 있는 힘을 다하고 있습니다.

여러분 중에 독립선언서의 첫마디가 무엇이었는지 기억하는 사람이 얼마나 될까요? 선언서에는 '모든 인간은 평등하게 태어났고 조물주에 의해 양도할 수 없는 특정권리를 부여받았다. 그 권리들 중에는 생명의 권리와 자유의 권리 그리고 행복 추구의 권리가 있다…. 우리는 이러한 진실이 자명한 것이라 생각한다'고 쓰여 있습니다.

또한 '우리는 모든 사람이 평등하게 태어났다고 생각한다'라고도 쓰여 있습니다. 이러한 표현은 무슨 의미가 있을까요? 모든 사람이 똑같이 태어났다는 얘기가 어떤 사람은 100억 달러를 상속받도록 태어나고 또 다른 사람은 아무것도 상속받지 못하도록 태어났다는 얘기였을까요?

이제 우리는 협회 하나를 조직했고, 그 협회는 '부를 공유하자' 협회로 불릴 것입니다. 이 협회의 모토는 '누구나 왕'입니다. 모든 사람이 왕이 되어 삶에 꼭 필요한 것들도 없는 채 궁핍한 삶을 살아가는 상황이 발생하지 않도록 하자는 것입니다…. 우리는 모두의 가족에게 영향을 미칠 가난을 막아낼 것을 제안합니다…. 우리는 누구나 왕이기 때문입니다. 누구든 무언가 먹을 것이 있을 때 먹을 수 있어야 합니다. 누구든 무언가 입을 것이 있을 때 입을 수 있어야 합니다. 그래야 모두 독립적일 수 있습니다."

천재적 선동가,
요제프 괴벨스

━━━ 지성과 웅변으로 한 세상을 휩쓸다

'대중선동의 천재', '히틀러의 입', '시대를 앞선 언론 플레이의 선구자', '유대인 600만 학살의 주범'으로 불리는 나치독일의 정치가 괴벨스Joseph Goebbels. 도덕성은 차치하고 그는 지성과 웅변의 능력을 갖춘 인물로 라디오와 TV를 정치선전에 활용한 선구자이며, 정치 쇼의 원조이자 인간의 감정을 뒤흔들어 행동으로 몰아붙이는데 천재적인 마술사로 평가받고 있다. 그의 성장 배경과 활동에 대해서 좀 더 알아보자.

그는 1897년 소시민의 여섯 남매 중 셋째 아들로 태어나 어린 시절 폐렴을 앓아 죽을 고비를 넘겼고 몸이 매우 허약했다. 엎친 데 덮친 격으로 골수염에 걸려 오른 다리를 절었다. 친구들은 '절름발이'라고 놀려댔고 그는 열등감에 사로잡혔으며 내성적으로 변했다.

집안은 가난했지만 성적이 우수했기에 장학금으로 1921년 하이델베르크 대학교에서 문학 박사학위를 취득했다. 졸업 후 저널리스트를 꿈꿔 방송국에 취직하려 했지만 실패했고, 유대 계열의 출판사에도 입사하려다가 실패했다. 이 때문에 유대인을 혐오하게 되었다는 설도 있다. 쾰른의 신문사에 임시로 고용되었지만 경기불황으로 곧 해고되고 만다.

1925년 나치당에 입당했고 히틀러의 열렬한 추종자가 되었다. 1926년 말 베를린 관구장으로 임명되어 타고난 연설 실력으로 당원을 끌어들여 당 세력을 확장했으며, 1927년 주간지 〈공격〉의 편집장으로서 반유대주의를 부추기고 바이마르 공화국을 우롱하기 시작했다. 1928년 국회의원에 선출되었고, 1929년 나치당의 선전부장이 되어 새로운 선전 수단을 구사해 교묘한 선동정치를 했다.

1930년대 의회 해산 후 괴벨스의 실력이 유감없이 발휘되었다. 타고난 두뇌와 연설을 주특기로 자동차·기차·전용 비행기를 이용해 방방곡곡을 돌면서 대중집회를 열고 목이 터져라 유세를 했다. 그 결과 9석에 불과하던 나치당이 107석으로 제2당이 되었다.

1933년 히틀러 내각이 성립하면서 신설된 국민계몽선전부 장관이 되어 언론을 장악했고, 방송·신문·영화·연극·음악 등 보도와 문화 활동을 통제하며 대중의 사고와 감정을 마음대로 조종했다. 괴벨스는 최고의 전략가이며 히틀러에 이어 나치 당내 최고 연설가였다.

2차 세계대전 중에도 끊이지 않고 국민에게 정보전을 전개해 대전 말기 독일의 패색이 깊어진 가운데서도 폭탄에 의해 부상한 국민을 구출하기 위한 구원대를 조직하고 중년, 유소년 남성을 끌어 모아 국민방위대 베어울프를 설립해 독일 국민의 인기를 모았다.

패색이 깊어지자 히틀러 대신 괴벨스가 모든 연설을 도맡아 연합군에 대해 최후까지 항전하도록 국민들을 독려했다. 그의 선전 중 최고 걸작의 하나는 스탈린그라드 패배 후의 1943년 2월 18일

연설로, 국민총력전에 동원하는 데 성공한 것이다.

1945년 4월 30일, 히틀러의 유언에 의해 수상으로 취임한 괴벨스는 소련군에 조건부 항복으로 정전을 교섭했지만 소련군은 무조건 항복을 요구해 협상은 결렬되었다. 5월 1일, 여섯 명의 자녀에게 청산가리를 먹여 죽이고, 괴벨스도 아내 마그다와 함께 자살해서 히틀러의 뒤를 따랐다. '히틀러가 그를 만든 것처럼 그가 히틀러를 만들었다'고 해도 과언이 아니다. 괴벨스는 세상의 영욕은 물론 죽음마저도 히틀러와 함께했다.

━━ 그대들은 총력전을 원하는가?

2차 세계대전 중 승승장구하던 나치독일은 형세가 악화되자 사활을 건 국가총력전이 필요했다. 이를 관철시키기 위해 괴벨스는 1943년 2월 18일, 베를린 스포츠궁전에서 조직적으로 신중하게 선택된 1만 5,000명의 청중 앞에서 '총력전 연설'을 하게 된다. 총통에 대한 충성과 독일의 승리를 위해 온 국민이 함께 싸워야 할 때라고 전쟁 의욕을 북돋우는 선동 연설은 열광적인 청중의 반응과 함께 생생하게 방송으로 중계되어 수백만의 독일 국민들에게 영향을 주었다. 다음에 소개하는 연설은 그중 끝부분이다.

"여러분들은, 총력전을 원하십니까?"('원한다!' 환호)

"우리가 오늘날 상상할 수 있는 것보다 더 전면적이고 철저한 전쟁을 여러분은 원하십니까?"('원한다!' 환호)

"하지만 영국인들은 독일 국민들이 정부의 총력전 정책을 반대하고 있다고 주장합니다."

('아니다! 아니다!! 아니다!!!')

"총력전이 아니라 항복을 원한다고 합니다. 여러분에게 묻겠습니다. 총력전을 원하십니까?" ('네!!' 환호)

"필요하다면 인류가 경험했던 것보다 더 과격한 총력전을 원하십니까?" ('네!' 환호)

"여러분은 전투 중인 군대 뒤에서 조국을 수호하는 최후의 보루인 총통을 따를 준비가 되어 있습니까?" ('네!' 환호)

"우여곡절 끝에 승리가 우리의 것이 될 때까지 불굴의 투지로 전쟁을 치를 준비가 되어 있습니까?" ('네!' 환호)

"여러분에게 묻겠습니다. 좋을 때나 힘들 때나 승리를 위해 총통을 따를 각오가 되어 있습니까?" ('총통이여, 앞장서세요! 따르겠습니다!' 환호)

"여러분은 우리의 적들에게 그들이 듣고 싶어 하는 말을 해주었습니다. 그래서 그들은 착각이나 헛된 생각을 하지 않을 것입니다. 이 세상에서 가장 강력한 아군인 국민 여러분이 우리 뒤에 서 있습니다. 어떤 일이 일어나더라도 총통을 따를 각오가 되어 있습니다. 국민들은 승리를 얻기 위해 가장 무거운 부담을 받아들일 것입니다." (일제히 기립, 환호)

"이것이야말로 현대의 계율입니다. 그리고 슬로건을 외쳐봅시다. 국민들이여, 감연히 일어나라! 폭풍을 일으킵시다!"

일제히 기립하여 환호하는 열광의 도가니, 장엄한 독일 국가가 울려 퍼진다.

'독일, 가장 뛰어난 독일, 세상에서 가장 뛰어난 독일…'

위대한 사회를 주창했던
린든 존슨

━━━ 천재적인 능력을 발휘한 의회 정치가

케네디 대통령 암살사건으로 부통령에서 대통령이 됐고, 전대미문의 압도적인 지지로 재선에 성공해 '위대한 사회'란 정치적 비전으로 사회적·경제적 개혁과 복지정책을 적극적으로 추진했던 탁월한 정치가 린든 존슨Lyndon B. Johnson.

1908년 텍사스주 길레스피에서 출생한 그는 텍사스 주립 사범대학교를 졸업한 후, 교사가 되어 휴스턴 고교에서 연설과 토론을 가르치다가 곧 교직을 그만두고 정치계로 입문한다. 1937년 민주당 후보로 하원의원에 당선, 2차 세계대전에 그는 해군 소령으로 참전한 바 있으며 남태평양 제도에서의 전공을 인정받아 은성훈장을 받았다.

1949~1961년 상원의원에 여섯 차례 당선되었다. 그는 전형적인 남부의 정치가로 남부의 이권을 대변하는 한편, 아이젠하워 대통령의 공화당 정권하에서 야당인 민주당의 원내총무로 탁월한 정치적 수완을 발휘해 '최소한의 논쟁으로 안건을 처리하는 능력이 뛰어난 입법의 마술사'란 별명이 붙을 정도로 당내 지도적 지위가

공고했다.

1960년 후보 지명전에서 케네디에게 패하고 러닝메이트로 부통령이 되었다. 재임 중에는 케네디 형제의 높은 인기에 가려져 '외교 의례용 부통령'일 뿐 워싱턴 정가에서는 '아무것도 아닌 남자'로 취급받았으며 정권 내에서는 왕따였다.

그러나 1963년 11월 케네디가 암살당한 후 36대 대통령이 되어 많은 진보적 정책을 착실히 실현했다. 1964년 대통령 선거에서 압도적 지지를 받아 재선된 그는 '위대한 사회'라는 슬로건을 내걸었다.

'위대한 사회' 정책은 1965년 1월 의회에서 존슨 대통령의 주요 의제가 되었다. 교육 지원, 질병 퇴치, 메디 케어, 도시정비, 미화, 보전, 낙후 지역 개발, 빈곤 퇴치를 위한 광범위한 조치, 범죄 비행 통제와 예방, 투표권 제약요소 제거 등이 주요한 골자였다. 의회는 때때로 보완과 수정을 거쳐 존슨의 이러한 조치들을 신속하게 법제화했다. 수백만에 이르는 노인층은 사회보장법에 대한 1965년 메디 케어 수정법안에 따라 의료혜택을 받을 수 있게 되었다.

그러나 베트남 전쟁으로 인해 인종 대립, 달러 가치의 하락 등 국내 위기를 초래한데다가, 베트남 반전反戰의 기운이 고조되고 또한 국제적으로도 평화 여론이 강하게 대두되어 재선 출마를 포기했다. 1969년 대통령직을 퇴임한 그가 텍사스 농장에서 심장마비로 사망한 것은 1973년, 저서로는 회고록《견해The Vantage Point》가 있다.

그에 대한 사후 평가는 베트남 전쟁과 관련된 국외 정책은 실패한 것으로 여겨지나 인권 향상을 비롯한 국내 정책은 '루스벨트 대통령의 업적에 필적할 만큼 눈부신 것이었다', '의회 조종에 천재적인 능력을 발휘한 탁월한 의회 정치가였다'고 한다.

━━ 미국의 약속

다음은 1965년 3월 15일, 양원합동의회에서 존슨 대통령이 한 명연설의 요약이다.

"오늘밤 나는 인간의 존엄성과 민주주의의 운명을 위해 이야기하고자 합니다.

미국은 세계 역사상 최초로 목적을 가지고 세워진 나라입니다. 이러한 목적을 나타내는 말은 남북을 초월해 모든 미국인의 마음속에 메아리치고 있습니다. '만인은 평등하게 창조되었다', '피지배자의 동의에 의한 지배', '자유가 아니면 죽음을 달라' 같은 말은 그저 겉만 멋있는 말이 아니며 공허한 이론도 아닙니다. 이러한 말에 따라 미국인들은 두 세기 동안 싸우고 죽어갔으며 오늘밤 이들은 생명의 위험을 무릅쓰고 우리의 자유를 지킨 수호신으로 전 세계에서 서 있습니다.

이 나라에서 동료 미국 국민에게 투표권을 부인하는 것은 잘못된 일이며 결코 옳지 못한 일입니다. 우리는 미국 국민이 참여하고자 하는 어떠한 선거에서도 모든 미국 국민이 투표할 권리를 보호하기를 거부할 수 없으며, 또 거부해서도 안 됩니다. 이 법안이 통과될 때까지 또다시 8개월을 기다려서는 안 되며 기다릴 수도 없으며 또 기다리지도 않을 것입니다. 우리는 이미 100년 이상을 기다렸습니다. 기다릴 때는 이제 끝났습니다.

오늘밤에도 흑인은 아직 완전한 자유를 누리지 못하고 있습니다. 위대한 링컨 대통령이 노예해방선언문에 서명한 것은 100년도 더 전의 일입니다. 그러나 평등이 약속된 후에도 이미 한 세기, 아니 100년이 넘게 흘렀습니다. 하지만 아직 흑인은 평등을 누리지 못합니다. 이제 정의의 시대가 왔습니다. 나는 어떠한 힘도 이 시대를 막을 수는 없다고 믿습니다.

흑인들의 행동과 항의와, 자신의 안전과 심지어 생명의 위협을 무릅쓴 용기는 이 나라의 양심을 일깨웠습니다. 흑인들은 우리에게 미국의 약속을 지킬 것을 요구하고 있습니다.

평등을 위한 싸움의 진정한 핵심에는 민주적 절차에 대한 깊은 믿음이 있습니다. 오늘밤 나는 여러분께 법정에서건, 의회에서건, 또 국민의 마음속에서건, 이 싸움을 해야 하는 곳이라면 그 어디서라도 싸울 것을 맹세합니다.

이 나라는 지구상에 존재한 국가 중 가장 부유하고 강력한 국가입니다. 그러나 나는 제국을 건설하거나, 위엄을 추구하거나, 영토를 확장하는 대통령이 되기를 원하지 않습니다.

나는 배고픈 자에게 먹을 것을 주고, 이들이 세금에 기대어 살지 않고 납세자가 되도록 도와준 대통령이 되고자 합니다. 나는 가난한 자가 길을 찾을 수 있도록 돕고, 모든 시민이 모든 선거에서 투표할 권리를 보호한 대통령이 되고자 합니다. 나는 국민들 간의 증오를 종식시키고 모든 인종과, 지역과, 정당의 국민들 간에 사랑을 증진한 대통령이 되고자 합니다. 나는 지구상의 형제들 간에 전쟁을 종식시키는 데 일조한 대통령이 되고자 합니다."

비운의 대통령,
리처드 닉슨

━━ 현직에서 사임한 최초의 대통령

1974년 8월 8일 밤, 미국 TV에서는 현직 대통령이 사임한다는 미국 역사상 전무후무한 사건이 방영되고 있었다. 그 주인공은 바로 미국의 37대 대통령 리처드 닉슨Richard Nixon. 워터게이트 도청사건으로 여론의 뭇매를 맞다가 추락하는 비운의 순간이다.

그렇다면 닉슨은 어떤 인물이며 왜 그렇게 되었는지를 알아보자.

닉슨은 1913년 미국 로스앤젤레스 근교의 요바린다에서 여섯 형제 중 차남으로 태어났다. 그는 아버지가 경영하는 주유소에서 일하면서 학교에 다녔다. 학교 성적이 우수하여 명문 대학에 입학할 수 있었으나 가정 형편상 현지를 떠나지 못하고 휘티어 대학교에 입학, 2등으로 졸업했고 듀크 대학교 법학대학원에 진학해서도 줄곧 우등생이었다.

1937년 개인법률사무소를 개설했고, 2차 세계대전 때는 해군 장교로 참전했으며, 종전 후 1946년 캘리포니아에서 연방의회 하원의원에 공화당 후보로 출마하여 당선되었는데 하원 시절에는 반공주의자로 이름을 떨쳤다. 1952년 아이젠하워의 러닝메이트로

부통령에 당선되었으며, 1956년 재선되었다. 1960년 대통령 선거에 공화당 후보로 출마했으나 민주당 후보 케네디에게 패했고, 1962년 캘리포니아의 주지사 선거에서도 참패하여 사람들은 그의 정치 생명이 끝났다고 생각했다.

그러나 정계를 물러나 변호사 생활을 하던 그는 불사조처럼 일어나 다시 복귀했고, 1968년 대통령 선거에서 공화당 후보로 출마하여 당선되었고 1972년에 재선되었다.

백악관에서 닉슨의 활동은 '큰 것에서는 대체로 성공'이었다. 그는 부통령 시절에 사상 최초로 소련을 방문, 흐루시초프와 회담해 세계를 놀라게 했고, 대통령이 되어서는 1969년에 '닉슨 독트린'을 발표했으며, 1971년에는 중국과 관계 개선을 모색하는 '핑퐁외교'를 펼쳤고, 1972년에 북경을 공식 방문하여 수교를 맺어 동서 긴장을 완화시켰다. 1973년에는 베트남과 파리협정을 맺어 악몽과도 같던 베트남전의 수렁에서 미국을 건져냈다.

국내 정치도 잘했다. 닉슨은 당선 후 당시 미국 경제의 가장 큰 이슈였던 물가와 실업 문제 해결에 착수했고 대체로 성공했다는 평가를 받았다. 케네디와 존슨 정부를 거치며 팽배해진 국방예산을 삭감하고, 대신 복지예산을 늘리는 정책도 취했다. 이밖에 공교육 문제와 인권개선 등에 대해서도 공로가 높았다고 평가된다.

그러나 그는 항상 콤플렉스와 '적들의 음모'에 대한 망상에 사로잡혀 있었다. 그런 성향은 그의 성장기부터 시작되었다. 명문 대학에서 장학금을 제의할 만큼 우수한 성적이었지만 집안 환경 때문에 지방 대학을 가야 했던 것 때문에 명문대를 나온 정치인들에게 콤플렉스를 갖게 되었다. 자신의 빛나는 업적에도 불구하고 선거에서 계속 불운했던 이유도 명문 대학을 나온 정치인과 언론의 '닉슨 죽이기' 때문이었다고 믿었던 그는 뭔가 '꼼수'를 부림으로써 물밑에서 '적들'을 감시하고 공격하려는 시도를 했다. 그래서 불필요한 워터게이트 같은 일을 벌여 결국 자기 발목을 잡고 말았다는 게 많은 심리학자와 정치학자들의 분석이다.

━━ 축배의 연설, '시간을 붙잡아라'

다음은 1972년 2월 21일, 중국 정부가 최초로 자국을 방문한 미국 대통령을 위해 연 만찬회 석상에서 완전히 다른 두 나라의 공통된 이해관계를 강조하며 닉슨이 한 축배의 연설이다.

"주은래 부주석 각하, 훌륭하신 말씀 감사합니다. 지금 이 순간 위성중계를 통하여 많은 사람들이 이 역사적인 순간의 우리들을 지켜보고 있습니다. 그러나 여기서 우리가 하는 말들은 오래 기억되지 않을 것입니다. 여기서 우리가 하는 행동이 세계를 변화시킬 것입니다. 앞서 말씀하신 것과 같이, 중국 사람들은 위대한 사람들이고, 미국 사람들 역시 훌륭한 사람들입니다. 우리 두 나라가 적이라면 이 세계의 미래는 어둠의 시대가 되어버릴 것입니다. 그러나 우리가 함께 손을 잡을 수 있는 공통적인 것을 찾을 수 있다면 세계평화를 위한 기회는 엄청나게 많아질 것입니다.

제가 희망하는 솔직함의 정신을 처음부터 인식하도록 합시다. 우리가 과거에 적이었던 적도 있었습니다. 오늘날에도 두 나라에는 차이점이 많습니다. 우리가 함께해야 할 일은 그 차이점을 뛰어넘는 공통된 이해관계를 찾는 것입니다. 차이점에 대해 논의할 때 우리 둘 중 누구도 원칙을 타협하려고 하지 않았습니다. 그러나 우리가 둘 사이의 차이점을 좁히지 못한다면 우리는 둘 사이를 가로지르는 다리를 만드는 일에 노력해야 합니다.

그래서 함께 긴 여정을 시작합시다. 서로 다른 길을 가지만 우리는 같은 목적을 가지고 있습니다. 그 목적은 크든 작든 간에 모든 나라가 평등한 존엄성을 가질 수 있는 평화와 정의라는 세계구조로, 외부의 간섭을 받지 않는 자신들만의 정부를 만들 수 있는 권리를 갖게 하는 것입니다. 이 세계가 지켜보고 듣고 있을 것입니다. 세계는 우리가 무엇을 하는지 보기 위해 기다리고 있습니다. 세계란 무엇입니까? 개인적으로 나는 오늘 생일을 맞은 큰딸을 생각합니다. 그리고 지구상의 모든 아이들에 대해 생각합니다. 아시아, 아프리카, 유럽, 미국 등 대다수 아이들은 중국 정부가 탄생하고 나서 태어났을 것입니다. 우리는 아이들에게 어떤 유산을 남겨주어야 할까요? 과거의 증오 때문에 죽어야 합니까, 아니면 새로운 세계를 향한 비전으로 살아가야 하겠습니까?

마오 주석은 이렇게 말씀하셨습니다. '많은 것들이 급하게 만들어져왔다. 세계는 변하고 있고 시간은 흐르고 있다. 1만 년이라는 시간은 너무 길다. 시간을 붙잡아라.'

지금이야말로 두 나라가 보다 새롭고 훌륭한 세계를 만들 수 있는 시기입니다. 그런 정신으로 나는 여기 계신 모든 분들과 마오 주석을 위해, 중국과 미국이 세계 모든 사람들의 우정과 평화를 위한 길을 이끌 수 있도록, 그들의 우정을 위해 건배를 하겠습니다."

뉴 프런티어의 기수,
존 F. 케네디

━━ 미국 역사상 최연소 대통령

미국 역사상 최연소 대통령, 가톨릭 신자로서 최초의 대통령, 퓰리처상을 수상한 유일한 대통령이며 명연설가인 존 F. 케네디John F. Kennedy. 그는 '뉴 프런티어'를 내세우며 마흔셋의 나이에 대통령이 되어 인기절정에서 암살을 당함으로써 전설적인 인물이 되었다.

케네디는 아일랜드계 이민자 집안의 차남으로, 1917년 매사추세츠 브루클린에서 출생했다. 하버드 대학교에서 정치학을 전공했는데 졸업 논문 〈영국은 왜 잠자고 있었는가〉는 베스트셀러 반열에 들었다. 2차 세계대전이 일어나자 그는 해군 장교로 입대했고, 해전에서 지휘하던 어뢰정이 격침될 때 중상을 입은 부하를 구해 영웅이 되었다. 전쟁이 끝난 뒤 통신사 기자를 거쳐 1946년 매사추세츠주에서 하원의원에 당선되었고, 1952년에는 상원의원에 선출되었다. 이듬해 〈타임 헤럴드〉 사진기자 재클린 부비어와 결혼했으며, 1957년《용기 있는 사람들》로 퓰리처상을 수상했다.

1960년 현직 부통령 닉슨을 물리치고 미국 역사상 최연소 대통령으로 선출됐다. 소련 총리 흐루시초프와의 정면대결에서 승리하여 쿠바 위기를 극복하고, 핵실험금지협정을 체결했으며, 평화봉사단을 만드는 등 패기와 웅변을 무기로 세계를 평화와 안정의 길로 이끌었다. 재선을 준비하던 1963년 11월 22일, 텍사스 댈러스에서 자동차 퍼레이드 중 해병대 출신의 오스왈드가 쏜 총탄을 맞고 사망했다. 당시 이 장면은 TV로 생생하게 중계되었으며 전 국민에게 충격을 주었다.

"국민 여러분, 조국이 여러분을 위해 무엇을 할 수 있는가를 묻지 말고 여러분이 조국을 위해 무엇을 할 수 있을지를 물으십시오. 전 세계의 인민 여러분! 미국이 여러분을 위해 무엇을 할 수 있는지를 묻지 말고 우리가 함께 인류의 자유를 위하여 무엇을 할 수 있을지를 물으십시오."

케네디 대통령의 취임사에 나오는 이 강력한 메시지를 모르는 사람은 없을 것이다. 취임사를 필두로 그는 탁월한 스피치를 무기로 세계의 이목을 끌었다. 그가 한 연설 가운데 백미白眉를 꼽는다면 '나는 베를린 시민입니다'일 것이다.

━━ 나는 베를린 시민입니다

1963년 6월 26일, 케네디는 서베를린 시청 광장에서 40만 명이 넘는 군중 앞에 섰다. 10분 동안 한 연설에서 매 구절마다 큰 박수와 환호성이 솟았다. 특히 친근감을 주기 위해 연설의 마지막에 'Ich bin ein Berliner(나는 베를린 시민입니다)'라는 말을 독일어로 말함으로써 청중을 흥분의 도가니로 몰아넣었다. 그럼 그의 연설문을 보기로 하자.

"나는 오늘 서베를린 투혼의 상징이신 시장의 초청을 받아 이곳에 온 데 대하여 자랑스러운 마음을 금할 수가 없습니다. 2000년 전에 살았던 사람들이 긍지를 가지고 하던 말은 '나는 로마 시민입니다'였습니다. 그러나 오늘날 자유세계에서 가장 자랑스러운 말은 'Ich bin ein Berliner(나는 베를린 시민입니다)'입니다.

이 지구상에는 아직도 공산주의 세계와 민주주의 세계가 어떻게 다른가를 모르는 사람이 많으며 또 모른다고 말하는 사람도 많습니다. 그들에게 이곳 베를린에 와서 보라고 합시다. 또한 공산주의가 미래의 물결이 되리라고 말하는 사람들도 있습니다. 그들에게 이곳 베를린에 와서 보라고 합시다. 그리고 유럽과 세계 도처에는 우리가 공산주의자들과 손잡고 일을 할 수 있다고 말하는 사람들이 있습니다. 그들에게 이곳 베를린에 와서 보라고 합시다. 또한 공산주의는 좋지 않은 제도이지만 경제발전을 이룩하는 데는 좋은 제도가 될 수 있다고 말하는 사람들도 있습니다. 그들에게도 이곳 베를린에 와서 보라고 합시다.

자유를 지키는 일은 대단히 어려운 일이며 또한 민주주의는 완전무결한 제도는 아닙니다. 그러나 우리는 우리의 시민들을 가두어 놓고 이곳을 떠나지 못하도록 하기 위하여 높은 장벽을 둘러쳐야 할 필요성은 느끼지 않고 있습니다…. 저들이 쌓아놓은 이 장벽은 오히려 공산주의 제도의 실패를 전 세계에 웅변으로 증명하고 있습니다. 그러나 우리는 이러한 사실에만 만족하고 있을 수는 없습니다. 시장께서 말씀하신 바와 마찬가지로 역사의 흐름에 대한 도전일 뿐만 아니라, 남편과 아내를 갈라놓고 일가친척을 이산시키며, 만나고 싶은 사람들을 만나지 못하게 하는 인간성에 대한 도전이기도 하기 때문입니다….

그래서 나는 나의 일을 마치면서 여러분에게 요청합니다. 오늘의 위험에만 집착하지 말고 내일의 희망을 보십시오! 여러분이 살고 있는 이 도시나 독일의 자유만을 추구하지 말고 온 인류의 자유를 추구하십시오! 저 장벽을 넘어선 정의로운 평화의 날을 희구하십시오!

자유는 쪼개어질 수 있는 것이 아닙니다. 한 사람이라도 노예 상태에 있으면 모두가 자유로울 수 없습니다. 모두가 자유로울 수 있을 때에야 우리는 이 도시가 하나로 결합되는 것을 볼 수 있을 것이며, 이 나라와 유럽 대륙의 평화와 희망을 구현할 수가 있습니다.

그 대망의 날을 맞이할 때, 여러분 서베를린의 시민들은 여러분이 20년 이상을 자유의 최전선에서 싸워왔다는 사실에 대하여 참된 긍지를 느낄 수 있을 것입니다. 모든 자유인들은 각자가 어디에 살고 있든 간에 모두 베를린 시민입니다. 따라서 한 사람의 자유인으로서 나는 'Ich bin ein Berliner'라는 말에서 마음속 깊이 긍지를 느끼는 바입니다."

살아 있는 양심
리하르트 폰 바이츠제커

━━ 고차원의 정치를 구현했던 지도자

'통일독일의 첫 대통령', '살아 있는 양심'으로 독일인의 존경을 한 몸에 받은 리하르트 폰 바이츠제커Richard von Weizsäcker. 그는 1920년 독일 남서부에 있는 슈투트가르트에서 귀족 명문가의 넷째 아들로 태어났다. 할아버지는 뷔르템베르크 왕국의 총리와 슈투트가르트 대학의 총장을 역임했고, 아버지 역시 대사와 외무차관을 지냈다.

그는 어린 시절 외교관인 아버지의 근무지를 따라 스위스, 덴마크, 노르웨이를 옮겨 다니며 살았다. 1933년부터 1936년까지 스위스의 수도 베른에 머물면서 김나지움에서 수학했고, 1937년 영국으로 건너가 옥스퍼드의 밸리얼 칼리지에서 철학과 역사를 전공했고, 이어 프랑스의 그르노블 대학교에서도 수학했다.

2차 세계대전이 일어나자 1938년 육군의 장교로 복무하다가 1945년 동프로이센전투에서 부상을 입고 대위로 제대했다. 종전 후에는 학업에 복귀해 독일의 명문 괴팅겐 대학교에서 역사와 법학을 공부하고 사법시험을 거쳐 1955년 박사학위를 취득했다. 이후 변호사로 활약하다가 1953년부터 1966년까지 13년 간 산업계에 종사하기도 했다.

1969년 독일연방의회 의원에 당선되어 정치계에 진출, 1979년 연방의회 부의장이 되고, 1981년부터 3년 간 베를린 시장을 역임했다. 이어 1984년 독일연방공화국의 6대 대통령에 선출되었고 1989년 재선에 성공했으며, 당시 서독 총리 콜Helmut Kohl과 함께 1990년 10월 3일의 역사적인 독일 통일을 이끌어내는 데 주도적 역할을 담당했다. 1994년 대통령직에서 물러날 때 독일 언론들로부터 '국민의 관심과 의지를 결집시키고 높은 차원의 정치를 구현했던 지도자'라는 평가를 받았다.

그는 대통령 임기가 끝난 뒤에도 정치와 자선사업의 제일선에서 활약했다. 게르하르트 슈뢰더 정권에 의해 독일연방군개혁위원회 의장에 임명됐으며 또 '쓰리 와이즈 맨Three Wise Men'의 일원으로 유럽위원회에 임명돼 EU 통합 과정을 담당했다. 유엔의 '미래를 연구하는 모임IWG' 공동의장을 지내기도 한 그의 저서《바이마르부터 장벽으로: 독일 정치에서 나의 인생》이 1999년에 출간되었는데 우리나라에서는《우리는 이렇게 통일했다》로 번역 출판되었다.

바이츠제커의 연설 가운데 유명한 것이 '황야의 40년'이다. 그는 1985년 5월 8일, 독일 패전 40주년이 되는 날 정부와 각계의 인사들이 모인 국회에서 명연설을 했다. '참석하신 여러분, 그리고 동포 여러분'으로 시작하는 이 연설을 준비하기 위해 그는 각계각층의 사람들과 대화를 거듭했으며, 몇 개월에 걸쳐 준비하고 퇴고를 했다. 여기서 그는 진심으로 화해를 요청하며 역사를 직시하겠다고 말했다. 이 연설이 지금도 우리에게 회자膾炙되는 이유는 같은 전범국이면서도 죄를 은폐하고 책임을 회피하려는 일본의 정치 지도자들과 너무도 상반되는 양심선언이기 때문이 아닐까.

━━━ 죄가 있고 없고 우리에게는 책임이 있습니다

다음은 '황야의 40년' 연설의 요지다.

"많은 나라에서 오늘, 2차 세계대전이 유럽에서 종결된 날을 기념하고 있습니다. 각 나라들은 자신들이 처했던 운명에 따라 각자 다른 느낌을 갖고 있습니다. 승리나 패배, 불의와 이민족 지배로부터 해방 또는 새로운 종속관계로의 전환, 분단, 새로운 동맹관계, 엄청난 권력이동 등, 1945년 5월 8일은 유럽에서 결정적으로 중요한 역사적인 날입니다.

5월 8일은 무엇보다도 인간이 당해야만 했던 '고통을 기억해야 하는 날'입니다. 또한 이날은 우리 역사가 지나온 과정에 대해 깊이 생각해보아야 하는 날이기도 합니다. 우리가 우리 역사를 솔직하게 대하면 대할수록 우리가 짊어져야 할 그 결과의 책임으로부터 더욱더 자유로워집니다. 5월 8일이 우리 독일인들에게 경축의 날은 아닙니다. 그렇지만 5월 8일은 '해방의 날'입니다. 이날 우리 모두는 인간을 멸시하는 나치의 권력체제로부터 해방되었습니다. 이러한 해방의 기분에 젖어서 이 5월 8일로 인해 수많은 사람들이 그 얼마나 심한 고통을 받기 시작했고 또 이것이 그 뒤까지 지속되었는지를 망각하지는 않을 것입니다.

양심을 꺼리고 책임을 외면하며 회피하고 침묵하는 방식에는 여러 가지가 있습니다. 전쟁이 종결되어 홀로코스트라는 형언할 수 없는 진실이 모두 밝혀졌을 때 우리 중 많은 사람들은 '우리는 그에 대해 아무것도 알지 못했다'고 '단지 짐작만 했었다'고 변명했습니다.

한 민족 전체의 유죄 또는 무죄란 존재하지 않습니다. 죄가 있다면 무죄와 마찬가지로 집단적인 것이 아니라 개인적인 것입니다. 오늘날 우리 국민의 대다수는 당시 어린이였거나 태어나지도 않았습니다. 이들은 자신이 자행하지 않은 범죄에 대해 자신의 죄를 고백할 수 없습니다. 양식이 있는 사람이라면 이들이 단지 독일인이라는 이유만으로 그에 대한 죄를 뒤집어씌우지는 않을 것입니다. 그렇지만 그 선조들은 이들에게 심각한 유산을 남겨놓았습니다. 우리 모두는 죄가 있건 없건 간에 또한 젊으나 늙으나, 이 과거를 받아들여야 합니다. 우리 모두는 그 과거의 결과를 넘겨받았고 그에 대한 책임을 갖고 있습니다.

이것은 과거를 극복하려는 것이 아닙니다. 이 일은 사람들이 할 수 없습니다. 과거는 나중에 바뀌는 것도 아니요, 또 아예 없었던 일이 될 수도 없습니다. 그렇지만 과거에 대해 눈을 감는 사람은 현재를 볼 수 없는 사람입니다. 비인간적인 일을 기억하고 싶지 않은 사람은 다시금 그러한 위험성에 감염될 소지가 많은 사람입니다.

우리나라에서는 새로운 세대가 정치적 책임을 떠맡아가고 있습니다. 젊은이들은 그 당시 일어났던 일에 대해 책임이 없습니다. 그렇지만 그들은 그것이 역사에 작용한 결과에 대해서는 책임이 있습니다. 우리 독일의 나이 든 사람들이 젊은 사람들에 대해 지녀야 할 책임이란 꿈을 성취하도록 하는 것이 아니라 올바르게 자라도록 하는 것입니다."

철의 여인,
마가렛 대처

━━ 가장 무서운 무기는 '수상의 말'

박근혜 대통령이 취임하면서 대한민국 헌정사상 최초의 여성 대통령 시대가 개막되었다. 박 대통령은 취임식에서 '경제부흥과 국민행복, 문화융성'을 통해, 희망의 새 시대를 열겠다고 강조했다. 그녀가 과연 잘해낼 것인가 하는 우려도 없지 않지만 어느 대통령보다 잘하기를 바라면서, 여성 통치자의 본보기로 영국 최초의 여성수상이 된 마가렛 대처Margaret Thatcher를 소개한다.

'사상 최대의 제국'을 자랑했던 영국의 국세國勢는 세계대전 이후 내리막길을 걸었다. 1970년대의 영국은 과도한 사회복지와 노조의 막강한 영향력으로 재정적자는 나날이 늘어나고 끊이지 않는 노사분규 때문에 국가 경제는 파탄지경에 이르렀기에, 국민의 살림살이는 한마디로 비참했다.

이토록 어려운 1979년 수상으로 취임한 대처는 "파업으로부터 국가 경제를 살리겠다"고 장담하고 나섰지만 수구세력의 저항은 너무나도 완강했다. 그녀는 좌익이 지배하던 노조의 불법행위를 진압하고, 잘못된 사회를 바로잡기 위해서는 국가개혁이 필요하다고 생각해 우선 그에 걸맞은 법률을 제정하여 통과시키고, 그 법률에 의거하여 수구세력들과 전쟁을 벌인다.

만성적자에 허덕이는 국영 탄광을 구조 조정하는 과정에서 탄광 노조의 파업은 1년여를 끌었고, 대처 정부는 불법시위에 경찰의 기마대를 동원하여 강경하게 진압했다. 당연히 많은 부상자가 속출했다. 대처 수상은 여론 수습을 위해서 다음과 같은 연설을 한다.

"여러분들은 어제 텔레비전을 통해서 그 광경을 보셨을 줄 압니다. 어제 광경은 법치法治를 폭력으로 뒤바꾸려는 책동이었습니다. 그것이 성공하도록 내버려둬선 안 됩니다. 저들의 시도는 실패할 것입니다. 첫째, 훌륭한 경찰이 있습니다. 그들은 자신들의 직무를 용감하게, 그러나 공정하게 집행할 수 있도록 잘 훈련되었습니다. 둘째, 압도적 다수의 영국인들은 명예를 중시하고, 점잖으며, 법을 준수하는 이들입니다. 이들은 협박에 굴복하지 않습니다. 저는 시위대를 뚫고 일터로 나간 분들의 용기에 경의를 표합니다. 법치는 폭력을 제압해야만 합니다."

대처 수상은 탄광노조와 대결함에 있어서 '수상의 말'을 가장 무서운 무기로 사용했다. 대처의 말은 논리적이고 단호하다. 이런 말은 탄광노조와 맞서는 경찰에겐 힘이 되고, 파업을 반대하는 대중에겐 논리적 근거를 제공했다.

■■■ 영국의 자존심을 살린 결단력

그녀는 국가를 위한 일이라면 어떤 반대에도 굴하지 않고 신념을 관철시켰다. 그 좋은 예가 포클랜드 분쟁이다. 1982년 아르헨티나가 남대서양의 영국령 포클랜드를 점령했다는 소식이 전해졌다. 대처나 영국 정부 관계자 누구도 영토탈환을 장담할 수 없는 상황이었다.

그러나 대처는 영국 함대를 파견해도 승리를 장담할 수 없다는 예측과 정치적 후폭풍으로 실각의 위험에도 불구하고 강경하게 대응하기로 결심했다. 그녀는 외교적 타협을 권하는 내외의 목소리를 일축하고 해군기동부대를 급파했다. 수상관저 앞에는 전쟁에 반대하는 시민들의 데모가 연일 이어졌다. 그러나 대처는 단호하게 말했다.

"멀리 떨어져 있다고 해도 포클랜드는 영국의 영토다. 이를 침범하는 자는 철저하게 두들겨 부셔야 한다. 인명을 희생해서라도 우리는 영국 영토를 지켜야 한다. 왜냐하면 국제법이 힘의 행사로 극복하지 않으면 안 되기 때문이다."

전투가 한창이던 5월 31일 미국 레이건 대통령이 대처에게 전화를 했다. "아르헨티나에게 항복을 강요해 굴욕을 안겨주지 말고 적당히 끝내자"고 설득했다. 하지만 대처는 "알래스카가 침공을 당했다면 당신도 똑같이 했을 것"이라 응수하며 레이건의 제의를 일축했다.

결과적으로 전쟁 시작 75일 만에 아르헨티나의 항복을 받아냈다. 대처는 "대영제국의 영광이 되살아났다"며 한껏 기뻐했다. 포클랜드 분쟁에 승리하자 지지율은 73퍼센트를 기록하며, 그녀의 기반은 반석이 되었다. 그 후 훌륭하게 영국 경제의 재생에 성공한 것이다.

━━ 대처의 성장과 스피치 특징

마가렛 대처는 1925년, 영국의 작은 마을의 식료품집에서 태어났다. '식료품집 딸'이라고는 하지만 그녀의 아버지 알프레드 로버츠는 현지의 명사이며, 시장까지 지냈다. 그녀는 옥스퍼드 대학교에서 화학을 전공하고, 1953년 변호사 자격을 취득했으며, 1959년에 하원의원에 당선해 정계에 진출한다. 교육부장관을 거쳐 1974년 보수당 당수가 되고, 1979년 영국 최초로 여성 수상이 되어 11년간 집권하며 영국 경제를 살려낸 역사적 인물이 된다.

대처는 '검소절약', '자기책임', '자조노력'이란 가훈과 아버지의 영향을 많이 받았다. 아버지는 명사로 손님이 끊이지 않았고, 손님이 오면 어린 대처에게 의견 발표를 시켰다. 아버지가 시장에 출마했을 때도 선거운동에 적극 참여한 것이 훗날 정치인 대처의 밑거름이 되었다.

정치인으로서 대처는 유머감각은 별로 없었고, 스피치도 거창하거나 화려한 표현을 쓰지 않았고, 꼭 필요한 말만 했다. 그래도 그녀가 두각을 나타낼 수 있었던 것은 필요한 때 필요한 말을 하는 점, 과학도답게 연설에서 정확한 통계 수치와 계량적 지표 등을 내세워 청중의 신뢰감을 높인 점, 그리고 무엇보다 여성이면서도 당차고, 열정적이고, 강철 같은 의지를 내보인 점에서 찾을 수 있다.

냉전시대를 끝낸
미하일 고르바초프

──── 소련의 최초이자 마지막 대통령

냉전시대를 끝내고 러시아의 민주화에 기여한 개혁과 개방의 주창자 고르바초프Mikhail Gorbachev. 그는 1931년, 러시아 스타브로폴 지방 프리블례에서 농부의 아들로 태어났다. 1950년 모스크바 대학교 법과대학에 입학, 1952년 공산당에 입당해 교내 콤소몰(공산주의청년동맹)의 조직원으로 활약했다. 5년 간의 대학 과정을 마치고 1955년 고향 스타브로폴로 돌아와 콤소몰 서기, 1968년 지구당 제1서기를 거쳐 1971년 소련공산당 중앙위원, 1978년 농업담당 당서기, 1980년 정치국원으로 선출되었고, 안드로포프가 집권하자 그의 후계자로 지목되었으며 체르넨코의 집권기간 중에도 2인자의 위치를 굳혔다.

1985년 3월 체르넨코의 사망으로 당 서기장에 선출되자 페레스트로이카(개혁)를 추진하여 소련 국내에서의 개혁과 개방뿐만 아니라 동유럽의 민주화개혁 등 세계질서에도 큰 변혁을 가져오게 했다. 1988년 연방최고회의 간부회의장을 겸하고 1990년 3월 소련 최초의 대통령에 선출되었으며, 같은 해 세계평화에 기여한 공으로 노벨평화상을 받았다.

1991년 7월 마르크스-레닌주의 및 계급투쟁을 수정하는 소련 공산당의 새 강령을 마련했다. 이와 같은 개혁의지는 1991년 8월 보수 강경파에 의한 쿠데타를 유발시켰다. 크림반도의 여름별장에 머물고 있던 고르바초프는 연금 상태에서 쿠데타 세력에 의해 사임 압력을 받았다. 그때 보리스 옐친 러시아연방공화국 대통령과 소프차크 레닌그라드 시장 등 개혁파 인사들은 러시아공화국 의사당에 집결, 대통령과의 면담을 요구하며 쿠데타 세력을 궁지로 몰아넣었고, 80만의 시민이 소련 전역에서 반쿠데타 시위를 벌였다. 21일 새벽 의사당에 대한 공격이 다섯 명의 사망자를 낸 채 실패한 뒤, 강경보수파의 쿠데타는 3일천하로 막을 내렸다.

쿠데타 붕괴 후, 보리스 옐친 등의 주도로 소비에트연방이 해체되고 독립국연합이 탄생하자 고르바초프는 대통령직을 사임했다. 이후 1992년에 국제환경보호운동과 전쟁난민 아동구호사업 등을 목적으로 하는 고르바초프재단을 설립했고 1993년 설립된 국제환경비정부기구 그린크로스 인터내셔널의 초대 총장을 맡았다. 계속 환경운동에 앞장서 2007년에는 〈타임〉에서 선정한 '45인의 환경영웅' 가운데 한 사람으로 선정되었다.

고르바초프에 대한 평가는 엇갈린다. 서방국가에선 냉전시대를 종식시킨 훌륭한 인물로 평가하고, 〈타임〉지는 '20세기 중요 인물 100명'에 선정했다. 그러나 러시아에서는 인기가 없다. 소련 붕괴후 러시아가 모든 면에서 미국과 국력 차이가 벌어지자 '위대하고 강한 소련을 붕괴시킨 지도자'로 평가절하하는 목소리도 있다.

다음은 1990년 3월 15일, 고르바초프가 소련 대통령에 취임하면서 한 연설의 요지다.

"여러분이 본인을 신뢰하여 소련의 대통령으로 선출해준 데 대해 깊은 감사를 드립니다. 본인이 대통령 취임에 동의한 것은 조국의 장래를 믿고 있기 때문이며 개혁이 내 인생의 모든 것을 의미하기 때문입니다.

페레스트로이카 정책은 소련과 같은 국가에 있어서 새로운 질적 상태로의 전환, 즉 권위주의적이고 관료주의적인 체제로부터 인간적이고 민주적 사회로의 평화적 이행을 가능케 하는 유일한 길이라고 생각합니다.

페레스트로이카의 주요한 업적은 민주화와 글라스노스트(개방)이고 이것은 우리 앞에 놓인 개혁의 길에 중요한 의의를 갖습니다. 우리들은 모두 정치개혁의 최초의 결실, 현실적인 결과를 느끼고 있습니다. 현재 진정한 민주주의 제도가 창설되고 있으며 법치국가의 기반이 형성되고 있습니다. 단일국가로부터 활기 넘치는 연방으로의 전환이 시작됐습니다.

우리는 새로운 사고의 기반 위에서 페레스트로이카를 발전시켜 새로운 외교정책을 세웠습니다. 이것은 국제사회에서 소련의 역할에 대한 이미지를 바꾸었습니다. 중요한 것은 이것이 전 세계가 파멸의 위기에 떨고 있을 때 나왔다는 것입니다. 사태의 위험한 전개는 저지됐습니다. 건전한 국제관계가 개시됐습니다.

페레스트로이카의 운명은 많은 점에서 소련연방의 변혁을 어떻게 실현시킬 것인가에 달려 있다고 할 수 있습니다. 대통령 취임에 즈음해, 나라의 일체성에 나 자신이 충실하다는 점을 다시 한 번 단언합니다. 동시에 대통령이 권력을 행사할 때 배려하지 않으면 안 될 것으로서 연방공화국의 주권이나 경제적·정치적 자립, 또 자치공화국이나 자치주, 자치구의 지위 향상을 위한 조치 등을 들겠습니다.

국가 권력 통치체제에서 본인에게 가장 중요한 과제는 페레스트로이카의 후퇴를 막는 보증인이 되고 법치국가와 자율적 사회주의 사회의 형성을 단호하고 철저하게 추진하는 것입니다. 권력의 분리 원칙은 제 기관이 확실하게 경계를 구분하는 것을 전제로 합니다.

대통령제는 세계의 전환기에 우리나라에 도입되었습니다. 전후의 군사적 정치적 균형의 구조가 중요한 변화를 맞고 있는 시점에 대통령제가 도입된 것입니다. 전쟁은 종지부를 찍었으나 군사적 대립은 극복되지 않았습니다. 정치적 방법이 절대적으로 우선되는 가운데, 대통령의 활동에 있어서는 안전보장이 필수적인 요소가 되며, 국가의 방위정책은 '합리적 충분성'이라는 새로운 군사노선의 원칙에 입각하지 않으면 안 됩니다.

깊어가는 세계의 상호의존 상황 속에서 다시 한 번 유엔이 갖는 커다란 의의를 재확인하고 싶습니다. 본인이 확신하고 있는 바로는 유엔의 역할을 부활하고, 그 평화 수호의 기능을 강화하는 것은 인류 역사가 평화의 시대로 전진하는 데 있어 가장 중요한 일이 될 것입니다."

소련을 와해시킨
보리스 옐친

━━━ 가난한 농민의 아들이 대통령이 되다

소련을 와해시키고 러시아 최초의 민선 대통령으로 선출되어 사임할 때까지 정치적·경제적으로 쇠퇴하던 격동기의 러시아를 이끈 인물 보리스 옐친Boris Yeltsin. 그는 1931년 우랄산맥 부근 부트카촌에서 가난한 농민의 아들로 태어났다. 집이 너무 추워 가축으로 기르는 산양을 끌어안고 자야 했을 정도로 가난한 어린 시절을 보냈다.

그런 환경에서도 옐친은 공부를 잘해서 항상 우수한 성적을 받는 우등생이었다. 중학생 때는 친구들과 수류탄을 훔쳐 분해하다가 수류탄이 터져 손가락 두 개를 잃기도 했다. 푸시킨 고등학교를 졸업했고 1955년에는 우랄 기술대학교를 졸업했다. 건축기사로 지내다가 1961년 소련공산당에 입당했다. 주택건설공단에서 건설부장으로 일을 계속했고, 1968년 당의 정규 직원으로 채용되면서 본격적으로 정당 생활을 시작했다.

1981년 소련공산당 중앙위원이 되었으며 이때부터 고르바초프와 친분을 맺는다. 1985년 고르바초프가 소련공산당 서기장이 되면서 옐친을 모스크바시 당 제1서기와 당 정치국 후보위원으로 발탁했으며, 옐친은 일약 중앙 정계로 부상했다.

고르바초프는 최고 통치자로, 이른바 개혁과 개방이라는 야심 찬 목표를 내걸고 권력구조, 경제관리, 대외정책 등에서 많은 변화를 주었다. 그러나 고르바초프의 6년에 걸친 개혁은 무질서, 범죄의 증가, 지식인 이탈, 생산 격감, 민족분리주의 요구 증가 등을 가져왔을 뿐이다. 결국 1991년 8월 19일, 고르바초프의 지나친 민주화에 반발하는 세력이 쿠데타를 일으켜 정권을 장악하고 고르바초프에게 대통령직 사임을 강요한다. 이때 옐친은 솔선해서 반란군에 맞서 탱크 위에서 러시아의 민중에게 호소했다. 그의 이 영웅적 행위가 민중의 마음을 사로잡고 급기야는 그를 중심으로 거대한 힘이 모여 쿠데타는 '3일천하'로 끝난다.

이 사건 이후 고르바초프의 구심력이 저하되고 대신 옐친의 영향력이 증대한다. 12월 25일 고르바초프가 소련 대통령직을 사임하자 소비에트연방은 역사의 막을 내렸으며, 옐친이 이끄는 러시아연방공화국이 출범했다. 옐친은 정치적으로는 소련의 완만한 해체와 민주화, 경제적으로는 시장화를 진행하는 정책을 펴나갔지만, 리더십과 역량 부족으로 국력은 약해졌고 경제는 파탄이 났다.

한계를 느낀 옐친은 1999년 12월 31일 TV 연설을 통해 전격 사의를 표명했다. 후임 대통령으로 당시 수상이었던 푸틴을 지명했다. 사임 연설에서는 국민의 기대에 부응하지 못한 것의 용서를 구하고 싶다며 새로운 시대의 러시아에는 새 지도자가 요구된다고 했다.

2007년 4월 23일, 심장질환으로 모스크바의 병원에서 일흔여섯의 일기로 세상을 떠났다.

━━ 그 누구도 민주화 과정을 막을 수 없게 되었소

다음은 옐친이 1991년 8월 19일, 의사당 앞을 점거한 탱크 위에서 한 연설의 요지다.

"러시아의 시민들이여. 1991년 8월 18일과 19일 밤, 이 나라의 합법적인 선거에 의해 선출된 고르바초프 대통령이 권좌에서 물러나셨소. 그분의 해임은 이유 여하를 막론하고 극우적이고, 수구적이며, 비합법적인 쿠데타와 마주하고 있는 것이오. 모든 어려움과 호된 시련들을 그들 때문에 겪어야 했음에도 불구하고 이 나라의 민주화 과정은 더욱더 폭 넓게 진행되고 있으며 더 이상 그 누구도 그것을 막을 수 없게 되었소.

러시아의 시민들은 자신들이 가진 운명의 주인이 되었소! 이렇듯 헌법을 위반해온 조직들의 통제 불가능한 권력들은, 지금 시대에 와서 그 존재와 움직임에 있어서 만만찮은 한계에 부딪쳤으며, 이러한 점과 관련해서 공산당 기관들도 예외가 아니오….

우리는 그들이 동원한 '힘에 의한 이러한 조치들'이 그 누구에 의해서도 결코 받아들여질 수 없다는 사실을 다시 한 번 깊이 생각해야 할 것이오. 그들은 전 세계의 사람들이 지켜볼 때 소련의 구성원들로부터 결코 신용을 얻지 못할 것이며, 국제 사회에서 우리 러시아와 여타 연방 구성원들의 위신을 손상시킬 것이고 국제 사회에서 소련을 고립시킴으로써 과거 냉전체제 시절의 상황으로 우리를 되돌려 보낼 것이오. 이러한 것들 모두가 우리에게 저들의 권력을 유지하기 위한 '위원회'의 권위라는 것이 이렇듯 불법적인 것임을 밝혀주는 셈이오.

그러므로 우리는 쿠데타 세력들에 의해 만들어진 불법적인 '위원회'의 모든 결정들과 지시사항들을 규탄해야 할 것이오! 우리는 지역 세력의 조직들이 헌법상의 법률들과 러시아 대통령의 포고문들을 확고히 준수해줄 것임을 확신하는 바이오. 우리는 쿠데타의 주모자들을 저지하기 위한 적절한 조치를 취하기 위해 이렇듯 러시아의 시민들에게 호소하며 이 나라의 보편적인 헌법상의 발전을 위하여 국가의 반환을 저자들에게 요구하는 바이오.

의심할 여지없이 이 나라의 대통령 고르바초프께서 지금 우리 러시아인들 및 소련의 구성원들에게 '말할 기회'를 주셨다는 점이 중요하오. 오늘 지금 그분은 쿠데타 세력들에 의해 어딘가에 갇혀 계신 상태요. 우리는 소련 인민대표자 임시회의를 즉시 개최할 것을 요구하는 바이오. 우리는 소련의 동포들이, 부끄러움과 양심을 모조리 상실한 극우수구세력 쿠데타 주모자들의 횡포와 무법함을 결코 허용하지 않을 것임을 절대적으로 확신하는 바이오.

우리는 우리의 소련의 군인들에게 '우리의 시민들을 위한 명백하게 뚜렷한 군인으로서의 의무'를 위해서 싸울 것을 이렇듯 간청하는 바이며, 또한 극우수구세력 쿠데타 조직의 개가 되지 않도록 하라고 말씀드리는 바이오.

이러한 요구사항들이 관철될 때까지, 우리는 저자들에 대한 전 세계 시민들의 무한한 공격을 호소할 것이오!"

(시민들, 환호하거나 박수 치며) "옐친! 옐친!"

테러와의 전쟁,
조지 부시

—— 명문가 출신으로 아버지의 뒤를 이어 대통령이 되다

조지 워커 부시George Walker Bush는 1946년 부유한 명문 집안의 장남으로 태어나 아버지가 석유사업을 하던 텍사스주 미들랜드에서 성장했다. 아버지의 출신교인 매사추세츠주의 명문 필립앤더버 학교를 나온 후, 예일 대학교에 진학하여 1968년에 졸업했다. 1975년에는 하버드 대학교에서 MBA(경영학석사) 학위를 받았다.

1977년 도서관 사서인 로라 웰치와 결혼했고, 이후 미들랜드에 정착하여 석유사업을 하는 동시에 조부와 부친의 뒤를 이어 정계 진출을 시도했다. 1978년, 텍사스주 연방 하원의원에 출마했으나 낙선했다. 1988년 대통령 선거에 출마하는 부친의 선거운동본부에서 일하며 정치를 익혔다. 부친이 대통령에 당선된 후, 그는 텍사스주로 돌아가 동업자들과 함께 프로야구 메이저리그 구단인 '텍사스 레인저스'를 매입했다. 대통령의 아들로 그는 팬들과 함께 자주 경기를 관전하며 텍사스 주민들에게 이름을 알리고 인기를 얻었다.

1993년 부시는 텍사스 주지사 선거에 출마하여 당선되었고, 1998년에 텍사스주 최초의 재선 주지사가 되었다. 그리고 2000년 대통령 선거에서는 공화당 후보로 출마하여 당선되었다.

부시가 대통령에 취임한 지 8개월 후, 미국은 '9·11테러'를 당하게 된다. 9·11테러는 2001년 9월 11일에 미국에서 벌어진 민간 항공기 납치 동시다발 자살테러로, 뉴욕의 110층짜리 세계무역센터 쌍둥이 빌딩이 무너지고, 버지니아주 알링턴군의 미국 국방부 펜타곤이 공격을 받아 파괴되었으며, 약 3,000명의 사상자를 낸 21세기 최초의 대참사다. 부시 대통령은 9·11 테러 즉시 대국민 연설을 하고, 이후 이슬람무장 항쟁을 지원하는 국가들에게 '테러와의 전쟁'을 선포했다. 이때 부시의 지지율은 사상 최고인 91퍼센트까지 올라갔다. 부시는 아프간 침공으로 탈레반 정권을 쓰러뜨리고 알카에다를 괴멸시켜 오사마 빈 라덴을 체포하거나 살해할 것을 명했다. 또 이라크 전쟁 중 부시는 '전시 대통령'이라 자칭하고 재선에 도전해 이라크전쟁과 국내 문제 수행 논쟁에도 불구하고 존 케리 상원의원을 앞서서 2004년 11월 2일에 재선된다.

2002년 국정연설에서 부시 대통령은 북한, 이란, 이라크를 '악의 축'이라고 표현해 화제가 됐다. 2003년에는 '무법정권', 2004년에는 '가장 위험한 정권'이라는 말이 등장했다.

조지 W. 부시는 아버지 조지 부시(제41대 대통령)와 함께, 존 애덤스(제2대 대통령)와 존 퀸시 애덤스(제6대 대통령)에 이은 미국 역사상 두 번째 부자父子 대통령이 되었다.

▬ 9·11 사태 대국민 연설

다음은 조지 W. 부시 대통령이 2001년 9월 11일 밤에 한 9·11 사태 대국민 연설의 요지다.

"오늘 우리의 국민과 우리의 생활방식, 우리의 자유가 치밀하게 계획된 치명적인 일련의 테러공격을 받았습니다. 이 테러공격으로 여객기를 타고 있던 국민들과 건물 내 사무실에 있던 국민들이 희생 되었습니다. 여객기가 건물에 충돌하고, 불길이 솟고, 거대한 건물이 무너지는 모습은 참으로 믿기 어려운 광경이었으며, 우리에게 엄청 난 슬픔과 함께 조용하면서도 단호한 분노를 불러일으켰습니다. 이 러한 대량살상 행위는 우리에게 공포를 불러일으켜 미국을 혼란과 퇴보로 몰아넣으려는 의도로 자행된 것입니다. 그러나 테러분자들 은 그 목표를 달성하지 못했고 미국은 여전히 굳건히 서 있습니다.

위대한 나라를 수호하기 위해 위대한 국민이 나섰습니다. 테러 공격으로 가장 큰 건물의 기초를 흔들 수는 있을지언정, 미국의 기 초에는 손조차 댈 수 없습니다. 테러공격으로 강철 구조물이 산산 조각으로 깨졌을지언정, 미국인의 강철 같은 의지에는 흠집조차 낼 수 없습니다. 미국이 테러공격의 대상이 된 것은 미국이 세계에서 가장 밝은 자유와 기회의 등대이기 때문입니다. 어느 누구도 이 등 대의 불빛을 끌 수 없을 것입니다.

1차 공격 직후 나는 정부의 비상대응계획을 실행했습니다. 미군 은 막강한 전력과 확고한 준비태세를 갖추고 있습니다. 비상대응 팀이 뉴욕시와 워싱턴D.C.에서 현지의 구조노력을 지원하고 있습 니다. 우리의 최우선 과제는 부상자를 구호하고 국내외의 미국 국 민을 추가 테러공격으로부터 보호할 수 있도록 필요한 모든 조치 를 취하는 데 있습니다.

정부의 기능은 중단 없이 계속되고 있습니다. 워싱턴 연방 정부의 직원들은 오늘은 긴급 대피할 수밖에 없었지만 오늘밤부터 핵심인력이 복귀하게 되며 내일부터는 정상적으로 업무를 재개하게 됩니다. 미국 금융기관의 건전성에는 흔들림이 없으며 미국 경제의 모든 기능도 내일부터 정상적으로 작동하게 됩니다. 현재 이러한 사악한 테러행위의 배후에 있는 자들을 색출하고 있는 중입니다. 나는 정보기관과 행정부의 모든 자원을 이 테러행위에 책임이 있는 자를 색출하여 응징하는 데 투입하도록 지시했습니다. 이 과정에서 우리는 테러를 자행한 자들과 테러분자에게 은신처를 제공하는 자들을 구분하지 않고 응징할 것입니다.

나와 더불어 이 테러공격을 강력하게 비난하는 데 동참해준 연방 의회 의원 여러분께도 깊은 감사를 드립니다. 또한 애도의 뜻을 표하고 지원의사를 표명해준 전 세계 수많은 지도자들께도 미국 국민을 대표하여 감사드리는 바입니다. 미국과 그 친구 및 우방들은 세계의 평화와 안전이 깃들기를 바라는 모든 이들과 손을 잡고 테러에 대한 전쟁에서 승리하기 위하여 함께 노력할 것입니다.

오늘은 각계각층의 모든 미국인들이 정의와 평화를 위한 결의로 함께 뭉친 날입니다. 미국은 지금까지 수많은 적을 물리쳐왔으며, 이번에도 반드시 적을 물리치고야 말 것입니다. 미국 국민 어느 누구도 오늘을 결코 잊지 못할 것입니다. 또한 세계의 자유와, 선과, 정의를 수호하기 위하여 함께 노력할 것입니다. 신이 미국을 축복하실 것입니다. 감사합니다."

미국 경제를 되살린
빌 클린턴

━━━ 인기도 많고 스캔들도 많았던 대통령

미국 최연소 주지사, 민주당 후보로 대통령이 되어 '평화와 경제 호황기를 이끈 대통령' 빌 클린턴Bill Clinton. 그는 1946년 유복자로 태어나 아칸소주 시골 마을에서 성장한다. 재혼한 어머니와 알코올 중독에 폭력적이었던 계부와의 사이에서도 구김살 없이 성장했다.

사람들은 소년단원으로 존 F. 케네디 대통령과 악수하는 16세 클린턴의 모습을 기억하고 그가 케네디의 영향을 받아 정치가가 되었다고 하지만, 그는 이때보다는 마틴 루터 킹 목사의 연설을 듣고 공적인 일에 투신해야겠다는 강력한 영향을 받았다고 고백한다.

"나는 킹 박사의 연설을 들으며 울기 시작해 연설이 끝난 뒤에도 한참 울었다. 그는 내가 믿는 것을 말했다. 내가 말할 수 있는 것보다 훨씬 훌륭하게 말했다. 그 연설을 들으면서 루터 킹의 꿈을 실현하기 위해 평생 동안 무슨 일이든 하겠다는 결심을 굳히게 된다."

1968년 조지타운 대학교를 졸업, 이어 2년 간 옥스퍼드 대학교에서 로즈장학생으로 유학했다. 그 후 예일 대학교 법학대학원에 입학했는데 이때 힐러리 로댐을 만났으며, 그들은 1975년 결혼했다. 클린턴은 졸업과 동시에 아칸소 대학교 법학과 교수를 역임했고, 1976년 아칸소 주 법무장관이 되었으며, 1978년 32세에 미국 최연소 주지사로 당선되었다.

1992년 대선에서 민주당 후보 클린턴은 현직 공화당 출신 대통령인 조지 H. W. 부시와 무소속 후보인 로스 페로를 꺾고 46세로 대통령이 되었다. 이 선거에서 그는 불경기에 대한 이슈를 제기했다. 그의 선거운동본부 캠페인 문구는 "문제는 경제야, 멍청아!"였다.

'최강의 군사력과 적극적인 경제정책으로 미국을 새롭게 탄생시킨다'는 노선을 지향하면서 1993년 대통령에 취임했고, 첫 임기 동안 높은 경제적 성과를 토대로 클린턴은 1996년 당시 공화당 대통령 후보였던 밥 돌 상원의원에게 압승을 거두고 1996년 연임에 성공했다.

그러나 1997년 12월 백악관 인턴이던 르윈스키와의 성추문사건이 공개되어 큰 파문을 일으켰다. 당초는 육체관계를 부정했지만 '르윈스키와 부적절한 관계를 가졌다'고 고백할 수밖에 없는 상황에 몰리고 이에 '부적절한 관계'는 그해의 유행어가 됐다.

클린턴은 재임 기간 중 미국 역사상 가장 긴 평화로운 경제적 확장의 지속을 이끌었다. 의회예산국은 2000년에 클린턴의 재임 기간의 예산이 흑자라고 보고했다.

현재는 '미국 대통령 중 경제적으로 미국을 가장 호황으로 이끈 대통령'으로 인정받고 있으며, 퇴임 후에도 그 인기는 매우 높다. 2012년 7월에 갤럽이 실시한 여론조사에서는 그에게 호감을 갖고 있다고 답한 사람이 응답자의 66퍼센트에 이르렀다.

▬▬ 대통령직 고별 연설

다음은 성공적으로 8년 간의 재임 기간을 마치고 전통에 따라 2001년 1월 18일, 국민들에게 마지막으로 한 고별 연설의 요지다.

"친애하는 국민 여러분! 오늘밤은 제가 백악관 집무실에서 대통령으로서 여러분께 말씀드리는 마지막 기회입니다. 저는 두 번이나 여러분을 위해 봉사하고 일히며, 또 여러분과 함께 우리나라를 21세기에 대비할 수 있도록 할 기회를 준 데 깊이 감사하고 있습니다. 지금은 극적인 변혁의 시대이며 여러분께서는 모든 새로운 도전을 훌륭하게 이겨냈습니다. 여러분은 우리의 사회 조직을 더욱 강력하게, 가족들을 더욱 건강하고 안전하게, 국민을 더욱 풍요하게 만들었습니다.

미국 국민 여러분! 여러분은 우리의 글로벌 정보시대로의 이행을 위대한 미국의 부흥기로 만들었습니다. 저는 우리의 항구적인 가치에 따라 본인의 진로를 조정했습니다. 그것은 모두를 위한 기회, 모두의 책임, 모든 미국인의 공동체입니다. 미국은 지구의 곳곳에서 평화와 번영의 힘이 돼왔습니다. 저는 미국이 이처럼 강력한 위치에서 미래의 도전에 부응할 수 있는 가운데 새 대통령에게 지도자의 권한을 넘겨줄 수 있게 되어 매우 기쁘게 생각합니다.

오늘밤 저는 여러분에게 우리의 미래에 관해 세 가지 생각을 말씀드리고자 합니다.

첫째로 미국은 재정적 책임에 대한 우리의 입장을 계속 유지해야 합니다. 최근 4년 간의 예산을 통해 우리는 기록적인 적자를 흑자로 되돌렸으며, 국가부채 중 6,000억 달러를 갚을 수 있게 되어

1835년 이래 처음으로 2010년까지는 부채에서 벗어날 수 있게 될 것입니다.

둘째로, 세계는 날마다 모든 면에서 더욱 밀접해지고 있기 때문에 미국의 안보와 번영을 위해서는 우리가 계속 세계를 이끌어나가야 합니다. 전 세계인들은 미국이 평화와 번영, 자유와 안보의 힘이 되어줄 것을 기대합니다. 세계 경제는 더 많은 미국인들과 세계 수십억 주민들에게 품위 있게 일하고 생활하며 가족을 부양할 수 있는 기회를 주고 있습니다.

셋째로, 우리가 다양한 색깔의 실로 하나의 미국이라는 천을 짜지 못한다면 미국은 세계를 이끌어나갈 수 없다는 것을 명심해야 합니다. 우리가 한층 더 다양해질수록 우리는 그만큼 더 우리의 공동가치와 공동인간성을 중심으로 단결해야 합니다.

힐러리와 첼시 그리고 저는 모든 미국인들과 함께 새 대통령 조지 워커 부시와 그의 가족 그리고 새 정부가 그들이 도전에 직면하여 새로운 세기의 자유의 행진을 이끌어나가는 데 행운이 있기를 기원합니다.

저는 취임할 때보다 더욱 이상과 희망에 가득 찬 가운데 대통령직을 떠납니다. 그리고 어느 때보다도 미국의 전성기가 지속될 것을 확신합니다. 저의 임기는 거의 끝났지만 제가 봉사할 수 있는 시간은 아직 끝나지 않았습니다. 앞으로 저는 미합중국 대통령보다 더욱 높은 직위나 숭고한 책임을 맡을 수는 결코 없을 것입니다. 그러나 제가 지닐 '시민'이라는 직함이야말로 가장 자랑스러운 직함일 것입니다. 감사합니다."

부부 대통령을 꿈꾸는
힐러리 로댐 클린턴

━━ 대통령의 꿈은 이루어질까?

미국의 퍼스트레이디, 연방 상원의원, 대통령 경선후보, 국무장관 등
화려하고 다채로운 경력의 소유자이며 가장 유력한 차기 대선 주자
로 '미국의 가장 영향력 있는 여성' 힐러리 클린턴Hillary Rodham Clinton.

　　그녀는 1947년 시카고 근교에서 태어나 평범한 가정에서 평화
롭게 성장했다. 메인이스트 고등학교를 졸업하고, 웰슬리 대학교
에서 정치학을 전공했다. 웰슬리 대학교 학생회 회장을 지냈으며
1969년 우수한 성적으로 졸업하면서 졸업식 때 학생대표로 연설
했다. 힐러리는 이때 상투적인 졸업연설 대신 여성과 흑인민권 문
제 등에 진보적인 입장을 피력하면서 〈라이프〉 지에 소개되는 등
언론의 주목을 받는다.

　　웰슬리 대학교를 졸업한 후 예일 대학교 로스쿨에 입학했으며,
그곳에서 학회지 편집자, 아동학연구소 등에서 활동했다. 1971년
같은 예일 로스쿨 학생이던 빌 클린턴을 만난다. 1973년 예일 로스
쿨을 졸업하고 법무 박사학위를 받았으며, 변호사 자격을 획득한다.

　　힐러리는 1974년 1월부터 법사위 탄핵조사단 조사위원이 되었

고 1974년 8월 9일, 닉슨 대통령이 전격적으로 사임을 발표함에 따라 탄핵 조사위원으로서의 임무도 끝냈다. 1974년 가을 학기부터 힐러리는 아칸소 대학교 로스쿨의 교수가 되어 학생들을 가르쳤다. 1975년 힐러리는 빌 클린턴과 결혼했고, 이때부터 힐러리는 남편이 대통령에 당선되어 백악관에 들어갈 때까지 20년 가까이 아칸소 주에 거주하며 내조와 경력을 쌓게 된다.

1983년 주지사에 재선된 빌 클린턴은 대통령 선거에 당선되기 전까지 줄곧 주지사로 재직했는데 이 기간 중 힐러리 클린턴은 주지사의 부인이자 변호사로, 아칸소 주의 유력 인사로 활발한 활동을 했다. 1993년부터 대통령 빌 클린턴의 영부인으로, 남편의 대통령 재직 중 활발한 활동을 하며 세계적으로 관심을 모았고, 남편의 대통령 임기 말인 2000년 연방 상원의원으로 선출되었고 2006년에는 67퍼센트의 득표를 얻어 재선에 성공했다.

힐러리는 민주당의 유력한 2008년 대통령 선거 후보였으나, 버락 오바마에게 경선에서 간발의 차로 석패했다. 오바마의 대통령 당선 직후 국무부장관으로 지명되었고 4년 간 임기를 마치고 퇴임했는데, 미국 역사상 가장 많은 국가를 방문한 국무장관으로 이름을 올렸다. 4년 동안 112개국을 방문했다. 오바마 대통령은 '역대 국무장관 중 가장 훌륭히 역할을 수행해낸 장관 중 한 사람으로 기억될 것'이라고 그녀를 평가했다.

그녀의 이러한 폭넓은 활동에 기존의 높은 대중적 인지도까지 더해져 그녀의 국정 수행 지지도는 한때 70퍼센트까지 치솟았다. 대선이 끝난 이후 차기 대권 지지도에서도 민주당 내에서 압도적인 1위를 달리고 있다. 그녀가 미국 최초의 여성 대통령, 부부 대통령이 될 것인가?

━━ 우리는 여성들을 대변할 책임이 있습니다

다음은 1995년 9월 5일, 베이징 유엔 세계여성회의에서 힐러리가 한 연설의 요지다.

"각국 대표단과 내외 귀빈 여러분, 우리가 오늘 이 자리에 모인 것은 전 세계 여성들에게 새로운 존엄성과 존중을 부여하고, 이를 통해 가정에도 새로운 힘과 안정을 부여하기 위한 공통의 기반을 찾기 위해서입니다. 이러한 회의를 통해 우리는 각국 정부와 국민들이 세계에서 가장 시급한 문제를 듣고, 보고, 직시하게 할 수 있습니다. 우리는 전 세계의 사례를 통해 여성이 건강하고 교육을 받으면 그 가족이 번영한다는 사실을 배우고 있습니다. 가족이 번영하게 되면 지역사회와 국가도 번영하게 됩니다. 지구상의 모든 이들이 이 회의에서 이뤄지는 논의에 귀를 기울여야 하는 이유가 여기에 있습니다.

이 회의의 중요한 목적은 풍부한 경험이 있어도 인정받지 못하고 의사를 표현해도 무시당하는 전 세계 여성의 목소리에 힘을 실어주는 데 있습니다. 여성은 전 세계 인구의 절반 이상을 차지하고 있습니다. 전 세계의 아동과 노인의 대부분을 일차적으로 돌보는 사람이 바로 여성입니다. 그러나 우리가 하는 일은 그 가치를 인정받지 못하는 경우가 많습니다. 오늘 이 자리에 참석할 기회를 가진 우리들은 그런 기회를 갖지 못한 여성들을 대변할 책임이 있습니다.

새천년을 앞둔 지금, 이제 침묵을 깨뜨릴 시간이 되었다고 믿습니다. 우리가 이곳 베이징에서, 전 세계가 들을 수 있도록 여성의 권리를 인권과 별개로 논의하는 일을 더 이상 용인할 수 없음을 큰 목소리로 선언해야 할 때입니다.

전 세계적으로 14세에서 44세 사이 여성의 가장 큰 사망 원인이 가정 내에서 자행되는 폭력이라는 현실도 인권침해입니다. '인권은 여성의 권리이며 여성의 권리는 인권입니다.'

우리가 자유와 민주주의의 번영과 영속을 원한다면 여성에게 자국의 사회와 정치에 완전하게 참여할 수 있는 권리를 보장해야 합니다. 자유는 사람들이 공개적으로 모이고 단체를 만들고, 토론할 수 있는 권리이며, 자유는 정부의 시각에 동의하지 않는 사람들의 시각을 존중하는 것이고, 자유는 시민이 그 생각과 의견을 평화적으로 표현했다는 이유로 탄압받는 일이 없는 것을 의미합니다.

이제 세계의 여성을 대표하여 행동할 때입니다. 여성의 삶을 개선하기 위한 용기 있는 행동을 하는 것은 곧 어린이와 가족의 삶을 개선하기 위한 용기 있는 행동을 하는 것입니다.

전 세계에서 차별과 불평등이 지금처럼 공공연히 자행된다면 평화롭고 번영하는 세계를 만드는 인류 가족의 잠재력은 절대 실현될 수 없습니다. 이 회의를 우리와 세계가 행동하는 계기로 삼아야 합니다. 이 회의의 외침에 귀를 기울여, 모든 여성을 존중과 존엄으로 대우하고, 모든 가족이 안정되고 희망찬 미래에 대한 희망을 가지는 세계를 만들어야 합니다."

훌륭한 패자,
앨 고어

━━ 대권은 잃었지만 명예와 큰돈은 벌었다

미국의 연방 하원의원, 상원의원을 거쳐 클린턴 정부의 부통령으로
활약했고, 2000년 미국 대통령 선거에서 조지 부시와 쌍벽을 이루
었던 대권주자, 환경운동가로 변신하여 2007년 노벨평화상을 수
상하고 억만장자 반열에 오른 앨 고어[Albert Arnold Gore, Jr.].

　그는 1948년 워싱턴 D.C.에서 정치 명문가, 재력가의 장남으로
태어났다. 아버지는 테네시의 베테랑 민주당 상원의원이었다.

　하버드 대학교 정치학 학사와 밴더빌트 대학교 로스쿨을 거쳐
베트남 전쟁 종군기자, 지역신문 기자로 일하다가 1977년에 테네
시 주 연방 하원의원으로 정계에 입문했다. 1985년부터 1992년까
지 연방 상원의원을 지냈다. 1992년 대선 당시 부통령 러닝메이트
로 지명된 뒤, 달변가인 고어의 유세로 클린턴의 지지도는 급상승
했다. '차라리 고어가 대통령 후보였다면 안성맞춤이었을 것'이라
는 말까지 나올 정도로 유망한 정치인이었다.

　부통령 재임 중 초고속 정보통신망의 조기 건설과 미국 주도의
정보통신, 우주 및 국방 분야의 발전에 공헌했으며, 특히 환경 문제

해결에 조예가 깊어 1997년 기후변화에 관한 교토의정서의 창설을 주도하고 온실가스 배출최소화 및 국립공원 확대조치를 이끌어내는 등, 전_全 지구적 환경보호에 정치적 수완을 발휘했다.

2000년, 대통령에 입후보한 고어는 부시와 치열한 선거전을 치렀다. 특기할 사실은 제43대 대통령 선거는 여느 선거와 달리 투표가 끝나고 한 달 이상이 지나서야 대통령이 확정되는 우여곡절을 겪었다. 개표 결과에 이견의 소지가 많아 자신의 패배를 인정하기 어려웠던 고어는 한 달 이상 동안 개표 결과를 역전시키기 위해 부단히 노력했다. 그러나 연방대법원 판결이 내려진 그 순간, 고어는 깨끗하게 결과에 승복하는 연설을 했다.

낙선 직후 한때 건강악화설이 있었으나, 2001년 9.11테러 당시 미국 국민들에게 불의에 맞서 일치단결할 것을 호소했고, 2003년 부시 정권의 이라크 전쟁을 강력히 규탄하면서 재기에 성공, 현재까지 미국 국민들의 높은 지지를 얻고 있다.

이후 그는 2006년 지구온난화에 관한 다큐멘터리 영화 〈불편한 진실〉에 출연했고, 동명의 책을 출판하기도 했다. 2007년 고어는 지구온난화와 그에 따른 환경 파괴의 위험성을 환기시킨 데 대한 공로로 노벨평화상을 수상했다. 2013년을 기준으로 고어는 억만장자의 반열에 올랐다. 대선 출마 당시 170만 달러에 불과했던 것이 2억 달러까지 불어났다고 한다.

▬ 판결에 동의할 수 없지만 받아들이겠습니다

다음은 2000년 12월 13일, 연방대법원 판결 직후 앨 고어가 한

'승복 연설'의 요지다.

"나는 방금 전 조지 부시에게 전화를 걸어 미국의 43대 대통령이 된 것을 축하했습니다.

150년 전 대통령 선거에서 더글러스 상원의원은 링컨에게 패한 뒤 '당파심이 애국심보다 앞설 수는 없다, 나는 당신과 함께할 것이며 각하에게 하나님의 가호가 있기를 빈다'고 했습니다. 나는 지금 같은 심정으로 부시 대통령 당선자에게 당파적인 증오의 찌꺼기는 없어져야 한다고 말했으며 그가 이 나라를 이끌어가는 데 하나님의 가호가 있기를 빌었습니다.

이 길고 힘든 길은 그도 나도 예상하지 못한 것이었습니다. 누구도 원하지 않았던 상황이 벌어졌고 그 상황은 민주주의의 명예로운 제도를 통해 이제 매듭을 짓게 되었습니다.

한 법과대학 도서관에는 '인간이 아니라 하나님과 법에 따라'라는 글이 새겨져 있습니다. 이것이 미국적 자유의 원칙이며, 민주주의적 자유의 출발점인 것입니다.

이제 연방대법원의 판결이 내려졌습니다. 나는 그 판결에 결코 동의할 수 없습니다. 그러나 받아들이겠습니다. 나는 국민의 단합과 민주주의의 강화를 위해 승복하기로 결정했습니다. 아울러 나의 책무도 인정합니다. 조건 없이 새 대통령 당선자를 존경하며 그가 독립선언문에 명시돼 있고 헌법이 추구하는 비전을 실현하는 데 협조를 아끼지 않을 것입니다.

그동안 나를 지지하고 우리가 추구해온 대의를 지지해준 분들께 감사드립니다.

역사는 우리에게 숱한 도전과 투쟁의 과정을 보여주는 교과서입니다. 결승선에 도달하기 전에 무수한 논쟁이 오가지만 일단 결과가 정해지면 승자나 패자나 담담하게 받아들이는 것이 화합의 정신임을 우리는 익히 알고 있습니다. 나에게 힘을 실어준 지지자들이 느끼는 것처럼 나도 실망스럽습니다. 하지만 애국심으로 실망감을 극복해야 할 것입니다.

우리는 부시 대통령 당선자가 짊어질 무거운 짐을 덜어주는 데 조금도 망설이지 않을 것입니다. 나와 함께했던 지지자들에게 이제는 새 대통령 뒤에서 든든한 버팀목이 돼주기를 당부드립니다. 그것이 미국입니다. 우리 당의 신념보다 더 귀중한 의무가 우리 앞에 있습니다. 이것이 미국입니다. 우리는 정당보다 국가를 우선할 것입니다. 우리는 우리의 새 대통령을 뒤따를 것입니다. 이번 선거를 치르면서 나는 미국의 힘을 느꼈습니다. 이 나라를 위해 싸운다는 것이 얼마나 가치 있는 일인지 깨달았으며 나는 이 싸움을 이어갈 것입니다.

내 아버지는 '아무리 잃은 것이 많다고 해도 패배가 주는 가르침을 따라가면 영광의 날이 온다'고 일깨워주셨습니다. 정치싸움은 막을 내렸습니다. 이제 일터로 돌아가 전 세계에서 우리를 기다리는 많은 사람들에게 손을 내밀어야 할 것입니다.

국민 여러분, 이제는 돌아가야 할 때입니다. 하나님께서 미국을 지켜주시리라 믿습니다."

황제 대통령,
블라디미르 푸틴

━━━ 스파이 출신으로 대통령까지

'황제 대통령', '법의 독재자'로 불리며 강력한 카리스마로 러시아 연방을 이끌고 있는 블라디미르 푸틴Vladimir Putin 러시아 대통령.

푸틴은 1952년 레닌그라드에서 태어났다. 어린 시절 영화나 소설에서 본 스파이를 동경했고, 열네 살 때 KGB(국가보안위원회)를 방문해 한 직원에게 어떻게 KGB에 들어갈 수 있는지를 물었다. 직원은 KGB는 '자원해서 온 사람은 절대로 채용하지 않는다. 전공은 법학이 유리하며, 언동이나 사상적인 문제가 없어야 하고, 스포츠의 실적은 전형에서 유리하게 작용한다'는 현실적인 충고를 해주었다.

소년 푸틴은 그 조언을 충실히 지켜 유도를 배우고 레닌그라드 대학 법학부를 선택해 들어갔으나 KGB에 접촉하지는 않았다. 그리고 대학 4학년 때 KGB에서 채용 연락을 받고 1975년에 들어가게 된다. 첩보활동을 위해 KGB 적기대학에서 공부하고, 1985년에 동독 드레스덴으로 파견되어 1990년까지 정치 관계의 정보를 수집하는 첩보활동에 종사했다.

그 후 레닌그라드 대학교의 학장 보좌관, 상트페테르부르크의 부시장, 대통령 제1보좌관, 보안청FSB 장관을 거쳐, 1999년 옐친 대통령에 의해 총리가 된다. 총리 취임 후, 서방에 대해 강경노선을 유지하고, 체첸사태를 유리하게 처리하면서 국민의 지지를 얻기 시작했다. 1999년 12월 31일 옐친 대통령이 임기를 남겨둔 채 전격 사임함에 따라 47세의 젊은 나이에 대통령 권한대행이 되었고, 2000년 대통령 선거에서 당선되었고 2004년에는 압도적인 표차로 재선되었다. 푸틴이 대통령으로 재임하는 8년 동안, 러시아 경제는 위기를 벗어나 크게 성장했다. 국내총생산은 여섯 배로 증가했고, 빈곤은 절반 이하로 줄었으며, 평균 월급이 80달러에서 640달러로 증가했고, 실질 GDP가 150퍼센트가 되었다.

3선을 연임할 수 없는 헌법에 따라 푸틴은 2008년 대선에 메드베데프를 대통령 후보로 내세웠고, 그가 당선되자 총리로 임명받아 러시아 역사상 최초로 전임 대통령 출신의 총리가 된다. 2012년 다시 대통령 선거에서 63.6퍼센트의 득표율로 3선에 성공하여 6년 임기의 대통령이 되었다. 푸틴이 국민들에게 큰 호응을 얻는 이유는 적극적인 대처 능력과 즉각적인 문제 해결의 리더십 때문이다.

그 좋은 예로, 미국이 러시아를 견제하기 위해 폴란드에 미사일 방어체계를 구축하려고 하자 푸틴은 곧바로 '구축을 시작하는 즉시 핵전쟁'이라고 선언해서 미국의 계획이 무산된 사건은 유명하다. 그런가 하면 러시아의 한 지방에서 화재가 발생하여 민가들이 큰 피해를 입자 푸틴은 '피해자들의 집을 복구하는 데 예산을 아끼지 마라. 모든 복구 현장에는 CCTV를 설치해 전 국민이 복구 과정을 볼 수 있도록 하며, 내 집무실과 집에 모니터를 달아놔서 나도 복구 과정을 볼 수 있게 하라'고 지시하고 감독했다. 그는 현직 러시아 대통령으로 지지율 80퍼센트란 절대적 신뢰를 받으며, 국민의 생활 안정과 강력한 국가 건설을 위해 노력하고 있다.

━━ 크림반도는 지금도 러시아 땅

다음은 3월 18일, 푸틴이 크림반도와 러시아 합병의 정당성을 주장한 연설의 일부다.

"존경하는 여러분! 우리는 오늘 여기 우리 모두에게 매우 중대한 역사적 의미를 가지는 문제 때문에 이렇게 모였습니다. 3월 16일 크림에서 진행된 주민투표는 민주적인 절차와 국제 규범에 의거하여 거행되었습니다. 이 투표에는 82퍼센트가 참여하여 96퍼센트가 러시아와의 통합에 찬성을 표했습니다. 이 숫자는 최고의 설득력을 가집니다.

왜 이런 선택을 했는가 하는 것을 이해하기 위해서는 크림에게 러시아란, 러시아에게 크림이란 무슨 의미였고, 무슨 의미인가 하는 역사를 알아야 합니다. 크림에는 우리 모두의 역사와 긍지가 스며들어 있습니다. 크림에는 1783년 용맹스러움으로 러시아 제국으로 편입시켰던 용사들의 무덤이 있습니다. 크림은 세바스토폴(크림반도에 있는 항구도시로 2차 세계대전의 전투 이후 영웅 도시로 명명됨)이며 곧 전설입니다. 위대한 운명적 도시이며 요새이자 러시아 흑해함대의 고향이기도 합니다.

존경하는 여러분! 사람들의 인식과 가슴속에서 크림은 러시아와 뗄 수 없는 일부였고, 지금도 그렇습니다. 혁명 이후 다양한 계산으로 볼셰비키가 역사적으로 러시아의 남부인 많은 영토를 우크라이나에 귀속시켰습니다. 이것은 주민의 민족 구성을 전혀 고려하지 않은 것인데 이 지역이 바로 오늘날의 우크라이나 남동부인 것입니다. 1954년 소연방 관할이었음에도 불구하고 크림 지역과 세바스토폴을 우크라이나로 합병하는 결정이 뒤를 이었는데, 이것은 소련의 공산당 서기장인 흐루시초프의 개인적 결정이었습니다.

소비에트연방은 무너졌습니다. 크림은 다른 국가에 귀속되었고, 러시아는 크림을 도둑맞은 느낌을 갖게 되었습니다. 수백만 러시아인이 한 국가 안에서 잠자리에 들고 깨어나 보니, 크림은 외국에 있는 것이 되고 동시에 각 공화국에서 소수민족으로 전락하고 만 겁니다. 러시아 민족이 세계에서 제일 큰 흩어진 민족이 된 겁니다.

여론조사에서 95퍼센트의 러시아 국민이 러시아가 반드시 크림 주민의 이익을 지켜야 한다고 대답했습니다. 83퍼센트 이상이 다른 나라들과 관계가 안 좋아지더라도 반드시 해야 하며, 86퍼센트가 크림은 지금도 러시아 땅이라고 확신합니다. 바로 이 숫자가 중요한 것이 크림의 96퍼센트가 러시아와의 합병을 찬성하는 것과 일치합니다. 이제 대부분의 크림 주민과 절대 다수의 러시아 국민은 크림공화국과 세바스토폴의 러시아 합병을 지지합니다. 이 일은 러시아의 정치적인 결정을 떠나서 러시아 국민의 의지에 기초합니다. 왜냐하면 국민만이 모든 권력의 원천이기 때문입니다….

존경하는 여러분! 오늘 크림에서 거행된 투표의 결과와 국민의 의견에 따라, 연방 의회에 새로운 두 연방 주체의 병합에 대한 법안을 제출하니 검토해줄 것을 요청합니다."

영국의 케네디,
토니 블레어

━━ 뛰어난 연설과 친화력을 지닌 지도자

노동당 출신의 영국 총리로, 세계 지도자 반열에 오른 토니 블레어Tony Blair. 본명은 앤터니 찰스 린튼 블레어Anthony Charles Lynton Blair로 1953년 영국 에든버러의 부유한 중산층 가정의 둘째로 태어났다. 그는 명문 공립학교인 페츠 칼리지를 나와 옥스퍼드 대학교 법대를 졸업했다. 대학 재학 시절 교칙을 무시하고 보컬그룹의 리드 싱어로, 긴 장발에 록 밴드를 조직하는 등 히피에 가까운 생활을 하기도 했다.

그는 1975년 대학을 졸업한 뒤 어빈 법률사무소에서 변호사로 일했고, 79년 노동당에 입당했으며, 83년 세지필드 지역구에서 하원의원으로 당선해 서른 살의 젊은 나이에 정계에 첫발을 내디뎠다. 그 후 야당인 노동당 예비내각에서 요직을 두루 거치며 성공가도를 달렸고 1994년, 마흔한 살에 노동당 당수가 되었다. 당시 당수 경선에서 노동당이 집권하기 위해서는 개혁과 변화된 노선이 필요함을 이유로 '신노동당 정책'을 주창하며 전통적인 좌파노선을 고수하려는 존 프레스콧 후보와 대결을 벌여 승리했다.

마거릿 대처 전 영국 총리는 당시 블레어 노동당 당수를 보고 '노동당이 지난 30년 간 배출한 인물 중 가장 걸출한 사람'이라고 평가했으며, 영국 언론들은 비전과 결단력, 강력한 카리스마를 겸비한 새 시대의 지도자로 '영국의 케네디'라고 극찬했다.

1997년 5월 1일 총선에서 블레어가 이끄는 노동당이 집권 보수당에 압승(659석 중 419석을 차지)을 거둠으로써, 1979년 보수당에게 정권을 내준 지 18년 만에 블레어는 노동당 출신의 총리, 43세로 20세기에서는 최연소 총리가 되었다.

블레어는 탁월한 솜씨로 영국을 이끌어갔다. 그는 최대 장점인 뛰어난 연설 실력과 대중 친화력으로 사람들을 단결시켰다. 스코틀랜드와 웨일스에 자치권을 이양하기 위한 국민투표를 실시했고, 상원의 세습귀족제를 종식시켰으며, IRA와 '굿 프라이데이' 협정을 이끌어내 아일랜드 무장투쟁 세력을 해체, 빈곤 문제와 지구온난화 문제, 개발도상국 채무 문제 등 세계적 난제에 적극 나서는 한편 내정에서는 15년 이상에 이르는 경기 확대를 실현하는 등 많은 업적을 쌓았다. 2001년과 2005년 총선에서도 계속 노동당이 승리하여 총리로서 3기 연속 집권했다.

그러나 미국의 부시 정권이 벌인 대테러전쟁(아프가니스탄전과·이라크전쟁)에 대한 비판이 높아지면서 지지율도 떨어졌다. 테러 피해의 공백지대였던 영국까지 그 영향이 파급되면서 2005년 7월 7일 런던의 대중교통 동시 폭파사건 네 건이 발생했고, 같은 해 12월에는 야당 보수당이 젊은 데이비드 캐머런을 당수로 선출하자 지지율에서 여야가 역전하게 되었다. 그 책임을 지고 2007년 6월 총리 재임 10년 만에 퇴임했다.

━━ 위대한 나라에 봉사하는 영광을 누렸습니다

다음은 2007년 5월 10일, 토니 블레어가 자신의 선거구 셋지 필드에서 지지자들을 앞에 두고 총리직을 사퇴하겠다고 한 연설의 요지다.

"나는 여기 셋지 필드에 돌아왔습니다. 나의 정치 인생은 이곳에서 시작됐습니다. 그래서 여기서 끝나는 것이 어울립니다. 노동당의 당수를 사임하기로 결정한 것을 오늘 이곳에서 발표하겠습니다. 나는 6월 27일, 총리직 사임서를 여왕 폐하에게 전달할 생각입니다.

10여 년 동안 나는 이 나라의 총리를 맡아왔습니다. 현재의 이 세계 속에서 10년이라는 세월은 총리의 재임 기간으로는 충분합니다…. 나라의 일을 제 일로 생각한다는 것은 자신이 진정 옳다고 생각하는 행동을 취하는 것입니다. 자신의 신념대로 행동하는 것이 의무입니다. 이런 말을 하면 왜곡하여 내가 광신적인 구원자적 열정에 따라 행동한다고 생각하는 사람도 있을 것입니다. 하지만 최종적인 의무는 결정하는 것입니다….

때로 교육비 문제와 오랫동안 획일화되었던 공공서비스를 분리하는 것과 같은 변화는 많은 논란의 여지가 있었지만, 점진적으로 그 방향으로 나아가고 있습니다. 또 유럽과의 관계에서 영국이 강한 입장을 유지할 필요가 있다는 제 의견에 동의하실 겁니다. 시에라리온에서 그리고 코소보의 인종청소를 종식시키기 위해서, 저는 영국이 개입하도록 결정을 내렸습니다. 그냥 지나치지 않았고 가장 치열한 전투가 벌어질 때 빠져나오지 않았습니다.

그러고 나서 예상치 못한 극적인 사건이 발생했습니다. 뉴욕의 거리에서 벌어진 9.11 테러와 3,000명 이상이 사망한 바로 그것입니다. 저는 우리의 가장 오래된 우방과 협력하기로 결정했습니다. 신념을 가지고 그렇게 했습니다. 그 결과 아프가니스탄과 이라크 사태가 이어졌습니다. 이라크전쟁은 특히 많은 논란이 있었습니다. 사담과 아들들을 권좌에서 몰아내는 것은 쉽게 끝났지만 그 후 국제 테러리즘과 테러조직의 반격은 거세었고 많은 피해를 초래했습니다. 테러와의 전쟁이 소용없는 것처럼 생각하는 사람도 있지만 저는 이 싸움은 끝까지 관철할 필요가 있다고 생각합니다….

목표는 무지갯빛으로 채색이 되지만 현실은 단조로운 검정, 흰색, 회색으로 그려집니다. 그러나 여러분께서 한 가지만은 알아주시기를 부탁드립니다. 저는 제가 옳다고 생각한 일을 했습니다. 제가 틀렸을 수도 있습니다. 그것을 판단하는 것은 여러분이 할 일입니다.

나는 영국의 미래에 큰 희망을 안고 취임했고 앞으로 더 큰 희망을 가슴에 안고 퇴임합니다. 나는 행운아였습니다. 그리고 이 나라는 축복받은 나라입니다. 영국인들은 특별한 국민입니다. 세계가 그것을 알고 있습니다. 그리고 우리도 마음속으로 자신들이 특별하다고 자각하고 있습니다. 이 나라는 지구상에서 가장 위대한 나라입니다. 그 위대한 나라에 봉사하는 것은 참으로 영광이었습니다. 영국 국민 여러분. 제가 성공시킨 것은 모두 여러분 덕분입니다. 감사합니다. 잘하지 못했던 것에 대해서는 사과합니다. 여러분에게 행운을."

이민자의 아들로 대통령이 된
니콜라 사르코지

━━ 말도 많고 탈도 많고 인기도 많았다

자유분방한 발언과 사생활 문제, 참신한 정권 운영과 정책으로 말도 많고 탈도 많았지만 인기도 많았던 프랑스 대통령 니콜라 사르코지Nicolas Sarkozy. 그는 1955년 파리에서 그리스와 헝가리 출신의 이민자 부모에게서 태어났다. 다섯 살 때 아버지가 바람을 피우고 가족을 버렸기 때문에 사르코지는 어머니와 두 형들과 함께 가난한 소년 시절을 보낸다.

1973년 파리 대학에 입학하고, 1976년 재학 중 시라크가 결성한 보수 정당 공화국연합에 입당한다. 1977년에 뇌이쉬르센 시의원이 되었고, 1979년부터 1981년까지 공화국연합 전국청년위원회 위원장이 되었다. 1981년 변호사 자격을 취득하고 법률사무소를 개설한다.

1983년에는 스물여덟 살의 젊은 나이에 뇌이쉬르센 시장이 되었다. 1993년 폭탄을 지닌 남자가 유치원에서 스물한 명의 어린이들을 인질로 잡고 있을 때 사르코지는 그와 직접 협상해 아이들을 석방시켰다. 이 일로 그는 국민적 영웅이 되어 전국적으로 유명해졌다.

2002년 이후에는 내상, 재무상 등 자크 시라크 정부에서 요직에 오른다. 2005년에는 내무장관이 되는데 그해 파리 교외에서 폭동이 일어난다. 이때 폭동에 가담한 젊은이를 '사회의 쓰레기', '깡패'라고 말한 게 물의를 빚었지만, 이러한 강경한 태도가 오히려 여론의 지지를 얻어냈다.

2007년, 대통령 선거에 출마했는데 그의 선거운동 슬로건은 '일을 더하고 더 많이 벌자!'였다. 그는 53.06퍼센트의 지지를 얻어 당선했고, 프랑스 역사상 최초로 2차 세계대전 이후 태어난 이민자 출신 대통령이라는 신화를 이루었다.

그가 어떤 인물이었는지 사생활에 대해서 좀 알아보자.

신체적 특징으로는 프랑스인치고는 키가 작아 항상 굽이 높은 구두를 신었다고 한다. 담배와 술을 싫어했고, 초콜릿을 좋아했으며, 서민형 이미지를 강하게 풍기고 다녔다. 연설과 이야기도 서민들이 알기 쉬운 단순하고 솔직한 표현을 선호했고, 국민에게 직접 호소하는 스타일이었다.

1982년 첫 번째 부인과 결혼해 두 명의 아들을 낳았다. 그가 시장으로 있을 때 텔레비전 진행자 자크 마탱과 세실리아의 결혼식 주례를 했는데 그때의 신부 세실리아와 눈이 맞아 그들은 곧 불륜 관계를 시작했고, 1989년 둘은 서로의 배우자와 이혼하고 결혼을 하여 아들 하나를 낳고는 또 이혼했다. 세 번째는 모델 출신 가수인 카를라 브루니로 둘은 2008년 엘리제 궁전에서 결혼식을 올렸다.

2012년 대통령 선거에서 사회당의 올랑드에게 패했다.

다음은 2009년 6월 22일, 미국 양원합동회의에서 사르코지가 한 명연설의 일부다.

"신사 숙녀 여러분, 우리 세대의 사람들은 자기 할아버지 할머니들이 프랑스가 1917년에 가장 불합리하고 유혈이 낭자했던 전쟁에서 지쳐서, 힘의 마지막 한계에 도달했을 때 미국이 어떻게 프랑스를 구출했는지에 대해서 이야기하는 것을 들었습니다.

우리 세대 사람들은 부모님들이 1944년에 유럽을 예속하겠다고 위협하던, 소름 끼치던 전제정치로부터 유럽을 구원하기 위해 미국이 어떻게 해왔는지에 대해 얘기하는 것을 들었습니다.

아버지들은 아들들을 데리고 공동묘지로 갔습니다. 거기에는 자기들 집에서 아득하게 멀리 떨어진 수천 개의 하얀 십자가들 밑에, 자기 자신의 자유를 지키기 위해서가 아니라 모든 다른 사람의 자유를 지키기 위해서, 자기의 가족, 자기의 조국이 아니라 인류 전체를 지키기 위해서 쓰러진, 미국 젊은이들이 누워 있었습니다.

아버지들은 자기 아들들을 미국 젊은이들이 그토록 영웅적으로 상륙했던 해안으로 데리고 갔습니다. 그리고선 아들들에게 이들 20대 젊은이들이 전투가 벌어지기 전에 집으로 보내기 위해 썼던 장한 고별 편지들을 읽어주었습니다. '우리는 우리 자신을 영웅으로 생각하지 않습니다. 우리는 이 전쟁이 끝나기를 원합니다. 그러나 우리가 얼마나 두려움을 느낄지라도 여러분은 우리에게 의지할 수 있습니다.'

그들이 상륙하기 전에 아이젠하워는 그들에게 말했습니다. '세

계의 눈이 제군들을 지켜보고 있다. 자유를 사랑하는 사람들의 희망과 기도가 제군들과 함께 진군할 것이다.'

그리고 그들이 아버지의 말을 듣고, 영화를 보고, 역사책과 노르망디나 프로방스 해안에서 전사한 병사들의 편지를 읽었을 때, 성조기가 휘날리는 공동묘지를 방문했을 때, 우리 세대 아이들은 이들 20대 미국 젊은이들이 자기네로 하여금 노예가 아닌 자유인으로 살 수 있게 만들어준 진짜 영웅들이라는 사실을 이해했습니다.

우리에게 모든 것을 다 준 이들 20대 영웅들에게, 끝내 돌아가지 못한 그들의 가족들에게, 안겨보지도 못한 아버지를 잃고 애통해했던 자녀들에게, 본인은 프랑스의 영원한 감사의 뜻을 표하고자 합니다.

전쟁을 겪지는 않았지만 미국 젊은이들의 용기와 희생에 얼마나 많은 빚을 지고 있는지를 아는 우리 세대를 대표하여, 그리고 절대로 잊어서 안 되는 우리 자녀들을 대표하여, 본인은 오늘 이 자리에 있는 모든 참전용사들, 특히 어제 저녁 본인이 훈장을 수여하는 영광을 안았던 일곱 분, 그중 한 분인 이노우에 상원의원이 귀 의회 소속이신데, 여러분께 프랑스 국민들의 깊고 진실한 감사의 뜻을 전하고자 합니다.

본인은 여러분들에게 말하고자 합니다. 미국 병사 한 명이 세계 어느 곳에서 쓰러질 때마다 본인은 미군들이 프랑스를 위해서 했던 일을 생각합니다. 그들을 생각할 때는 마치 그들을 잃고 슬퍼하는 그 가족들처럼 애통한 심정입니다."

이 시대의 웅변가,
버락 오바마

─── 탁월한 대중 연설의 능력자

'이 시대의 정치적 스타'를 꼽으라면 단연코 1위는 버락 오바마Barack Obama일 것이다. 세계 최강국인 미국 대통령이라는 점도 있지만 5년 전, 미국 역사상 최초의 흑인 대통령이 탄생하는 기적을 보았을 때 세상 사람들은 놀랐다. 그리고 '과연 잘할 것인가' 하는 의아심도 있었지만 그는 주어진 역할을 잘해내었고, 연임되어 미국인의 자존심을 살리고 있다.

오바마는 1961년 케냐 출신 흑인 아버지와 캔자스 출신 백인 어머니 사이에서 혼혈아로 태어났다. 그가 두 살 때 하와이 대학교 유학생이었던 아버지는 이혼하고 케냐로 돌아갔다. 평탄치 않은 가정에서 자라면서 술과 담배, 마약에도 손을 대는 등 한때 불우한 청소년 시절을 보내지만 심기일전하여 대학에 들어갔다.

컬럼비아 대학교와 하버드 대학교 법학대학원을 우수한 성적으로 졸업했고, 1991년 최고 권위의 로스쿨 학술지로 인정받는 〈하버드 로 리뷰〉의 첫 흑인 편집장이 되어 주목을 받았다.

1996년 일리노이주 상원의원 선거에 출마하여 당선했고 1998년 재선되었고, 2002년에 다시 당선되었다. 여기까지는 성공에 대해 평등한 기회를 보장받고 노력한 만큼 보상받는 미국 사회에서 가능한 일이었다. 그러나 대통령은 어불성설이었다.

그러던 그가 2004년 민주당 전당대회 기조연설을 하며 일약 스타덤에 오르게 된다. 자기의 성장 배경으로부터 시작하여 "진보적인 미국이 따로 있고 보수적인 미국이 따로 있는 게 아닙니다. 하나의 미국이 있을 뿐입니다. 검은 미국이 따로 있고 하얀 미국이 따로 있고 라틴계의 미국, 아시아계의 미국이 따로 있지 않습니다. 오로지 하나의 미국이 있을 뿐"이라며 미국 사회의 '변화와 단결, 그리고 희망'을 외쳤다. 17분 간의 이 연설이 국민의 가슴을 뭉클하게 만들었고 인종 간 격차와 빈부 격차라는 고질병으로 신음하는 미국 사회에서 희망적인 모델을 제시하는 젊은 정치인에게 대중들은 환호했다.

이에 힘입어 2007년 민주당 대통령 후보로 출마하여 미국 역사상 최초의 흑인 대통령에 당선되었다. 그 원동력은 대중을 사로잡는 연설 능력이다.

"오바마 연설장은 록스타 공연장을 연상시킨다"는 것이 미국 언론보도다. "오바마 때문에 정치 환멸이 사라졌다"는 한 대학생의 말처럼 특히 청년과 지식인에게 먹혀들었다. 또 시사 주간지 〈이코노미스트〉는 '오바마 연설엔 전류가 흐른다'며 미국 최고의 웅변가로 평가했다.

━━ 오바마의 만델라 추모식 연설

인종격리정책의 철폐, 노벨평화상 수상, 남아프리카 최초의 흑인 대통령 취임 등, 많은 업적을 남긴 넬슨 만델라 전 남아프리카 공화국 대통령이 2013년 12월 5일 타계했다. 만델라는 27년 간 투옥생활을 겪으면서도 평생 온화한 정신을 유지하고, 자유와 평등을 위해 몸 바친 위대한 투사로 알려져 있다. 다음은 세계 가국의 정상급 인사 91명이 참가한 것을 비롯하여 9만 5,000명의 추모객이 모인 청중 앞에서 오바마 대통령이 한 추모연설의 발췌문이다.

"남아프리카 국민들, 모든 민족과 모든 계층의 여러분들에게, 전 세계는 넬슨 만델라와 같은 인물과 함께할 수 있었음에 깊은 감사를 표합니다. 그의 투쟁은 여러분들의 투쟁이었고, 그의 승리는 여러분들의 승리였습니다. 여러분의 존엄성과 희망은 그의 삶 속에서 찾을 수 있었습니다. 그리고 여러분의 자유와 민주주의는 그의 소중한 유산이 되었습니다.

그는 '20세기 마지막 위대한 민족해방자'가 되었습니다. 간디처럼 성공할 가능성조차 희박했던 저항운동을 이끌었고, 마틴 루터 킹처럼 억압받은 이들에게 목소리를 낼 수 있게 해줬습니다. 잔혹한 감옥생활을 이겨내고 나와서는 무장세력도 없이 링컨처럼 그리고 미합중국 건국 시조들과 같이, 미래의 세대를 위해 자유를 지키기 위한 제헌질서를 세웠습니다. 민주주의를 위한 의회와 법질서 체계를 선거를 통해서 비준했을 뿐만 아니라, 이는 임기를 끝내고 재임을 포기하는 그의 의지를 통해서도 가능하게 되었습니다.

그는 '나는 백인지배에 맞서 싸워왔고 흑인지배에 맞서 싸워왔다. 나는 모든 사람이 동등한 기회를 부여받아 함께 조화롭게 사는 자유민주사회의 이상을 소중히 여겨왔다. 그것은 내 삶의 목적으로서 내가 삶 속에서 성취하고자 하는 이상이다. 하지만 필요하다면 기꺼이 나의 목숨을 바칠 이상이기도 하다'고, 우리에게 행동의 힘을 가르쳐주었습니다.

다시는 넬슨 만델라 같은 분을 만날 수 없을 것입니다. 그러나 아프리카의, 세상 모든 곳의 젊은이들에게 이렇게 말하고 싶습니다. '당신도 만델라가 보여준 일들을 당신의 것으로 만들 수 있다'고 말입니다.

위대한 해방자가 안식을 찾게 된 후, 우리 모두가 각자의 도시로, 집으로 돌아가 매일의 일상으로 돌아가게 되었을 때, 그의 용기를 찾기 바랍니다. 우리들 모두 어딘가 있을 그가 보여준 영혼의 웅장함을 찾아보기 바랍니다. 그리고 밤이 되어 어두워질 때 부당함이 우리의 심장을 짓누르고 우리들이 할 수 있는 최선에도 불구하고 힘들 때 감옥에서도 평온을 찾을 수 있었던 만델라의 말들을 생각하기 바랍니다.

'문이 얼마나 좁은지는 중요하지 않다. 얼마나 많은 형벌이 나를 기다리고 있을지도 중요하지 않다. 나는 내 운명의 주인이다. 나는 내 영혼의 선장이다.'

너무도 위대했던 한 영혼이여. 우리는 그를 무척 그리워하게 될 것입니다. 신의 은총이 넬슨 만델라와 함께하기를, 신의 은총이 남아프리카 국민들과 함께하기를."

BEST SPEACH OF THE WORLD

정치 2

건국 대통령,
이승만

━━━ **독재자로 낙인찍힌 비운의 애국자**

대한민국 건국 대통령 이승만李承晩은 1875년 황해도 평산에서 양
녕대군 16대손으로 태어났다. 그는 1897년에 서울 배재학당 졸업
식에서 졸업생을 대표해 '한국의 독립Independence of Korea'이란 주제로
연설한 후 1904년에 미국으로 건너가 조지 워싱턴대학에서 학사,
하버드 대학교에서 석사학위를 받고 1910년 프린스턴대학에서 철
학박사 학위를 받았다. 그는 당시 최고 수준의 엘리트 교육을 거친
세계적인 명성을 지닌 최초의 한국인으로, 시대를 꿰뚫는 이 시대
의 선각자였으며 국제 외교에도 능통한 '건국의 아버지'다.

애국애족의 정신으로 신탁통치반대를 외치며 건국 초기의 혼란
을 수습했고, 풍전등화와 같은 6·25전쟁을 겪으면서도 대한민국의
기초를 확립한 위대한 대통령이기도 했다. 6·25전쟁이 길어지자
그는 미국이 요구한 휴전을 받아들이는 대가로 한미동맹의 체결을
요구했고, 미국으로부터 경제부흥에 필요한 장기적인 원조를 얻어
내는 데 성공했다. 약소국의 지도자였지만 이승만 박사는 "한국을
공산세계에 대한 자유세계의 싸움을 같이 수행하는 대등한 동반자

로 도우라"고 당당히 요구한 카리스마 있는 지도자였다.

그러나 장기집권으로 주도권을 잡은 이승만의 추종세력은 영구집권을 꾀하면서 부정선거로 사사오입 개헌파동을 일으켰으며, 이에 분노한 학생들에 의한 4·19혁명이 일어나자 책임을 지고 대통령직에서 하야하고 미국 하와이로 망명했다. 결국 이승만은 '독재자'란 오명을 쓰고 1965년 7월 19일 밤, 하와이의 한 요양원에서 일생을 쓸쓸히 마감했다.

이승만은 우리나라 최초의 시민운동단체 독립협회의 주역 중 한 명이었고, 한국 최초의 일간지인 〈매일신문〉을 창간해 사장 주필이 되었고, 1941년에 저술한 《일본 내막기Japan Inside Out》는 미국에서 한국인 최초의 베스트셀러였다. 그리고 1904년 한성감옥에서 저술한 《독립정신》은 우리나라 최초로 민족주의와 민주주의를 이론적으로 체계화했다는 평가도 받고 있다.

이승만은 영어와 연설에도 뛰어난 재능이 있었다. 그는 1897년 7월 8일 배재학당 졸업식에서 '한국의 독립'이라는 제목으로 유창한 영어 연설을 하여 졸업식에 참석한 정부 고관들과 주한 외교사절들에게서 극찬을 받았다.

이승만은 뛰어난 영어 실력 덕분에 독립투쟁기와 국가 건설기에 미국을 상대로 서신·기고·면담·성명聲明 외교를 활기차게 펼칠 수 있었다. 미국 상하원합동회의에서는 감동적인 연설로 기립박수를 포함해 33회의 박수를 받았다고 한다.

━━ 33회나 박수를 받은 이승만의 연설

다음은 이승만의 1954년 7월 28일 미국 상하원합동연설의 요지다.

"수많은 미국인들이 한반도에서 대의를 위하여 모든 것을 바쳤습니다. 그러나 그들이 승리를 위해서 목숨을 바친 전투는 아직도 승리를 쟁취하지 못하고 있습니다. 한국전선에서는 현명치 못한 휴전에 의해 포화가 잠시 중단되고 일시적으로 침묵을 지키고 있지만 적은 이 기회를 이용하여 무력을 증강시키고 있습니다. 제네바회담도 예견된 바와 같이 하등의 성과 없이 끝났으니 이제 휴전종결을 선언할 적당한 시기가 되었습니다.

전 세계의 자유 국민들이 생존할 수 있는 길은 오직 하나 있습니다. 그것은 악의 힘에 유화적이 되거나 굽히지 말고, 세계의 세력균형을 공산주의자들에게 불리하도록 움직여서, 설사 그들이 섬멸무기를 소유하더라도, 감히 그것을 사용하지 못하도록 하는 것입니다.

나는 내 주장이 강경정책이란 사실을 잘 알고 있습니다. 그러나 공산주의자들은 누구든 유화적이면 노예로 만들어버리는 힘든 세계, 끔찍한 세계를 만들어놓았습니다. 인류문명의 존립을 가늠할 운명이 바야흐로 우리의 최고 결정을 기다리고 있습니다. 자, 용기를 가지고 우리의 이상과 원칙을 수호하기 위해서 궐기합시다.

친구들이여, 우리는 반쪽짜리 공산주의, 반쪽짜리 민주주의 상태에서는 평화가 회복될 수 없음을 명심해야 합니다. 아시아의 자유를 안정시키기 위한 여러분의 중대한 결정이 지금 필요합니다. 왜냐하면 여러분의 결정은 유럽, 아프리카, 그리고 아메리카에서의 세계 공산주의 문제를 자동적으로 해결할 것이기 때문입니다."

이승만은 1954년 8월 2일, 한미재단이 주최한 만찬에서 다음과 같이 연설을 했다.

"워싱턴 D.C.의 몇몇 미국 기자들이 내게 방미에 대해서 만족하느냐고 물었습니다. 그들은 미 당국자들과 어떤 일을 해냈고, 얼마나 받아냈으며, 고무되었는지 혹은 낙담했는지를 알고 싶어 했습니다.

나는 말하고자 합니다. 내가 여기 온 것은 더 많은 원조, 더 많은 자금, 기타 무엇을 요구하려는 것이 아닙니다. 또한 얻고자 하는 것이 부족하다거나, 굶어죽겠다는 등등의 불평을 말하려고 온 것이 아닙니다. 우리 민족이 난관에 처해 있는 것은 사실입니다.

그러나 우리 국민은 울면서 도움을 갈구하지 않습니다. 우리 국민은 눈물을 감추고 조용한 결의와 용감한 미소로 기아와 파괴를 이겨내는 싸움을 시작했습니다. 우리는 구걸하지 않으며, 앞으로도 구걸하지 않을 것입니다. 나는 가슴이 너무 벅차서 이번 미국 방문이 내게 어떤 의미를 가지는지를 말할 수 없습니다. 말로 표현하기 힘듭니다. 우리를 구해주고, 결국은 승리하리라는 새로운 희망을 불러일으켜 준 미국 국민에게 감사합니다.

미국이여, 그대는 지난 며칠 동안 그대의 위대함을 내게 보여주었습니다. 나는 공산주의자들이 결코 우리를 패퇴시킬 수 없다는 사실을 알았습니다. 우리는 그대와 함께 서 있으며, 항상 그대의 편입니다. 나의 영혼은 미국 국민의 넘치는 후의와 지지에 의해서 한껏 고무되었습니다. 우리가 힘을 합하면 무적입니다. 정의라는 대의大義의 갑옷을 입고, 신의 가호를 받고 있는 우리는 반드시 승리할 것입니다."

중국혁명의 상징,
손문

━━ 혁명은 끝나지 않았다

중국혁명의 선도자, 공화제를 창시한 정치가 손문孫文. 그는 중국 청조淸朝 말기인 1866년 광동성에서 가난한 농부의 아들로 태어났다. 어린 시절 농사일을 도우면서 마을의 서당에서 공부했고, 형이 있는 하와이로 건너가 호놀룰루에서 고등학교를 졸업했다. 서양 학문을 접하고 다시 홍콩으로 돌아와 서의서원西醫書院(현재의 홍콩대학교 의학부)에서 의학을 공부하여 중국인으로서 처음으로 박사학위를 취득했다. 그는 광주에서 의사생활을 시작했지만, 의술보다는 중국의 개혁에 더 큰 관심을 가지고 있었다.

손문은 1894년에 하와이에서 청나라의 타도를 목표로 하는 혁명단체 흥중회興中會를 결성했고, 이후 평생에 걸쳐 혁명운동에 종사한다. 하와이에서 혁명자금을 모은 손문은 1895년 1월에 무장봉기를 목표로 귀국했으나 그 계획은 밀고자에 의해 실패로 끝난다. 무장봉기에 실패한 손문은 수배자로 세계를 떠돌아다녔으나 혁명운동을 포기하지 않는다.

1905년에는 그동안 혁명 활동을 해왔던 흥중회興中會, 화흥회華興會,

광복회光復會를 결집해 도쿄에서 중국동맹회中國同盟會를 결성했고, 손문은 총리가 되어 혁명운동에 박차를 가했다. 10여 차례 무장봉기를 통해 청조를 타도하고자 했으나 큰 성과 없이 모두 실패로 끝났다.

1911년 10월 미국에서 군자금을 모금하던 중, 신해혁명辛亥革命이 발발한 사실을 알고 귀국했다. 귀국 후 임시 대총통大總統에 추대된 그는 1912년 1월 1일 중화민국中華民國을 발족시켰으나, 청나라가 아직도 건재했기 때문에 이를 타도하기 위해 베이징을 정복할 북벌군을 조직해야만 했다. 결국 북부의 군벌들과 타협하기 위하여 군부실력자 원세개袁世凱에게 정권을 넘겨주었다. 당시 그들은 청나라를 멸망시키고 공화제를 도입하기로 합의했지만 원세개는 이를 어기고 스스로 황제가 되었다. 손문은 중국혁명동맹회를 개조하여 국민당을 설립했고 원세개에 대항했지만 무력에 밀려 패퇴하게 되었다.

1919년 '제국주의를 타도하자'는 5·4운동이 일어나자 중화혁명당에 대중성을 도입할 필요성을 느끼고 중국국민당으로 개조한 뒤 공산당과 제휴國共合作, 노동자 농민과의 결속을 꾀했다. 그리고 국민혁명을 추진하기 위하여 장병을 양성하고 북벌을 준비했으나 뜻을 이루지 못한 채 "혁명은 아직 이룩되지 않았다"는 유언을 남기고 1925년 3월 12일 베이징에서 간암으로 사망했다. 한 평생 중국의 혁명을 위해 몸 바친 손문은 군주제 국가인 청나라를 타도하고 공화제 국가인 중화민국을 이룩한 인물로, 중국인들은 '혁명의 아버지'로 존경하고 있다.

━━ 대아세아주의 연설

다음은 손문이 1924년 11월 28일, 일본 고베상업회의소 주최로 열린 강연회에서 한 연설의 요지다.

손문은 여기서 '앞으로 일본이 세계문화에 대해 서양 패도覇道의 개가 되든가 혹은 동양 왕도의 간성이 되는가는 일본 국민이 신중하게 고려해야 할 것이다'라고 경고했다. 그러나 90년이 지난 지금 일본은 여전히 남을 억압하는 패도를 추종하여 세계의 지도적인 역할도, 미래의 세계에 대한 정확한 전망도 없이 침략적 근성을 버리지 못하고 있는 것 같다. 손문의 명연설은 우리에게 잘 알려져 있지 않기 때문에 여기에 소개한다.

"우리 아시아는 가장 오래된 문화의 발상지입니다. 수천 년 전부터 우리 아시아는 매우 높은 문화를 가지고 있었고 유럽 최고의 국가, 그리스, 로마 등과 같은 나라의 문화는 모두 우리 아시아로부터 전해진 것입니다. 현재 세계의 가장 새로운 문화는 모두 우리의 옛 문화에서 발생한 것입니다.

그런데 근래 수백 년 동안 아시아의 민족은 점차 위축되고 국가는 점차 쇠퇴해왔습니다. 한편 유럽의 민족은 점차 발전하고 국가는 점차 강대해져온 것입니다. 유럽의 민족이 발전하고 국가가 강대해짐에 따라 그들의 세력은 동양을 침입하여, 우리 아시아의 민족과 국가는 점차 멸망하거나 압제하에 신음하게 되었습니다.

그러나 러일전쟁이 일어났습니다. 그 결과는 일본이 러시아를 이겼습니다. 이것은 최근 수백 년 동안 아시아 민족이 유럽 민족을 이긴 최초의 승리였습니다. 이 일본의 승리는 전 아시아에 영향을 미쳤고 아시아 전 민족은 매우 고무되어 큰 희망을 품기에 이르렀습니다.

'우리 유색인종은 모두 서방민족의 압박을 받아왔는데 일본이 러시아를 이겼다는 것은 동방민족이 서방민족을 타파한 것이다. 일본인이 전쟁에 이겼듯이 우리들 역시 이겨야 한다. 이 얼마나 기뻐해야 할 일인가'라는 것이었습니다.

지금 내가 대아세아주의大亞細亞主義를 강연함에 있어서 언급한 것을 간단히 말하면 문화의 문제입니다. 동양 문화와 서양 문화와의 비교와 충돌의 문제입니다. 동방 문화는 왕도王道이며, 서방의 문화는 패도覇道입니다. 왕도는 인의仁義, 도덕道德을 주장하고 패도는 공리功利, 강권强權을 주장합니다.

패도를 행하는 국가는 다른 민족을 압박할 뿐 아니라 자국 내 민족 역시 압박합니다. 대아세아주의가 왕도를 기초로 하지 않으면 안 된다는 것은 이들의 불평등을 철폐하기 때문입니다. 미국의 학자들은 민족해방에 대한 일체의 운동을 문화에 반발하는 것이라 하지만 우리들이 주장한 불평등 배제의 문화는 패도에 거역하는 문화이며 민중의 평등과 해방을 원하는 문화입니다.

일본 민족은 이미 온통 서양 문화의 패도를 택함과 동시에 아세아의 왕도문화의 본질을 가지고 있습니다. 향후 '일본이 세계문화에 대해 서양 패도의 개犬가 될지, 동양 왕도의 간성이 될지'는 일본 국민이 신중하게 고려해야 할 것입니다."

조선 제일의 웅변가,
여운형

━━ 시대의 선각자, 민족의 지도자

시대를 앞선 선각자요 통 큰 민족 지도자이며, 조선 제일의 웅변가로 한국의 독립을 위하여 평생을 바친 여운형呂運亨, 그는 1886년 경기도 양평에서 태어나 어린 시절 한문과 유학을 공부했다.

신학문에 뜻을 두고 1900년 배재학당을 거쳐 흥화학교에서 수학했고, 1907년 교육 사업에 뜻을 두고 고향인 양평에 광동학교를 설립하여 교장으로 재직하면서 곳곳을 돌아다니며 계몽연설을 했다. 1913년 신흥무관학교를 비롯한 서간도 각지를 순방하며 조국광복의 웅지를 품는다. 1914년 중국 남경 금릉대학金陵大學에 들어가 영어를 전공하고 1917년에 졸업했다.

여운형은 젊은 시절 도산 안창호의 연설을 듣고 감동을 받아 나라를 위해 뭔가 해야겠다고 결심했고, 상해 임시정부에 참여하지만 본격적인 독립운동은 1918년 상해에서 신한청년단을 결성하고 당수로 취임하면서부터다. 파리강화회의에 조선 대표를 파견함으로써, 이에 고무된 동경유학생의 2·8독립선언과 국내 지도자들에 의한 거족적인 3·1운동의 불씨를 지폈으며, 임시정부수립의 산파역할을 맡는 등 항일 독립운동가, 외교정치가로 국권회복에 힘썼다.

해방 직후에는 조선건국준비위원회를 결성하고, 자주독립국가의 건국과 민족분단을 막기 위하여 중도 정치노선으로 좌우합작을 위해 노력하지만, 1947년 62세에 우익 테러집단에 의해 살해당하므로 그의 큰 뜻은 실현되지 못하고 민족분단의 비극이 오늘날까지 이어지고 있다.

여운형의 연설은 전설적이다. 나라와 민족에 대한 진심과 애정이 담긴 열정적인 연설은 많은 사람들을 매료시켰고, 특히 청년들에게 독립 의욕을 고취시켜 행동으로 치달리게 했다고 한다. 청년 여운형은 노방연설을 하다가 클라이맥스에 이르면 스스로 격정에 못이겨 눈물을 흘렸고, 이를 경청하던 청중들은 감동하여 엉엉 따라 울었다고 한다.

연사로서 여운형은 타고난 인물인 것 같다. 연단에 올라선 그는 우선 풍채가 청중의 신임을 얻었다. 육척장구의 서양인에서 보는 것 같은 당당한 체구에다가 카이젤 수염, 커다란 눈, 좌우로 뻗어나간 두 귀, 시원스럽게 벗어 올라간 이마 등 미남형의 첫인상이 그야말로 위장부偉丈夫란 믿음이 간다.

그의 목소리는 성량이 풍부하여 우렁차며 억세었고, 음성의 특징은 둔탁하면서도 중후하고 텁텁한 고상미를 느끼게 했다고 한다. 그가 연설하는 날이면 광화문통 네거리에 수만의 군중이 가득 찼고, 노방연설에서는 그의 성량으로 보나 경험으로 보나 당대 여러 연사 중에 따를 자가 없을 정도로 출중했으니 가히 '조선 제일의 웅변가'로 손색이 없었으리라.

━━ 일제를 압박한 정의의 사자후

'3·1운동'에 충격을 받은 일제는 그 배후의 핵심인물인 여운형을 회유하기 위해 같은 해 11월에 도쿄로 불러들인다. 그러나 당시 34세의 여운형은 조선 독립의 당위성을 논리적이고 당당하게 주창하여 일본 고관대작들을 주눅들게 했다.

1919년 12월 27일, 도쿄 제국帝國호텔에서 여운형이 내외 기자와 각계인사 500여 명을 상대로 2시간에 걸쳐 조선 독립에 관한 사자후를 토하여 만장의 박수갈채를 받았으며, 각 신문에 보도돼 큰 반향을 불러일으켰다. 다음은 그때의 연설 가운데 일부를 소개한다.

"내가 이번에 온 목적은 일본 당국자와 그 외의 식자들을 만나, 조선독립운동의 진의를 말하고, 일본 당국의 의견을 구하려고 하는 것입니다. 다행히 지금 각원들과 식자 여러분과 격의 없이 의견을 교환하게 된 것은 유쾌하고 감사한 일입니다.

나에게는 독립운동이 평생의 사업입니다. 구주전란이 일어났을 때 나와 우리 조선이 독립국가로 대전에 참가하지 못하고, 동양의 한 모퉁이에 쭈그리고 앉아 우두커니 방관만 하고 있는 것이 심히 유감스러웠습니다. 그러나 우리 한민족의 장래가 신세계 역사의 한 페이지를 차지할 시기가 반드시 오리라고 자신했습니다.

먼저 동지 김규식을 파리에 보내고 3월 1일에는 내지에서 독립운동이 돌발하여 독립만세를 절규했습니다. 이것은 곧 대한민국이 전부 각성했다는 것입니다.

주린 자가 먹을 것을 찾고, 목마른 자가 마실 것을 찾는 것은 생존을 위한 인간 본연의 원리입니다. 이것을 막을 자가 있겠습니까!

일본인에게 생존권이 있다면 우리 한민족이라고 어찌 생존권이 없겠습니까? 일본인에게 생존권이 있다는 것은 한인이 긍정하는 바이요, 한인이 민족적 자각으로 자유와 평등을 요구하는 것은 신이 허락하는 바입니다. 일본 정부에게 이것을 방해할 무슨 권리가 있습니까?

이제 세계는 약소민족해방, 부인해방, 노동자해방 등 세계 개조를 부르짖고 있습니다. 이것은 일본을 포함한 세계적인 운동입니다. 한국의 독립운동은 세계의 대세요, 신의 뜻이며, 한민족의 각성입니다. 새벽에 어느 집에서 닭이 울면 이웃집 닭이 따라 우는 것은 다른 닭이 운다고 우는 것이 아니고 때가 와서 우는 것입니다. 때가 와서 생존권이 양심적으로 발작된 것이 한국의 독립운동입니다.

우리가 세울 나라는 인민이 주인이 되어 인민을 다스리는 나라가 될 것입니다. 이 민주공화국은 대한민족의 절대적 요구요, 세계 대세의 요구이기도 합니다.

평화는 형식적 단결로는 이루지 못합니다. 지금 일본이 첩첩이 구로 일중친선日中親善을 아무리 말한들, 무슨 유익이 있습니까? 오직 정신적 단결이 필요한 것입니다.

우리가 모두 동양인으로서 이런 처지에 서로 반목하는 것이 복된 일이겠습니까? 우리가 꼭 전쟁을 해야만 평화를 얻을 수 있습니까? 싸우지 않고는 인류가 누릴 자유와 평화를 얻지 못하는 것입니까? 일본 인사들은 깊이 생각하기 바랍니다."

문필 혁명가,
조소앙

━━ 독립과 통일의 제단에 몸을 바쳤다

'대한민국大韓民國'이란 국호를 창안하고, '임시정부'를 국제사회에서 승인받고, '삼균주의三均主義'를 주창했던 독립 운동가 조소앙趙素昻. 그는 임시정부 요인 중에서 가장 깊이 연구하고, 가장 많이 독서했던 사색의 정객이며, 문필 혁명가였다. 그러면서도 한때는 월북인사로 도외시당했던 비운의 인물. 그의 생애를 간략하게 알아본다.

1887년 경기도 파주에서 6남 1녀 중 차남으로 출생한 그는 어려서부터 다재다능했으며, 조부에게 한학을 배웠다. 1902년 성균관에 최연소로 입학, 수학 중 이하영 무리의 반민족 음모를 막기 위해 신채호 등과 제휴해 성토문을 만들어 항의 규탄했다.

1904년에는 성균관을 수료하고 황실 유학생으로 선발돼 일본 메이지 대학교 법학부에서 공부하던 중 1911년, 상하이에서 미국으로 가던 이승만이 도쿄에 들러 강연을 했는데 이때 조선의 독립을 주장하는 연설을 듣고 독립운동에 뜻을 품게 된다.

1912년 학업을 마친 그는 귀국하여 경신학교 양정의숙 대동법률 전문학교에서 잠시 교편을 잡았고, 1913년 중국 상해로 망명해

본격적으로 독립운동에 투신했다.

1917년에는 7월 임시정부수립을 위한 대동단결선언을 기초했고, 그해 그는 스웨덴 스톡홀름에서 개최하는 국제사회당대회에 조선사회당 명의로 한국독립 문제를 의제로 제출하고, 정돈된 이론과 달변의 연설로 설득하여 통과시켰다. 이를 시발로 한국의 독립문제가 국제기구에서 논의되기 시작했으며 세계인의 주목을 받게 됐다.

특히 1918년 독립운동인사 39명의 동의와 서명과 함께 조소앙이 기초한 '무오독립선언서'는 국내외 독립운동에 큰 영향력을 떨쳤으며 3·1운동의 도화선이 되기도 했다. 같은 해 4월 대한민국임시정부 수립에 참여해 '임시헌장'과 '임시의정원법'을 기초하는 등, 초기 임시정부 수립에 브레인의 역할을 감당했다.

1929년 한국독립당을 창당할 때 이동녕, 김구, 이시영 등과 함께 창당발기인으로 참여했다. 이때 정치균등, 경제균등, 교육균등을 기초한 삼균주의三均主義를 창안하여 당헌과 당 강령으로 통과시켰다. 삼균주의는 이후 좌우익 독립운동단체의 주요 이념으로 채택됐으며 특히 광복 이후의 국가건설 계획인 대한민국 건국강령을 기초해 공표케 했다.

조소앙은 1945년 11월 23일 임시정부 환국요인 1진으로 귀국했고, 귀국한 뒤에는 김구와 함께 임시정부의 정통성 고수를 주장하면서 삼균주의청년동맹과 삼균주의학생동맹을 결성해 이에 기초한 국가건설운동에 심혈을 기울였다.

1950년 5월 제2대 총선거에 조소앙은 서울 성북구에서 입후보 출마해 조병옥 박사와 맞붙었다. 선거 결과 조소앙은 전국 최다 득표를 받아 국회의원에 당선되었지만 한 달 후 6.25전쟁이 발발했다. 6월 28일 조선인민군이 서울을 점령했고 피신 연락을 받지 못한 조소앙은 납북되었다. 납북된 후 김일성의 협조 요구를 거절하고 납북인사들과 함께 '중립화통일운동'을 전개하다가 국제간첩으로 몰려 숙청 투옥되었다.

임종에 즈음하여 "삼균주의 노선의 계승자도 보지 못하고 갈 것 같아 못내 아쉽구나. 독립과 통일의 제단에 나를 바쳤다고 후세에 전해다오"라는 유언을 남기고 1958년 9월에 순국했다.

대한민국 정부에서는 그의 공훈을 기리어 1988년에 건국훈장 대한민국장을 수여했고, 북측에서는 1990년 조선민주주의인민공화국에서 조국통일상이 추서되었다.

■■■ 우리 조국을 광복하오리다

1946년 3월 1일, 서울운동장에서 처음으로 한국 땅에서 공식 3·1절 기념식이 열렸으며, 국경일로 지정되었다. 다음은 이날 기념식에서 조소앙이 행한 연설로, 조국의 독립과 민족의 자유를 위해 평생을 몸바쳐온 독립운동가의 감회와 심경이 잘 나타나 있다.

"얼마나 속을 태우며, 원통한 세월을 참고 지내셨습니까? 뭐라고 위로할 말씀을 드릴 수 없습니다. 내가 결심하기는 나의 독립군을 앞세우고 보무당당하게 한성을 환국하여, 일본 총독의 머리를 베어서 남산 위의 소나무에 걸고 300년의 원수를 갚고, 30여 년 동안의 분노를 풀고자 했습니다.

여러분! 가슴이 터집니다. 그러나 그렇게 되지 못했습니다. 나는 산천초목을 대할 면목이 없소이다. 그러나 모스코바에서, 상해에서, 남경, 파리, 사천, 광동, 광서에서 3·1절을 맞을 때마다 결심하기를, 명년에는 한성에서 이날을 맞이하고자 했소이다.

지금은 소원을 성취했습니다만, 내 땅의 흙을 밟고 서게 되었습니다만, 눈앞에 어린아이들을 보며 여러분과 함께 이날을 맞이하게 되었습니다만, 꿈인지 생시인지 모르겠소이다.

여러분 3,000만 동포여, 힘껏 뜁시다. 마음대로 웃읍시다. 힘을 다하여 축수합시다. 나 조소앙은 여러분께 맹세합니다. 우리나라를 독립국으로 하오리다. 우리 동포로 하여금 자유민이 되게 하오리다.

불우한 동포는 여러분의 형제, 친구, 부형, 이들은 독립국과 자유민을 만들기 위하여 악독한 왜놈의 감옥에서 단두대에 오르게 되었습니다. 원혼과 충혼을 위하여 나는 여러분 선열의 아내와 어버이와 언니와 아우에게 위로하며 사죄합니다.

이렇게 환국할 줄을 몰랐소. 그러나 다시 우리 산천초목 금수어절에까지 고하고 맹세하고 싶습니다. 우리 민주독립을 성공하리다. 아이마다 대학을 졸업하게 하오리다. 어른마다 투표하여 정치성 권리를 가지게 하오리다. 사람마다 우유 한 병씩 먹고, 집 한 채씩 가지고 살게 하오리다. 우리 조국을 광복하오리다. 만일 그렇지 못하게 되면, 나의 몸을 불에 태워 죽여주시오. 대한 독립 만세! 임시정부 만세!"

13억이 추앙하는
모택동

━━ 영웅인가 독재자인가?

중국인 13억이 '위대한 인물', '인민의 영웅'으로 추앙하는 모택동毛
澤東. 그는 1893년 후난성 샹탄현에서 유복한 농가의 삼남으로 태어
나 13세 때 아버지의 강요로 학업을 중단하고 농장에서 집안을 돌
보다가 16세 때 뜻한 바가 있어 집을 뛰쳐나온다.

18세 때인 1911년 신해혁명辛亥革命에 참가하고, 귀향한 후 사범
학교에 다녔다. 1918년 북경 대학교 도서관에 근무하면서 사상서를
비롯한 많은 책을 읽었다. 이때 철학회와 신문학연구회 활동에 참여
하고, 유물론과 윤리학 강의를 받아 마르크스주의에 심취하였다.

1921년 열세 명이 참석한 중국공산당 창립대회에 후난성 대
표로 참석한 모택동은 그 후 수많은 역경을 극복한 끝에 마침내
1949년 10월 1일 중화인민공화국을 건국해 국가주석이 되었으며,
사망할 때까지 최고 지도자의 권좌에 있었던 역사적 인물이다.

"중화인민공화국은 노동자와 농민이 중심이 되고, 여러 계급과
민족이 힘을 모아 새로운 사회를 이룩할 것이다."

1949년, 천안문 광장에서 모택동은 중화인민공화국의 탄생을

선언한다. 그의 말대로 새롭게 탄생한 중화인민공화국은 토지개혁을 실시하여 지주 제도를 없애고, 토지를 농사짓는 농민들에게 나눠주었다. 또한 썩을 대로 썩은 관료들의 부정부패와 문제점을 제거해갔으며, 개인의 재산을 없애고 산업 발전을 국가 정책으로 실천했다.

1957년부터 3년여 동안 '대약진운동'을 펼친다. '인민공사'를 창설하고, 철강사업과 같은 노동력 집중 산업을 독려하는 대중적 경제부흥운동을 한 것이다. '7년 만에 영국을 따라잡고 10년 안에 미국을 따라잡는다'는 목표를 설정하고 공업생산 지표를 높였지만, 현실을 무시한 이 정책은 기술이나 운영의 미숙으로 실패하고 만다. 생산한 철강제품은 쓸모없는 저질이었으며, 노동력을 빼앗긴 농업 경제의 파탄으로 자그마치 2,000만여 명이 굶어죽었다. 그 책임을 지고 모택동은 유소기劉少奇에게 실권을 넘겨주지 않을 수 없게 된다.

민생경제를 회복하기 위해 자본주의 정책의 일부를 채용한 정책이 실효를 거두면서, 유소기와 등소평鄧小平이 새로운 권력의 실세로 떠오르기 시작했다. 위기를 느낀 모택동은 1966년 부르주아 세력의 타파와 자본주의 타도를 외치면서, 이를 위해 청소년이 나서야 한다고 주장했다. 전국 각지에 청소년으로 구성된 홍위병紅衛兵이 조직되었고, 모택동의 지시에 따라 전국을 휩쓸어 중국은 일시에 경직된 사회로 전락하게 되었다. 모택동에 반대되는 세력은 모두 실각되거나 숙청되었고, 최소한 수백만 명의 희생자를 낸 문화대혁명은 그가 1976년 사망함으로써 막을 내렸다.

모택동에 대한 평가는 엇갈린다. 긍정적인 평가는 혼돈상태에 빠져 있던 중국의 독립과 주권을 회복하였고 중국을 통일하여 외세에 유린당한 중국인들의 굴욕감을 씻어주었으며, 부패한 관료제를 견제하고 중국의 자립을 달성한 것으로 높이 평가된다. 그러나 말년의 '대약진운동'과 '문화대혁명'은 그의 최대 실수로 평가받는다. 중국 정부는 '공적 7분, 잘못 3분으로 건국자로서의 위대한 업적에 비하면 독재자로의 잘못은 아주 사소한 것'이라는 평가다. 이것이 지금도 모택동의 권위가 실추되지 않는 이유일까?

▬▬ 우리의 전쟁은 평화를 위한 전쟁입니다

다음은 모택동이 1938년 5월에 연안에서 한 유명한 연설의 요지다.

"역사상의 전쟁은 두 종류로 나뉩니다. 하나는 정의의 전쟁이며 또 하나는 불의의 전쟁입니다. 진보적인 전쟁은 모두 정의의 전쟁이며, 진보를 가로막는 전쟁은 모두 불의의 전쟁입니다. 우리 공산당원은 진보를 가로막는 불의의 전쟁에 모두 반대하지만, 진보적인 정의의 전쟁에 반대하지 않습니다.

후자에 대해서는 우리 공산당원은 반대하기는커녕 적극적으로 참여합니다. 전자, 예를 들어 1차 세계대전은 모두 제국주의의 이익을 위해 싸웠기 때문에 전 세계의 공산당원은 단호하게 그 전쟁에 반대했습니다. 반대하는 방법은 전쟁이 발발하기 전까지는 최대한 그 발발을 저지하기 위한 것이지만, 발발한 후에는 가능한 한 전쟁에 반대해 정의의 전쟁에 의해 불의의 전쟁에 반대하는 것입니다.

일본의 전쟁은 진보를 가로막는 불의의 전쟁이며, 일본 인민을 포함한 전 세계 인민들은 이에 반대해야 합니다. 또 단적인 예로 반대하고 있습니다. 우리 중국은 인민의 정부에 이르기까지 공산당에서 국민당에 이르기까지, 모두 정의의 깃발을 내걸고 침략에 반대하는 민족독립 전쟁을 행해왔습니다. 우리의 전쟁은 신성하고, 정의로운 것이며, 진보적이며 평화를 추구하는 것입니다. 일국의 평화를 추구할 뿐 아니라 세계의 평화도 추구하며, 일시적인 평화가 아니라 영원한 평화를 추구하는 것입니다.

이 목적을 달성하려면 결사의 전투를 진행해야 하고, 어떤 희생을 치르더라도 끝까지 싸울 준비가 있어야 하며, 목표에 도달할 때까지 결코 중단해서는 안 됩니다. 희생은 크고 시간은 길어지겠지만 영원한 평화와 영원한 광명의 새로운 세계는 이미 선명하게 우리 앞에 가로놓여 있습니다.

싸움에 종사하는 우리의 신념은 영원한 평화와 영원한 광명의 새로운 중국과 새로운 세계를 쟁취하는 것 위에 세워지고 있습니다. 파시즘과 제국주의는 전쟁을 무기한으로 잡아 늘리려고 하지만 우리는 전쟁을 그리 멀지 않은 장래에 끝내려고 합니다.

이 목적을 위해 인류의 대다수는 매우 큰 노력을 기울여야 합니다. 4억 5,000만의 중국인은 전 인류의 4분의 1을 차지하고 있으며, 만약 우리가 함께 노력하여 일본제국주를 타도하고 자유평등의 새로운 중국을 창조할 수 있다면, 전 세계의 영원한 평화를 쟁취하는 데 공헌이 매우 큰 것임은 의심할 여지가 없습니다."

못살겠다, 갈아보자!
신익희

1956년 5월 2일, 한강 백사장은 30여만 명의 대군중이 운집했다. 한국 선거사상 최초로 많이 모인 유세장은 그야말로 인산인해! 누군가가 강제로 동원한 사람들이 아니었다. "못살겠다, 갈아보자!"라는 구호를 내걸고 출마한 민주당 대통령 후보 신익희申翼熙의 연설을 듣기 위해 자발적으로 모여든 군중이다.

당시 서울의 인구 150만 명, 유권자 수 70만 명 가운데 30여만 명이 모여든 것이다. 대중교통인 서울의 시내버스가 총 637대였다니 대부분은 걸어서 유세장을 찾아갔을 터 가히 그의 인기를 짐작하고도 남을 것이다.

오후 2시, 연단에 올라선 신익희 후보는 자유민주주의 원칙을 강조하며 정치적 현상을 신랄하게 비판하는 사자후를 토했고, 청중의 호응은 열화와 같았다.

그렇다면 신익희는 과연 어떤 사람이었을까? 그는 한마디로 독립운동가요, 교육자, 정치인이다. 1892년 경기도 광주廣州에서 태어나 한성외국어학교와 일본의 와세다 대학교 정경학부를 졸업한 후

1917년 보성전문학교 교수가 되었다.

1919년 3·1운동 당시에는 해외 연락을 맡았으며, 그해 상하이로 망명하여 임시정부 조직을 위한 비밀회의를 갖고 임시의정원 회의를 열어 대한민국 임시정부의 탄생에 기여했다.

광복 후에는 대한독립촉성국민회 부위원장, 자유신문사 사장, 국민대학교 초대학장을 역임했고, 1948년 제헌국회의원 부의장, 1949년 민주국민당을 결성하여 위원장에 취임했으며 1950년 제2대 국회의원에 당선되어 국회의장에 피선되었다.

1956년 민주당 공천으로 대통령에 입후보했고, 대통령 선거일을 열흘 앞두고 인기 절정의 순간에 호남 유세를 위해 열차로 이동하다가 차 안에서 갑자기 서거했다.

전설적인 명연설로 역사 속에 살아 있는 신익희 연설의 특징은 네 가지로 요약해볼 수 있다.

첫째, 유세를 할 때마다 특유의 유머감각을 발휘하여 청중을 매료시켰다.

둘째, 자세는 양손을 앞으로 마주잡거나 뒷짐을 지기도 했고, 한 손은 바지 주머니에 넣고 한 손은 제스처를 썼으며 가끔 양손으로 옷매무새를 매만지는 등 자연스러운 몸가짐이다.

셋째, 음성 표현은 웅변형처럼 과장하거나 핏대를 올릴 정도로 흥분하지 않고, 잔잔한 음성으로 중요한 부분에 악센트를 주어 강조하는, 확신에 찬 회화형의 스피치였다.

넷째 연설 내용을 숙지하여 자연스럽게 말했다. 원고를 보고 읽는 경우는 거의 없었다.

원래 1시간 30분 동안의 긴 연설이지만 신익희 스피치의 맛보기로 일부를 발췌 소개한다.

"여러분! 이 한강 모래사장에 가득히 모여주신 친애하는 서울 시민 동포 동지 여러분! 여러분이 아시다시피 나는 해방이 되기 전에 약 30년 동안이나 외국에 망명생활을 하던 사람의 하나로, 오랜 시간을 두고 본국 안에 살고 있는 부모, 형제, 자매, 동포, 동지들이 그리워서 밤낮으로 눈물을 흘리고 한숨을 짓던 사람입니다.

오늘과 같이 많은 우리 동포 동지들과 이런 한자리에서 여러분을 대하고 보니 그 감개무량함은 무엇에 비할 데가 없습니다. 더욱 이 6·25사변 때 한강철교가 폭파되는 바람에 피난의 고초를 당하여 우리 전국 남녀 동지들의 가슴속에 깊이 박힌 원한의 이 한강 백사장에서 오늘 이렇게 만나 뵙게 될 줄 어떻게 알았겠습니까?

여러분! 그 이유가 무엇일까요? 세상만사가 이유 없는 일은 없을 것입니다. 왜 우리가 이 모양 이 꼴이 되었을까요? 해답은 분명합니다. 나라 일을 책임지고 해야 할 사람들이 일을 제대로 하지 않았기 때문에, 이 모양 이 꼬락서니가 되었다는 것을 그 누구도 부인하지 못할 것입니다.

보십시오. 지금 우리나라를 책임지고 있는 사람들이 누구입니까? 현 정권입니다. 나는 현 정권이 크게는 헌법을 위시해서, 큰 법률 작은 법률을 불문하고 제대로 지키는 것을 보지 못했습니다. 법률을 만들어놓고도 지키지 않는다면, 그게 무슨 인간세상이라고 할수가 있겠습니까? 사람이 하는 짓인지, 짐승이 하는 짓인지, 구별도 못하는 사회가 과연 올바른 사회란 말입니까?

민주국가에서 대통령을 무어라 그러는지 여러분들은 다 잘 알고 계실 것입니다. '프레지던트'라고 불러요. '프레지던트'라는 말은 심부름꾼이 되는 '하인'이라는 말입니다. 그런데 대통령이 하인이라면 대통령 외의 사람들, 부장, 차장, 국장이니 과장이니 지사니, 무슨 경찰국장이니, 군수니, 경찰서장이니 또 무엇이니 하는 사람들은 뭣일까요? 하인 중에도 자질구레한 새끼 파리들이다 이 말이에요.

요새 무슨 표어를 보면 '모시고', '받들고' 등등 여러 가지 이야기가 있습니다만 다 봉건잔재의 소리입니다. 모시기는 무슨 할아버지를 모십니까? 받들기는 뭐 상전을 받듭니까? 이러므로 만일 주인되는 국민들이 언제나 '당신, 일을 잘못했으니 그만 가소' 하면 두 마디가 없는 것입니다. '대단히 미안합니다. 나는 일을 잘못했으니 물러가겠습니다' 하고 가야 합니다. (박수)

요새는 어떻게 되었는가 하면, '가거라' 하면 '가? 어딜 가. 나더러 가라고? 당치 못한 소리.' 실례에 가까운 말이지만 논을 갈 때 논속에 많은 거머리가 정강이에 딱 달라붙으면 암만 떼려고 해도 자꾸 파고들어갑니다. 거머리 달라붙듯이 딱 붙어 떨어지지 않습니다.

우리나라의 신문이나 영화에 돌아다니는 것을 본다면 봉건시대의 계급적 용어가 얼마든지 아주 상투적으로 습관이 되어서 그런지도 모르고 그대로 줄줄 써내려온단 말입니다. 각하閣下가 왜 그렇게 많은지 '각하', '각하'는 민주국가의 알 수 없는 취미예요. 원칙으로 먼저 '각하'는 '다리 아래'가 각하입니다. 다리 아래." (박수)

부국의 아버지,
등소평

━━ 의지가 굳고 지적이던 농민 출신의 혁명가

'중국 개혁 개방과 현대화운동의 총설계자이자 중국식 사회주의 이론의 창시자', '중국 부국富國의 아버지'로 높이 평가 받고 있는 등소평鄧小平! 그는 1904년 사천성에서 농민의 아들로 태어나 세계에서 가장 빠르게 성장하는 중국을 이끈 지도자로 1997년 세상을 떠났다.

그는 중화인민공화국의 정치가로, 국가원수, 중국인민정치협상회의 주석, 중화인민공화국 중앙군사위원회 주석을 역임했다. 중국 공산당의 소위 2세대의 가장 주요한 인물이다.

프랑스 유학파인 등소평은 중국공산당에 입당한 이래 1929년 제7군 정치위원이 되었고, 1934년 대장정에 참여했다. 1945년 공산당 중앙위원이 된 후, 정무원 부총리, 재정부장, 당 정치국 상무위원 겸 중앙서기처 총서기, 중소회담 중공 측 대표단장 등을 역임했다.

1968년 문화대혁명 때 박해를 받기 시작한 이래 여러 번 모택동의 박해를 받기도 했지만 기적적으로 복귀하여 중화인민지원군 총참모장, 중화인민공화국 국무원 부총리 등을 지냈고, 1981년부

터 1983년까지는 국가원수직에 있었다. 1983년 이후 국가원수직
과 인민정치협상회의 주석직에서 물러났지만, 군사위원회 주석직
에 머물며 실권을 쥐었다. 오랜 정치 경력을 거치며 권력을 다졌고
1970년대에서 1990년대에 이르기까지 중국에서 실질적인 지배력
을 행사했다.

화려한 경력의 등소평은 그의 별명 '오뚝이'처럼 일생에 세 번
이나 실각을 당하고도 좌절하지 않고 최고 권력자가 된 의지의 인
물이다. 29세 때 모택동을 지지하다가 실각을 당한 후, 48세 때인
1956년 중국공산당 총서기가 된다. 그러나 문화대혁명 시기에 그
는 건국 1등공신이 하루아침에 노동자로 강등되어 오전에는 공장
에서 일하고, 오후에는 채소밭을 가꾸는 치욕의 나날을 보냈다. 그
의 나이 66세 때다. 그런가 하면 시위의 배후자로 지목되어 1년
3개월 동안이나 가택연금 생활을 해야 하는 등 굴곡이 많았다.

등소평의 스피치에는 그만의 특징이 있었다. 그는 자신이 훌륭
한 연설가라고 자처하지 않았다. 그는 소그룹의 토론과 논의를 선
호하는 편이었지만 청중이 많든 적든, 어떤 사람이든 상관없이 열
심히 연습을 하고 철저히 준비했다. 작지만 야무진 그의 체격처럼
그의 언어도 짧지만 매섭고 알찼으며, 깔끔하면서도 풍부한 의미를
담고 있었다.

언젠가 유격전의 '전진을 위한 일보 후퇴 이론'의 설명에 대하
여, 사람들은 알아듣지 못하겠다는 표정이었다. 그때 한 간부가 나
서서 책에 나와 있는 이론을 설명했지만 사람들은 여전히 알아듣
지 못했다. 그러자 상투적인 설명을 버리고 가장 간단한 질문을 던

졌다. "싸움할 때 팔을 앞으로 그냥 뻗는 것과 뒤로 뺐다가 그 반동으로 힘차게 내뻗는 것 중 어디에 더 힘이 실리는가?"

사람들은 후자라고 대답했다. 그 자리에 있던 사람들 모두가 '힘을 모았다가 다시 공격하는' 논리를 단번에 이해할 수 있었다. 등소평의 간단하면서도 강력한 말의 위력이 증명되는 순간이었다.

▬ '선부론'을 제창한 등소평의 스피치

1962년의 중앙서기처 회의에서 등소평은 다음과 같이 말했다.

"농업에서 백성들은 땅을 나눠주기를 원하고 있습니다. 현재 가장 시급한 과제는 식량의 증산입니다. 증산만 된다면 개인경영 방식을 채택해도 좋습니다. 흰 고양이거나 검은 고양이거나 쥐를 잘 잡는 고양이가 좋은 고양이인 것과 마찬가지로, 어떤 방법이든지 농업발전에 이익이 되는 것이라면 실제에 부합되는 방법을 취할 것이지, 천편일률적으로 대처할 수는 없습니다."

이른바 백묘흑묘론白猫黑猫論을 제시했다. 등소평이 말함으로써 유명하지만, 이것은 사천四川의 옛 속담이다. 실제로는 그가 말한 '하얀 고양이'가 아닌 '노란 고양이'다.

1978년의 11기 중앙위원회 3차 전체회의에서 등소평은 다음과 같은 연설을 했다. 이것이 유명한 '선부론先富論'이다.

"무산계급 세계관과 마르크스주의 세계관의 기초는 실사구시實事求是입니다. 실사구시의 전통을 회복하려면 무엇보다도 사상해방思想解放이 이루어져야 합니다. 그런데 요즘 우리 당은 사상이 경화硬

化되어 있습니다. 무슨 이유에서인지 고정된 틀을 고집하고, 사고의 근거를 현실에 두지 않는 괴상한 일들이 벌어지고 있습니다.

우리의 목표는 무엇입니까? 무산계급 독재를 위한 계급혁명을 계속해나가는 것입니까? 아닙니다. 사회주의의 현대화에 있습니다. 사회주의의 현대화를 위해서는 무엇보다도 사상의 경화현상을 극복해야 합니다. 당 간부와 군중의 사상을 해방하지 않고는 사회주의 현대화가 실현될 가망이 없습니다. 남보다 부지런한 농민들이 남보다 수입이 많아지고 더 나은 생활을 하는 것이 허용되어야 합니다. 남보다 부지런한 농민들이 남보다 잘 살게 되면 그 이웃들이 영향을 받을 것입니다. 그런 농민이 많아지면 결국은 국가경제가 발전하게 될 것입니다."

등소평은 1년 뒤인 1979년 11월에 개최된 '역사 문제에 관한 몇 가지 결의'를 내리기 위한 회의에서 이런 연설을 했다.

"모택동 동지는 위대한 마르크스주의자이며 프롤레타리아 혁명가였습니다. 그의 생애는 실사구시적으로 파악해야 합니다. 그의 생애를 평가하자면 전반부는 옳았으나 후반부에 몇 가지 과오를 범했다고 보는 것이 옳습니다. 그러나 그가 중국공산당과 중화인민공화국 건설에 이룩한 성공적인 업적이 과소평가되어서도 안 됩니다."

등소평의 이 말에 따라 천안문에 걸려 있던 모택동의 초상화는 철거되지 않았다.

필리핀의 우상,
라몬 막사이사이

—— **서민을 위한 청백리 대통령**

'아세아의 영웅', '태평양의 아이젠하워', '진짜 사나이'로 불렸던 필리핀 국민의 우상 라몬 막사이사이Ramón Magsaysay. 그는 1907년 필리핀 루손 섬에서 여섯 남매 중 차남으로 태어났다. 그의 아버지는 엄격한 교육관을 가진 전문학교 기술 선생이었으며, 어머니는 독실한 가톨릭 교인이었다. 필리핀의 지배계급이 스페인 혼혈 혈통인데 비하여, 막사이사이는 대다수 필리핀 국민들과 마찬가지로 순혈 말레이인 출신이었다.

가정형편이 어려웠던 막사이사이는 호세리살 대학교 경영학과를 다니던 시절 하숙집 주인의 운전사로 일하며 공부해야 했다. 고학으로 호세리살 대학교와 필리핀 공과대학교를 마치고 2차 세계대전 직전까지 민간회사를 전전했다. 2차 세계대전 중 게릴라를 이끌고 일본과 싸웠으며 종전 후에는 국방장관이 되었다. 공산주의자들의 후크단 반란을 성공적으로 진압하고 내란을 수습하여 유명해졌다.

1953년의 대선에서는 '자신의 아버지라도 부정을 저지르면 법대로 하겠다'는 유세를 해서 화제를 모았다. 대통령 선거에서 막사이사이는 현직 대통령 퀴리노와 경합을 벌인 끝에 승리하여 대통령이 되었다. 이후 말라카냥 궁을 일반인들에게 개방했고 서민들은 말라카냥 궁을 찾아가 그들의 어려움을 호소할 수 있었다.

대통령 임기 중 막사이사이는 가족과 측근에게 어떠한 혜택도 부여하지 않았다. 그리고 도로, 다리와 건물 등이 자신의 이름을 따라 호명되는 것을 허락지 않았다. 또한 대통령의 의전 특권을 반납하여 화제가 되기도 했다.

막사이사이 대통령은 필리핀에 민주화를 토착화시키는 데 큰 공헌을 했다. 그는 공산주의 단체를 박멸했고 민주주의를 보전하여 국민의 절대적 지지를 받게 된다. 막사이사이의 정책은 또한 서민과 빈곤자들을 위한 것이었다. 그래서 빈민가에 사는 빈민들은 그를 '진정한 사나이'라 부를 정도였다.

그는 복지정책의 확대에 노력했고 대외적으로는 미국의 안보정책에 협력하여 대외원조를 받았으며, 일본과 담판하여 막대한 배상금도 챙겼다. 그의 노력으로 당시 필리핀은 한국까지 원조할 정도로 부자 나라가 되었다. 그러나 1957년 3월 지방 활동을 마치고 필리핀 남부 세부 섬의 대학에서 반공연설을 끝마친 후 비행기로 출발해 마닐라로 돌아오던 중 기상이 악화, 비행기 추락사고로 관리들과 함께 파고 밀림에서 사망했다. 향년 51세.

1958년 그의 공적을 기리기 위하여 아시아 발전에 이바지하는 사람에게 주는 '막사이사이상'이 제정되었다. 그의 유산으로는 생명보험 증권 1매와 마닐라 교외에 2차 세계대전 전에 지은 보잘것없는 가옥이 전부라서 생전의 청렴함이 국민들을 감동시켰다.

━━━ 필리핀의 젊은 대학생들에게

다음은 1957년 3월, 그가 사망하기 며칠 전 산카롤로스 대학교에서 한 연설의 전문이다.

"여기 모이신 산카롤로스 대학생 여러분! 여러분들은 오늘날 우리 필리핀 전 국민의 기대를 모으고 있습니다. 이 대학의 큰 희망과 포부를 가슴에 안은 채, 첫발을 들여놓은 그 순간부터 여러분에겐 뚜렷한 한 줄기의 희망이 생겼으며 이 교문을 나설 때에 여러분의 피와 땀으로 얻은 숙련과 완성은 여러분들 마음속 깊이 큰 결실로 나타날 것입니다.

나의 젊은 대학생 친구들이여, 이것은 내가 공산주의와 대결하여 얻은 체험입니다. 국방장관 시절은 물론 대통령으로 있는 동안까지도 나는 후크단에 대항하는 투쟁자로 불리고 있습니다. 그것은 내가 후크단이 있는 곳을 찾아내고 또 이들을 박멸하기 때문입니다. 아마도 이것은 내가 알기로는 국가 건설에 큰 힘이 되었다고 확신하고 있습니다.

나는, 내가 알고 믿는 바로는 우리의 평화와 정의와 자유를 좀먹는 공산주의자들과 싸우는 일은 이 민족의 밝은 앞날을 위해 아주 중요한 일이라고 생각합니다. 공산주의자들은 빈곤과 불만으로 이루어졌다기보다는 오히려 그들의 무모한 이데올로기로 이루어졌습니다.

이념으로서의 공산주의는 지식에 의해 받아들여진 것이지, 노동자 농민들의 생활에 의해 받아들여진 것은 아닙니다. 그것은 아주 잘 숙련된 선동자들로 말미암아 선전되기는 했지만, 그러나 실제적인 면에서 아무런 효과도 가져오지 못하는 쓸모없고 해로운 것입니다.

그들의 선전이란 중류계급이나 그러한 부류의 사람들에게 돌려졌고, 또 그들로부터 가난한 사람들에게 덮어놓고 불평하게 만들고 있습니다. 대학생들은 나와 우리 국민 전체가 희망을 걸고 있는 사람들입니다. 대학생들은 깊은 학식과 성실한 생활로 이루어진 건전한 인격을 갖춘 사람들이기 때문에 언젠가 이 나라의 지적인 지도자가 되리라 믿습니다.

그러나 부당하게도 공산주의자들은 이러한 신선한 학원과 단순한 감정을 가진 대학생들을 그들의 활동무대로 삼아보려고 애쓰고 있습니다. 그들 공산주의자들은 이 대학의 캠퍼스 안을 전쟁터로 이용하려고 합니다. 나는 공산주의와 싸운 지난날의 경험에서 이러한 사실을 확신하게 되었습니다.

젊은 대학생들은 필리핀을 올바로 살리기 위해서, 외국과의 관계를 단교하거나 미국과 같은 나라와의 친교를 반대해서는 안 됩니다. 이것은 내가 오늘 저녁 이곳을 떠나기 전에 하는 마지막 부탁입니다. 대학생들은 지금 모두 다 전쟁터에서 싸우는 사람들입니다. 그러기에 여러분에게는 승리의 영광을 획득하게 되든가 패배의 고배를 마시게 되든가 둘 중의 하나가 될 것입니다.

대학생 여러분! 여러분은 결코 중립적인 태도를 취해서는 안 됩니다. 바야흐로 일어날 때가 왔습니다. 학원에서 쌓은 진리와 자유의 원리를 마음속에 굳게 새기고 일어납시다! 대학생 여러분의 굳은 신념은 여러분들 자신들을 보호할 것입니다."

쿠데타군에 맞서다 숨진 대통령,
살바도르 아옌데

━━ 의학도 출신의 사회주의 정치가

'억압받아온 노동자들의 희망의 별', '칠레 역사에서 가장 존경받는 인물', '세계 최초로 선거를 통해 사회주의 정부를 출범'시킨 칠레의 대통령 살바도르 아옌데Salvador Allende. 그는 1908년 칠레 중부 발파라이소에서 태어났다. 아옌데의 집안은 칠레 정치 명문가였고, 아옌데 자신도 기득권을 누리면서 살 수 있는 좋은 환경이었다.

그는 1926년 군대를 마치고 칠레 대학교 의과대학에 입학했다. 의학도의 길을 걷던 중 칠레 민중들의 참담한 현실을 목격하고 이를 해결하기 위한 대안으로 사회주의를 선택했다. 학창시절에 이미 학생회장에 당선되는 등 지도자적 자질을 보였다.

그의 정치적 편력을 간단히 살펴보면 1932년 칠레사회당 창당에 참여하였고, 1937년 사회당 후보로 하원의원에 당선되었다. 1938년 보건복지부 장관이 되었고, 1945년 상원의원에 당선되었고, 의장과 부의장을 지냈다. 그리고 1952년부터 1964년까지 연이어 대통령 후보로 출마했으나 모두 낙선하였다. 1970년 인민연합 대통령 후보로 나서면서 마침내 당선되었고 1970년 11월 3일, 칠레 대통령으로 취임하였다.

당시 칠레는 경제적으로 매우 어려운 형편이었다. 미국의 30대 다국적 기업 중 24개가 칠레에 진출해 있었고, 은행을 제외한 18대 칠레 기업이 미국의 자회사였다.

아옌데는 취임 이후 이런 칠레의 왜곡된 경제구조를 개혁하고, 민중들을 잘살게 하기 위한 사회주의 개혁정책을 추진했다. 우선 다국적 기업들이 소유한 탄광, 구리광산과 대형은행을 국유화했고, 영양 부족으로 유아사망률이 심했던 칠레의 상황을 고려해 어린이들에게 무료로 우유를 배급하는 정책도 추진했다. 다른 한편으로 과도한 대토지 소유를 규제하고자 사유지의 4분의 1 내지 5분의 1을 국유화하는 토지개혁도 추진했다.

이런 사회주의 개혁의 성과로 아옌데 집권 초기에는 경제가 살아났지만, 집권 2년차가 되자 칠레 화폐의 가치가 하락하고 각종 생필품에 대한 가격 통제가 도리어 물가를 상승시키는 사태를 빚어냈다. 더욱 큰 타격은 미국이 아옌데 정권을 못마땅하게 여겨 칠레 경제를 고사枯死시키는 작전을 썼으며, 미국 CIA가 피노체트에게 쿠데타를 일으키도록 조종했다는 것이다.

1973년 9월 11일, 군부 쿠데타가 발발했고 육·해·공군과 경찰까지 장악한 쿠데타군은 대통령궁을 완전 포위했다. 그리고 쿠데타의 주모자 피노체트가 아옌데에게 '망명하라'고 최후통첩을 보낸다. 그러나 아옌데는 망명을 거부하고 대국민 연설을 하고 장렬하게 전사했다.

다음은 아옌데 대통령이 죽기 직전에 한 마지막 연설이다.

"국민 여러분, 이번이 제가 여러분께 드리는 마지막 연설이 될지도 모르겠습니다. 공군이 라디오 마가야네스의 송신탑을 폭격하기 시작했습니다. 슬프기보다는 저들의 기만에 분노를 느낍니다. 칠레를 방위하겠다던 맹세를 배반한 군부에 도덕적 심판이 있을 것입니다.

이러한 상황에서 제가 노동자 여러분께 드릴 말씀은 오직 하나뿐입니다. 저는 절대 사임하지 않을 것입니다! 이 역사적 갈림길에서, 저는 여러분의 충성에 제 목숨으로 보답하겠습니다. 오늘 우리가 수천, 수만 칠레 인민들의 고귀한 양심에 심어놓은 씨앗은 결코 영원히 묻혀 있지만은 않을 것입니다. 쿠데타군이 무력으로 장악했으니 우리를 억압할 수도 있을 것입니다. 하지만 범죄행위나 무력으로도 사회적 진보를 막을 수는 없습니다. 역사는 우리 편이며 바로 역사를 만들어나가는 건 민중입니다.

조국의 노동자 여러분, 그동안 저에게 보내주신 성원에 감사드립니다. 정의를 갈구하는 인민의 의지를 옮기는 통역자에 불과한 저에게 무한한 신뢰를 안겨주셨습니다. 저는 여러분께 헌법과 법률을 준수할 것이라 맹세했습니다. 그리고 저는 바로 그 일을 했습니다.

이 결정적 순간에 여러분께 마지막으로 말씀드리고 싶은 게 있습니다. 이번 사건을 교훈으로 삼아주십시오. 외국 자본과 제국주의가 반동적인 무리와 연합해서 군부로 하여금 헌법이 보장한 바를 존중해온 전통을 깨뜨리도록 분위기를 조성했습니다. 반역의 무리들은 지금 자기들의 막대한 재산과 특권을 계속 이어가기 위해 권력을 찬탈할 준비를 하고 있습니다.

노동자와 농민, 지식인 모두 앞으로 파시즘 치하에서 탄압을 당하실 겁니다. 쿠데타 발발과 함께 이미 몇 시간 전부터 현실로 나타나고 있습니다. 목소리를 높여야 할 의무를 지닌 이들이 침묵하는 사이 교량을 파괴하고 철로를 끊어버리고, 원유와 가스파이프 라인을 파괴한 테러리스트들에겐 역사의 심판이 뒤따를 것입니다.

이제 곧 마가야네스 라디오도 끊어질 게 분명합니다. 그러면 저의 목소리도 여러분께 더는 전달되지 못할 것입니다. 그러나 그건 중요하지 않습니다. 여러분은 계속해서 제 얘기를 들으실 수 있기 때문입니다. 저는 항상 여러분과 함께 있을 것입니다. 그리고 적어도 조국에 충성하려고 노력했던 한 의연한 인간으로 저를 기억해 주십시오.

조국의 노동자 여러분, 저는 칠레와 칠레의 운명을 믿습니다. 반역자들이 우리에게 강요한 이 암울하고 가혹한 순간을 누군가가 극복해내리라 믿습니다. 머지않아 자유를 사랑하는 사람들이 더 나은 사회를 향해 역사의 위대한 길을 열 것이라고 여러분과 함께 믿습니다.

칠레 만세! 민중 만세! 노동자 만세!

이것이 저의 마지막 말입니다. 제 죽음이 헛되지 않으리란 것을 저는 확신합니다. 결국에는 제 죽음이 범죄자와 비겁자, 반역자를 심판할 도덕적 교훈이 될 것이라 확신합니다."

싱가포르 신화를 만든
리콴유

━━ 국가 흥망성쇠는 통치자의 역량에 좌우돼

인구 531만 명, 국토 면적은 712제곱킬로미터, 자원도 부족한 작은 도시국가, 그럼에도 국민소득 1인당 5만 6,000달러로 세계에서 열 번째, 아시아에서는 가장 잘사는 나라 싱가포르. 그 신화를 만든 주역이 리콴유李光耀다. 그는 과연 어떤 인물이며, 어떻게 가난한 나라를 세계 일류국가로 발전시켰는지 알아보기로 하자.

리콴유는 1923년에 싱가포르의 캄퐁 자바에서 태어났다. 중국 광둥성 출신의 화교였던 그의 집안은 사업을 통해 성공했다. 덕분에 리콴유도 좋은 교육을 받았다.

1941년, 일본군이 태평양전쟁을 일으켜 쳐들어오자 정치적으로 각성했고, 전쟁이 끝난 뒤 영국으로 유학을 가서 변호사 자격증을 따고 돌아와 싱가포르에서 변호사로 노동자쟁의를 중재하기 위해 노력했다.

1950년대 변호사로서 유명해져 싱가포르는 물론 말레이시아에도 알려졌다. 1954년 10월 인민행동당을 창당하고 정치활동을 본격화했다. 활발한 정치활동으로 리콴유는 주민들의 지지를 확보했고, 1959년 선거에서 인민행동당이 자치의회 의석 43석 중 41석을 차지하면서 당수인 리콴유는 싱가포르 자치정부 수반에 올랐다.

자치정부의 수반이 되긴 했지만 너무 작고 힘없는 나라였기 때문에 리콴유 정부는 이웃 대국인 말레이시아연방에 가입해서 활로를 모색하고자 했다. 말레이시아도 리콴유의 명성을 눈여겨보고 싱가포르를 받아들였지만 중국계가 압도적인 싱가포르와 싱가포르의 공산주의 운동을 위협적으로 느낀 말레이시아 정부는 일방적으로 싱가포르를 연방에서 축출했다.

1965년 8월, 말레이시아 수상의 일방적인 축출 통보를 받고 리콴유는 눈물을 흘리며 싱가포르의 '분리독립'을 선언했다. 독립 후 리콴유는 살아남기 위해 군대 양성과 인재 양성에 필사적으로 노력을 기울였다. 철저하게 실리를 추구하면서도 권위주의적 국가의 모습 또한 철저하게 지켰다. 리콴유는 자신의 통치철학을 다음과 같이 피력하고 있다.

"저는 파이를 나눠주기 전에 먼저 파이를 구워야 한다는 점을 깨달았습니다. 복지국가 정책은 국민들이 자기 자신을 믿고 성공하려는 의지를 약화시키기 때문에 멀리했습니다. 제3세계 대다수가 서양의 다국적기업에 의한 착취를 의심하고 있을 때 싱가포르는 그들을 불러들였습니다. 그들은 우리의 성장을 도왔고 기술과 노하우를 들여왔으며, 다른 어떤 전략보다도 더 빠르게 생산성을 향상시켰습니다."

1959년 자치정부 수반으로 선출된 이래 1991년 명목상 총리직에서 물러날 때까지 장기 집권했으며, 퇴임 이후에도 선임 장관의 지위를 가지고 싱가포르 정부를 사실상 좌지우지했다. 후임 고촉통 총리가 퇴임하자, 아들 리셴룽을 총리에 앉혀 부자세습에도 성공했다.

그에 대한 평가는 '현대 아시아의 현자', '동남아시아의 작은 히틀러' 등 다양하지만 '플라톤의 철인정치와 마키아벨리의 군주론을 현대에 구현한 정치 지도자'로 칭송받기도 한다.

━━ 유능한 공무원 한 명은 수만 명의 값을 합니다

다음은 1993년 9월, 국회에서 공무원의 봉급 인상안을 통과시켜달라고 한 명연설의 요지다.

"국회의원 여러분! 1965년 우리 싱가포르가 말레이시아로부터 독립하고 처음 정부를 만들면서 우리는 '깨끗한 정부, 유능한 공무원'이라는 방침 아래 어느 민간 기업에도 뒤지지 않는 높은 보수를 제시하면서 공무원을 선발했습니다. 그래서 많은 인재들이 공무원을 지원했으며 정부는 수많은 지원자 중에서 최고의 소수 인재를 골라서, 높은 보수를 주며 작은 정부를 만들 수 있었습니다.

그러나 90년대에 들어서면서부터 점차 상황이 바뀌었습니다. 우리 공무원보다 보수도 많을 뿐 아니라 승진과 복리후생 등 여러 측면에서 좋은 직장이 민간 기업에 많이 나타났습니다. 그래서 유능한 인재들을 공무원으로 영입하는 것이 점차 어려워지고 있습니다.

의원 여러분, 우리 싱가포르는 작은 나라라는 소국이 갖는 핸디캡, 부존자원이 없다는 핸디캡, 많은 인구와 풍부한 부존자원을 갖고 있는 대국에 둘러싸인 지정학적 핸디캡을 숙명적으로 안고 있습니다. 그래서 정부는 기업가적 개척정신을 갖고 있는 최고의 인재를 선발하여 그들에게 국가경영을 맡겼던 것입니다. 본인은 이런 인재들이 고위 공무원이 되고 장관이 되어야 '좋은 정부, 깨끗한 정부, 경쟁력 있는 정부'를 만들 수 있다고 확신합니다.

과거의 예를 하나 들어보겠습니다. 1965년 독립 당시 이 나라에는 아무것도 없었습니다. 그때 우리는 외국기업 싱가포르 지사장으로 있던 림킴산이라는 유능한 인재를 국가개발부장관으로 영입했습니다. 여러분들이 아시는 바와 같이 그는 오늘의 싱가포르를 만드는 데 가장 큰 기여를 했습니다. 림킨산과 같이 국제화되고 활동적이며 실용적인 사고와 뛰어난 경영마인드를 갖춘 인재를 영입하지 않았다면 싱가포르가 지금처럼 세계 최고 수준의 주택보급률과 공항과 항구와 공단 개발이 과연 가능했겠습니까?

한 사람의 유능한 고위 공무원은 수천, 수만 명 이상의 값을 합니다. 지금과 같은 공무원 보수로는 그런 최고의 인재를 뽑을 수가 없다는 것이 정부가 갖고 있는 고민입니다. 깨끗한 정부, 깨끗한 공무원을 만들기 위해서는 고위 공무원의 보수체계를 획기적으로 바꾸어야 한다고 생각합니다. 의원 여러분! 21세기는 무한경쟁의 시대가 될 것입니다. 무한경쟁시대란 '동맹국이다, 우호국이다, 맹방이다' 하는 관계가 바로 눈앞에서 원수와 같은 경쟁자로 변할 수도 있는 시대입니다. 이런 무한경쟁의 시대를 맞아 최고의 인재들에게 국가의 미래를 맡길 준비를 하자는 것이 오늘 이 법률안을 상정하게 된 배경입니다. 아무쪼록 의원 여러분들의 현명한 판단을 바라마지않습니다."

20세기의 풍운아,
피델 카스트로

—— **세계에서 가장 위험한 남자**

'세계에서 가장 많이 암살 시도된 인물'로 기네스북에 오른 '세계에서 가장 위험한 남자'가 있다. 미국의 CIA는 '그가 미국에 위협이 된다'고 자그마치 638건의 암살을 시도했으나 모두 실패했다. 다양한 암살 방법을 다양한 수법으로 피해간 것이다. 그는 누구일까? 바로 쿠바의 민족주의자이자 공산주의자, 군인이자 정치가 피델 카스트로Fidel Castro다. 그는 혁명 지도자로서 1959년부터 1976년까지 쿠바의 총리를 지내고, 1976년부터는 국가평의회 의장을 지내다가 2008년 2월에 후계자에게 의장직을 승계하고 정치일선에서 물러났지만 '민중의 영웅'으로 쿠바 국민들에게 추앙을 받고 있다고 한다.

그는 1926년 스페인 식민지하에 있던 쿠바의 한 사탕수수 농장에서 태어나 1945년 명문인 아바나 대학교 법학과에 입학했고, 졸업 후 변호사가 되었다. 대학 재학 때부터 학생운동으로 정치활동을 했으며, 1953년 당시 쿠바의 독재자 바티스타 정권을 전복시키기 위해 동지 156명과 함께 쿠바에 있는 몬카다 병영을 습격했으나 실패하고 재판을 받게 된다.

체포된 카스트로는 변호사였기 때문에 다음과 같이 스스로를 변호했다.

"내가 당신들에게 경고를 하겠다. 나를 체포한 것은 시작일 뿐이다. 너희들이 내 심장에 총구멍을 낸다고 하더라도 조국, 정의로움, 인류에 대한 나의 사랑은 끝나지 않을 것이다. 잘 들어라, 너희들은 진실을 가리기 위해 온갖 더러운 수단을 동원하겠지만, 나는 꼭 너희들의 더러운 역사를 낱낱이 파헤쳐 세상에 알릴 것이다. 날 방해하고 이 비좁은 공간에 가둘수록 내 혁명적 마음을 더 살아날 것이며, 너희들이 나를 침묵시키려 노력할수록 쿠바 인민들의 혁명적 동기는 더욱더 타오를 것이다. 또한 너희들이 수작을 부려 나와 전 대원들의 숭고한 정신을 왜곡시켜, 내가 당장은 비난의 대상이 된다고 하더라도 그것은 중요한 것도 아니며, 역사가 나를 무죄로 하리라."

카스트로는 재판에서 15년형을 선고받지만 2년 뒤 특별사면으로 석방된다. 멕시코로 망명해서 바티스타 정권타도 계획을 세운 카스트로는 1956년에 86명의 동지들과 배를 타고 멕시코에서 쿠바로 떠났다. 그러나 이들의 상륙을 간파한 바티스타 정권의 공격으로 살아남은 사람은 12명에 불과했다. 시에라마에스트라 산으로 숨어 들어간 카스트로는 게릴라전을 펼치며 세력을 넓혔고 3년 만인 1959년 1월 1일, 독재자 바티스타가 도미니카로 망명하면서 반군들은 바티스타 정권을 무너뜨리고 혁명에 성공했다. 카스트로는 33세의 젊은 나이에 총리가 되었고 이후 토지 개혁, 무상의료와 무상교육 등의 평등정책을 실시하고, 미국을 비롯한 외국의 자본을 강제로 접수하는 등 사회개혁을 진행했으며, 아바나 선언을 발표하여 라틴 아메리카 해방을 제창했다.

━━ 참다운 민주주의란?

카스트로는 연설가로도 유명하다. 1960년 9월, 유엔 총회에서 행한 4시간 29분짜리 연설은 지금도 유엔 역사상 최장 시간 연설로 기록되어 있다. 그는 폭넓은 지식과 감동적인 수사법으로 청중을 사로잡았다. 젊은 날의 연설을 들어보기로 하자.

"사물을 만들어내는 여러분들! 자신을 희생해가며 일하고 생활의 즐거움을 그리워해온 여러분들! 여러분들은 항상 어제도 오늘도 다수 인민의 일원인 것입니다.

참다운 민주주의란 그 안에서, 우리가 외국인 수중으로부터 탈취해서 여러분들에게 되돌려준 그 땅을, 여러분 농민들이 소유하는 바로 그러한 것입니다. 참다운 민주주의란 그 안에서 사탕수수 재배꾼이 적어도 300만 에이커 정도의 수수밭을 가지고 있어서, 여러분들이 이제는 절대 버림받는 떠돌이로 살지 않을 바로 그러한 것입니다.

참다운 민주주의란 그 안에서, 여러분 노동자가 여러분들의 일할 수 있는 권리를 보장받고, 그 누구도 여러분들을 죽지 못해 사는 빈민굴로 몰아넣을 수 없다는 것을 알고 있는, 바로 그러한 것입니다. 참다운 민주주의란 그 안에서, 여러분 가난한 학생들이 재능만 있다면 어떠한 부잣집 아들과 마찬가지로 대학에서 학위를 얻을 수 있는 똑같은 기회를 가지는 바로 그러한 것입니다.

참다운 민주주의란 그 안에서, 노동자 또는 가난한 농민 아니면 어떠한 가난한 집안의 자식인 여러분들이 여러분들을 가르칠 학교 선생과 부끄럽지 않은 학교를 가지는 바로 그것입니다. 참다운 민주주의란 그 안에서, 여러분 노인이 스스로 부양할 수 있는 능력이 이미 없어졌을 경우 아무 걱정 없이 살아가는 바로 그것입니다. 참다운 민주주의란 그 안에서, 쿠바 니그로들이 일할 수 있는 권리를 가지고 어리석은 종족 편견으로 말미암아, 그 권리를 유린당하는 것을 그냥 보고만 있어서는 안 될 바로 그것입니다. 참다운 민주주의란 그 안에서, 여성 여러분들이 다른 모든 시민들과 똑같이 대우받고, 나아가서는 여러분 남편들의 뒤를 따라 조국을 수호하기 위해 무장을 할 수 있는 권리를 가지는 그러한 것입니다.

참다운 민주주의란 그 안에서, 정부가 참호를 학교로 바꾸어놓고 각 가정용 주택을 건설하기에 힘써 쿠바의 모든 부모들이 자식들을 키우기에 걱정하지 않는 그러한 것입니다. 참다운 민주주의란 그 안에서, 누구든지 병에 걸리면 의사의 치료를 받을 수 있는 그러한 것입니다. 참다운 민주주의란 그 안에서, 농군을 일부 특권층 무정한 지주들의 보호자로서가 아니라 그의 형제들, 그의 조국의 노동자와 농민들의 변호자로 만드는 것이지 농민들을 억지로 군에 끌어넣으려는 것은 아닙니다.

참다운 민주주의란 이 같은 여러분들의 민주주의, 즉 인민을 이간시키지 않고 형제와 형제 사이에 적대감을 갖지 않도록 하는 바로 그것입니다."

피플 파워 혁명,
코라손 아키노

—— 현모양처에서 대통령이 된 여성

'피플 파워 혁명'의 상징이며, 필리핀 최초의 여성 대통령 코라손 아키노Corazon Aquino. 그녀는 필리핀 최대의 지주 코주앙코 가문의 딸로 태어났다. 뉴욕의 마운트세인트빈센트 대학교에서 프랑스어와 수학을 전공했고, 귀국 후 마닐라의 파이스트 대학교에서 법학을 공부했다. 고향의 명문가 출신 베니그노 아키노 주니어Benigno Aquino Jr.와 1955년 결혼하여, 아내와 어머니로서의 역할에 충실했다.

1972년 상원의원이던 남편이 대통령 마르코스에 의하여 투옥되자 8년 간 옥바라지를 했고, 1980년 신병 치료를 조건으로 남편의 미국행이 허가되어 3년 간 함께 미국에서 망명생활을 했다. 1983년 대통령 선거에 출마하기 위하여 마닐라에 도착한 남편이 마닐라 공항에서 암살되자 남편의 장례식을 마친 그녀는 "베니그노를 잃은 슬픔은 나 자신만의 슬픔이 아닙니다. 필리핀 전체의 슬픔입니다"라고 말하며 독재정권과 맞서 싸울 것을 선언했다. 필리핀 민중은 코라손의 애칭인 '코리!'를 외치며 그녀를 지지했다.

그녀는 독재정권에 항거하는 필리핀 '민주주의 상징'으로 여겨지며 대통령 후보로 추대된다. 코라손은 남편의 무덤을 찾아가 "당신이 이루지 못한 꿈, 필리핀의 민주주의를 이루겠습니다" 하고 결의를 다짐한 뒤 선거운동에 돌입한다.

"저는 대통령이 되는 것에 대해서는 잘 모릅니다. 다만 마르코스 정권에 희생된 사람들을 대신해서 싸울 뿐입니다."

"우리 조국과 미래를 빼앗긴 아이들에게 애도를 표합시다. 이제 이 억압의 사슬을 끊어야 합니다. 제가 독재자 마르크스를 몰아낼 수 있도록 도와주십시오."

청중을 앞둔 가녀린 여성 코라손 아키노의 연설은 너무 서툴렀다. 그것이 사람들의 '도와주지 않으면…' 하는 동정심을 자아냈다. 그녀는 긴장으로 떨리는 목소리로 말한다.

"마르코스는 나를 정치 경험이 없는 여자라고 비난합니다. 네, 저는 경험이 없는 사람이 맞습니다. 부정과 부패와 살인과 독재의 경험이 없는 사람입니다."

민중들은 열광하고 환호한다. 연설의 솜씨가 문제가 아니라 민주화운동의 선봉 '코라손'이라는 반독재를 위한 민주투사이기 때문이다.

1986년 2월에 치러진 대통령 선거에서 마르코스도 코라손도 승리를 선언한다. 이때 마르코스 진영의 득표 부정조작이 판명되어 국군개혁파와 100만 시민이 코라손을 지지하고 거리를 가득 메우면서 마르코스는 망명을 하고 코라손 아키노가 대통령에 취임했다.

남편을 잃고 살림만 하던 여성이 독재정권을 무너트리고 대통령이 되어, 필리핀에 꽃피운 민주주의의 정신은 코라손 아키노와 함께 필리핀 국민에게 영원히 기억될 것이다.

━━ 민주주의의 위대한 승리

다음은 1986년 9월 18일, 대통령이 된 코라손이 미국 상하원 합동 회의에서 한 연설이다.

"친애하는 하원의장님, 친애하는 임시의장님.

나는 3년 전, 남편 아키노의 장례를 치르기 위해 비통한 마음으로 미국을 떠났습니다. 당시에 나는 내 남편이 끊임없이 추구해온 필리핀의 자유도 그와 함께 매장하기 위해 미국을 떠나는 것이라고 생각했습니다. 그러나 나는 오늘 자유를 찾은 사람들의 대통령으로 미국에 돌아왔습니다. (박수)

내 남편은 그가 겪어온 길고 긴 고통의 시기 중 언제라도 독재정권과 타협해서 개인적인 영화를 얻을 수 있었습니다. 그러나 우리 민족에게 면면히 이어져 내려왔고, 오늘 이 의사당을 활기에 넘치게 하는 민주주의 정신이 소멸되게 내버려둘 수는 없다고 그는 생각했습니다. 그는 외로운 감방에서, 망명자의 좌절감 속에서 우파의 탐욕과 잔인한 폭력, 좌파의 무자비한 살상에 대항해서 민주화를 주장했습니다.

바로 그때 우리는 과거 어느 때보다도 고통스럽게 그를 잃었습니다. 우리는 보스턴에서 그의 사망소식을 들었습니다. 그 소식은 우리 생애에 가장 행복했던 3년의 생활에 종말을 고하는 것이었습니다. 그러나 그의 죽음은 내 조국이 용기와 신념을 되찾고, 이로써 내 나라 사람들이 다시 자유로울 수 있게 된 계기를 가져왔습니다.

독재자는 그를 하찮은 인간으로 취급했지만 200만이 넘는 필리핀 국민은 소극적인 태도와 두려움을 떨쳐버리고 그를 장지까지 호송했습니다. 그렇게 혁명은 시작되었고 나는 오늘 민주주의의 가장 이름 있는 본향本鄕인 이 의회에 오게 된 것입니다. (박수)

여러분은 용기와 정직으로 무장하고, 위협과 부패에 민주주의의 신념으로 굳게 맞선 나라를 보았습니다. 여러분은 무장한 폭도들이 개표소에 난입할 때 눈물을 흘리던 여성 집계원들이 투표용지를 빼앗기지 않으려고 온몸으로 투표함 탈취를 막고 있던 모습을 보았습니다. 비록 충분하지는 않지만 조금이라도 민주적인 신념을 위해서 그들의 목숨을 바칠 준비가 돼 있던 민주주의의 이념 구현에 헌신적인 사람들을 보았습니다. 그날이 거의 끝날 무렵 선거 결과를 날조하려는 또 다른 시도가 있기 전에 나는 민중의 승리를 발표했습니다.

우리는 모든 필리핀 사람들의 생명과 자유를 존중하는 혁명을 통해 절대 권력을 몰아냈습니다. 이제 우리는 헌정을 회복해나가고 있습니다. 우리는 민주주의의 수단으로 민주주의를 회복했습니다. 그리고 이제 기본권을 존중하는 헌법에 따라 새로운 민주적 헌정구조를 만들고 있습니다. 오늘 나는 미국에게 우리와 함께할 것을 요구합니다. 이제 우리는 압제당한 사람들에게 또 다른 피난처와 민주주의의 공간을 마련했고, 그것은 우리 두 나라의 자유에 대한 믿음과 약속을 증언하는 빛나는 한 귀감으로 남을 것입니다."

(기립 박수)

가장 가난한 대통령,
호세 무히카

━━━ 세상에는 이런 대통령도 있다

2012년 '리우+20회의'에서의 연설과 2013년 세계 최초의 대마大麻 합법화, 게다가 2014년 노벨평화상 후보로 떠오르면서 일약 시대의 총아가 된 우루과이의 호세 무히카 대통령José Alberto Mujica. 그의 간략한 경력과 그가 과연 어떤 인물인가를 조명해보자.

그는 1935년, 남아메리카의 작은 나라 우루과이 몬테비데오의 빈곤한 가정에서 태어났다. 부모는 작은 농장을 경영했는데 파산하여 그가 다섯 살 때 아버지는 세상을 떠났다. 어린 무히카는 가축을 돌보고 꽃을 파는 일을 하면서 성장했다.

1960년대 들어 극좌 도시 게릴라 조직에 가입하여 게릴라 활동을 했다. 그 과정에서 경찰의 총알 여섯 발을 맞아 죽을 고비도 넘겼고 네 번의 체포, 두 번의 탈옥을 하기도 했다. 1972년 체포 후 군사정권이 끝날 때까지 13년 가까이 수감생활을 했다. 출소 후 게릴라들과 좌파 정치단체를 결성하여, 1994년 하원의원 선거에서 첫 당선을 한다. 상원의원을 연임하며, 2005년에 농목수산장관이 되었다. 그리고 2010년 마침내 대통령에 당선된다. 여기까지는 세상 사람들의 이목을 끌 이유가 없다. 그렇다면 인구 330만밖에 안 되는 소국의 대통령이 왜 전 세계적으로 인기를 끌고 있을까? 한마디로 남다른 삶의 자세와 사고방식 때문이다.

그가 세상 사람들에게 널리 알려진 것은 '리우+20회의'에서의 연설이 계기가 되어 영국 BBC매거진이 인터뷰 기사를 쓰고 미국 ABC 방송이 보도한 것이 결정적이었다.

BBC는 '세계에서 가장 가난한 대통령'이라는 표제 아래 '우루과이의 무히카 대통령'이라고 소개했는데, 그 내용을 요약해본다. 무히카 대통령은 2010년 취임한 이후 국가에서 제공하는 호화로운 관저를 포기하고 수도 몬테비데오 근교의 낡은 농장에서 집사도 경호원도 없이 검소한 생활을 한다. 대통령 관저는 노숙자들의 휴식공간으로 사용하도록 했다. 또 관용차 대신 중고 폭스바겐을 타고 다니며 비행기로 이동할 때는 이코노미석을 사용한다. 게다가 대통령 급여의 약 90퍼센트에 해당하는 1만 2,000달러(약 1,300만 원)를 빈곤층을 돕는 자선단체에 내고 남은 돈 약 755달러(약 83만 원)로 한 달 생활을 꾸린다고 한다.

"왜 그렇게 가난한 생활을 하고 있느냐"는 질문에 그는 "나는 가난하다고 느끼지 않는다, 검소할 뿐"이라며 "나를 가난하다고 말하는 사람들이야말로 가난한 것이다, 진짜 가난한 사람은 비싼 생활방식을 지탱하려고 끊임없이 일해야 하는 사람"이라고 했다.

또 오스카 카사니라는 시민이 무히카 대통령 부부가 평상복 차림으로 조촐한 점심식사를 즐기고 있는 사진을 찍어 페이스북에 올렸는데, 곧바로 8,000명이 공유하는 인기를 누렸다. 카사니는 트위터에도 이 사진을 올리며 "대통령이 경호원 없이 부인과 함께 원하는 곳에서 식사를 즐길 수 있는 나라는 우리나라밖에 없을 것"이라며 "국민들이 대통령을 존경하기 때문"이라고 썼다. 세상에 이런 대통령이 있다니, 놀라운 사실이 아닌가.

▬▬ 발전이 행복을 저해해선 안 됩니다

다음은 2012년 6월 20일, 120개국 수뇌들이 참석한 가운데 열린 유엔 행사 '리오+20회의'에서 화제가 된 무히카 대통령의 명연설의 요지다.

"제 머릿속에 있는 의문의 소리를 피력하겠습니다. 오후 시간 내내 말한 것은 지속가능한 개발과 세계의 빈곤을 없애기 위한 과제였습니다. 우리의 본심은 무엇일까요? 현재 부유한 나라의 발전과 소비모델을 흉내 내는 것입니까?

우리가 세계화를 통제하고 있습니까? 세계화가 우리를 통제하고 있는 것은 아닐까요? 이러한 잔혹한 경쟁에서 이뤄진 소비주의 사회에서 '모두의 세계를 위해서 잘해가자'고 하는 공생공존의 논의를 할 수 있다고 생각하십니까? 어디까지가 동료이고 어디서부터가 경쟁자입니까? 이런 것을 말하는 것은 이 행사의 중요성을 비판하기 위해서가 아닙니다. 그 반대입니다. 우리의 미래를 막는 거대한 위기는 환경 위기가 아니라 정치적 위기 문제입니다.

현대에 이르러서는 인류가 만들어낸 이 거대한 세력을 통제할 수가 없습니다. 오히려 인류가 이 소비사회에 통제당하고 있습니다. 우리는 발전하기 위해 태어난 게 아닙니다. 행복하기 위해서 이 지구에 온 것입니다. 인생은 짧고 바로 눈앞에서 사라지고 맙니다. 생명보다 귀한 것은 존재하지 않습니다. 과도한 소비가 세계를 파괴하고 있음에도 비싼 상품과 생활방식 때문에 인생을 내팽개치고 있습니다. 소비가 사회의 모터인 세계에서 우리는 소비를 무조건 많이 하지 않으면 안 됩니다. 소비가 멈추면 경제가 마비되고, 경제가 마비되면 불황의 도깨비가 모두의 앞에 나타날 것입니다.

'가난한 사람은 물건을 조금밖에 가진 사람이 아니라 끝없는 욕심이 있고 아무리 많아도 만족하지 않는 사람이다.' 이것이 이 논의에 있어 문화적인 핵심이라고 생각합니다.

국가의 대표로 리오회의의 결의와 회합에 그런 마음으로 참가하고 있습니다. 내 연설에는 귀에 거슬리는 단어가 꽤 있지만 여러분께서 수원水源 위기와 환경 위기가 문제의 원천이 아니라는 것을 알아주셨으면 합니다. 근본적인 문제는 우리가 시행한 사회모델입니다. 그리고 다시 한 번 검토해야 할 것은 우리의 생활방식입니다.

저는 자신에게 이런 질문을 던집니다. '이것이 인류의 운명인가?' 제가 말하는 것은 매우 간단합니다. 발전이 행복을 저해해서는 안 됩니다. 발전은 인류에게 행복을 가져다주는 것이어야만 합니다. 사랑이나 인간관계, 자녀 양육, 친구들을 사귀는 것 그리고 꼭 필요한 최소의 것만 가지는 것. 이런 행복을 가져다주어야 합니다.

행복은 우리에게 가장 소중한 것이기 때문입니다. 환경을 위해 싸워야 한다면 인류의 행복, 그것이 환경의 가장 중요한 요소라는 것을 명심하십시오."

비운으로 끝난 독재자,
무아마르 카다피

—— **리비아를 경제 대국으로 이끈 지도자**

2009년 9월 23일 유엔 총회에서 '유엔안전보장이사회는 유엔 헌장 전문에 제창된 회원국의 평등에 어긋난다고 지적하며 안전보장이사회가 아니라 테러이사회다'라고 비판한 연사가 있다. 그는 연단에서 유엔 헌장을 내팽개치고 강대국에 의한 체제를 강도 높게 비난했다.

그의 연설은 규정 시간 15분을 넘어 1시간 36분이나 계속되었다. 기관총처럼 말이 튀는 장시간의 연설에 유엔의 아랍어 동시통역사가 피로 끝에 중간에 교체되기도 했다. 이 연사는 누구일까? 리비아 최고 지도자 카다피Muammar al-Qaddafi였다.

그에 대해 좀 더 알아보자. 그는 1942년 방랑생활을 하는 베두인족 유목민의 아들로서, 리비아 사막의 한 천막에서 태어났다. 가난한 환경에서 여러 형제와 친척들과 함께 성장했으나 그는 공부와 출세에 대한 의욕과 욕망이 남달랐다고 한다.

1963년 벵가지의 리비아 대학교를 졸업한 후 육군사관학교에 입교해 재학 당시부터 동료 생도들과 왕정 타도를 목표로 하는 자유장교단을 조직했다.

1965년 사관학교 졸업과 동시에 1년 간 영국으로 유학 겸 파견 근무를 하게 되었고 귀국 후 통신부대 장교로 첫 부임을 했다.

육군 대위였던 그는 1969년 9월 군사 쿠데타를 일으켜 이드리스 왕을 물러나게 한 뒤 정권을 잡았다. 그는 군의 총사령관이 되었고 또 리비아의 새로운 통치기구인 혁명평의 회의장으로 뽑혔다.

1970년 그는 리비아 내에 주둔하고 있던 미군 기지와 영국군 기지를 철수시켰다. 또 같은 해에 리비아에 살고 있는 이탈리아 사람들과 유대인 공동체 대부분을 추방했다. 1973년에는 모든 외국인 소유 석유 재산을 국유화했다. 또 그 자신이 믿고 있는 엄격한 이슬람교 규율에 따라 음주와 도박을 금지시켰다.

그는 집권 초기부터 경제 발전과 군사력 증강을 추진해왔으며 외교적인 수완도 뛰어났다. 이집트, 시리아와 함께 아랍공화국연방을 창설하려 노력했으며 리비아 대수로를 건설했다. 그리고 사막에서 유전을 개발하고, 리바이를 아프리카의 빈국貧國에서 1인당 GDP 1만 달러의 경제 부국으로 탈바꿈시킨 강력한 지도자였으며, 유엔 총회 연설에서 미국을 비롯한 서방세계에 대한 일침, 유럽 국가들이 아프리카의 식민지 역사를 가진 나라들에 보상을 해야 한다는 요구를 하기도 했던 달변가였다.

그러나 42년 간 지속되어온 카다피의 장기집권으로 인해 그의 정치에 반대하는 반정부 시위가 시작되었다. 2011년 8월 반군이 트리폴리를 장악하면서 카다피 세력은 무너졌다. 반군은 카다피를 죽이거나 생포할 경우 170만 달러 상당의 현상금을 지급하겠다고 내걸었다.

10월 20일 카다피 친위세력의 마지막 거점도시인 수르트가 반군에 의해 점령당했고, 카다피는 현장에서 발견되어 죽음을 맞았다. 향년 70세였다.

▬ 유엔이 타국의 국내 주권에 간섭할 권리는 없습니다

다음은 2009년 9월 23일, 카다피가 유엔 총회에서 한 연설의 서두다.

"신에게 맹세코, 나는 아프리카연합을 대신해 유엔 총회의 의원 여러분에게 인사합니다. 그리고 나는 이것이 세계의 역사적인 총회가 되기를 바랍니다. 유엔 총회를 대표하고, 아프리카연합을 대표하는 여러분 모두를 위해서 리비아가 의장을 맡겠습니다.

나는 아프리카의 아들인 오바마 대통령을 축복합니다. 미국 대통령으로서는 처음으로 우리 총회에 참석하니 그를 칭찬해주십시오. 그가 주최국을 대표하기 때문입니다.

우리는 아첨하거나 겉치레 말의 외교적 성명을 내지 않습니다. 그리고 우리는 두려워하지 않고, 세계의 운명에 관해서는 타협할 수 없습니다.

우리는 지금 세계의 운명에 대해서 이야기하고 있습니다. 이 지구와 인류의 운명에 대해서. 이것들은 대단히 중대한 문제로서 아첨하고, 미루고, 위선이 있어서는 안 됩니다.

유엔 헌장 전문에는 힘이 사용된다면 유엔에 의한 힘이 아니면 안 된다고 되어 있습니다. 그것은 공통의 힘이며 한 나라나 두 나라, 3개국밖에 유엔의 전쟁요원은 아닙니다. 유엔 국가들은 함께 힘을 세계 평화 유지 활동에 이용해야 할지 결정해야 합니다.

유엔이 설립된 1945년 이후, 한 나라에 대해서 공격이 일어난다면 유엔은 공격을 받은 나라에 가서 공격한 나라를 격퇴합니다. 예를 들어 만일 리비아가 프랑스를 공격한다면 프랑스가 독립국이기 때문에 유엔은 리바아군을 격퇴합니다.

우리는 공동체적인 방법으로 국가의 주권을 지키는 것을 약속하고 있지만, 그 약속은 과거에 일어난 65번의 전쟁을 막지 못했습니다.

안전보장이사회는 거부권을 가진 국가들로 구성되어 있습니다. 65번의 전쟁에는 수백만 명의 목숨도 앗아간 여덟 번의 큰 전쟁이 포함되어 있습니다. 우리가 공격을 격퇴하며 사람들을 지킬 것이라고 생각했던 나라들은 사실 거부권을 즐기며 무력을 행사했던 나라들이었습니다.

유엔 헌장에는 유엔이 타국의 국내 주권에 간섭하는 것을 허용하는 문구는 없습니다. 다시 말하면 통치 제도는 내정 문제며 다른 사람이 그것에 간섭할 권리는 없습니다. 그리고 독재적 또는 민주적 또는 사회주의적 또는 자본주의적 또는 반동적 또는 진보적인 제도를 갖는 것은 해당 사회의 책임입니다. 그것은 내정 문제입니다.

안전보장이사회는 유엔 총회 결의의 단순한 실행 부대입니다. 그리고 안전보장이사회가 단순한 실행 부대가 될 때, 안전보장이사국 자리를 얻기 위한 경쟁이 없을 것입니다."

노조 출신 대통령,
레흐 바웬사

━━━ '폴란드 민주화의 주역' 노동운동가

노동운동가로 '폴란드를 민주화시킨 주역'이며 노조 지도자로 최초의 노벨평화상을 받고 대통령이 된 인물 레흐 바웬사Lech Walesa. 그는 1943년, 폴란드 부오추아베크 근처인 포포보에서 목수의 아들로 태어났다. 그의 부친은 나치 독재의 점령 시기에 죽었고 그는 초등학교를 나와 집에서 농사를 거들다가 '언제까지 이렇게 살 수는 없다'며 집을 뛰쳐나온다. 직업학교를 졸업하고 1967년 그다니스크에서 레닌조선소 전기공이 되었다.

1970년 12월 식량폭동 당시 바웬사는 거리시위를 하던 사람들이 경찰의 총에 맞고 쓰러지는 것을 목격하고, 정부의 통제를 받지 않는 민주적인 노동조합 결성을 결심하고 노동운동에 가담한다. 그리고 노동자의 요구조건을 조선소 측에 제시했지만 노동운동 탄압으로 4년 간 실업자 생활을 해야만 했다.

1976년, 레흐 바웬사는 '죽은 노동자를 위한 기념탑'을 세우기 위하여 청원을 위한 서명운동을 벌였다. 실직 상태에서 친구들의 도움으로 연명하면서도 끈질기게 노동운동을 하여, 폴란드 공산정부에 대항한 시위가 발생했을 때 그는 반정부 노동조합 활동가로 부상했다.

1980년 8월 14일 레닌조선소에서 식료품 가격 인상에 항의하는 시위가 일어났을 때, 바웬사는 조선소 담벽을 타고 넘어가 내부 노동자들과 합류했다. 이때 바웬사는 경영진과 협상할 파업위원회 위원장으로 선출되었고, 경영자 측과 3일 간의 협상 끝에 파업 노동자들의 요구를 관철시켰다.

또한 바웬사는 그다인스크-소포트-그디니아 지역의 공장들을 묶는 공장 간 파업위원회의 위원장도 맡았다. 위원회는 파업권과 노동조합결성권 등의 과감한 정치적 요구를 내걸고 총파업에 돌입했다. 시위가 전국으로 확산되는 것을 두려워한 공산당국은 노동자들의 주요 요구사항을 받아들였다. 그러나 연대자유노조가 얻은 것은 일시적이었다. 1981년 12월 13일 폴란드 정부는 계엄령을 발표하고 연대자유노조를 불법화했으며, 바웬사를 포함한 연대자유노조의 지도자들을 대부분 체포했다. 바웬사는 이때 거의 1년 동안 구금되었다.

1983년 바웬사가 노벨평화상 수상자로 결정되자 폴란드 정부는 이를 비판했다. 자신의 의사와 상관없이 망명객이 될 것을 두려워한 바웬사는 폴란드에 남아 있고, 부인이 오슬로로 가서 대신 노벨상을 받았다. 연대자유노조의 지하활동을 지도하면서 바웬사는 끊임없이 폴란드 정부에게서 고초를 당했다.

가택연금 직후 프랑스 파리로 자신의 자서전을 몰래 보내 1987년 《희망의 길》을 출판했는데 이는 소련 등의 사회주의 체제에서의 노동자들의 문제를 제대로 보여준다는 평가를 받았다.

이렇게 폴란드 사회운동가로 손꼽히던 그는 1989년 폴란드 사회주의 정권의 몰락에 기여했고, 1990년에 민주 폴란드의 초대 대통령으로 선출되었다. 1996년까지 폴란드 대통령으로 재임했으나 당시 정책은 좋은 평가를 받지 못했다.

━━ 우리에게 결사의 자유와 권리를 달라

다음 연설은 바웬사가 1980년 8월 14일, 조선소 파업 현장에서 노동자들에게 단결을 촉구한 즉흥연설로 폴란드 민주화에 높은 영향을 미친 것으로 평가받고 있다.

"신사 숙녀 여러분, 우리가 모든 변혁을 꾀하는 파업을 벌이고 있는 것은 우리의 생활을 개선하기 위해서가 아닙니까? 그러므로 가장 중요한 것은 우리의 요구사항입니다. 이에는 추호의 변함이 없는 것입니다. 우리는 요구를 관철시키기 위해 최선을 다할 것입니다. 어쩌면 우리가 요구한 것보다 더 좋은 결과를 얻을지도 모르겠습니다….

만약 정부가 노동자권익위원회KOR나 우리를 지원하는 다른 정치·사회 단체들의 간부를 체포하는 일을 중지하지 않는다면 우리는 정부와의 어떤 타협에도 응하지 않을 것입니다. 정부는 과거에 우리를 속였고, 지금도 속이고 있으며, 앞으로도 우리를 눈가림으로 속이려 하고 있습니다. 우리는 일주일 이상이나 정부대표단을 기다리고 있는데도 정부는 상황을 보면서 눈치작전만 펴고 있습니다. 우리는 이곳에 협상 테이블을 갖다놓았습니다. 만약 정부에 대한 분노가 폭발하는 것을 보고 싶지 않다면 정부는 이곳에 와야 합니다.

신사 숙녀 여러분, 우리는 그들에게 문제를 어떻게 해결할 수 있는지를 똑똑히 보여줄 것입니다. 그들은 걸핏하면 우리의 피를 요구했습니다. 그러나 이제 그러한 때는 지났습니다. 내가 정부에게 경고하고 정부더러 깊이 생각해보라고 충고하는 것도 그 때문입니다. 이제 게임은 끝나가고 있습니다. 우리는 조금도 초조해할 필요가 없습니다. 내가 다시 한 번 선언하지만 정부가 계속 체포하기만 하면 되던 때는 지났다는 것을 알아야 합니다….

나는 자유노조의 열성회원입니다. 내가 여러분과 함께 있는 것은 자유노조 덕분입니다. 내가 우리 노조의 일을 맡고 있는 것도 그 때문입니다. 우리가 오늘에 와서야 이러한 사실을 발견한 것은 아닙니다. 우리는 얼마 전부터 이러한 사실을 알고 있었습니다. 발틱해안 자유노조들이 우리와 자리를 함께하고 있는 것도 이 때문입니다. 그들은 오래전부터 존재해오면서도 단독으로 활동해왔습니다.

그러나 우리는 더 이상 분열해서는 안 됩니다. 우리는 이제 여러분과 함께 행동할 것입니다. 우리는 우리의 노조 규약이 우리 모두에게 만족을 줄 수 있도록 함께 규약을 만들 것입니다. 우리를 도와줄 전문가도 초청해 와야겠습니다. 대단히 빠른 시일 안에 이 일을 끝낼 것입니다. 여러분은 걱정할 필요가 없습니다. 정부가 우리에게 결사의 자유와 권리를 인정하기만 하면 문제는 간단합니다. 우리가 이 권리를 갖게 되면 우리는 그 권리를 철저히 실현할 것입니다. 그러나 무엇보다 먼저 이 권리를 쟁취하는 일이 중요합니다."

빈민국을 '희망의 대국'으로 만든
룰라 다 실바

━━━ '하늘이 보내준' 카리스마 지도자

브라질 하면 아마존 밀림, 축구, 삼바 축제가 떠오른다. 그러나 브라질 국민들은 '룰라 대통령'을 떠올린다. '스토리가 있는 정치인', '지구상에서 가장 인기 있는 대통령', '오바마가 가장 존경하는 대통령', '하늘이 보내준 지도자' 등 룰라 대통령에 대한 찬사가 많지만, 그의 인생은 파란만장했다.

룰라Lula da Silva는 1945년 브라질 가라늉스 농촌의 빈민가에서 여덟 남매 중 일곱째로 태어났다. 아버지는 그가 태어나기 한 달 전에 대도시로 돈벌이를 나갔다. 룰라는 열 살 때 어머니를 따라 상파울루 근교로 이사했으며, 어릴 때부터 구두닦이를 하며 집안 살림을 도왔다. 열여덟 살에 국립직업훈련소를 마치고 나사와 볼트를 생산하는 공장에서 노동자로 첫 직장생활을 시작했다. 열아홉 살 때 같은 공장의 노동자였던 여성과 결혼했으나 그녀는 임신 8개월째에 치료 한 번 제대로 받지 못하고 아이와 함께 세상을 떠났다.

1968년 형의 권유로 노조에 가입했고, 1972년 금속노조 사회복지국 제1서기가 되었다. 1975년에는 역사상 유례없는 92퍼센트의 찬성으로 노조위원장이 되었다. 학벌도, 경험도 없던 그가 더 좋은 조건을 가진 수만 명의 노동자들 사이에서 두각을 나타낼 수 있었던 이유는 바로 그의 뛰어난 적응력과 지도력 때문이었다.

1980년 노동자당을 창설하고, 1986년 룰라는 최다 득표로 연방 하원의원이 되었다. 그는 1989년 30년 만에 처음으로 실시된 대통령 직접선거에 노동자당 후보로 출마했으나 53퍼센트의 표를 얻은 콜로르 후보에게 아깝게 패했다. 1994년과 1998년 대선에 연속으로 출마했지만 세 번 다 낙선했다. 그리고 2002년 마침내 대통령에 당선되었다. 브라질 역사상 최초로 빈민촌 출신의 노동자가 대통령이 된 신화를 창조한 것이다.

룰라가 대통령에 취임할 당시의 브라질은 '세계에서 가장 불평등하고 인구 4분의 1이 굶주리는 나라', '2,000억 달러의 외채로 국가부도를 걱정하는 나라'로 브라질 사람들은 주눅이 들어 있었다. 룰라 대통령은 가난 구제와 경제성장을 최우선 정책으로 삼고 전 세계를 돌며 '자랑스러운 브라질 만들기'에 힘을 쏟았다. 그 결과 2,000만 명의 절대빈곤층이 중산층으로 발돋움했고, IMF 채무국에서 순채권국이 되었으며, 세계 8위의 경제대국으로 우뚝 섰다. 당연히 국제 무대에서 브라질의 위상이 높아졌다. 더 중요한 것은 브라질 국민들의 자존심을 살리고 희망을 갖게 한 것이다.

▬▬ 변화! 이것이 바로 키워드입니다

다음은 룰라가 2003년 1월 1일, 브라질 국회에서 한 대통령 취임사의 요지다.

"이 취임식 자리에 계신 모든 여러분, '변화' 이것이 바로 키워드입니다. 희망은 드디어 두려움을 이겼으며 브라질 사회는 새로운 길을 개척해야 한다는 것을 결정하였습니다.

브라질은 거대한 나라입니다. 인간, 자연, 사회적으로 복합적이며 그 인구도 1억 7,500만 명에 달합니다. 이 나라는 위대한 국가입니다. 아마존에서 리오그란데까지 해안, 사바나 및 강변에 거주하는 국민을 볼 때 저는 성숙하고, 노련하며 긍정적인 모습을 볼 수 있습니다.

저는 브라질의 거대한 미래를 믿습니다. 우리의 기쁨은 고통보다 크기 때문입니다. 우리의 힘은 우리의 가난함보다 크고, 우리의 희망은 우리의 두려움보다 크기 때문입니다.

저는 우리 국민에게 호소합니다. 비옥한 토지가 이렇게 많은 나라에서, 일을 하고 싶어 하는 사람이 이렇게 많은 곳에서, 굶주림을 논할 이유가 없습니다. 하지만 지금 이 순간에도 가장 가난한 농업 지대에서, 도심 변두리에서, 수백만의 브라질 국민은 먹을 것이 없습니다. 한 조각의 빵을 구하면서 최빈곤층 경계에서 기적적으로 살아가고 있습니다.

이것은 오랜 역사입니다. 식민 시기 초기에 브라질은 사탕수수 생산 공장 및 농장에서 부유함을 알았지만 굶주림을 이기지 못했습니다. 독립을 선언하고 노예제도를 철폐했으나 굶주림을 이기지 못했습니다. 미나스제라이스에서 금 광산, 파라이바 유역의 커피농장의 부를 알았지만 굶주림을 이기지 못했습니다. 산업화 시대를 통해 다양하고 뛰어난 생산 공단을 조성하였지만 결국 굶주림을 이기지 못했습니다.

　이런 상황이 지속되면 안 됩니다. 우리의 형제자매 중 단 한 명이라도 굶주리고 있다면 우리는 수치심으로 얼굴을 가리고 다닐 수밖에 없습니다. 이러한 이유로 제 정부의 우선 과제로 '기아 제로'라고 불리는 식량 안보 프로그램을 추진하겠습니다.

　지금 이 순간 저는 약속하겠습니다. 이 나라에서 굶주림을 없애겠습니다. 굶주림을 퇴치하는 것을 국가적인 목표로 삼을 것입니다. 가장 성스러운 인간의 존엄성이 지켜져야 합니다. 이를 위해 평화롭고 조직적이며 계획된 농지개혁을 단행해야 합니다. 일을 하기 원하는 사람에게 토지를 제공할 것입니다. 농지개혁은 놀고 있는 땅에서 실시될 것입니다.

　현재 브라질의 많은 토지에서 이미 경작이 실시되고 있으며, 플랜테이션은 우리 시야에 다 들어오지 않을 만큼 넓게 퍼져 있습니다. 일부 지역에서는 호주나 미국보다 높은 생산성을 달성했습니다. 이렇게 거대한 브라질 생산자산을 우리는 잘 보존해야만 할 것입니다. 국가가 다시 성장하여 고용을 창출하고 소득을 분배하는 것은 필수적입니다.

　우리는 브라질 역사의 새로운 장을 열고 있습니다. 의존적인 국가가 아닌 우리의 자주성을 포기하지 않은, 불공평하지 않으면서 빈곤계층의 고통을 지켜만 보지 않은, 하지만 위대하고 숭고한 국가. 계층, 민족, 성별, 믿음에 대한 차별이 없는 모두의 국가의 새로운 역사의 장을 열고 있습니다. 우리 국가는 질적으로 큰 도약을 할 수 있으며, 할 것입니다."

중국의 위대한 부흥,
시진핑

── **친서민형 지도자로 인기절정**

'중화민국의 위대한 부흥'을 외치며 서민들에게는 '중국의 꿈'을 심어주고, 기득권자에게는 '호랑이든 파리든 다 때려잡겠다'고 부정부패 척결의 칼을 휘두르고 있는 중국 최고의 권력자 시진핑習近平. 그가 어떤 인물인가를 간략하게 살펴보자.

시진핑은 1953년 중국 산시성 푸핑에서, 중국 공산혁명 원로인 시중쉰習仲勛 전 부총리의 아들로 태어났다. 그러나 그가 열 살이 되던 해에 아버지가 문화대혁명 시기 반당분자로 몰려 숙청됨에 따라 농촌으로 쫓겨 가 6년 간 농사를 지으면서 고된 노동으로 청소년 시절을 보냈다.

문화대혁명이 끝난 후 부친이 복권된 뒤에야 베이징으로 돌아왔고, 1975년 스물두 살의 나이로 명문 칭화 대학교에 입학해 화학공학을 전공하고 대학원에서 법학박사 학위까지 받았다. 1979년 졸업 후 중앙군사위 판공실 비서로 일하다가 아버지의 권유로 1982년부터 지방으로 내려가 밑바닥부터 차근차근 경력을 쌓았다. 이 과정에서 군과 성 정부를 거쳐 상하이 당의원, 서기에까지 오르면서 풍부한 행정 경험과 두터운 인맥을 쌓았다.

　시진핑이 정치가로 두각을 나타낸 것은 2007년 상하이 시 당서기였던 천량위가 비리사건으로 낙마한 이후부터였다. 상하이 당서기에 취임한 뒤 이 사건을 무난히 수습하여 공청단파와 상하이방 양쪽에서 '정치력이 있는 지도자'라는 평가를 받았다. 그해 전국대표자대회에서 리커창李克强 당시 상무부 총리를 제치고, 정치국 상무위원으로 선출되면서 차기 지도자의 기반을 확보했다. 2010년, 제17기 중앙위원회 전체회의에서 중국공산당 중앙군사위원회 부주석으로 선출됨에 따라, 후진타오 주석의 뒤를 이을 차기 국가주석으로 사실상 확정되었다. 이후 중국공산당은 2012년에 열린 당 중앙위원회 전체회의에서 시진핑을 당 총서기로 선출했다. 2013년 3월에 개최된 제12기 전국인민대표회의에서 시진핑은 공식적으로 국가주석에 올랐다.

　그는 총서기로 취임한 후 왕성하게 일하고 있는데, 2013년 12월 말까지 400여 일 중 10퍼센트에 가까운 39일을 지역 시찰과 현장조사에 할애했다. 직접 방문한 곳은 31개 성, 자치구, 직할시의 3분의 1에 달하며 7대 군구를 모두 들렀다고 한다. 그래서 중국의 인터넷에서는 '시간은 어디로 갔나?' 하는 시진핑의 활동을 풍자한 만화가 인기를 끌고 있다.

　그런가 하면 민생탐방을 위해 경호와 의전활동을 간소화했다. 2013년 12월 마지막 주말에는 베이징 중심가의 허름한 만두가게를 불쑥 찾아갔다. 시민들과 함께 줄을 선 끝에 21위안(3,675원)어치 고기만두와 돼지 간볶음을 사서 그릇을 깨끗이 비웠고 "점심때라서 들렀다"며 주인에게 안전한 먹거리 제공을 당부하여 화제가 되고 있다.

━━ 인민에게 합격판정을 받겠습니다

다음은 2012년 11월 15일, 중국공산당 총서기에 오른 시진핑의 첫 대국민 연설의 요지다.

"우리 인민은 위대한 민족입니다. 중화민족 5000여 년의 문명 발전은 인류 문명의 진보에 영원히 사라지지 않을 공헌을 했습니다. 근대 이후 많은 어려움에 부딪혔고, 민족부흥을 실현하기 위해 많은 투쟁을 했지만 실패했습니다. 하지만 공산당 창건 이후 당은 인민을 이끌고 노력함으로써 가난하고 낙후되었던 중국은 나날이 번영하고 부강한 새로운 중국으로 변모되었습니다. 중화민족의 위대한 부흥은 전대미문의 밝은 앞날을 보여주고 있습니다.

우리의 책임은 중화민족의 위대한 부흥을 실현하도록 당 전체와 국가 전체, 각 민족을 단결시키고 이끌며 중화민족이 세계 여러 민족 중에서 더욱 굳세고 힘차게 자립하고 인류를 위해 더욱 새롭고 큰 공헌을 하도록 하는 것입니다. 우리 인민은 위대한 인민입니다. 중국 인민은 스스로 근면한 노력, 지혜, 용맹으로 우수한 문화를 만들었습니다.

우리 인민은 삶을 진심으로 사랑하고, 보다 나은 교육과 보다 안정된 직장, 보다 만족스러운 수입과 보다 믿을 수 있는 사회보장, 보다 높은 수준의 의료위생 서비스, 보다 쾌적한 거주환경을 기대하고 있습니다. 또 어린이들을 보다 훌륭하게 키우고 좋은 직장에

다니면서 더 나은 생활을 하기를 기대합니다. 이런 인민이 갈망하는 아름다운 삶이 우리가 총력을 기울여 분투해야 할 목표입니다.

이 세상의 모든 행복은 부지런한 노동에 의한 창조를 필요로 합니다. 우리의 책임은 전당, 전국 각 민족 인민을 단결시켜 이끌고, 지속적으로 사상을 해방시키고, 개혁개방을 견지하고, 사회 생산력을 끊임없이 개방하고 발전시켜, 대중의 생활상의 문제점 해결에 노력하고, 모두가 부유해지는 방법을 흔들림 없이 추구하는 것입니다.

우리의 당은 인민을 위한 정당입니다. 당의 인도 아래 세계가 주목하는 성과를 거둔 데 대해 자부하지만, 자만해서는 안 됩니다. 새로운 국제 정세 아래 우리 당은 많은 도전에 직면해 있으며 당내에 시급히 해결해야 할 문제들이 산적해 있습니다. 특히 일부 당 간부들의 부정부패, 대중과의 괴리, 형식주의, 관료주의 등의 문제를 해결하기 위해 전력투구해야 하고 전체 당원의 경각심을 높여야 합니다.

일을 힘 있게 하려면 자신부터 강해져야 합니다. 우리는 내부에 존재하는 문제들을 해결해야 하며, 업무 태도를 개선하고, 대중들과 밀접한 관계를 유지해서 우리 스스로 중국 특색 사회주의 사업의 강력한 영도 핵심이 돼야 합니다. 책임은 태산보다 무겁고 임무는 막중한데, 갈 길은 멉니다. 우리는 인민들과 한 마음 한 뜻으로 어려움을 극복하고 밤낮으로 일해 역사와 인민이 우리에게 합격판정을 내릴 수 있는 답안을 찾아나갈 것입니다."

민중의 대통령,
우고 차베스

━━━ 박학다식하며 정열적인 지도자

거침없는 언변과 파격적인 행보로 상징되는 우고 차베스Hugo Chavez. 그는 세계적인 신자유주의의 추세 속에서 '민중이 주인 되는 나라', '남미인南美人을 위한 남미를 건설하겠다'는 기치 아래 민중의 지도자로 각광 받다 2013년 3월에 서거했다.

차베스는 1954년 베네수엘라의 작은 시골 마을에서 가난한 교사 부부의 자녀로 태어났다. 그는 초등학교에 입학하던 날을 평생 잊지 못했다. 가죽구두 대신 대마로 짠 짚신을 신고 왔다는 이유로 다시 집으로 보내졌던 것이다. 하지만 소년 차베스는 낙담하지 않고 할머니에게 읽기와 쓰기를 배워 얼마 지나지 않아 학교에서 가장 우수한 학생이 되었다. 그 지역 주교가 학교를 방문했을 때 환영사를 할 학생으로 선정되었는데, 그의 첫 대중연설이었다.

1975년 육군사관학교를 졸업하고, 임관한 차베스는 통신부대장과 전차부대장 등을 지내다가, 1989년 볼리바르 대학교에 위탁 교육생으로 파견돼 정치학 석사학위를 취득했다. 차베스는 정권을 잡으면 만성적인 빈곤을 뿌리 뽑을 수 있다는 것을 깨닫고 1992년 쿠데타를 일으켰으나 실패하고 2년 동안 옥살이를 했지만, 그는 빈민들의 영웅으로 떠올랐다.

1998년 대선에 출마해 차베스의 카리스마와 투박한 연설 스타일로 빈민층의 전폭적인 지지를 얻으며 베네수엘라 대통령에 당선되었다. 베네수엘라는 세계 5위의 산유국으로, 본래는 풍부한 나라다. 그러나 차베스가 등장할 때까지 2,400만 명 인구 중 80퍼센트가 빈곤층이었고 중산층은 존재하지 않았으며 경제활동 인구의 4분의 1이 실업자이고 직업이 있는 사람들도 3분의 1은 야간에 부업을 해야 생계를 이어갈 수 있었다. 또 20만 명이 넘는 어린이가 구걸로 연명하고 있었다.

이런 상황에서 대통령에 취임한 차베스가 우선 할 일은 절대빈곤을 척결하는 것이었다. 대통령이 된 그는 국가 수입의 50퍼센트가 넘는 석유산업을 국유화하고 석유 수출 이익을 사회복지에 환원했으며 300만 명의 문맹자에게 문자를 가르치고, 대학 교육과 의료도 무료로 했다. 그야말로 민중을 위한 민중의 지도자다.

또한 차베스는 박학다식하며 정열적인 지도자였다. 연설을 시작하면 길게는 9시간, 짧아도 3시간을 원고 없이 동서고금을 넘나들며 해박한 지식을 쏟아냈다. 그 원천은 그가 어린 시절부터 독서광이었기 때문이다. 그는 대통령이 된 뒤에도 밤늦도록 끊임없이 독서를 했다고 한다. 그리고 그의 멘토였던 쿠바의 카스트로와 독서에 관한 토론을 자주 했다. 어떤 때는 새벽 3시에 전화통화로 각자가 읽고 있는 책이 같다는 것을 확인하고는 잠자는 것도 잊고 1시간 이상이나 책의 내용에 대해서 토론을 벌였다고 한다.

▬▬ '반미의 아이콘' 차베스의 유엔 연설

다음은 차베스가 2006년 10월 20일, 유엔 총회에서 한 명연설의 서두다.

"존경하는 의장님, 유엔대표부 대사님, 각국의 대통령, 내각수반, 고위 대표자 여러분! 나는 먼저 이 책을 아직 읽지 못한 분들에게 한번 읽어보실 것을 감히 권하는 바입니다.

노암 촘스키는 미 대륙은 물론 전 세계적인 지성으로 불리는 인사며 《패권인가 생존인가 - 세계지배를 추구하는 제국주의 미국》은 그가 최근에 내놓은 역작 가운데 하나입니다. 이 책은 지난 20세기 동안 전 세계에서 무슨 일이 벌어졌는지, 또한 오늘날 무슨 일이 일어나고 있는지, 우리가 살고 있는 지구를 뒤덮고 있는 거대한 위협이 무엇인지를 이해하게 해줄 것입니다. 전 세계를 지배하려는 미 제국주의의 주도권 쟁탈전은 인류의 생존권을 위협하고 있습니다. 나는 미 제국주의, 패권주의의 위험을 지속적으로 경고하고, 이는 마치 자신의 목숨을 노렸던 '다모클레스의 검'처럼 우리의 목을 노리고 있다는 사실을 미국 국민들과 전 세계에 알림으로써 이런 위협이 중지되도록 하고자 합니다.

나는 이 책의 몇 구절을 여기에서 읽을까 생각도 했지만 시간 관계상 일독을 권하는 것으로 대신합니다. 이 책은 빨리 읽혀집니다. 의장님! 이 책은 아주 재미있습니다. 의장님도 쉽게 이 책에 빠져들게 될 것입니다. 그리고 나는 이 책이 영어와 독일어, 러시아어, 아랍어로 출간되었음을 확신합니다. (박수)

나는 다른 누구보다 더 먼저 미국의 형제자매들이 이 책을 읽어야 할 것이라고 생각합니다. 왜냐하면 그 위협이 바로 그들 가운데 있기 때문입니다. 그러니까 악마가 그들 집안에 있다는 말입니다. 악마! 미국 내에 있는 악마, 그 악마가 어제 여기에도 왔습니다.(박수)

바로 이 장소에 어제 그 악마가 다녀갔습니다. 제가 서 있는 이 연단에는 아직까지도 유황냄새가 진동을 합니다.

신사 숙녀 여러분, 어제 제가 서 있는 이 자리에 제가 악마라고 지칭한 미합중국 대통령 각하께서 마치 자신이 전 세계의 주인인 것처럼 연설을 했습니다. 온 세상의 주인처럼 말입니다.

그러나 그의 연설을 이해하기 위해서는 정신과의사가 여기에 있었더라면 좋았을 뻔했습니다. 그는 제국주의의 대변인처럼 여기에 와서 세계 지배에 대한 최신 방법과 어떻게 하면 전 세계 민중들을 착취하고 약탈할 수 있는지, 그 묘책을 우리에게 알려준 것입니다.

그의 연설 내용을 알프레드 히치콕 영화의 시나리오로 삼았더라면 좋았을 것입니다. 내가 그 영화에 제목을 붙인다면 '악마의 묘책'이라고 할 것입니다.

미 제국주의는, 사실 촘스키가 이 책에 심도 있고 눈이 부실만큼 명확하게 언급을 했지만, 지배체제의 주도권 강화를 위해 혼신의 힘을 경주하고 있습니다. 우리는 이를 허용해서도 안 되며, 그들이 건설하고자 하는 세계독재체제 강화를 결코 용납해서도 안 될 것입니다."

BEST SPEACH OF THE WORLD

문학·예술

우국의 사자후,
요한 피히테

—— **국가 존망의 위기에 입을 연 철학자**

정치인이나 혁명가도 아닌 사람이 국민 모두에게 무언가를 호소하는 것은 역사상 많지 않은 사건이다. 40대 중반의 한 남자가 큰 강당에 사람들을 모아놓고 목이 쉬도록 소리 높여 육성연설을 하고 있었다. 이 남자의 이름은 요한 피히테Johann Gottlieb Fichte, 독일의 철학자다. 그는 1762년 람메나우라는 작은 마을에서 한 레이스 제조공의 여덟 남매 중 장남으로 태어났다.

예나 대학교에서 신학을, 이어 라이프치히 대학교에서 신학과 철학을 배웠다. 칸트 철학의 영향을 받아 1792년《모든 계시啓示의 비판 시도》를 칸트의 주선으로 출판하여 명성을 얻으면서, 1794년 예나 대학교의 교수가 된다. 이어《모든 지식학의 기초》로 지식인을 감탄시켰다.

1798년 철학 잡지를 편집하면서, 서문으로 발표한 논문이 무신론無神論이라는 의혹을 받아 유명한 '무신론 논쟁'을 야기하여 결국 1799년 예나 대학교에서 물러나 베를린으로 이주한다. 1805년 에어랑엔 대학교의 교수를 거쳐 1807년 프랑스군에 의해 점령된 베를린 학술원에서 그 유명한 〈독일 국민에게 고함〉이란 강연회를 14회나 개최한다.

1810년 베를린 대학교가 설립되자 피히테는 초대 총장으로까지 선출된다. 1814년 군인병원에서 간호사로 병사들을 돌보던 중 발진티푸스에 감염되어 52년 간의 길지 않은 생을 마감한다.

다시 돌아가 피히테가 〈독일 국민에게 고함〉이란 연설을 하게 된 배경과 동기를 알아본다. 1806년, 독일은 프랑스와의 전쟁에서 패했고 나폴레옹의 군대가 베를린을 함락시켰다. 국가 지도자들은 속수무책이었고 국민들은 낙담했다. 국토는 분할되고 엄청난 전쟁 배상금을 물어야 했다. 희망을 잃은 독일 국민들에게 피히테는 역사에 빛나는 열변을 토했다.

"독일이 왜 패망했는가?", "우리 군대는 약하고 프랑스 군대는 강해서인가?", "독일이 패망한 근본원인은 독일인의 이기심과 도덕적 타락 때문이다.", "이제 독일을 재건할 길은 국민 교육을 통한 민족혼의 재건에 있다.", "새로운 독일인을 만들고 민족혼을 재건하자!"

피히테의 열변에 감동한 국민들은 용기를 회복했고, 정부에서는 민족혼의 재건을 위한 국민 교육을 시작했다. 70여 년이 지난 1871년 프랑스와 다시 전쟁이 일어났을 때, 독일은 대승을 거두어 파리를 점령하고 프랑스 왕을 포로로 잡아올 수 있게까지 되었다.

━━ 〈독일 국민에게 고함〉의 마지막 연설

다음에 소개하는 연설문은 마지막 날 강연의 결론 부분을 요약 발췌한 것이다.

"독일 국민 여러분, 사회적 지위가 어떻든 생각하는 능력을 가진 국민이라면, 우선 인류개조문제를 염두에 두고, 각자 자기의 위치에서 당연히 해야 할 의무를 다할 것을 간청합니다. 여러분의 조상도 이 강연에 동조하여 여러분에게 간청합니다. 나의 목소리에는 머나먼 옛날부터 조상의 목소리가 섞여 있다고 생각하십시오. 여러분의 조상은 로마 사람들의 침공과 세계 지배에 몸소 저항하고, 지금은 여러분의 눈앞에서 외국 사람의 먹이가 되어버린 아름다운 조국강산의 독립을 위해서 목숨 바쳐 싸웠습니다. 그들은 여러분에게 호소합니다.

'우리의 대표자가 돼라. 우리의 기념물을 영광스러운 유물로 완벽하게 후세에 전하라. 그것을 여러분이 이어받은 것처럼 이어주어라. 또 여러분이 우리의 기념물이고 후손이라는 점을 자랑으로 여겼던 것처럼 말이다. 우리는 로마 민족에 저항하여 승리를 얻었지만, 여러분은 새로운 로마 민족에게 짓밟혔다. 사태가 이렇게 된 이상 육체적 무기를 가지고는 그들에게서 승리할 수 없다. 여러분의 정신을 앙양하여 그들에게 굳세게 대항해야 된다. 여러분에겐 일반적으로 정신적·이성적 국가를 건설하고, 야만적이고 육체적 폭력에 의한 세계지배를 완전히 부정해야 되는 위대한 사명이 주어져 있다. 여러분이 이 사명을 수행하게 될 때 여러분은 우리의 자손이라는 영광스러운 영예를 더럽히지 않을 것이다.'

나의 목소리에는 종교와 신앙의 자유를 위해 전쟁에서 쓰러진 여러분들의 가까운 조상의 영혼이 섞여 있습니다. 그들은 여러분에게 '우리의 명예를 구제하라'고 호소합니다.

여러분이 정신적 세계를 보는 눈을 가지고 있다면 이 정신은 여러분에게 나타나서 고상하고 청명한 눈으로 여러분을 지켜봅니다. 감성적 충동과 정신적 동기와 여러 가지 복잡한 혼합은 이제까지의 세계 지배로부터 배척해야 합니다. 모든 감정적 충동을 벗어난 정신만이 인간 관심사 중에서 제일가는 것이 아니면 안 됩니다. 자유를 갖기 위해서 우리는 피를 흘렸습니다. 이 희생에 정신적인 뜻과 정당성을 부여하는 것은 여러분입니다. 왜냐하면 이 정신을 당연히 차지해야 되는 세계 지배에 올려놓아야 되는 것은 여러분이기 때문입니다.

아직 이 세상에 태어나지 않은 여러분의 자손들이 여러분에게 다음과 같이 호소합니다.

'여러분은 조상을 자랑으로 여기고, 그 고귀한 혈통을 끊임없이 이어나가는 것을 영광으로 생각한다. 여러분 대에 와서 그 연결고리가 끊어지지 않도록 주의해야 된다. 우리 자손들도 역시 여러분을 자랑으로 삼고, 여러분을 통해서 오점 없는 민족의 일환으로 영광에 빛나는 혈통에 우리가 연결될 수 있도록 해주길 바란다. 또 우리가 충분히 검토해보지 않고 당장에 배척과 유린당할 것이 두려워서 우리의 혈통을 감추거나 외국 사람의 이름이나 외국 사람의 후손이라고 사칭하지 않으면 안 되는 일이 없도록 해주길 바란다. 먼 옛날 많은 민족의 위대한 사업, 탁월한 제도, 고귀한 관습이 그 후계자가 정복당했기 때문에, 또 정복자가 자기 목적에 부합되도록 기술하고 피정복자에게는 항변의 여지가 없었기 때문에, 그들의 업적이나 문물제도가 망각되었다는 사실을 누가 알 수 있겠는가?'"

프랑스의 국민 영웅,
빅토르 위고

━━━ **그는 위대한 작가인가 정치가인가?**

파란만장한 인생살이, 그러면서도 큰 영예와 영향력을 생전에는 물론 사후까지 누린 인물은 많지 않다. '국민적인 대시인大詩人', '공화주의의 주도자', '국민 영웅'으로 프랑스 사람들에게 추앙받는 빅토르 위고Victor-Marie Hugo가 그렇다.

위고는 1802년, 나폴레옹 휘하의 장군인 아버지와 왕당파 자산가의 딸인 어머니 사이에서 세 번째 아들로 태어났다. 아버지의 근무지를 따라 코르시카, 이탈리아, 에스파냐 등 여러 곳을 전전하면서 어린 시절을 보냈다. 그러나 부모 사이가 원만하지 못해 그가 열살 때부터 어머니는 가족을 데리고 파리에 정착했고, 열두 살부터는 기숙학교에서 교육을 받았다.

아버지는 위고가 군인이 되기를 바랐으나 그는 문학에 흥미를 갖고, 당대의 저명한 작가 겸 정치가였던 '샤토브리앙'을 롤모델로 삼았다. 그가 열다섯 살이 되던 1817년 아카데미 프랑세즈의 콩쿠르에서 시詩 부문에 입선했고, 이어 1819년 투르즈의 아카데미 콩쿠르에서도 그의 시詩가 입상했다.

이런 그에게 운명의 분수령이 된 것은 스무 살이 되던 1822년, 그의 첫 시집《오드》가 발간됐을 때다. 위고는 작가로서의 공로를 인정받아 레지옹 도뇌르 기사 훈장을 받았고, 소설《아이슬란드의 한》(1823)과 희곡〈크롬웰〉(1827), 시집《동방시집》(1829) 등을 잇달아 발표하여 문단의 총아가 되었다.

시인이자 작가로 명성을 얻은 빅토르 위고는 1845년 종신직 '페르'에 임명되었고, 40대 중반인 1848년에 정계에 입문한다. 위고는 1851년 후에 나폴레옹 3세가 된 루이 나폴레옹이 제정 수립을 위해 친위 쿠데타를 일으키자 분연히 일어나 항거한다. 그는 자신에 대한 체포령이 내리자 브뤼셀로 피신한 뒤 도버해협의 저지와 게르네시 섬 등에서 19년 동안 망명의 세월을 보낸다.

그동안 나폴레옹 3세를 비난하는《징벌 시집》(1853), 딸의 추억과 철학사상을 노래한《정관 시집》(1856), 인류의 진보를 노래한 서사《여러 세기의 전설》(1859), 장편소설《레미제라블》(1862),《바다의 노동자》(1866),《웃는 사나이》(1869) 등을 발표했다.

1870년 나폴레옹 3세가 물러나자, 파리 시민의 열렬한 환영을 받으며 귀국한 위고는 다시 상원의원에 당선됐다. 그는 이때 빈민 구제, 언론 자유 보장, 사형제 폐지, 여성과 아동의 권리 신장, 초등학교 의무교육, 노예제 폐지 등을 주창할 정도로 깨어 있었다.

위고는 의원 시절 "유럽은 한 민족이며 한 가족이다. 유럽합중국이 되자"고 주창했다. 또 "유럽 대륙의 돈은 한가지여야 한다"며 유로화의 출현을 예고하기도 했다.

이 때문에 프랑스에서는 작가 위고보다 오히려 정치인, 예언자로서의 위고를 더 높이 평가한다. 〈르몽드〉지는 "놀라울 정도로 다양한 활동과 역할을 했던 위고의 어느 측면을 기념할 것인가?"라고 자문하고 "단연 정치인으로서의 위고가 앞선다"고 답했다.

그는 1885년 파리에서 사망했다. 장례식은 국장國葬으로 치러졌고 유해는 팡테옹에 안장되었다.

━━ 펜으로 싸웠고 펜으로 정복했습니다

다음은 빅토르 위고가 볼테르 100주기를 맞아 연설한 추모사의 일부다.

"백 년 전 오늘, 한 사나이가 죽었습니다. 그는 죽어서도 영원히 살아 있습니다. 그는 시대를 걱정하고, 일을 염려하고, 가장 빛나고 가장 훌륭하고 두려운 책임, 즉 교육받은 인간의 양심에 대한 책임을 고민하면서 이 세상을 떠났습니다.

그는 과거로부터는 저주를, 미래로부터는 축복을 받으며 죽었습니다. 그것이야말로 영광의 가장 탁월한 두 모습입니다. 임종의 순간에 그는 한편으로는 당대와 후세의 갈채를 받았고, 또 한편으로는 무자비한 과거가 그것과 맞서 싸웠던 사람들에게 던져준 야유와 증오를 극복하는 대승리를 거두었습니다.

그는 인간의 세계를 뛰어넘었습니다. 그는 한 시대였습니다. 그는 직무를 수행했고 사명을 완수했습니다. 자연의 법칙과 마찬가지로 운명의 법칙에 있어서도 뚜렷이 나타나는 신의 의지에 의하여 그는 그가 이룩한 과업에 선택된 인간이었던 것이 분명합니다.

우리는 문명의 행위를 하기 위하여 이곳에 모였습니다. 이 천박

하고 음울한 사회의 현장에서, 궁정과 귀족과 부자들의 결합된 막강한 세력 앞에, 볼테르는 혼자 맞섰습니다. 저 무지몽매하고 맹목적인 군중, 시민들에게는 가혹하고 지배자에게는 절대복종하며, 위압적이고 우쭐대는 왕 앞에는 무릎을 꿇는 관리들에게 볼테르는 홀로 전쟁을 선포했습니다.

그러면 그의 무기는 무엇이었을까요? 그것은 바람처럼 가볍고, 천둥처럼 강력한 힘을 가진 펜이었습니다. 그는 펜으로 싸웠고, 펜으로 정복했습니다. 우리 모두 그 사실을 회상하고 경의를 표합시다. 그는 승리했습니다. 그는 눈부신 전쟁, 전체에 대항하여 홀로 싸운 전쟁, 즉 거대한 전쟁을 수행했습니다. 그것은 물질에 대한 사상의 전쟁이었고, 편협에 대한 이성의 전쟁이었고, 불의에 대한 정의의 전쟁이었으며, 압제자들에게 맞서고, 피압자들을 위한 전쟁이었고, 선량과 친절의 전쟁이었습니다. 그에게는 여성의 부드러움과 영웅의 분노가 있었습니다. 그는 위대한 정신과 드넓은 가슴을 소유했습니다.

볼테르는 국가의 원수보다 높습니다. 그는 사상의 우두머리입니다. 그와 더불어 새로운 시대가 열립니다. 이제부터 최고의 통치력은 사상이어야 합니다. 우리는 볼테르에게로 돌아갑시다. 앞으로 있을 수 있는 위험에 직면하여, 우리는 그 어느 때보다 더 평화를 사랑해야 합니다. 저 위대한 죽음, 위대한 삶, 위대한 정신으로 돌아갑시다. 우리가 받들어 모신 저 무덤 앞에서 경배합시다. 비록 백년 전에 사라졌으나 그 삶이 인류에게 유익했고, 또 창조적인 업적이 불멸로 남아 있는 볼테르의 충고를 받아들입시다."

콩코드의 철인,
랄프 왈도 에머슨

━━ 연설로 갈채를 받고 책으로 명성을 얻다

'미국의 지적 독립知的獨立'에 공헌했으며, '콩코드의 철인哲人'으로 불리는 19세기 사상가 에머슨Ralph Waldo Emerson은 당대에 뛰어난 웅변가로 명성을 떨쳤다.

그는 1803년 보스턴의 목사 집안에서 다섯 형제 중 둘째로 태어났다. 여덟 살 때 아버지가 위암으로 타계했기 때문에 가난했지만, 숙모와 교회의 후원으로 1817년 하버드 대학교에 입학할 수 있었다. 대학교를 졸업한 그는 여학교에서 잠시 교편을 잡은 후 1825년 목사가 되기 위해 하버드 신학교에 들어갔다. 1829년 마침내 보스턴 교회의 목사가 되어 설교자로 명성을 얻기 시작했으나 종교의 형식과 교리에 마찰을 일으켜 1832년 사임해야만 했다.

목사직을 떠난 뒤 그는 유럽 등지를 돌며 토머스 칼라일을 비롯해 밀, 콜리지, 워즈워스 등 당대의 문호와 친분을 맺었다. 1834년 귀국하여 콩코드에 정착했고 그의 대표적인 저서 《자연Nature》을 쓰기 시작했으며, 강연과 저술 활동에 전념하는 한편 '초월주의자 클럽'을 발족시키고 〈다이얼The Dial〉을 발간해 미국 초월주의 철학사조를 발전시켰다.

에머슨의 수많은 연설 가운데 특히 큰 반향을 일으킨 두 연설이 있다. 하나는 1837년 하버드 대학교에서 한 〈미국의 학자〉란 제목의 연설인데, 유럽 의존의 폐풍을 개탄하고 미국은 유럽 문화의 전통을 버리고 독자적인 문화를 산출해야 한다고 역설했다. 이 주장은 미국 신문들에 대서특필되었다. 〈뉴욕 트리뷴〉은 '에머슨의 사상을 국가가 공공재산으로 삼아야 한다'고 했으며, 올리버 홈스는 '미국의 지적 독립선언'이라고 했다.

또 하나는 1838년 신학교에서 한 〈역사적 기독교의 결함〉이란 제목의 연설인데, 역사적 기독교가 지나치게 예수의 개인적 권위를 신뢰한 나머지 '하느님이 죽은 것처럼 행동하고 교인들의 영혼을 옥죄며 교리만을 강조한다'고 비판하며 절대적 자기 신뢰와 인간의 영적 본성을 옹호하라고 설파했다. 이 주장은 보수적인 미국 종교계에 큰 충격을 주었으며, 보수파의 반발을 불러일으켜 20년 이상 하버드 대학교로부터 배척을 받게 되었다.

그러나 에머슨은 찬성과 반대에 연연하지 않고 대중 강연가로 전국을 순회하며 새로운 미국 문화의 필요성을 역설하고, 사람들에게 인생을 조화롭게 살아가자며 소신껏 사자후를 토했다. 그의 일생은 연설과 밀접한 관계가 있다. 그가 남긴 주옥같은 작품들은 그가 대중을 상대로 강연한 초고를 출판용 글로 옮긴 것이 대부분이다.

그는 말년을 국민들의 존경을 받으며 평온하게 보냈다. 1864년 미국예술과학아카데미의 특별회원으로 선출되었고 1866년 하버드 대학교에서 명예 법학 박사학위를 수여받았으며, 그 대학의 감사監事로도 선출되었다. 1882년 폐렴으로 79세의 일생을 마쳤다.

━━ 평민들의 시인 로버트 번즈를 추모하며

다음은 1859년 1월 25일, 시인 번즈의 탄생 100주년 기념에서 에머슨이 한 연설의 요지다.

"우리는 오늘, 예전 중세시대의 사람들이 그랬듯이 사랑과 시문으로 모임을 열고자 여기 모였습니다. 그때 모임들이 우리 모임보다 위엄이 있고, 더 나은 가객佳客을 가졌을지 모르지만 우리보다 더 나은 동기로 모이지는 못했습니다.

오늘날과 같이 함께 움직이기보다는 각자의 신념 아래 움직이기를 좋아하는 사람들 사이에서 이렇게 뜻이 모아진 것은 평민들의 시인인 로버트 번즈가 오늘날 사람들의 가슴속에, 무장한 특수층에 항거하는 평민들의 위대한 봉기의 화신으로 남아 있다는 것을 뜻합니다.

우리는 미국과 프랑스혁명에서 그 정신이 정치적으로 한몫하는 것을 보았고 또한 정부의 입장에서 보면 그렇지 않겠지만 교육과 질서라는 면에서 세상을 바꿔놓았다는 것을 알고 있습니다. 이러한 그의 운명에 어울리게 번즈의 교육, 탄생, 재산도 평민들의 것이었습니다. 그를 무시할 수 있는 사람은 없었고 그의 눈을 들여다본 사람은 그의 눈이 하늘도 쉽게 내려다볼 수 있다는 것을 알았습니다.

그의 시가詩歌와 가르침은 경쾌하고 도전적이며, 억누를 수 없는 일반적인 상식이었습니다. 라티머나 루터도 이 용감한 시인만큼 위선적인 신학에 대해 매서운 침을 가하진 못했습니다. '아우구스부르크의 고백', '독립선언서', '프랑스인권선언문', '프랑스 국가'도 자유라는 면에서 볼 때 번즈의 시만큼 감동적이지는 못했습니다. 그의 풍자는 날카로웠으며 그의 노래와 화살은 공중에 울려 퍼졌습니다.

그는 철저한 혁명가였으며 그의 웅장하며 명료한 의식은 라블레, 코미디에서는 셰익스피어, 세르반테스, 머틀러, 번즈로 이어지는 대가들과 맥을 같이 합니다. 그는 예외적인 천재입니다. 문학과 시에 관심이 없던 사람들도 번즈를 아꼈습니다.

그는 진정한 시인이었습니다. 그는 가난하고 투박한 나사웃과 푸른 털실코트 그리고 작업복을 입은 사람들의 시인이었습니다. 그는 일상의 모든 경험을 노래했습니다.

그는 가난하고 근심이 많고, 쾌활하고 빠르게 일하는 사람들의 시인으로서 평민들의 생활용어를 사용했습니다. 그의 천재성은 사회 밑바닥에서 힘 있는 연설을 끌어냈으며, 점잖은 이들의 귀를 꾸미지 않은 언어로 놀라게 했고 무례함을 아름다움으로 여과시켰습니다.

저는 번즈를 추모하는 데 하늘과 땅이 너무나 관심을 보여 우리가 할 말조차도 남기지 않을까 걱정이 됩니다. 스코틀랜드의 가정에서는 아직도 그의 이름이 빛나고 있습니다. 어른과 아이들이 그의 노래 한두 절을 외우고 있고, 암송할 수 있습니다. 그런데 이상한 것은 그들이 그 노래를 구전으로 배웠다는 것입니다. 그의 노래는 인류의 자산이요 위안입니다."

영국 제일의 극작가,
버나드 쇼

── **늦깎이로 시작해 대성한 극작가**

극작가, 연극평론가, 음악평론가, 정치인, 교육자, 웅변가, 특히 영국 근대 연극의 확립자로 유명한 버나드 쇼George Bernard Shaw. 그는 1856년 아일랜드의 더블린에서 태어났다. 아버지는 법무성의 관리를 그만두고 곡물 도매상을 하다가 사업에 실패했다고 한다.

어린 시절 쇼는 성적이 거의 최하위였지만 작문 실력만은 뛰어났다. 집안이 가난해 1871년 초등학교를 졸업한 그는 부동산중개회사의 사환으로 일하다가, 1876년 런던으로 갔다. 어머니가 아버지와 헤어져 런던으로 이사를 가서 음악교사가 되었기 때문에 따라간 것이다. 고등교육을 받은 적이 없었던 그는 대영박물관에서 책을 읽거나 당시 런던 사회 중류계급 지식인들의 논쟁을 접하며, 스스로 지식을 쌓아가기 시작했다.

1879년부터 1883년에 걸쳐 다섯 편의 소설을 썼으나 출판사로부터 모두 거절을 당했다. 1882년, 헨리 조지의 강연을 듣고 사회주의에 심취했고 1884년에 온건좌파단체 페이비언협회가 설립되자 즉시 입당해 실행위원, 팜플렛 작성, 강연 등의 활약을 했다. 일찍이 어머니에게 성악 레슨을 받은 것이 연사가 되었을 때 큰 도움이 되었다. 당시 소리 높여 거리에서 연설한 것이 웅변가 쇼를 만들었으며, 더불어 이는 극작가 쇼의 기초 준비가 되기도 했다.

1885년부터 1898년까지 13년 동안 쇼는 신문 잡지의 비평란을 담당해 주로 음악·미술·연극·문학의 시평時評을 했다. 모두 영국 비평계의 최고 수준을 과시하는 것이며, 특히 1895년에 시작된 〈새터데이 레뷰〉 지에서의 연극 비평은 오늘날에도 큰 모범이 될 관찰력을 보여주고 있으며, 당대에도 물론 다대한 반향을 일으켰다.

평론에만 그치지 않고 그는 스스로도 많은 극을 써서 연극계에 새로운 바람을 불어넣었다. 풍자와 기지로 가득 찬 신랄한 작품을 쓰기로 유명한 쇼가 극작에 전념한 시기는 비교적 늦다. 스물아홉 살인 1885년부터 쓰기 시작했던 최초의 희곡 〈홀아비의 집〉은 1992년에 완성되었으며, 런던의 로열티 극장에서 상연되었다. 1894년에 상연된 〈무기와 사람〉으로 쇼는 극작가로서의 지위를 굳혔다. 연이어 발표한 〈캔디다〉, 〈운명의 사람〉, 〈악마의 제자〉, 〈시저와 클레오파트라〉 등으로 쇼는 세계적인 유행 작가가 된다.

20세기에 들어서면서 큰 성공을 거둔 〈인간과 초인간〉을 비롯해 〈바버라 소령〉, 〈피그말리온〉, 〈하트브레이크 하우스〉 등 그의 주요 작품들이 이 시기에 발표되었으며, 1925년 노벨상을 받는다. 특히 〈피그말리온〉은 1938년에 영화화되어 아카데미 각본상을 쇼에게 안겨주었고, 그로 인해 쇼는 노벨문학상과 아카데미상을 받은 유일한 인물이 되었다.

그는 생전에 53편의 희곡을 남기고 1950년 94세로 서거했는데,

그의 묘비명에는 다음과 같은 풍자 글이 새겨져 있다. '오래 살다 보면 내 이럴 줄 알았다.'

그에 대한 사후평가는 '스위프트 이래로 가장 신랄한 격문의 저자였고 영국에서 가장 대중적인 음악 평론가였으며, 당시 가장 탁월한 극 비평가'였다. 또한 정치학·경제학·사회학에 관한 비범한 연설가였고, 가장 많은 편지를 남긴 작가이기도 하다.

▬ 우리는 자본주의를 비판합니다

다음은 1926년 7월 26일, 버나드 쇼가 70세 생일 만찬 석상에서 한 연설(일부)이다.

"자본주의자들의 의견에 따르면, 이 나라 국민은 누구나 다 직업을 갖게 될 것임을 세계에 보증한다고 합니다. 그런데 자본가들은 보수가 좋은 직업을 보장한다고 하지는 않지요. 급료를 많이 주면 근로자는 일주일 동안 돈을 저축했다가 다음 주에는 놀고 싶어 일을 안 할 것이기 때문이라나요.

그래서 겨우 먹고살 만한 낮은 임금을 주어 노동자가 쉬지 않고 일하게 하려고 꾸몄으며, 대신 자본을 축적해서 큰 파이를 만든 다음 나중에 나눠 갖자는 것이지요. 그들은 말하기를 자본주의는 노동자를 위해 자본의 축적을 확보해둘 뿐만 아니라, 소수 계층의 사람들의 손에 엄청난 부를 맡기면 그들은 좋건 싫건 저축하게 되고, 결국 투자하지 않을 수 없게 만든다는 것이지요. 이것이 자본주의입니다.

그런데 영국 정부는 언제나 자본주의에 개입하고 있어요. 정부는 우선 그가 국가에 보답했는가를 확인한 다음 자본가들에게 온갖 재정 지원을 해줄 뿐 아니라, 자본주의 그 자체의 제도를 파괴하는 각종 규제를 제정하고 있어요. 정부는 항상 그런 일만 하고 있습니다. 그것은 '자본주의의 파괴'라고 우리가 아무리 알려주어도 그게 무슨 소린지 못 알아들어요.

그래서 우리는 자본주의를 이렇게 비판합니다.

'자본주의 체제는 그것이 선포된 이래 단 한 번도 약속을 지킨 일이 없노라고. 이 나라의 생산은 아주 비정상적이라고. 더욱 많은 주택이 건설되어야 할 판에 비싼 자동차를 생산하고 있다고. 어린 애들은 배가 고프다고 아우성인데도 초호화판 사치품을 만들고 있다고. 자본주의 체제는 생산을 뒤죽박죽 곤두박질시켜 놓았다고. 국민들이 가장 필요로 하는 것부터 생산을 시작하는 게 아니라 정반대로 생산을 시작하고 있다고. 분배방식이 아주 어처구니없다고. 이 나라 4,700만 인구 중에서 오직 두 사람만이 현재의 분배방식에 찬성하고 있을 뿐이라고. 그 두 사람이 누구냐고? 노덤버랜드 공작과 밴배리 경뿐이다.'

우리는 그와 같은 자본주의 이론을 반대합니다. 아주 명백하고 오해받을 염려가 없는 사회주의는 이렇게 말합니다. 여러분이 소중히 여겨야 할 일은 다름 아닌 여러분의 분배 문제이고, 우리는 그 문제부터 시작해야 됩니다. 사유재산이 훌륭한 분배에 어긋나는 것이라면 그런 제도는 마땅히 없어져야 합니다. 공공의 재산을 가지고 있는 사람은 공공의 조건에서 그 재산을 소유해야 한다는 것입니다…."

인도의 시성,
라빈드라나드 타고르

━━ 인간의 모든 가능성을 증명한 위인

동양인 최초의 노벨문학상 수상자, '인도의 시성詩聖'으로 잘 알려진 사상가이자 시인, 소설가, 작곡가, 교육자였던 라빈드라나드 타고르Rabindranath Tagore. 그는 1861년 벵골 명문가의 '위대한 성자'라고 불리는 데벤드라나트의 열넷째 아들로 태어났다.

소년 시절, 타고난 자연인이었던 타고르는 영국식의 엄격한 주입 교육에 적응을 못해 세 번이나 학교를 옮겨 다녔지만 졸업장을 받지는 못했다. 그러나 타고르는 열두 살이 되던 해에 아버지와 함께 인도의 각지를 여행하며 전기, 역사, 천문학, 현대 과학, 산스크리트어를 섭렵했고, 특히 고대 인도의 시인 칼리다사의 시를 연구했다.

그는 일찍 시를 쓰기 시작했고, 열여섯 살 때 첫 시집《들꽃》을 내었으며 다음해인 1877년에 영국으로 유학을 떠났다. 그러나 거기서도 학교생활에 적응을 못해 졸업장을 못 받았지만 타고르의 문학적 성장에 큰 전환점이 되었다. 그는 런던 체재 중 서양의 고전문학이나 영국 낭만파 시인들의 작품을 가까이하는 한편 유럽의 음악을 듣고 배우고 익혔다.

유럽 사상과 친숙하게 된 타고르는 귀국 후 벵골어로 작품을 발표하고, 또 그 대부분을 직접 영역英譯하기도 했다. 1891년 아버지의 요청으로 가족의 영지를 관리하면서 접하게 된 농촌생활이 작품에 현실감을 더하고 단편소설들을 집필하는 계기가 된다. 1880년 시집《아침의 노래》를 발표하면서 예술적 기초를 확립해 문단에서의 위치를 확고히 했고, 1882년에 출판한《저녁의 노래》는 타고르의 기념비적 시집이 됐다.

1901년 산티니케탄에 학교를 세워 특수교육을 실시했고, 문학작품 활동으로 번 돈 대부분을 학교에 기부했다. 이 학교가 오늘날 비슈바바라티 대학교가 되었다.

1910년에 벵골어로 출간되었던 시집《기탄잘리》를 직접 영역하여 1912년 영국에서 출판했다. 이 작품은 유럽 문학계에 큰 반향을 불러일으켰으며 1913년《기탄잘리》로 동양인 최초 노벨문학상을 받았다. 1915년 영국의 기사 작위를 받았지만 1919년 암라차르에서의 대학살에 대한 항거의 표시로 그 작위를 반납했다.

1920년부터 1930년경에 이르기까지 그는 미국, 유럽 그리고 극동極東지역을 여행하면서 광범위한 강연활동을 벌이기도 했다. 문학의 여러 장르에서 왕성한 창작활동을 펼쳤을 뿐만 아니라 모스크바, 베를린, 파리, 런던과 뉴욕 등지의 유명 화랑에서 그림 전시회를 열만큼 다양한 장르에서 큰 발자취를 남겼다.

1950년 1월 24일 독립된 인도 의회는 타고르가 작사 작곡한 노래를 인도의 국가國歌로 채택했다.

타고르의 시 〈동방의 등불〉은 일제강점기 한국인에게 큰 감동과 위안을 주었다.

■■■ 우리 앞에는 미래가 기다리고 있습니다

다음은 1925년 타고르가 미국에서 한 '인도의 민족주의'란 연설의 요지다.

"인도는 진정한 의미의 민족주의가 존재한 적이 없습니다. 어린 시절부터 나는 민족에 대한 숭배가 신과 인류애에 대한 존경심보다 더 나은 것이라고 배워왔지만 나이가 들면서 그러한 가르침에서 벗어나게 되었습니다. 그리고 국가가 인류애의 이상보다 더 위대하다고 가르치는 교육과 투쟁함으로써 우리 국민은 진정한 인도를 쟁취하게 되리라고 확신합니다.

오늘날 교육받은 인도인들은 조상이 가르친 교훈과 상반되는 교훈을 역사로부터 얻으려고 애쓰고 있습니다. 사실 동양은 그 자신의 고유한 삶의 결과가 아닌 타인의 역사를 받아들이려고 시도하고 있습니다. 그러나 인도인은 타민족의 역사를 빌려올 수 없으며, 자신의 역사를 억누르려는 것은 자멸행위나 다름없다는 것을 인식해야 합니다. 자신의 것이 아닌 것을 차용하려고 할 때 그 익숙지 못한 것들 때문에 생활은 엉망이 되고 말 것입니다.

우리 인도인에게 쌓이고 쌓인 오욕에도 불구하고 우리가 스스로 운명을 따른다면 우리는 보상받는 그 이상으로 성장할 것입니다. 우리 앞에는 미래가 있고, 미래는 미천한 사람들이 아니라 도덕적 이상이 풍부한 사람들을 기다리고 있다는 사실을 분명히 알아야겠습니다. 당장 손에 닿지 않는 과일일지라도 그것을 따려고 전력을 다하는 것이 인간의 특권입니다.

우리는 유럽인들이 인도에 온 것을 신의 섭리라고 인식해야 합니다. 그렇지만 우리는 유럽인들에게 동양을 보여주어야 하고 동양은 인류 문명사에 큰 공헌을 하고 있다는 사실을 일깨워줘야만 합니다. 인도는 더 이상 유럽에 구걸하는 거지가 아닙니다.

나는 인간성을 신뢰하고 있으며 유럽이 진정한 사명을 깨닫게 될 것을 믿습니다. 유럽이 신뢰를 배반하고 자기의 목적과 맞지 않은 행동을 한다면 나는 격렬하게 비판할 것입니다.

민족주의는 커다란 위협입니다. 그것은 오랫동안 인도에서 발생한 문제들의 저변에 산재해 있는 특수한 문제입니다. 우리 인도 국민이 전적으로 정치적인 국가에 의해 지배당하고 통치를 받아온 까닭에 우리는 과거로부터의 유산에도 불구하고 우리 자체 내에서 그렇게 될 수밖에 없는 정치적 운명에 대한 믿음을 발전시키려고 노력했습니다.

인도가 가장 필요로 하는 것은 인도 내부에서 유래하는 건설적인 작업이라고 나는 확신합니다. 이 과업에 있어서 우리는 온갖 모험을 무릅쓰고 전진해야 하며, 또한 영국의 박해에도 불구하고 당연히 우리의 것인 의무를 계속 수행해야만 합니다. 즉 실패와 고난을 겪으면서도 한 걸음 한 걸음 도덕적 승리를 쟁취해야 합니다. 우리는 우리의 지배자들에게 도덕적인 힘과 진리를 위해 고통을 참고 견디는 능력이 우리에게 있다는 것을 보여주어야 합니다."

조선의 벗,
야나기 무네요시

━━ 조선의 예술을 사랑한 일본의 지성

'민예운동의 창시자'로서 '공예운동의 아버지'로 또 '조선의 벗'으로 불리는 예술평론가 야나기 무네요시柳宗悅. 그는 1889년 도쿄에서 해군소장인 아버지 야나기 나라요시柳楢悅의 삼남으로 태어났다. 아버지는 해군부 수로국의 초대 국장과 귀족원 의원을 역임했고, 외조부는 해군 대장과 해군 장관을 역임하는 등 야나기는 명문가의 후손이었다.

그는 일곱 살에 명문가의 자제들이 다니는 학습원 초등과에 입학, 중등과와 고등과를 우수한 성적으로 졸업하고 도쿄 제국대학교 철학과에 입학했다. 그는 재학 중 친구들과 함께 인도주의를 표방한 문예잡지 〈시라카바白樺〉를 창간했다. 1913년 도쿄 제국대학교를 졸업, 유럽 유학 후인 1919년 도요 대학교의 교수를 시작으로 메이지 대학교 교수를 역임, 동양 미술국제연구회 상임이사를 역임했다.

도쿄에 민속예술관을 설립했으며, 한국 민속 예술의 우수성을 상찬하는 여러 편의 글을 발표했고 우리 민족 예술품의 가치를 높이 평가했다. 특히 그는 조선의 독립을 부르짖는 3·1운동이 발발하면서 수많은 조선인이 학살되고 문화가 파괴되는 것에 크게 분노했고 늘 강자에게 억압을 당하는 조선의 역사에 안타까움을 금치못한다. 마침내 가슴속에서 터져 나오는 울분을 달래려는 심사로쓴 조선에 대한 첫 글인 '조선인을 생각한다'가 1920년 4월 12일부터 18일까지 〈동아일보〉에 한글로 번역문이 연재되고 뒤이어서19일부터 20일까지 유명한 '조선의 친구에게 보내는 글'이 또 〈동아일보〉에 연재되면서 큰 반향을 불러일으켰다.

'반항하는 그들보다도 어리석은 것은 압박하는 우리다. 어떠한경우든 피를 보는 폭력이 있어서는 안 된다. 그리고 압제로써 사람들의 입을 틀어막는 것과 같은 어리석음을 거듭해서도 안 된다. 그러한 방식으로 참된 평화와 우정이 형성된 적은 일찍이 한 번도 없으며, 그 어디에도 없다. 칼의 힘은 결코 현명한 힘을 낳지 않는다.'
('조선인을 생각한다' 중에서)

또한 일본인들의 무자비한 망동으로 조선의 예술이 담긴 건축물들이 하나둘씩 사라져가고 있음을 애통해했다. 마침내 광화문을 헐어버리려 하는 일본인들의 무자비한 만행에 대하여 '사라지려 하는 한 조선 건축을 위하여'라는 글을 써서 항의문처럼 공표한다.

'오오 광화문이여, 광화문이여, 웅대하여라. 지금으로부터 50여년 전, 너의 왕국의 강력한 섭정대원군이 불굴의 의지로서, 왕궁을지키고자 남쪽으로 명당자리에 너의 주춧돌을 굳게 다졌다. 여기에조선이 있노라 자랑하듯이, 으리으리한 여러 건축들이 전면 좌우에이어지고, 광대한 수도의 대로를 직선으로 하여 한성을 지키는 숭

례문과 멀리 호응하고, 북은 백악으로 둘리고 남은 남산에 맞서 황문皇門은 그 위엄 있는 위치를 태연히 차지했다.'

'조선의 벗' 야나기 무네요시는 1984년 한국 정부로부터 보관문화훈장을 받는다.

━━ 진리에의 신념을 보전합시다

다음은 일본의 조선 침략에 대해 분노를 표시한 한 청중의 항의를 듣고 야나기가 즉석에서 한 연설의 요지다.

"나는 한마디 변론을 가할 자격과 의지력도 갖고 있지 않습니다. 나는 말없이 여러분의 말을 받아들이겠습니다. 그리고 그것이 사실이라면 더욱더 나는 일본이 정의로운 일본이 되도록 앞으로 노력하겠습니다. 여러분은 일본을 어디까지나 의심할지 모릅니다. 그러나 나는 미래의 일본을 믿고 있습니다. 그래서 여러분의 고통과 어두운 마음이 영광된 방향으로 회전될 날을 믿고 있습니다. 나는 공리공론이 아니라 명백한 세 가지 이유에서 그것이 반드시 이루어질 것을 믿고 있습니다. 나는 나의 신념을 여러분 앞에 피력하겠습니다.

첫째는 자유에의 의지와 그 확립, 이것이 바야흐로 세계 역사상의 본류가 되어 있다는 사실입니다. 이것은 인간에게 허용된 올바른 이상이기 때문에 사멸하는 일은 결코 없을 겁니다. 가령 일본이 단독으로 그 추세를 저지하려고 해도, 그것은 헛수고에 지나지 않습니다. 어떠한 나라도 정의로운 사조보다 더 강한 힘을 가지지는 못합니다. 총칼도 힘입니다. 그러나 진리는 더욱 강한 힘입니다. 이러한 신념이 여러분의 절망을 극복할 수는 없는 것일까요?

둘째로 나는 일본의 청소년들을 믿고 있습니다. 이 땅에서는 지금 사상이 격변하고 있습니다. 정치에 의해서 대표되는 일본과 젊은 사상의 일본과는 엄청난 차이가 있습니다. 여러분의 증오의 표적이 되어 있는 것은 정치에 의해서 대표되는 일본입니다. 나는 아주 많은 젊은 일본인들이 '조선의 벗'이라는 사실을 알고 있습니다. 나와 같은 사람을 한 사람의 예외자라고 생각해서는 안 됩니다. 나는 젊은 일본이 여러분의 벗이라는 것을 굳게 믿습니다.

셋째는 가장 깊고 강한 밑바탕으로, 정의 그 자체입니다. 진리가 모든 운명을 결정한다고 나는 믿습니다. 만일 여러분이 말하는 것처럼 참으로 일본이 나쁘다면 그러한 일본은 언젠가는 멸망하고 말 것입니다. 사악은 최후의 승리자가 될 힘을 가지지 못합니다. 여기에 정의 그 자체의 힘이 나와서, 일본이 잘못을 시정하지 않고는 못 견디게 할 것입니다. 불의한 자가 정의로운 자를 이길 수는 없습니다. 이것은 도덕세계에 있어서의 도태의 철칙입니다.

나는 진리가 최후의 일체를 심판하는 힘이라고 믿고 있습니다. 이러한 신념이야말로 인류의 미래를 보증하는 가장 크고 확실한 근거가 아니겠습니까? 우리들에게 있어서나 여러분에게 있어서나 지금은 위기입니다. 서로가 스스로를 삼가서 진리에의 신념을 보전하도록 합시다. 비하나 증오에서 서로를 말살시키려고 하지 말고 생명의 가치를 서로 확립합시다. 그 희망이 조금이라도 없다면 세계는 암흑입니다. 그러나 암흑이라고 판단하기에는 앞서 말한 세 가지 근거가 너무도 강하고 확실하지 않습니까? 이것이 내 대답의 전부입니다."

미국 여성 최초의 노벨문학상 작가,
펄 벅

━━ 중국인보다 중국을 더 사랑한 여류작가

미국 여성작가 최초로 노벨상과 퓰리처상을 수상하였으며, 사회인권 운동가로도 큰 업적을 남긴 펄 벅Pearl Buck. 그녀는 1892년 웨스트버지 니아에서 출생하여 생후 3개월 만에 선교사인 부모와 함께 중국으로 건너가, 10여 년 간 어머니와 왕王 노파의 감화 속에서 자랐다.

아버지는 전도 사업에만 열중했기 때문에 집안일은 어머니가 도 맡고 있었다. 1910년 어머니의 권유로 펄 벅은 미국 대학에 입학했 고, 1914년 랜돌프 매콘 여자대학교를 우등으로 졸업하고 중국으 로 돌아와 1917년 미국인 농학자인 존 로싱 벅 박사와 결혼했다.

그러나 결혼생활은 원만하지 못했다. 펄 벅의 남편은 자신의 일 에는 열정적이었지만 아내를 이해하고 가정에 충실한 남편이 못됐 다. 더구나 둘 사이에 태어난 딸 캐롤은 펄 벅의 절망을 가중시켰 다. 캐롤은 정신지체아였고 펄 벅이 딸아이를 치료하기 위해 백방 으로 수소문하고 다닐 때 남편 로싱 벅은 아내와 딸에게 무심했다. 펄 벅은 현실의 고통을 잊기 위해 글을 쓰기 시작했다.

1930년 중국에 있어서의 동서양 문명의 갈등을 다룬 장편 처녀작《동풍 서풍》을 출판하였는데 예상을 뒤엎고 1년도 안 되어 3판을 거듭하였다. 펄 벅 문학 인생의 시작이었다. 1931년 그녀는 인생 최고의 전환점이자, 그녀의 남은 반평생을 확정지을 소설을 발표하였다. 빈농에서 대지주가 되는 왕룽王龍을 중심으로 그 처와 아들들 일가의 역사를 그린 장편소설《대지》는 그녀에게 작가로서의 확고한 위치, 부富와 명성을 주었다.

1938년 미국의 여류작가로서는 처음으로 노벨문학상이《대지》3부작에 수여되었다.

그녀는 1930년대 미국 내 인종차별에 반기를 들고 이를 개선하기 위한 운동을 펼쳤다. 1942년에는 민족 간 편견을 극복하기 위한 '동서협회The East and West Association'를 설립하였고 1949년에는 세계, 특히 아시아 지역의 전쟁과 가난 속에서 부모를 잃은 어린이들을 미국으로 입양시키는 '웰컴하우스Welcome House.Inc'를 창설했다. 그녀도 이 기관을 통해 일곱 명의 피부색이 각기 다른 아이를 입양했다.

또한 미국계 사생아들을 돕기 위해 1964년 펄 벅 재단Pearl S. Buck International을 세웠다. 펄 벅 재단은 한국을 시작으로 현재 세계 11개 나라에서 운영되고 있다.

펄 벅은 한국에 관한 책도 두 권을 썼다. 1963년 한국의 수난사를 그린《갈대는 바람에 시달려도》와 1968년 한국의 혼혈아를 소재로 한《새해》다.

▬▬ 자유는 인류가 가진 가장 소중한 가치입니다

다음은 1938년 12월, 스톡홀름 시청에서 펄 벅이 노벨문학상을 받으면서 한 연설이다.

"제게 해주신 말들과 제가 받은 것들에 대해 느끼는 감사함을 말로 다 표현하기는 불가능합니다. 저는 저의 책들을 통해 전해드릴 수 있는 것보다 훨씬 많은 것들을 제가 받았다는 마음으로 이 상을 받습니다. 저는 아직 제가 쓰지 않은 많은 책들이 다소간이나마 오늘 저녁 제가 할 수 있는 것보다 가치 있는 것들이 되기를 바랍니다. 그리고 사실 저는 이 상이 애초에 주어졌던 그 정신 안에서만 이 상을 수상하고자 합니다. 이것은 그동안 해온 것보다는 앞으로 할 일들에 대해 수여하는 상이라는 겁니다. 제가 다가올 미래에 무엇을 집필하게 되든, 오늘의 기억이 항상 제게 힘을 주고 유용한 것이 될 것입니다.

저는 저의 조국 미국을 위해서도 이 상을 수상합니다. 우리 미국은 역사가 짧고, 우리가 발휘할 수 있는 최대의 능력을 보여주는데 이르지 못한 것을 알고 있습니다. 한 사람의 미국인에게 주어진 이 상은 비단 한 명의 개인에게 힘을 주는 것이 아니라 미국 전체 작가에게 힘을 주는 것입니다. 이들은 이러한 관대한 인식에 용기를 얻고 고무되어 있습니다.

저는 이 자리에서 말해야 할 것이 또 하나 있습니다. 그것은 이 상이 미국의 한 여성에게 수여된다는 사실입니다. 엘마 라게를뢰프라는 작가가 이미 폭넓게 인정받고, 다른 분야에서도 여성의 역할에 대한 꾸준한 인식이 있어온 귀국에서는 오늘 한 여성이 이 자리에서 상을 수상한다는 것이 다른 많은 국가들에게 어떤 의미를 가지는 것인지 완전히 이해하지 못할 수도 있습니다. 하지만 저는 단지 작가들이나 여성들을 말하는 것이 아니라 모든 미국인들을 말하고 있습니다. 왜냐하면 우리 미국인은 오늘 이 상의 의미를 공유하기 때문입니다.

저는 저만의 온전히 비공식적인 방법으로 제 삶의 상당 부분이 그들의 삶과 닿아 있고, 사실 영원히 제 삶의 한 부분일 수밖에 없는 중국 사람들에 대한 이야기를 하지 않는다면 온전히 제 자신을 말한다고 할 수 없습니다.

저의 조국 미국 사람들과 저의 형제 나라 중국의 정신은 많은 부분에서 서로 닮았습니다. 그중에서도 가장 닮은 것은 자유에 대한 사랑일 것입니다. 그리고 오늘, 모든 국민이 모든 투쟁 가운데 가장 위대한 자유를 위한 투쟁에 함께하고 있는 오늘, 이것은 어느 때보다도 진실이라고 할 것입니다.

저는 지난 어느 때보다도 오늘날 중국의 모습, 중국의 자유를 위협하는 적에 대항하여 이전에 없던 화합을 이뤄내는, 그런 중국의 모습에 경탄하고 있습니다. 중국의 심오한 본질 속에 내재한 자유를 향한 결의가 있으므로, 중국은 정복될 수 없음을 저는 알고 있습니다.

자유는 오늘날 인류가 가진 가장 소중한 가치입니다. 우리, 스웨덴과 미국은 이 자유를 누리고 있습니다. 나의 조국은 아직 역사가 짧지만 유구한 역사와 자유의 땅에 살고 있는 여러분에게 특별한 우정으로 인사를 전합니다.”

세계 문학사의 거장,
윌리엄 포크너

━━ 무명에서 위대한 작가로

세상에는 작가가 많고 작가들이 쏟아낸 작품들도 헤아릴 수 없이 많다. 그중에서 '위대한 작품의 반열'에 오르기란 실로 어렵기에 그 작품을 쓴 작가는 그야말로 위대한 인물일 수밖에 없다. 미국 문학을 넘어 '세계 문학사의 거장'으로 불리는 윌리엄 포크너William Faulkner. 그의 삶은 평탄하지 않았다.

그는 1987년 미국 미시시피주 소도시 뉴 올버니에서 네 형제 중 맏아들로 태어났다. 할아버지는 남북전쟁에 참전한 대령이었으며 낭만소설《멤피스의 백장미》의 저자였다. 아버지는 말馬 임대업과 공구상을 하다가 주립대학교의 경영이사가 되었다.

윌리엄 포크너는 어렸을 때 집안의 하인에게서 노예 시절부터 전해져 내려오는 이야기를 들으며 자랐고 또 닥치는 대로 독서해 상상력을 키웠다. 집에는 디킨스나 다른 많은 영국 고전을 포함해 상당량의 책이 있었다.

그는 공식 교육에는 흥미가 없어 고등학교를 2년 다닌 후 중퇴했다. 그리고 할아버지의 은행에서 근무하다가 고향을 떠나 미 공군에 입대하려 했으나 거부당하고, 비행에 매료돼 캐나다의 왕립 항공부대에 입대해 1918년 수습비행사로 토론토에 갔지만 기본 훈련을 마치기 전에 전쟁이 끝났다. 다시 옥스퍼드로 돌아와 '전역 군인을 위한 특별 배려'로 미시시피 대학교에 입학했다.

그 후 글쓰기를 배우면서 시작詩作에 투신해 잡지들에 간간히 시를 수록하다가, 1924년 《마블 폰》이라는 작품을 출판한다. 하지만 작품생활로 생계를 해결할 수는 없었다. 몇 년 동안 여러 직업을 전전하면서 생계를 이어갔는데 주택 페인트공이나 목수, 골프 교사, 새우선의 갑판원으로 일했고, 루이지애나 늪지를 교묘히 드나들던 고속 모터보트를 타고 럼주 밀수를 하기도 했다고 스스로 밝혔다.

그러면서도 밤에는 열심히 글을 썼다. 1927년 그의 두 번째 소설 《모스키토스》가 출판되었다. 그리고 세 번째 소설 〈묘지의 깃발〉은 1927년 가을에 끝냈으나 앞의 두 소설을 출판했던 업자에게 거절당했다. 그의 작품이 잘 팔리지 않기 때문이었다. 포크너는 자기의 작품이 다시는 장정본들 사이에 끼지 못하리라 생각했지만 결코 포기하지 않고 소설이나 시 외에도 단편을 계속 썼다.

대기만성, 무명에 가까웠던 그는 마침내 어니스트 헤밍웨이와 함께 당대의 가장 유명하고 존경받는 미국 작가로 인정됐고, 1949년에 노벨문학상을 수상하면서 포크너의 명성은 부동의 것이 되었다. 그는 노벨문학상 상금을 '새로운 작가들을 지원하고 격려하는' 기금의 설립과 흑인 교사 양성을 위해 기부했고, 그의 유지를 받들어 펜포크너 문학상재단과 장학재단이 설립되었다. 이후 퓰리처상과 전미도서상을 두 차례나 수상했다.

1962년 타계할 때까지 그의 소설과 단편은 계속 출간되었다.

━━ 인간은 참고 극복하는 존재입니다

다음은 포크너가 1950년 12월 10일에 한 노벨문학상 수상 연설의
요지다.

"이 상은 한 인간으로서의 제가 아닌 제 작품에 주어진 것이라고
생각합니다. 인간 영혼의 고뇌와 노력에서 탄생한 작품이죠. 그것은
명예나 이윤을 위해 쓴 것이 아니라 인간정신을 소재로 이전에는
존재하지 않았던 그 무엇을 창조해내기 위해 탄생한 것입니다.

오늘날 우리의 비극은 너무 오랫동안 계속된 나머지 이젠 우리
가 견디어낼 수 있을 정도까지 되어버린 전 인류의 육체적 공포라
는 것입니다. 영혼에 대한 질문은 더 이상 존재하지 않습니다. 나는
언제 사라져버릴 것인가라는 질문만이 있을 따름입니다. 그렇기 때
문에 지금 글을 쓰고 있는 젊은이들은 인간정신의 문제가 그 자체
로 갈등을 겪고 있다는 사실을 망각해버렸습니다. 그러나 쓸 만한
가치가 있고 고통과 땀을 바칠 만한 가치가 있는 유일한 것은 인간
의 갈등에 관한 것이므로 그것만이 훌륭한 작품을 낳을 수 있는 것
입니다.

우리는 그러한 문제를 다시 배워야 합니다. 두려워하는 것이 모
든 것 가운데 가장 비열하다는 사실을 스스로 깨우쳐야 합니다. 그
리고 그것을 깨우쳤다면 두려움이란 것을 잊고서 오랜 세월 동안
의 진리와 영혼의 진실 이외의 그 어느 것도 자신의 작업장에 들어
오게 해서는 안 됩니다. 그 진실 없이는 어떠한 작품도 오래 갈 수

없고 실패할 수밖에 없습니다.

　그렇게 하기 전까지는 그는 저주를 받아가면서 글을 쓰는 것입니다. 사랑이 아니라 욕정에 대해 쓰는 것이며, 상실할 가치조차 남아 있지 않은 패배에 대해 쓰는 것이며, 희망을 주지 못하는 승리에 대해 쓰는 것입니다. 그리고 무엇보다도 가장 나쁜 것은 연민이나 동정심이 결여되어 있는 창작을 하고 있다는 것입니다.

　이런 사실들을 배우기 전까지 그는 인간의 종말 한가운데 서서, 인간의 최후를 보고 있는 듯한 작품을 쓸 것입니다. 저는 이런 인간의 종말을 인정하지 않습니다. 인간이 그저 생명을 부지해나가리라는 이유에서 인간은 불멸이라고 말하긴 쉽습니다. 또한 마지막 운명의 종이 울리고 가치 없는 집착이 최후의 붉은 황혼으로 힘없이 사라져버릴 때 그때도 여전히 어떤 소리가 들립니다. 나약하지만 지치지 않는 목소리가 말을 하고 있습니다. 저는 이런 것들을 받아들이지 않겠습니다. 인간이 단지 인내할 뿐 아니라, 이겨내리라 믿습니다.

　인간이 불멸의 존재인 것은 창조물 가운데 지칠 줄 모르는 목소리를 가진 존재이기 때문이 아니라 영혼, 곧 동정심과 연민, 희생 그리고 인내할 수 있는 정신이 있기 때문입니다. 시인·작가의 의무는 바로 이런 것들을 쓰는 일입니다. 사람들의 심장을 고동치게 하고 과거 영광스럽게 생각했던 용기와 명예, 희망, 자부심, 정열, 연민, 희생을 상기시켜서 인내할 수 있도록 도와주는 것은 그들만이 할 수 있는 특권입니다."

러시아의 양심,
알렉산드르 솔제니친

'러시아의 양심'이라 불리는 소련의 반체제작가 알렉산드르 솔제니친Aleksandr Isaevich Solzhenitsyn, 그는 20세기 러시아 문학의 최고봉으로 러시아 문학사상 톨스토이와 도스토예프스키에 필적하는 위상이 부여된 동시에, 스탈린주의의 피해자이기도 했다. 대표작《이반 데니소비치의 하루》,《암 병동》,《수용소 군도》등은 소련 공산주의 체제에 숨어 있는 비인간성을 폭로한 것이지만, 또한 인간의 보편적인 감정을 그려낸 것으로 세계문학사에서 특별한 위치를 차지한다.

그는 카프카스 산맥의 작은 휴양지 키스로보츠크에서 유복자로 태어나 홀어머니와 궁핍한 생활을 하면서 성장했다. 로스로프 대학교에서 물리와 수학을 공부하고, 모스크바 대학교 문학과를 통신교육으로 졸업했다. 1940년 결혼하고 이듬해 대학을 졸업한 그는 나치독일의 러시아 침공으로 군에 입대해 포병 장교가 되었다. 그러나 친구에게 보낸 편지에서 독재자 스탈린을 '콧수염 남자'로 빗대어 말한 것이 탄로나 1945년에 체포되어 강제노동수용소 8년, 추방 3년형을 언도 받았으나 1957년에 복권되었다.

1962년에 단편소설《이반 데니소비치의 하루》를 발표해 문단에 데뷔하고, 1970년에는 자신이 10년 간 수용소에서 생활했던 경험을 그린《수용소 군도》로 노벨문학상을 수상한다. 당시 소련에서는 강제수용소의 존재와 그 실태를 다루는 것이 금기였다. 이 금기를 깨트린 솔제니친을 공산당 정권이 놓칠 리가 없었다. 1974년 그는 체포되어 추방처분을 받는다.

솔제니친은 조국에서 추방을 당해서 미국 버몬트주 벽촌에 거주했다. 그리고 거기서 다시 러시아로 돌아갈 날을 꿈꿨다. 그는 미국이라는 나라에 흥미를 가질 수 없었고 하물며 이해하려고도 하지 않았다.

미국은 처음에 인도주의 전사로 그를 영입했지만, 거만한 솔제니친이 입을 열기만 하면 러시아의 자랑과 미국에 대한 불평을 늘어놓는다는 소문이 퍼져 사람들이 점차 그에게서 멀어져갔다. 포드 대통령도 미국에 대한 솔제니친의 부정적인 견해를 싫어하는 여론 때문에 그와의 회담을 취소했을 정도다.

1978년 하버드 대학교에서 한 솔제니친의 강연은 미국의 정치체제와 사회관습을 따끔하게 비판하고, 반면 러시아 사회의 미덕을 역설해마지않았다. 결국 청중의 경멸을 사고, 미국 학생이 아닌 러시아인을 상대로 얘기하는 것 같다고 야유를 받기도 했다.

1993년 솔제니친은 18여 년에 걸친 망명생활 끝내고 결국 러시아로 돌아갈 수 있었다. 당시 그가 처음 한 행동은 러시아의 대지에 무릎을 꿇고 키스하는 것이었다. 2007년 러시아 '국가문화공로상'을 수상했으며, 2008년 향년 89세의 나이에 심장마비로 타계했다.

━━ 참다운 자유는 '내면적인 자유'입니다

다음은 1976년 6월 1일, 미국자유기금의 '우호상' 수상에 대한 솔제니친의 답례 연설이다.

"존경하는 여러분! 여러분이 나에게 메달을 수여하기로 결정하신 데 대하여 나는 진심으로 감사의 말씀을 드립니다. 나는 고맙게 이 메달을 받겠습니다.

사람들의 눈, 귀, 뇌, 텔레비전 방송을 광고 방송의 먼지로 강제 오염시키는 자유! 알지 않을 권리를 무시하고 정보를 억지로 떠맡겨 정신적 안정의 권리를 무시하는 자유! 걸어가는 사람들의 눈과 마음에 광고라는 침을 내뱉는 자유! 해야 할 공부와 정신적인 성장을 외면하고 여가와 향락에 골몰하는 틴에이저의 자유! 어른이 다 된 청년들의 무위도식하는 자유!

다른 모든 시민들의 정상적인 생활과 교통, 음료수와 음식물까지 빼앗는 동맹파업자들의 자유! 유죄임을 알고 있으면서도 자기가 맡은 피고에게 무죄 변론을 하는 변호사의 자유! 자비심을 불러일으킬 정도로 보험법을 과찬하는 자유! 여론을 환기시키기 위해 어떤 문제이건 무책임하게 마구 써 갈기는 속악한 펜들의 자유! 자신의 이익을 위해서라면 아버지도 조국도 아랑곳없이 헛소문을 수집하는 저널리스트의 자유! 자기만의 정치적 목적을 위해 조국의 국방 비밀을 누설하는 자유! 아무리 많은 사람을 불행하게 만들더라도 또 조국을 배반하더라도, 어떤 상거래도 서슴지 않는 비즈니스맨의 자유!

선견지명으로 유권자를 악과 위험에서 지키지 않고 경솔하게도 유권자에게 당장 인기가 있는 것만을 실행하는 정치가의 자유! 테러리스트는 사회 전체에 해악을 끼치는 사형선고감인데도 테러리스트가 형벌을 면할 수 있는 자유! 피부양자인 양 밖으로부터 원조를 강요하면서 자기 나라의 경제건설을 등한시하는 몇몇 국가들의 자유! 멀리 떨어진 타국인이 자유를 유린당하는 데 대하여 냉담하고도 무관심한 자유! 자기는 자유를 지키려고 하지 않으면서 누군가 남이 생명을 걸고 도와주리라고 믿는 자유!

이와 같은 자유는 법률적으로 아무런 하자가 없을 때가 있지만 도덕적으로는 모두 잘못된 것입니다. 자유의 모든 권리의 총화는 아직도 인간과 사회의 '자유'가 아니라 '하나의 모든 가능성'에 지나지 않습니다. 그 가능성은 어느 것으로도 변할 수 있는 것입니다. 이것은 모두가 저급한 유형의 자유입니다. 인간 종족들을 드높이는 자유가 아니라, 반드시 인간을 멸망으로 이끄는 히스테릭한 자유입니다.

인간적인 참다운 자유란 신께서 우리에게 주신 '내면적인 자유'입니다. 자기 자신의 행위를 결정하는 자유인 동시에 이들 행위에 대한 정신적 책임을 지는 자유입니다. 진정으로 참다운 자유를 이해하고 있는 사람은 법률상의 여러 권리를 이용하는 욕심꾸러기가 아니라 법률상의 권리가 있더라도 자기 자신을 제한하는 양심을 가지고 있는 사람입니다."

일본 문학의 거장,
오에 겐자부로

━━ 행동으로 실천하는 지성인

일본 열도는 그 어느 때보다 위정자들의 각성을 촉구하는 시위로 뜨겁다. "집단적 자위권 결사 반대! 아베 정권은 퇴진하라!", "침묵은 복종이다"라고 외치는 시위의 주동자들 가운데 한 사람인 오에 겐자부로大江健三郎, 그는 과연 누구이며 왜 흥분한 시위대를 이끌고 거리에서 목청을 높이고 있는 것일까?

그는 1935년, 시코쿠 에히메현의 한 마을에서 일곱 형제 중 셋째로 태어났다. 열 살 때 아버지는 태평양전쟁에서 사망했고 어머니가 《허클베리 핀의 모험》, 《닐스의 모험》 같은 책을 사주었는데 그는 그 책들을 즐겨 읽으면서 문학적 소양에 눈뜨게 되었다.

도쿄 대학교에서 프랑스 문학을 전공했고, 대학 재학 중인 1957년에는 〈기묘한 일〉을 대학 신문에 투고하여 '오월제상'을 수상했다. 1958년 《사육》으로 일본 최고 권위 있는 상인 '아쿠다가와 상'을 수상함으로써 작가로서 명성을 얻었다. 1959년에 졸업논문으로 〈사르트르 소설에서의 이미지에 관하여〉를 썼을 정도로 사르트르의 영향을 많이 받았다.

초기에는 전후파 작가답게 전쟁 체험과 그 후유증을 소재로 인간의 내면세계를 응시하는 사회 비판적인 작품을 많이 썼으나 결혼 후 장애가 있는 아들이 태어나자 장애인에 대한 사회적인 편견 속에서 어렵게 키운 경험을 소재로 1964년 《개인적인 체험》을 써서 전후세대의 인권 문제를 파헤쳤다는 찬사를 받았다. 이 밖에도 핵시대의 지구와 우주와의 관계를 그린 미래소설도 썼다.

그는 1994년 12월 8일에 《만연한 원년의 풋볼》로 일본에서 두 번째로 노벨문학상을 수상했다. 수상소감 연설에서 "일본이 특히 아시아인들에게 큰 잘못을 저질렀다는 것은 명백한 사실"이라고 양심선언을 했으며 "전쟁 중의 잔학행위를 책임져야 하며 위험스럽고 기괴한 국가의 출현을 막기 위해 평화체제를 유지해야 한다"고 강조했다.

그는 일본의 천황제와 국가주의를 일관되게 비판하고 있으며, 평화를 위협하는 일본의 군사 재무장과 핵 발전, 자위대를 반대하는 운동을 벌이고 있다. 지난날 천황이 문화훈장과 문화공로상을 수여하려고 하자 "나는 전후 민주주의자이므로 민주주의 위에 군림하는 권위와 가치관을 인정할 수 없다"고 하여 수상을 거부한 일화로 유명하다.

그는 "문학과 삶은 별개가 아니다"라는 신념을 갖고 행동으로 실천하는 '일본의 대표적인 지성인'으로 한국과도 특별한 인연을 맺고 있다. 1975년 필화사건으로 구속된 김지하 시인의 석방을 요구하며 단식투쟁을 벌였고 1989년 방북 이후 1993년 귀국해 5년 동안 옥고를 치렀던 소설가 황석영의 구제를 위한 서명운동을 벌인 것으로도 유명하다.

또한 그는 일본 우익세력에 맞서 헌법 9조를 지키기 위한 '9조 모임'을 결성해 일본 군국주의와 전쟁 반대를 위해 투쟁해왔고, 이번에 아베 정권이 각료회의에서 '그동안의 헌법 해석을 변경한다'는 결정으로 집단적 자위권을 행사할 수 있는 법안을 통과시키자 시민단체 '전쟁을 허용하지 않는 1,000명 위원회'를 이끌고 거리투쟁에 나선 것이다.

━━ 시대의 정신을 지키기 위해서

다음은 2014년 7월 8일, 도쿄 히비야 야외음악당에서 한 오에 겐자부로의 연설 요지다.

"정확히 100년 전에 소설가 나쓰메 소세키夏目漱石는 《마음》을 썼습니다. 영문학자 소세키는 데먼스트레이션이라는 말을 번역해 '데모'라고 하는 역어를 만들었습니다. 이 말은 조금도 유행하지 않았습니다. 일본에서 '데모'라고 하는 말이 유행하지 않았던 것은 쭉 데먼스트레이션이라는 것이 없는 사회체제였기 때문입니다. 그러나 소세키는 '데모'가 중요하다고 했습니다.

소세키가 죽고 30년 지나서 그 큰 전쟁이 시작되어 히로시마, 나가사키를 경험하고 전쟁에 졌습니다. 그리고 67년 전, 나는 열두 살이었지만 일본인은 새로운 방침을 만들었습니다. 새로운 헌법을 만든 것입니다. 그리고 헌법을 스스로의 새로운 정신으로서 새로운 시대의 정신으로서 살기 시작한 것입니다.

나는 이제 일흔아홉 살입니다. 나의 인생은 이 '새 헌법'이라고 하는 시대의 정신 속에서 행해졌습니다. '전쟁을 하지 않고 민주주의를 지킨다'고 하는 근본의 정신이, 즉 내가 살았던 시대의 정신입니다. 그것을 나는 죽을 때까지 지켜나가고 싶습니다.

나쓰메 소세키가 '매우 위험한 시대'라고 한 것은 메이지의 말기에 이미 그는 그러한 위기를 감지하고 있었기 때문입니다. 지금 이대로 일본이 나아가면 큰 막다른 길을 만날 것임에 틀림없다고 그는 예견했습니다. 그리고 30년이 지나 그 전쟁이 일어났습니다.

그런데 지금의 정부는 여러 가지 희생에 의해서 형성되어 우리가 67년 간 지켜왔던 시대의 정신을 망가뜨리려 하고 있습니다. 그것도 민주주의적인 방법이 아닙니다. 내각이 결정하면 일본이 집단적 자위권을 행사하고 아시아에서 행해지거나 세계에 뻗어나갈지도 모르는 전쟁에 직접 참가한다는 것입니다. 보수적인 정부조차도 지켜온 것을 민주주의적이 아닌 방법으로, 국민투표도 없이 한꺼번에 박살내고 새로운 체제에 들어가려 하고 있는 것입니다.

지금, 일본인의 시대정신이 가장 위험한 처지에 있다고 생각합니다. '전쟁을 하지 않고 민주주의를 지킨다'고 하는 67년 간 계속했던 시대의 정신을 지키기 위해 우리가 취할 수 있는 방법은 소세키가 말하는 '데모', 즉 데먼스트레이션입니다.

우리가 미래의 아이들에게 지켜서 물려줄 수 있는 시대의 정신, 다음의 세대를 위한 가장 중요하고 가장 어려운 일이 이 집회, 데모로부터 시작된다고 하는 것을 재차 강하게 자각해야 합니다. 확실하게 합시다."

초베스트셀러 작가,
무라카미 하루키

━━ 카페 주인에서 인기 작가로

초베스트셀러 작가로, 일본 현역 작가 중에서 가장 왕성하게 활동하고 있는 무라카미 하루키村上春樹. 그는 1949년 일본 교토에서 태어나, 책을 좋아하는 부모의 영향을 받아 독서를 즐기면서 자랐다. 일찍이 구미 문학에 심취하여 '세계문학전집', '세계의 역사'를 반복하여 읽었다. 1968년에 와세다 대학교 제일문학부 영화연극학과에 입학한다. 재학 중 영화 각본을 독파하고 시나리오 작가를 목표로 글을 쓰기도 했다. 재학 중인 1974년, 재즈카페 '피터 캣'을 개점하여 운영했고 1975년 7년 만에 와세다 대학교를 졸업했다.

1978년 어느 날, 야구경기를 보다가 불현듯 소설이 쓰고 싶어져 그는 재즈카페에서 매일 밤 원고를 쓰기 시작했다. 마침내 1979년 데뷔작《바람의 노래를 들어라》를 출판했는데 이 첫 작품으로 '군조신인문학상'을 수상했다. 1982년 장편소설《양을 둘러싼 모험》으로 '노마문예신인상'을 수상했고《세계의 끝과 하드보일드 원더랜드》로 1985년 '다니자키준이치로상'을 받았다. 그리고 1987년《노르웨이의 숲》을 발표해 일본 문학사에 한 획을 긋는다. 이 작품은 1,000만 부 이상의 판매기록을 올리며 '무라카미 붐'을 일으켰다. 2005년 〈뉴욕타임스〉는 그의 작품 《해변의 카프카》를 '올해의 책'에 선정했고, 2006년 '프란츠 카프카상'을 받았으며, 또 '예루살렘상', '카탈로니아 국제상' 등 많은 상을 휩쓸었다. 그는 일본 작가 중에서 가장 유력한 노벨문학상 후보로 간주되고 있으며, 세계적인 인기 작가로 성공했다.

2009년 2월, '예루살렘상' 수상식에서는 '이 상을 받는 것이 이스라엘의 정책을 승인했다는 인상을 주지 않을까 하고 고민했다'는 것을 고백하고 '아무것도 말하지 않는 것보다 현지에서 말하기를 선택했다'고 출석 이유를 설명했다. 그리고 '높고 단단한 벽이 있고, 그것에 부딪쳐 깨지는 달걀이 있다면 나는 항상 달걀 편에 서겠다'며 이스라엘군에 의해 1,000명 이상의 가자 시민이 목숨을 잃은 것을 이스라엘 대통령 면전에서 비판했다.

2012년 9월 28일, 〈아사히신문〉에 그는 '영혼의 오가는 길'이라는 글을 기고했다. 일중日中의 센카쿠 열도 문제와 한일韓日 간 독도 문제로 인해 동아시아의 문화 교류가 파괴되는 사태를 걱정하고 '영토 문제가 정서에 발을 디디면 위험한 상황을 초래한다. 그것은 싸구려 술에 취한 것과 비슷하다. 싸구려 술은 그저 몇 잔으로 사람을 취하게 하고 머리에 피를 오르게 한다. 그러나 떠들썩하게 떠든 뒤 날이 밝으면 남는 것은 두통뿐이다. 싸구려 술의 취기는 언젠가 깬다. 영혼이 오가는 길을 막아버려서는 안 된다'고 경고했다.

다음은 '카탈로니아 국제상' 수상식에서 '일본의 원자력 정책을 비판'한 그의 연설 요지다.

"여러분도 아시다시피 지난 3월 11일, 거대한 지진이 일본 동북 지방을 덮쳤습니다. 지진 자체의 피해도 엄청난데다가 그 후에 덮친 해일이 할퀴고 지나간 흔적은 굉장한 것이었습니다. 해일의 높이가 39미터까지 올라간 곳도 있었습니다. 39미터라고 하면 일반 빌딩의 10층 정도입니다. 해안 근처에 있던 사람들은 미처 피하지 못하고 2만 4,000명에 가까운 이들이 희생되었으며 그중 9,000여 명은 아직도 실종 상태입니다….

제가 말씀드리고 싶은 것은 구체적으로 말해 후쿠시마의 원자력발전소입니다. 후쿠시마에서 지진과 해일의 피해를 입은 6기의 원자로 가운데 3기는 복구되지 못한 채 지금도 그 주변에 방사능을 뿌려대고 있습니다. 주변의 토양은 오염되었고, 상당한 농도의 방사능이 포함된 배수가 바다로 흘러가고 있습니다. 바람이 그것을 광범위하게 퍼뜨리고 있습니다.

10만 명에 달하는 사람들이 원자력발전소 주변 지역에서 퇴거를 당했습니다. 밭이나 목장, 공장이나 상점가, 항만은 무인 상태로 버려져 있습니다. 애완동물과 가축도 방치되어 있습니다. 거기서 살았던 사람들은 어쩌면 두 번 다시 그 땅으로 돌아갈 수 없을지도 모릅니다. 그 피해는 일본뿐만이 아니라 정말로 죄송하지만 이웃나라에까지 미칠지 모릅니다.

왜 이런 비참한 사태가 일어났는지 그 원인은 분명합니다. 원자력발전소를 건설했던 사람들이 이렇게 큰 해일이 닥쳐오리라고는 예상하지 못했기 때문입니다…. 또한 원자력발전소의 안전대책을 엄격히 관리해야 할 정부도 원자력정책을 추진하기 위해서 그 안전기준의 수준을 낮추고 있었던 것입니다….

왜 그런 일이 생겼을까요? 대답은 간단합니다. '효율'입니다. 원자로는 효율이 좋은 발전 시스템이라고 전력회사는 주장합니다. 또한 일본 정부는 특히 오일쇼크 이후 원유 공급의 안정성에 의문을 품고 원자력발전을 국가정책으로서 추진해왔습니다. 전력회사는 막대한 자금을 선전비로 뿌려대며 미디어를 매수해 원자력발전은 어디까지나 안전하다는 환상을 국민에게 심어주었습니다. 그리고 정신을 차리고 보니 일본 발전량의 약 30퍼센트를 원자력발전에 의해 충당하고 있었습니다. 국민이 잘 모르는 사이에 일본은 세계에서 세 번째로 원자로가 많은 나라가 된 것입니다. 그것은 '기성사실'이 되어버렸습니다.

원자력발전에 우려를 품은 사람들에게는 "그럼 당신은 전력이 부족해도 괜찮다는 거군요? 여름에 에어컨을 사용할 수 없어도 좋습니까?"라는 식의 위협이 가해집니다. 원자력발전에 의문을 표하는 사람은 '비현실적 몽상가'라는 딱지가 붙여지게 됩니다. 그렇게 해서 우리는 지금 여기에 이르렀습니다. 안전하고 효율적이라던 원자로는 지금 지옥문을 열어버린 것 같은 참상을 드러내고 있습니다…. 우리 일본인은 핵에 대해 '노'라고 외쳐야만 했습니다."

영혼의 스피치로 더 유명해진
조지 손더스

━━ 물리학자에서 촉망받는 작가로 변신한 인물

'영어권 최고의 단편소설 작가', '영미 문학계 천재', '지난 20년 간
미국 문단을 빛낸 작가', '작가 그 이상의 존재' 등의 수식어가 붙어
다니는 조지 손더스George Saunders. 그는 1958년 텍사스 아마릴로에서
태어났다. 오크 포레스트 고등학교를 졸업하고, 1981년 콜로라도
대학교에서 지구물리학을 전공한 다음 한때 뉴욕 로체스터에서 지
구물리 엔지니어로 일했으며, 수마트라에서 석유탐사 대원들과도
근무한 물리학자였다.

글쓰기는 1997년부터 시작한 늦깎이 작가지만 "참신하고 대담
하며 풍자적인 목소리가 문단에 등장"했다는 찬사를 받으며 작가
로 데뷔한 이래 단편소설, 중편소설은 물론 아동문학, 에세이로도
명성을 높이면서 현대 미국 문학의 새로운 경계를 구축하고 있다.

그의 대표적인 작품으로는《악화일로를 걷는 내전의 땅》,《패스
토럴리아》,《설득의 나라에서》가 있고 베스트셀러가 된 아동서《프
립 마을의 몹시 집요한 개퍼들》과 논픽션, 에세이, 유머를 엮은 산
문집《우둔한 메가폰》, '2013년 미국 대학교 졸업식 최고의 축사'

로 꼽힌 연설문을 펴낸《졸업을 축하합니다, 그건 그렇고…》등 많은 저서가 있다.

2006년에 '맥아더펠로십'을 수상했고, 2013년에는 〈타임〉이 선정한 '세계에서 가장 영향력 있는 100인'으로 뽑혔으며, 2014년 '스토리상'과 '폴리오문학상'을 수상했다.

그는 현재 가족과 함께 뉴욕에 거주하고 있고, 시러큐스 대학교 문예창작학 교수로 재직 중이며 〈GQ〉, 〈하퍼스〉, 〈뉴요커〉에 정기적으로 글을 기고하고 있다.

▬ 최고의 인생을 살고 친절한 사람이 되십시오

다음은 조지 손더스가 2013년 5월 15일, 모교 시라큐스 대학교의 졸업식에서 한 연설의 요지로 '2013년 미국 대학교 졸업식 최고의 축사'로 꼽힌다.

"여러분, 졸업을 축하합니다. 여기까지는 잘하셨습니다. 그런데 갑작스럽지만 나이가 들고서 나는 자주 '인생을 돌아보고 후회하는 것은 뭐야?'라고 묻습니다. 나는 무엇을 후회하고 있을까? '돈을 모으지 못한 것일까?' 이것은 후회하지 않습니다. '종종 있었던 부끄러운 사건일까?' 이것도 나는 후회하지 않습니다. 내가 인생에서 가장 후회하는 것은 친절하지 못했던 것입니다. 조금 안이하게 들릴지도 모르고 실행하려면 어려울지도 모르지만, 사람에게 상냥하게 대한다는 것을 인생의 목표로 삼으면 어떨까요.

여기서 한 가지 중요한 질문을 하고 싶습니다. '왜 우리는 상냥하지 않은 걸까요?', '우리의 무엇이 잘못일까요?' 내 대답은 세 가지입니다.

첫째, 우리는 우주의 중심이라고 생각하기 때문입니다.

둘째, 나와 나 이외의 것은 분리되어 있고 별개가 되어버린 것입니다.

셋째, 우리는 영원히 산다고 생각합니다.

우리는 부지불식간에 다른 사람들의 욕구보다 자신의 욕구를 채우려고 합니다. 더욱 좋은 사람이 되고 싶은데도 그렇게 해버리는 것입니다.

여기서 하나 더 중요한 질문을 하겠습니다. '어떻게 하면 더 상냥한 사람이 될 수 있을까요?' 이것에 대한 대답은 '부드러움은 나이가 들어감으로써 자연스럽게 몸에 붙는 것'이라고 생각합니다. 우리가 나이를 먹으면서, 이기적인 것이 얼마나 무의미한 것인지, 실제로 얼마나 비논리적인지를 깨닫게 됩니다. 대부분의 사람은 나이가 들수록 이기심이 줄어들고 사람을 사랑하게 됩니다. 시라큐스의 위대한 시인, 헤이든 크루스는 그의 인생이 끝날 때 쓴 시에서 이렇게 말했습니다. '인생의 최후에는 거의 사랑하게 되었다'라고. 내가 여러분에게 하는 진심 어린 부탁이기도 합니다.

성공의 정의는 변해갑니다. 성공이라는 것은 하이킹을 하는 것에 따라, 산이 더 커지는 것과 같습니다. 성공은 스스로 생각하는 목표가 아니라 타인의 평가이므로, 거기에는 한계가 없습니다. 그리고 모르는 사이에 '성공하는 것'에 우리의 삶 모두가 고갈되어버립니다.

성공의 정의는 끊임없이 바뀌어가지만 사람에게 좋게 해나가는 것은 변하지 않습니다. 당신의 인생은 서서히 친절하고 상냥한 사람이 되니까 급할 것 없지만 속도를 내십시오. 앞으로의 삶에 활력을 가지고 부드러움을 찾는 여행을 뛰쳐나가기 바랍니다. 다양한 것에 도전하고 실패해보면, 여러 사람과 관련되는 것, 부드러움의 속도를 높일 수 있습니다.

여러분이 할 수 있는 모든 것을 하는 과정에서 실수를 하더라도, 기왕이면 친절해지는 쪽으로 하기를 바랍니다. 여러분 안에서 빛나고 있는 인격 이상의 그 부분은 이제까지 존재한 모든 것만큼 밝게 빛납니다. 셰익스피어만큼 밝게, 간디만큼 밝게, 마더 테레사만큼 밝게 말입니다. 이 불가사의하게 빛나는 부분으로부터 여러분을 분리시키는 모든 것은 끊어버리기 바랍니다. 이것이 존재한다고 믿고, 더 알기 위해 노력하고, 기르고, 그 열매를 끊임없이 함께 나누십시오.

그리고 훗날 80년 후에, 여러분이 100세일 때 그리고 제가 134세일 때, 우리 둘 다 참을 수 없을 만큼 너무나 친절하고 다정할 때, 그때 저에게 그동안의 여러분의 삶이 어땠는지 편지를 써주세요. 여러분이 저에게 그동안의 삶이 아주 멋졌다고 하길 바랍니다."

해리 포터 시리즈의 작가,
조앤 롤링

━━ 절망의 늪에서 꽃피운 거대한 작품

아동 판타지 소설 '해리포터 시리즈'의 저자로 유명한 영국의 아동 문학가, 연 수입 2,000억 원 이상으로 '역사상 가장 많은 인세를 받는 작가'이며, 엘리자베스 여왕보다 많은 재산가가 된 조앤 캐슬린 롤링_{Joanne Kathleen Rowling}.

그녀는 1965년, 영국 웨일스의 작은 시골 마을 치핑 소드베리에서 태어났다. 어렸을 때부터 책을 좋아했던 그녀는 문학 방면으로 공부하고 싶었지만, 부모의 권유로 엑서터 대학교에서 프랑스어를 배우고 파리에 유학도 다녀온다. 졸업 후, 런던 국제사면위원회에서 비서로 일했지만 일에는 별로 관심을 갖지 못했다.

1990년에 어머니가 간경화증으로 돌아가시고 직장까지 잃게 되어, 포르투갈로 가서 영어강사로 일하다 현지에서 만난 기자와 결혼을 했고, 딸 제시카를 출산했다. 하지만 남편과의 불화로 결혼 3년이 못되어 이혼했고, 1993년 생후 4개월 된 딸과 함께 에든버러에 초라한 방 한 칸을 얻어 정착한다.

고등학교 프랑스어 교사가 되는 길도 있었지만 소설을 쓰기로 작정한다. 그녀는 나중에 영국 에든버러 대학교 학생잡지에, 당시 에든버러 생활은 이혼 후의 생활고와 빈곤으로 인해 우울증이 심해 '자살까지 생각한 시기'라고 밝히고 있다. 어린 딸을 키우고 가난한 미혼모로 생활보호를 받으면서 해리포터 시리즈 제1편《해리포터와 마법사의 돌》을 쓰기 시작한다.

1996년 6월에 마침내 첫 소설을 완성하고 출판사 열두 곳을 찾아가 출판 문의를 했으나 모두 퇴짜를 당하고 만다. 그러던 중 저작권대행업자 크리스토퍼 리틀을 만나 그의 소개로 영국의 블룸스버리 출판사에서 책 출간이 결정되는데, 편집자는 여덟 살 딸에게 먼저 읽게 했다고 한다. 1시간 후 방에서 나온 딸은 "아빠, 이 책은 다른 어떤 것보다 훨씬 멋져요"라고 말했다.

시험 삼아 초판 500부만 찍었던 책은 즉시 베스트셀러가 되었고 세계 최우수아동도서로 선정되었으며, '네슬레 스마티 니어스 상', '브리티시 북 어워즈' 등 다수의 문학상을 수상하고 2000년에는 '올해의 작가'상을 수상하면서 탁월한 문학성까지 인정받았다.

현재 해리 포터 시리즈는 67개국 언어로 번역되어 총 4억 5,000만 부가 팔렸고, 2001년 영화 〈해리포터와 마법사의 돌〉을 시작으로 2011년 〈해리 포터와 죽음의 성물〉까지 총 7편의 영화로 제작되어 영화관 입장권 판매로만 64억 달러의 엄청난 수입을 거두었다. 영화의 흥행 성공과 더불어 그녀의 수입 역시 많아져 2004년 미국 〈포브스〉가 선정한 '세계 최고 부자' 리스트에 등재되었으며 대영제국의 훈장, 프랑스 정부의 훈장, 하버드 대학교의 명예 문학박사를 받았다. 그녀의 재산은 5조 원 이상으로 추정된다.

━━ 실패와 상상력이 세상을 바꿉니다

다음은 2008년 6월, 하버드 대학교 졸업식에서 한 연설의 일부다.

"우선 하버드 대학교 측에 감사하다는 말씀을 드리고 싶습니다.

사실 저는 오늘 무슨 이야기를 해야 하나 싶어 고민을 많이 했습니다. 제가 졸업하던 당시에 제가 알고 싶었던 것은 무엇인지, 졸업 이후 지금까지 21년 동안 제가 깨달은 소중한 교훈은 무엇인지 곰곰이 생각해보았습니다. 그리고 두 가지 답을 얻었습니다. 우선 여러분의 학문적 성취를 기념하는 이 감격스러운 날 저는 '실패하면 어떤 이점이 있는지'에 대해 얘기하기로 했습니다. 두 번째로 이제 현실 세계의 삶에 막 발을 들여놓게 된 여러분께 저는 '상상력이 얼마나 중요한지' 말씀드리고 싶습니다.

제가 여러분 나이에 가장 두려워한 것은 가난이 아니라 실패였습니다. 여러분 나이에 저는 학교 강의는 거의 출석하지 않고 커피숍에 죽치고 앉아 소설을 썼습니다. 저는 학교 공부를 등한시했지만 시험을 통과하는 데는 일가견이 있었고 몇 년 동안 저와 제 친구들은 시험을 통과하는 것을 성공의 척도로 생각했습니다.

졸업한 후 겨우 7년 만에 제 삶은 어느 모로 보나 대단히 실패한 삶이었습니다. 결혼생활은 얼마 못가서 파탄이 났고 저는 졸지에 직장도 없이 자식을 키우는 처지가 되었습니다. 그리고 노숙자를 제외하고는 현대 영국 사회에서 더할 나위 없이 가난한 사람이 되었습니다. 제 부모님께서 걱정하셨던 것, 제가 그렇게 두려워했던 것이 현실이 되었고, 통상적인 기준에 비추어볼 때 제 삶은 제가 알고 있는 그 어떤 사람의 삶보다 실패한 삶이었습니다.

실패를 겪고 나서 더 강인하고 현명해지면 앞으로 어떤 일이 있어도 살아남을 수 있다는 자신감을 갖게 됩니다. 우리 자신이 얼마나 강한지, 우리가 맺고 있는 인간관계가 얼마나 끈끈한지는 시련을 겪어보기 전에는 알 수가 없습니다. 이를 깨닫게 되는 것은 진정 소중한 선물입니다. 이 깨달음을 얻기 위해 저는 혹독한 대가를 치렀지만 그것은 제가 얻은 그 어떤 자격증보다도 가치 있는 소득이었습니다.

제가 상상력의 중요성을 오늘 제가 하고자 하는 두 번째 이야기로 삼은 이유는 제가 삶을 다시 추스르는 데 상상력이 큰 역할을 했기 때문이라고 여러분은 생각하실 겁니다. 그러나 그것이 다는 아닙니다. 부모님께서 잠들기 전 어린이들에게 동화를 읽어주시는 것이 소중한 경험이라는 주장은 제가 누구보다도 적극적으로 옹호합니다만, 제가 경험한 상상력의 가치는 더욱 넓은 의미에서 상상력이 갖는 가치입니다. 상상력은 인간만이 갖고 있는 독특한 능력으로, 인간은 상상력을 통해 현실에 존재하지 않는 것을 생각할 수 있고, 따라서 상상력은 모든 발명과 혁신의 원천입니다. 그러나 상상력의 가장 큰 위력은 우리가 직접 경험하지 않고도 다른 사람들의 경험에 공감할 수 있도록 해주는 힘입니다.

세네카는 이렇게 말했습니다. '이야기에서 중요한 것은 이야기의 길이가 아니라 그 내용이 얼마나 훌륭한가 하는 점이다. 인생도 마찬가지다.' 여러분께서 내면이 충만한 삶을 살기를 기원합니다. 감사합니다."

21세기 가장 주목받는 작가, **치마만다 아디치**

━━ 영미 문학을 이끌 차세대 주자

'치누아 아체베의 딸', '지금 가장 주목되는 젊은 작가'로 각광을 받고 있는 치마만다 아디치Chimamanda Ngozi Adichie. 그녀는 1977년 나이지리아 남부의 중산층 가정에서 여섯 남매 중 다섯째로 태어났다. 아버지는 대학 교수였고 어머니는 고급 행정관이었으며 대학촌에서 자랐다.

그녀는 이보족 출신으로 나이지리아 국립대학교에서 의학과 약학을 1년 동안 배우고, 열아홉 살에 장학금으로 미국에 유학, 이스턴 코네티컷 주립대학교를 최우등으로 졸업하고, 존스홉킨스 대학교에서 문예창작 석사학위를, 예일 대학교에서 아프리카학 박사학위를 받았다.

학교를 다니면서도 나이지리아를 배경으로 한 독자적인 작품들을 발표하여 '아프리카 현대문학의 아버지' 치누아 아체베의 뒤를 잇는 작가로 평가받았고, 뛰어난 지성과 부드러운 감성에서 뽑아낸 이야기는 세계의 독자들을 사로잡았다.

2003년에 오헨리상 수상을 비롯해 수많은 상의 후보로 올랐으며, 2005년 영국연방상을 수상한 첫 장편소설《퍼플 히비스커스》에 이어 나이지리아 역사를 정확히 조명하면서도 그곳의 삶을 생생하게 묘사한 두 번째 장편소설《반쯤 떠오른 노란 태양》으로 2007년 오렌지상을 최연소로 수상하였고, 〈뉴욕타임스〉 선정 '올해의 주목해야 할 100대 소설'의 목록에 올랐다.

2008년 맥아더기금의 펠로십이 수여되었고, 2011년 〈뉴요커〉에서 뽑은 '미국을 대표하는 젊은 소설가 20인'에, 2013년 〈포린 폴리시〉에서 뽑은 '세계를 이끄는 사상가'에, 2015년 〈타임〉지에서 뽑은 '영향력 있는 인물 100인'에 선정되었다.

그녀가 한 TED 강연은 유튜브에서 250만에 육박하는 조회수를 기록하며 화제를 모았고, 팝스타 비욘세의 노래에 피처링되기도 했다. 비욘세는 지난해 발표한 자신의 신곡 'Flawless'의 뮤직비디오에 치마만다의 강연 일부를 내레이션으로 넣어 화제가 됐다.

'우리는 여자아이들에게 이렇게 말합니다. 야망을 품는 것은 괜찮지만 너무 크게 품으면 안 돼. 성공을 목표로 삼아도 괜찮지만 너무 성공해서는 안 돼. 그러면 남자들이 위협을 느낄 테니까…'

그녀는 현재 프린스턴 대학교에서 문학을 가르치면서 미국과 나이지리아를 오가며 작품 활동을 하고 있다.

━━━ 단편적인 이야기는 고정관념을 만듭니다

다음은 2009년 그녀가 '단편적인 이야기의 위험성'이란 주제로 한 연설의 요지다.

"저는 오늘 '단편적인 이야기의 위험성'에 대한 제 개인적인 이야기를 하려고 합니다.

저는 나이지리아 동부에 있는 한 대학의 캠퍼스에서 자랐습니다. 아버지는 교수셨고 어머니는 행정관이셨습니다. 제가 열아홉 살 때, 미국에서 대학을 다닐 때 제 미국인 룸메이트가 저를 보고 깜짝 놀랐습니다. 어디서 영어를 그렇게 잘 배웠냐고 물었습니다. 나이지리아의 공식어가 영어라고 대답했더니 그녀는 어리둥절한 모습이었습니다.

진짜 충격적인 것은 그녀가 절 만나기도 전에 저를 불쌍하게 여겼다는 것입니다. 제 룸메이트는 아프리카에 대한 단편적인 이야기만 들은 것이죠. 흔히 알려진 이미지로 아프리카를 아름다운 경치와 멋진 동물들이 있으며, 이해할 수 없는 사람들이 무의미한 전쟁 속에 빈곤과 에이즈로 죽어가며, 그들 스스로의 목소리를 내지 못하고 친절한 백인이 구해주기를 기다리는 곳으로 생각했겠죠.

이렇게 단편적 이야기가 만들어지고, 사람들을 단 한가지로만 반복해서 보여주면, 그 사람들은 단편적 이야기 그 자체가 되어버립니다. 단편적 이야기에 대해 말하면 힘에 관한 이야기를 안 할 수 없습니다. 이보족 언어에 '느칼리'라는 말이 있습니다. 번역하면 '남들보다 더 강하게 된다'는 의미입니다.

우리의 정치 및 경제 사회들처럼 이야기들도 역시 '느칼리의 법칙'으로 정의됩니다. 누가, 언제, 어떻게 이야기를 전하고, 얼마나 다양한 이야기가 전해지는지 사실 힘에 달려 있습니다. 힘은 단지 다른 사람에 대한 이야기를 하는 능력이 아니라 그 사람을 정의 내리는 이야기를 만드는 능력입니다.

어떤 장소나 사람에 대한 모든 이야기를 알지 않고서 그곳이나 그 사람을 이해하는 것은 불가능하다고 저는 항상 느껴왔습니다. 단편적 이야기의 결과는 바로 사람들의 존엄성을 앗아간다는 것입니다. 우리 모두가 똑같은 사람이라는 생각을 어렵게 만듭니다. 우리가 서로 비슷하다는 것보다는 우리가 다르다는 점을 강조합니다.

단편적 이야기는 고정관념을 만듭니다. 그리고 고정관념의 문제는 그것이 거짓이라서가 아니라 불완전하다는 데 있습니다. 고정관념은 하나의 이야기를 유일한 이야기로 만듭니다.

이야기는 중요합니다. 이야기는 사람들을 착취하고 해치기 위해 사용될 수 있지만, 사람을 더욱 아름답게 만들고 힘을 줄 수도 있습니다. 이야기는 사람의 존엄성을 부술 수도 있지만, 상처 입은 존엄성을 치료할 수도 있습니다.

마지막으로 이 말을 전하며 마칠까 합니다. 우리가 단편적 이야기를 거부하고, 세상 그 어떤 곳도 단편적 이야기만 존재할 수 없다는 것을 알게 된다면, 우리는 천국을 되찾을 것입니다. 감사합니다."

희극왕,
찰리 채플린

━━ 비극적 인생을 희극왕으로 바꾼 인물

트레이드마크인 까만 콧수염, 꽉 조이는 윗도리에 헐렁한 바지, 작은 모자와 지팡이, 큰 구두를 신고 뒤뚱거리는 오리 걸음걸이로 우쭐거리는 방랑자 연기를 하는 무성영화의 주인공 찰리 채플린Charlie Chaplin을 모르는 사람은 없을 것이다.

그 모습만으로도 웃기는 찰리였지만 그의 어린 시절은 불우했다. 그는 부모가 다 뮤직홀 배우였던 가정에서 태어났다. 그가 한 살 때 술주정뱅이 아버지가 어머니와 이혼했기 때문에 어머니와 찰리, 아버지가 다른 형 시드니가 함께 살았다. 그러다 어머니가 후두염으로 목소리를 잃고 뮤직홀에 나갈 수 없게 되면서 지독히 가난하게 살았다. 어머니가 정신병원에 입원했을 때는 빈민구호소를 전전하는 고아나 다름없이 지내야 했다.

그러나 찰리 채플린에게는 역경을 극복할 수 있는 남다른 재주가 있었다. 그것은 부모에게서 물려받은 연기력이었다. 여덟 살에 처음으로 무대에 섰고, 열네 살 때는 〈짐, 런던내기의 사랑〉, 〈셜록 홈스〉 등에 출연하여 관객의 주목을 받았다. 여러 극단을 거쳐 열일곱 살 때 카노극단에 입단하여 5년 동안 희극배우로서 명성을 쌓았다. 이때 프랑스와 미국의 순회공연도 다녀온다.

1913년 두 번째 미국 순회공연 때, 찰리 채플린의 탁월한 연기력을 눈여겨본 키스톤 영화사의 맥 세네트가 영화 출연을 제의했다. 찰리는 주급 150달러를 받고 영화에 출연하게 되고, 1914년 한 해에 34편의 영화에 출연하는 쾌거를 이루었다. 그가 출연하는 영화가 흥행에 성공하자 그의 인기와 수입은 폭발적으로 늘어갔다. 1915년 에사네이 영화사와 주급 1,250달러 보너스 1만 달러에 계약했고, 1916년 뮤추얼 영화사에서는 주급 1만 달러와 보너스 15만 달러를 받았으며, 1917년 퍼스트내셔널 영화사에서는 100만 달러를 받았다. 몇 년 사이에 채플린은 일약 할리우드 최고의 스타가 된 것이다.

그러나 호사다마好事多魔라고 그는 인기에 비례하여 질투 섞인 공격을 받게 된다. 결국 1952년 미국에서 추방되었고 그는 더 이상 연예 활동을 할 수 없게 되어 스위스의 저택에서 은둔생활에 들어간다. 세월이 약이라고 채플린의 빛나는 업적은 재평가를 받게 된다. 1971년 프랑스 정부는 '레종도뇌르' 훈장을 주었고, 1972년 미국의 '아카데미상'을 수상했으며, 1975년 엘리자베스 여왕은 '기사 작위'를 수여한다. 이렇게 명성을 되찾았지만 노년에 이르러 영화 출연 기회가 없었고 1977년에 스위스에서 영면했다.

━━ '위대한 독재자'에서 채플린의 연설

다음은 채플린 주연, 감독, 각본의 유성영화 〈위대한 독재자〉(1940)의 마지막 부분에 나오는 명연설문이다. 이 영화는 2차 세계대전 발발 전에 개봉되었으며 당시에 흥행에 성공했고 지금 다시 이 연설문이 채플린의 명연설로 회자膾炙되고 있다.

"저는 황제가 되고 싶지 않습니다. 그건 제가 할 일이 아닙니다. 저는 누군가를 다스리거나 누구한테 지배받는 것도 원치 않습니다. 가능한 한 모든 이들을 돕고 싶습니다. 모든 인류가 그렇듯이 우리 모두는 서로 돕기를 원합니다. 우리는 남의 불행을 딛고 사는 것이 아니라, 남이 행복한 가운데 살기를 원합니다. 우리는 남을 미워하거나 경멸하고 싶지 않습니다.

이 세상에는 모두를 위한 자리가 있고, 풍요로운 대지는 모두를 위한 양식을 제공해줍니다. 인생은 자유롭고 아름다울 수 있는데도, 우리는 그 방법을 상실하고 말았습니다. 탐욕이 인간의 영혼을 좀먹고, 세상에 증오의 벽을 쌓아, 우리를 불행과 살육으로 몰아넣었습니다.

우리는 빠르게 발전했지만, 서로 마음의 문을 닫았습니다. 대량생산을 가능하게 한 기계는 우리를 정서적 결핍으로 내몰았습니다. 지식은 우리를 냉소적이고 냉혹하게 만들었습니다. 생각은 너무 많이 하지만 느끼는 것은 별로 없습니다. 우리에게는 기계보다 인간성이 더 필요하고, 지식보다는 배려와 관용이 더욱 필요합니다.

지금 이 순간, 제 목소리가 세계 곳곳에 있는 수백만의 사람들, 절망에 빠진 남녀노소들과 죄 없이 고문당하고 투옥되는 체제의 희생자들의 귀에 들릴 것입니다. 제 말을 듣고 있을 사람들에게 저는 이렇게 전합니다. '절망하지 맙시다.'

지금 우리에게 닥친 불행은 탐욕이 빚어낸 결과이며, 인류의 진보를 두려워하는 자들이 만들어낸 증오에 지나지 않습니다. 인간의 증오는 사라지고 독재자들은 죽을 것이며, 그들이 민중으로부터 빼앗은 권력은 제자리를 찾을 것입니다. 그리고 인간이 자유를 위해 싸우는 한, 자유는 절대 사라지지 않을 것입니다.

군인들이여! 그대들을 경멸하고 노예처럼 다루고, 그대들의 행동과 사고와 감정, 그대들의 삶까지 통제할 뿐만 아니라, 그대들을 짐승처럼 다루고 조련하여 총알받이로 써먹는 잔인무도한 자들에게 굴복하지 마십시오! 이런 비인간적인 인간들, 기계나 다름없는 자들에게 굴복하지 마십시오. 여러분은 기계가 아닙니다. 가축도 아닙니다. 인간입니다. 군인들이여! 복종하기 위해 싸우지 말고, 자유를 얻기 위해 투쟁하십시오.

기계를 창조할 능력을 지닌 여러분들은 행복을 창조할 힘도 지니고 있습니다. 삶을 자유롭고 아름답게 가꾸며, 아름다운 모험으로 만들 수 있는 힘이 있습니다. 민주주의의 이름으로 이 힘을 사용합시다! 우리 모두 하나로 단결합시다.

새로운 세계를 위해 투쟁합시다. 모두에게 일할 기회를 주고, 젊은이들에게는 미래를, 노인들에게 노후를 보장하는 훌륭한 세상을 만들기 위해 싸웁시다. 세계를 해방시키고, 국가 간의 장벽을 허물고, 탐욕과 증오를 없애기 위해 싸웁시다! 이성이 다스리는, 과학과 사회적 진보가 모두에게 행복을 주는, 그런 세계를 만들기 위해 함께 투쟁합시다!

군인들이여! 민주주의의 이름 아래 하나로 뭉칩시다!"

연기의 화신!
로버트 드 니로

━━ 혼신의 연기로 성공한 대스타가 된 노력파

'연기의 화신!', '드 니로 어프로치'의 창시자로 불리며 우리에게도
잘 알려진 미국의 영화배우, 감독, 제작자인 로버트 드 니로_{Robert De}
_{Niro}. 그는 1943년 뉴욕 그리니치빌리지의 부모 모두가 화가인 가정
에서 태어났다. 두 살 때 부모가 이혼을 하고 어머니와 함께 살았지
만, 아버지도 근처에 살고 있었기 때문에 오가며 성장했다.

　그는 소년 시절부터 배우를 동경하여 명문 액터스 스튜디오를
다녔으며, 유럽 각국을 섭렵하면서 연기 수행을 하였다. 1960년대
말에 제작자이자 감독인 로저 코먼을 중심으로 모이던 젊은 영화
감독들과 가까이 어울리다가 1973년 〈대야망〉에서 처음으로 모습
을 나타냈다.

　1972년 〈대부〉의 소니나 마이클역 오디션을 받았지만 떨어졌
다. 그러나 프랜시스 포드 코폴라 감독은 드 니로의 연기력을 높게
평가해 속편의 〈대부 II〉에서 젊은 돈 비트 코르레오네의 역을 할당
했다. 드 니로는 이 역을 연기하기 위해 일부러 시칠리아까지 가 이
탈리아어를 완벽하게 마스터한 후, 말론 브란도가 낸 쉰 소리를 흉

내 내기 위해서 필사의 연습을 했다고 한다. 그 연기로 아카데미 남우조연상을 받으며 세상을 깜짝 놀라게 했다.

아카데미 남우주연상을 수상한 〈레이징 불〉(1980)에서는 몸을 단련해 복서역을 연기한 후 늙은 주인공을 연기하기 위해서 체중을 20킬로그램이나 늘렸다. 또 〈언터처블〉(1987)에서는 알 카포네를 연기하기 위해 머리카락을 뽑았다. 이러한 철저한 역할 연구는 '드 니로 어프로치'로 불리게 되어, 그의 대명사가 되었다.

출세작인 〈대부 II〉를 시작으로 〈택시 드라이버〉, 〈원스 어폰 어 타임 인 아메리카〉, 〈카지노〉 등 범죄 영화에 많이 출연해왔지만, 1980년대 중반부터는 코미디 영화 등에서도 성공을 거두어 폭넓은 연기력을 보이고 있다.

그는 전통적인 관점에서 미남이라고는 볼 수는 없지만 비범함이 있다. 또 자신이 맡은 역할들을 공들여 연구하는 한편, 그 역할과 신빙성 있는 연기를 위해 자신의 신체를 극적으로 변화시키는 엄청난 의지력으로도 유명하다. 100여 편에 가까운 영화에 출연했고, 아카데미 주연상, 골든글로브상을 비롯하여 30여 회나 다양한 상을 수상했으며, 뉴욕 대학교와 베이츠 대학교에서 명예 예술학 박사학위를 받았다.

▬ 거절을 두려워 말고 자신의 꿈을 펼치세요

다음은 로버트 드 니로가 2015년 뉴욕 예술대학교 졸업식에서 한 명연설의 요지다.

"티쉬 졸업생 여러분, 여러분은 해냈습니다. 그리고 완전히 망했습니다. 간호대학 졸업자는 모두 직업을 얻습니다. 치과대학 졸업자도 모두 완전 고용이 됩니다. 비즈니스스쿨 졸업자도 일자리를 얻을 수 있습니다. 의과대학 졸업자도 다들 일자리를 얻겠지요. 뉴욕대의 로스쿨 졸업자도 마찬가지입니다. 영문학 전공자들의 전망은 아주 밝지는 않아요. 집에서 소설을 쓰거나 교사들은 박봉에 변변치 않은 직업이긴 하지만 그래도 적어도 일은 할 수 있습니다. 회계학 전공자들도 모두 직장을 가질 수 있습니다.

하지만 예술을 전공한 여러분의 경우엔 과연 그것이 가능할지 의심스럽군요. 그러니 회계학 같은 다른 전공으로 갈아타는 것이 나을지도 모릅니다. 여러분이 예술에 대한 재능을 가지고 있다면 싸워서 그것을 이뤄나가야 합니다. 예술 분야에서 '열정'이라는 것은 '이성'을 이깁니다. 여러분은 그저 여러분의 꿈을 좇아나가고 여러분들의 운명에 도달해야 하는 겁니다.

여러분들은 댄서, 안무가, 음악가, 감독, 포토 그래퍼, 디렉터, 프로듀서, 배우들 그리고 예술가들입니다. 네, 그렇습니다. 여러분은 예술가예요. 완전히 망한 거죠. 하지만 좋은 뉴스가 하나 있는데 그러한 시작도 그리 나쁘지는 않다는 것입니다. 여러분의 진로는 분명합니다. 쉽지는 않겠지만요. 여러분들은 그냥 계속 일을 하기만 하면 됩니다. 그토록 단순합니다.

이것은 시작입니다. 앞으로 여러분을 위해서 새로운 문이 당당하게 기다리고 있을 것입니다. 여러분을 기다리고 있는 그 문은 '평생 거절의 문'입니다. 그것은 피할 수 없는 사실입니다. 그것이 졸업자들이 '현실세계'라고 부르는 것입니다. 고통스럽겠지만, 고통이 없이 우리가 무슨 일을 할 수 있겠습니까? 배우로서 여러분들은 여러분들의 캐릭터에 충실하고, 여러분 스스로에게 충실해야 합니다. 그러면 최종적으로 당신은 배역을 얻게 되겠지요. 여러 번 거절당하다 보면 나라는 존재는 감독이나 제작자가 마음에 드는 배우를 찾을 동안 시간을 때워주는 존재라는 생각이 들기도 합니다. 하지만 거절당하는 것을 내 잘못이라 생각하지는 마세요. 그 감독 머릿속엔 다른 스타일의 배우가 들어 있을 뿐이니까요.

실패하는 것을 두려워하지 마십시오. 마음을 열고 새로운 경험, 새로운 아이디어를 받아들이십시오. 여러분이 시도조차 하지 않는다면, 여러분들은 결코 알 수 없게 됩니다. 용감하게 나서서 기회를 잡으세요.

여러분은 이제 졸업을 하고 맞춤형 티셔츠를 입게 될 것입니다. 뒷면에는 '거절'이란 단어가 적힌 티셔츠를요. 하지만 그 티셔츠 앞면에는 '다음NEXT'이라는 말이 적혀 있습니다. 만약 당신이 원하는 배역을 얻지 못했다고요? 그렇다면 다음이 있습니다. 그다음! 그래도 안 되면 그다음! 그러면 여러분은 해낼 수 있습니다. 여러분 모두는 잘해낼 수 있을 겁니다. 나가서 자신의 꿈을 펼치세요. 그리고 항상 기억하십시오, '다음'이라는 말을요."

토크쇼의 여왕,
오프라 윈프리

── **절망적 여건을 딛고 대성공한 흑인 여성**

발랄하고 생기 넘치는 모습으로 출연자들과 수다를 떨며 공감하고, 세상 사람들의 삶의 모습을 진솔하게 전달하여 시청자들에게 웃음과 감동을 전달하는 '세계 최고의 토크쇼' 진행자 오프라 윈프리 Oprah Winfrey를 모르는 사람은 드물 것이다.

오프라 윈프리는 1954년 미시시피주 빈민가에서 흑인 사생아로 태어났다. 그녀는 할머니의 집에서 어머니와 아버지 사이를 오가며 불안정한 생활을 했고, 아홉 살 때 사촌에게 성폭행을 당하는 등 성적학대를 받았으며, 열네 살에 임신을 하고 출산하지만 태어난 아이는 일주일 만에 병원에서 죽는다. 20대에는 마약에 빠지는 등 절망적인 십대 시절을 보냈다.

하지만 어린 시절부터 머리가 좋아 장학금을 얻어 테네시 주립대학교에 입학하게 된다. 또한 말 잘하는 재능을 살려 고등학교 때부터 라디오에 출연하던 오프라는 열아홉 살 때 내슈빌 방송국에서 로컬 저녁 뉴스 앵커로 활약하지만, 적합하지 못하다는 판정으로 도중하차를 당한다. 사실만을 객관적으로 보도해야 하는 뉴스에 공감하는 감정을 드러냈기 때문이다.

그러나 그녀의 감정적인 애드립은 재평가되어 시카고의 지방국 주간 토크쇼를 담당하게 된다. 그녀의 숨겨진 잠재력이 발동하여 폭발적인 인기를 얻자, 전국 각지에 '오프라 윈프리 쇼'로 방송 판매되었으며, 더 나아가 세계 각지에 방송되었다. 미국 시청자만 2,200여만 명, 세계 105개국에서 방영되는 '토크쇼의 여왕'으로 각광을 받게 된다.

그녀는 흑인 최초의 〈보그〉지 패션모델이 되기도 했으며, 1991년 달리기를 통해 107킬로그램이던 몸무게를 2년 만에 68킬로그램으로 줄여 화제가 되기도 했다. 그녀의 성공기는 '인생의 성공 여부는 온전히 개인에게 달려 있다'는 '오프라이즘Oprahism'을 낳기도 했다.

윈프리는 2003년 초 실시된 해리스 여론조사에서 1998년과 2000년에 이어 '미국인들이 가장 좋아하는 TV 방송인'으로 꼽혔으며, 흑인 여성으로서는 처음으로 경제 전문지 〈포브스〉로부터 재산 10억 달러 이상의 부자 중 한 사람으로 지목됐다.

방송뿐만 아니라 잡지, 케이블 TV, 인터넷까지 거느린 하포Harpo 그룹의 회장이 된 오프라 윈프리는 미디어 사업으로 엄청난 부富를 쌓았고, 자신이 받았던 사랑을 자선사업을 통해 세상에 되돌려주고 있어 '미국인이 가장 존경하는 인물 1위'로도 꼽힌다.

〈타임〉지가 '세계에서 가장 영향력 있는 인물' 중 한 사람으로 그녀를 거론하였으며, 그녀가 소개한 책은 꼭 대히트했다. '힐러리 클린턴의 다음에 여성 대통령이 되는 인물'이라는 말까지 듣고 있다.

그녀에 대한 일화는 많지만 한 가지만 소개하겠다. 2010년

12월 경제지 〈포브스〉가 '엔터테인먼트 업계에서 가장 돈을 많이 번 인물'을 발표했는데 3억 1,500만 달러(3,341억 원)를 벌어 1위에 올랐다. 그런 그녀가 2013년 8월 스위스에서 쇼핑을 하며 부티크 점원에게 3만 6,500달러(약 3,900만 원)짜리 가방을 보여달라고 했더니 흑인 여성에 대한 편견으로 "당신은 살 수 없다"라고 보여주지 않았다고 한다. 오프라 윈프리는 이 사실을 TV에서 공개했고 스위스 정부 관광국이 사과하는 등의 소동이 벌어지기도 했다.

━━ 나는 만 명의 10승 대표로 여기 서 있습니다

다음은 2005년 NAACP(미국 유색인지위향상협회) 홀에서 '명예의 전당' 승인에 감사하며 그녀가 한 연설이다.

"제가 좋아하는 마야 안젤루의 〈할머니들에게〉란 시詩 속에 아름다운 구절이 있습니다. 그 구절은 이러합니다. '나는 혼자 왔다. 그러나 만 명의 대표로서 여기에 서 있다.' 그리고 오늘밤 저는 만 명의 10승 대표로서, 여기에 서 있습니다. (청중의 박수)

우리가 알고 있으며, 이름이 역사책 속에 게재된 사람들을 대표하는 소저너 트루스, 해리엇 터브먼, 킹 목사, 그리고 무명의 수백만의 사람들을 대표해 행진하며 기도하고 노래 부르고, 상처를 입은 사람, 목숨을 잃은 사람들. 저는 만 명의 10승의 사람들을 대표하여 여기 서 있습니다. 날이 새고 새 날이 찾아오는 것을 알고 있었음에도 명예의 순간, 그들이 자유롭게 되는 것에 대한 용기, 자기 의사표현에 대한 칭찬의 순간을 결코 체험하지 못한 사람, 그런 사람들을 위해 저는 여기에 서 있습니다. 그러한 사람들 덕분에 오

늘 굳건한 바위로, 저는 여기에 서 있습니다. (청중의 박수)

그 바위는 우리를 위해 그들이 놓아둔 것임을 저는 알고 있습니다. 그들은 자유의 '씨앗'인 것을 저는 알고 있기 때문입니다. 그들이 '씨앗'이었으므로 제가 '과실'이 된 것입니다. 저는 알고 있습니다. 제가 '과실'이 되어 자신의 TV 쇼에서 매일 꽃을 피우며 자유를 위한 새로운 땅을 만들어낼 수 있습니다. 그래서 저는 이해하고 있습니다. 자신이 가장 축복된 삶을 살고 있다는 것을. 가끔 아침에 일어났을 때 자신이 자신임을 믿을 수 없는 경우가 있습니다. 그렇지만 어떻게 해서 지금의 자신에 도달할 수 있었는지를 생각하지 않고 지나는 날은 하루도 없습니다. 제 영혼은 과거를 되돌아보고 어떻게 지금의 자신이 되었는가를 생각할 필요는 없습니다. 제 영혼은 제가 '어떻게 현재의 내가 되었는가'를 이해하고 있습니다. 그 점은 확실하다고 생각합니다. 이렇게 확실합니다. 하나님은 당신 스스로 생각하는 것보다 큰 꿈을 품고 계십니다. (박수)

어린 시절부터 저는 다음과 같은 질문을 하나님께 해왔습니다. "하나님, 당신은 저를 어떻게 이용하시는 겁니까? 제가 어떻게 당신의 꿈속에 있으면 되겠습니까?"

줄리안 본드(민권운동 지도자)에게 감사합니다. 저를 명예의 전당에 승인해주신 NAACP에 감사합니다. 저는 자신의 결말이 어떻게 될지 지켜보다 하나님이 저를 위해 준 꿈에 몸을 바칠 것을 계속 믿고 있습니다."

할리우드 명배우,
톰 행크스

━━ 편부 슬하에서 자라 세계적 인물이 된 명배우

미국의 인기 배우이며 프로듀서, 영화감독, 각본가, 영화 제작자로
도 유명한 톰 행크스Tom Hanks. 그는 1956년 캘리포니아주 콩코드에
서 출생했다. 아버지는 요리사였고, 어머니는 병원 근로자였는데
부모가 1960년에 이혼했기 때문에, 그는 순회 요리사인 아버지를
따라 방랑생활을 하며 유년 시절을 보냈다. 고등학생 시절 연극과
인연을 맺어 캘리포니아 대학교에서 연극을 공부했다.

1979년에 뉴욕에 갔고, 1980년 〈어둠의 방랑자He Knows You're Alone〉
로 영화에 데뷔한 이후 1984년 론 하워드 감독의 〈스플래시〉의 주
연으로 발탁되어 영화배우로서 일약 스타덤에 오른 뒤 희극배우로
서 승승장구했다.

1993년 동성애를 소재로 한 최초의 메이저 영화 〈필라델피아〉
에서 연기파 배우로 변신해 후천성면역결핍증AIDS에 감염된 동성애
변호사로 열연, 아카데미 남우주연상을 받은데 이어, 이듬해 〈포레
스트 검프〉로 아카데미 사상 스펜서 트레이시 이래 50년 만에 처
음으로 2년 연속 남우주연상을 수상하는 영예를 누렸다.

톰 행크스도 다른 할리우드 스타 배우들처럼 자신의 영화사를 설립하고 제작자로 활약하고 있다. 1996년에 그가 감독한 영화 〈댓 씽 유 두〉로 영화감독으로서도 높은 평가를 받았다. 그러나 자신의 본분은 배우라는 의미에서 이후 오랫동안 감독 일을 하지 않았지만 2011년 〈행복의 교실〉에서 15년 만에 메가폰을 잡기도 했다.

톰 행크스는 〈댓 씽 유 두〉 제작을 위해 설립한 플레이톤을 통해 2000년에 〈캐스트 어웨이〉, 2002년에는 〈나의 그리스식 웨딩〉, 2004년에는 〈폴라 익스프레스〉, 2008년에는 〈맘마미아〉 등의 히트 영화를 배출했다. 또 TV 시리즈로는 2000년 〈밴드 오브 브라더스〉, 2010년에는 〈퍼시픽〉 같은 전쟁 드라마를 제작해 시청자들을 사로잡았다.

185센티미터의 훤칠한 키에 잘생기고 단정한 주연 배우로, 코믹한 타이밍 감각이 탁월한 배우로, 혼란에 빠졌지만 상냥하고 착한 남자를 연기하는 배우로 팬들을 사로잡은데 이어 제작자, 작가, 감독으로도 성공하여 명예와 부를 한 몸에 누리고 있다.

그의 경제적인 성공은 2011년 8월 경제지 〈포브스〉가 지난 1년 간 '가장 많이 번 할리우드 배우' 랭킹을 발표한 것으로 한눈에 알 수 있다. 톰 행크스는 3,500만 달러를 벌어서 5위에 올랐다.

선행도 자주 소개되는데 2001년 4월에는 1974년에 졸업한 모교인 고등학교의 낡은 극장을 복구시키고자 150만 달러를 기부했다. 이 극장은 그가 배우의 꿈을 키우던 추억이 깊은 곳이었다. 기부의 대가로 극장에 당시 연극부 고문이던 '라우리 판스 워즈서' 이름을 붙이도록 부탁했다고 한다.

다음은 톰 행크스가 2011년 5월 22일, 미국 예일 대학교 졸업식에서 한 명연설의 요지다.

"여러분은 이제 선택받은 사람이며, 미래를 맡아야 할 선별된 수재입니다. 각자가 미국의, 그리고 세계의 '희망의 별'입니다. 이렇게 맑은 날에는 세계 평화와 경기에 대한 생각을 떨치고 '젊은이여, 세계를 좀 더 좋게 해주게'라고 간청하는 것이 전통처럼 되어 있군요.

이것은 마치 우리가 대학을 졸업했던 시절보다 지금 세상이 나빠진 것 같은데 그런 것도 아닙니다. 지금이 더 좋아졌다는 것도 아닙니다. 세계는 조금 좋아진 것과 똑같은 비율로 조금 나빠지고 있습니다.

기술의 진보에 의해서 너무나 많은 부자들이 창출되었습니다. 그것은 전혀 반가운 일은 아닌데, 지금은 누구라도 평판의 대상이 될 수 있습니다. 관심이 지속하는 기간은 앤디 워홀Andy Warhol 시대의 불과 15분으로부터 지금은 15개월까지 연장되었습니다.

조지 오웰George Orwell의 소설에 등장하는, 사회를 지배하기 위해 끊임없이 감시하는 '빅 브라더'는 나타나지 않았지만 실제 빅 브라더는 검색 엔진 속에 살고 있는 우리 모두인 것은 아닐까요? 즉 몇 번을 제가 계산해도 사회는 무승부. 플러스와 마이너스는 언제든지 공정하고, 우리의 희망과 공포도 무게는 같습니다.

공포란 우리 시대의 가장 강력한 힘입니다. 우리는 매년 똑같이 이 단상에서 졸업생에게 '여러분이 노력해 우리를 공포로부터 해방시켜주길 기대하고 있다'고 말합니다. 우리는 많은 것을 두려워하게 되었기 때문입니다. 공포는 싸고 쉽게 주목을 끕니다. 가십과 마찬가지로 급속히 퍼지면서, 가십같이 매력적이고 자극적인 그것에 모두 돈을 냅니다. 공포는 사실을 왜곡하고, 무지와 분별할 수 없는 허구를 만들어냅니다.

미국 최초의 해군 사령관이던 존 폴 존스John Paul Jones는 말했습니다. '공포를 키우면 점점 강해지지만 신앙을 키우면 그것은 자신의 것이 된다.'

공포는 우리의 귀에 속삭이며 외치고 있습니다. 신앙은 매일 거울 속에서 보는 자신의 힘으로 키워야 합니다. 공포는 영원히 우리를 몰아내고 진보를 늦춥니다. 신앙은 우리의 발을 여행으로 이끌고, 창조성을 자극하고, 앞으로앞으로 전진시킵니다.

자, 여러분의 일이 시작됩니다. 일은 즐거운 일뿐만이 아니고, 만족하는 일이라고도 할 수 없습니다. 그래도 남은 인생 동안, 매일 일하지 않으면 안 된다는 건 사실입니다. 그것은 풀타임의 일이며 인간으로서, 미국인으로서, 예일 대학교 졸업생으로서, 공포와 신앙 사이에 서 있다는 것입니다. 공포를 배경으로 신앙을 앞에 두고 당신은 공포와 신앙의 어느 쪽으로 기웁니까? 그리고 어디로 가렵니까? 자, 전진합시다, 항상 전진합시다."

팝의 황제,
마이클 잭슨

━━ 역사상 전무후무한 팝 아티스트

전설적인 '팝의 황제' 마이클 잭슨Michael Jackson은 1958년 인디애나주 게리에서 아홉 남매 중 일곱째로 태어났다. 그는 클라리넷 연주가였던 어머니와 팔콘스라는 그룹에서 기타리스트로 활동했던 아버지로부터 음악적인 영향을 받고 자라났다.

마이클 잭슨은 1963년, 다섯 살 때부터 형들과 함께 '잭슨 파이브'란 그룹으로 활동하며 메인 보컬을 맡았다. '잭슨 파이브'는 1968년 모타운 레코드 사와 계약한 후 1969년 최초의 싱글 음반 'I Want You Back'을 발표했으며, 이어 첫번째 앨범 〈Diana Ross Presents The Jackson 5〉의 수록곡 네 곡이 모두 전미 빌보드차트 1위를 기록했다.

1971년부터 솔로로 데뷔한 마이클 잭슨은 열네 살이던 1972년 발표한 'Ben'으로 다시 차트 1위를 차지했다. 1975년 모타운에서 독립해 프로듀서 퀸시 존스를 만나 1979년 〈Off the Wall〉을 발표했는데 당시 1,500만 장이 넘는 판매량을 기록했고 이 앨범으로 1980년 그래미 어워드에서 최우수 R&B 가수상을 수상했다.

1982년 발표된 앨범 〈Thriller〉는 전 세계에서 1억 400만 장의 판매고를 올려 '최다 판매 앨범'으로 기네스북에 등재되기도 했다. 마이클 잭슨은 이 앨범으로 1983년 그래미 어워드에서 올해의 프로듀서상, 올해의 앨범상, 최우수 R&B 보컬상, 최우수 록 보컬상을 비롯해 총 여덟 개 부문의 상을 수상했다. 특히 'Billie Jean'은 1983년 모타운 25주년 공연에서 최초 공개된 안무 '문워크'로 선풍적인 인기를 끌었다.

마이클 잭슨은 솔로 통산 7억 5,000만 장의 앨범 판매량을 기록, 열세 개의 싱글 음반을 빌보드차트 1위에 올리는 위업을 달성했다. 또한 열아홉 개의 그래미상을 비롯해 빌보드 어워드 40회, 아메리칸뮤직 어워드 22회, MTV 비디오뮤직 어워드 13회 수상 기록을 가지고 있고, 열세 개 부문의 기네스 세계 기록 보유자이기도 하다. 그는 2001년 '로큰롤 명예의 전당'에 헌액되었고 2009년 사망했다.

▬▬ 외로운 세상에 사랑의 꽃을 피웁시다

다음은 2001년 3월 21일, 옥스퍼드 대학교에서 마이클 잭슨이 한 명연설의 요약이다.

"여러분, 오늘밤 저의 메시지에 부디 귀를 기울여주시기 바랍니다. 제가 오늘 전하는 메시지가 어쩌면 인류를 구원하고, 세상을 치유하는 데 도움이 될 수도 있기 때문입니다.

여러분들은 모두 유년기를 보내셨을 겁니다. 그러나 저는 유년기 없이 자랐습니다. 아무 걱정 없이 마음껏 뛰어놀고 부모님과 주변 사람들의 사랑을 받으며 성장해야 하는, 소중하고 놀라운 이 시절의 기억이 저에겐 전혀 없습니다. 저와 '잭슨 파이브'를 아시는 분이라면 제가 다섯 살 때부터 지금까지 쉬지 않고 무대 위에서 공연해왔다는 사실도 잘 아실 겁니다.

저는 동정을 얻기 위해 이런 말을 하는 것이 아닙니다. 여러분께 가장 중요한 점을 강조하기 위해서입니다. 바로 유년기를 잃어버린 고통이 단순히 할리우드 아동 스타들의 문제만이 아니라는 점입니다. 오늘날 유년기를 잃어버린 고통은 인류와 세계에 보편적으로 퍼져 있는 재난이며 재앙입니다. 그 결과, 지금까지 우리 세대를 끈끈하게 이어주고 지탱해주던 가족 간의 유대감과 응집력 역시 점차 사라지고 있습니다. 그리고 자녀에게 조건 없이 사랑을 베풀지 않는 행위는 새로운 세대를 만들어냈습니다. 이 새로운 세대는 재물이나 성공, 유행, 스포츠카 등 외면적인 것은 모두 가지고 있지만 정작 내면은 고통과 공허로 괴로워하고 있습니다. 사랑으로 채워져 있어야 할 부분이 텅 비어 있는 것입니다.

신사 숙녀 여러분, 사랑은 인류의 가장 소중한 재산이며 가장 고귀한 가치입니다. 또한 우리 아이들에게 전달해주어야 할 귀중한 유산입니다. 미국의 아동보호기구에 따르면 한 해 평균 백만 명의 아이들이 무관심으로 고통 받고 있다고 합니다. 무관심은 학대나 다름없습니다. 누가 그들을 괴롭히는 것입니까? 바로 부모의 '무시'입니다.

제가 '힐 더 키즈 재단'을 설립한 목표는 간단합니다. 부모와 자녀 사이의 유대를 강화하고 언젠가 이 세상에 올 아름다운 아이들을 위해 밝게 빛나는 미래를 준비하는 것입니다.

세상이 미움으로 가득해도 우리는 여전히 남을 동정할 줄 알아야 합니다. 세상이 분노로 가득해도 서로 위로할 줄 알아야 합니다. 세상이 절망으로 가득해도 계속 꿈을 꾸어야 합니다. 그리고 세상이 불신으로 가득해도 우리는 믿음을 잃지 말아야 합니다.

오늘밤 이 자리에 부모님 때문에 좌절한 친구가 있다면, 더 이상 실망하지 말라고 하고 싶습니다. 또 어머니나 아버지에 의해 괴로움을 겪은 친구가 있다면 더 이상 자신을 괴롭히지 말라고 하고 싶습니다. 그리고 부모님과 멀어지고 싶어 하는 친구가 있다면 먼저 손을 내밀어보라고 말하고 싶습니다. 저는 여러분에게, 그리고 제 자신에게 부모를 먼저 무조건적으로 사랑해볼 것을 권합니다. 그러면 그들도 우리들로부터 사랑하는 방법을 배우게 될 것입니다. 그렇게 된다면 머지않아 이 황폐하고 외로운 세상에 사랑이 꽃필 것입니다.

신사 숙녀 여러분, 오늘 이후로 새로운 노래를 들을 수 있기를 기원합니다. 그 노래가 아이들의 웃음소리가 되도록 합시다. 그 노래가 아이들이 즐거워하는 소리가 되도록 합시다. 그 노래가 아이들의 노랫소리가 되도록 합시다. 그리고 그 노래를 이 세상 모든 부모에게 들려줍시다. 모두 다 함께 마음의 교향곡을 만들고 이 세상 모든 아이들이 충만한 사랑 속에서 자라나는 기적을 만듭시다. 다 함께 세상을 치유하고 고통을 사라지게 합시다. 우리 모두 함께 아름다운 노래를 만들어갑시다. 신의 축복이 있기를…. 사랑합니다."

팝의 여왕,
마돈나

━━ 나는 신보다 유명해질 것이다!

1977년, 열일곱 살의 한 처녀가 아메리칸 드림을 좇아 35달러만 손에 쥐고 고향인 미시건 베이시티를 떠나 미국 최대의 도시 뉴욕으로 향했다. 뉴욕에 도착한 그녀는 택시기사에게 '이 거리에서 가장 큰 곳으로 가주세요!'라고 했다. 맨해튼 중심부에 있는 번화가 타임스 스퀘어에서 내린 그녀는 천천히 하늘을 우러러보며 다짐한다.

'나는 이 세상에서 신보다 유명하게 될 것이다!'

이 말의 씨앗은 싹트고 자라서 결국 그녀는 전 세상에 이름이 널리 알려졌다. 사람들은 그녀를 '팝의 여왕, 마돈나'라고 부른다. 그녀의 본명은 마돈나 루이스 치코네Madonna Louise Ciccone, 1958년 이탈리아계 미국인 아버지와 프랑스계 캐나디안 어머니 사이에 여덟 명 남매의 세 번째 여자아이로 태어났다.

고등학교에 입학해서는 학교 응원단의 멤버로 활약했고 우수한 성적으로 고등학교를 졸업한 후 미시건 대학교에 입학했으며 춤에 소질이 있어 무용으로 장학금을 받기도 했다. 그런 그녀가 어느 날 갑자기 대학을 중퇴하고 뉴욕으로 진출했던 것이다.

뉴욕에서 처음 가진 직업은 던킨 도넛 웨이트리스였고, 모던댄스 극단의 일원으로도 활동했으며 가수들의 백댄서로 무대에 올랐다. 이렇게 5년 동안의 밑바닥 생활을 거쳐 1984년에 발표한 앨범 〈라이크 아메리칸 버진〉은 대히트했고, 섹시한 의상과 함께 '먼로의 재래'라며 화제가 되었다. 이후 마돈나는 상업 뮤직 비디오와 성적 매력으로 엄청난 인기를 얻을 뿐만 아니라 'Ray of Light'와 'Confessions on a Dance Floor'로 그래미상을 수상하며 음악적으로도 인정받았다.

마돈나는 가수생활을 하면서 1979년, 영화에도 진출했다. 1996년, 〈에비타〉에 출연해 골든 글로브상 뮤지컬-코미디 부문에서 여우주연상을 수상했다. 이외에도 패션 디자이너, 어린이 도서 작가, 영화감독과 제작자, 자선사업가 등 여러 분야에서 활동했다. 2007년에는 라이브네이션과 레이블 계약을 체결하는데 미국에서도 이례적으로 1억 2,000달러를 받았다.

뉴스 미디어에서 마돈나는 '역사상 가장 위대한 팝 가수 중 한 명'으로 기록되고 있다. 총 음반 판매량은 현재 세계적으로 3억 장을 넘기며, 여자가수 중에선 독보적으로 1위를 차지하고 있다. 기네스 세계기록에도 가장 많은 음반을 판매한 여자가수로 등록돼 있다. 2008년 빌보드는 빌보드 핫 100차트 50주년을 기념해, 지난 50년 간 아티스트들의 빌보드 핫 100 성적을 발표했는데 마돈나가 비틀스에 이어 2위에 올랐다. 같은 해, '로큰롤 명예의 전당'에도 등록되었고 미국의 잡지 〈타임〉은 마돈나를 '지난 수세기 동안 가장 강력한 여자가수'라고 했으며 세계 많은 여자가수들의 우상이자 영감의 대상으로도 꼽히고 있다.

━━ 그는 왕이었습니다, 왕이여 영원하라!

다음은 2009년 마이클 잭슨의 추모 공연에 앞서, 마돈나가 한 감동적인 추모 연설이다.

"마이클 잭슨은 1958년 8월에 태어났습니다. 저도 그랬습니다. 마이클 잭슨은 중서부 지방의 근교에서 자랐습니다. 저도 그랬습니다. 마이클 잭슨은 여덟 명의 형제자매가 있었습니다. 저도 그랬습니다. 마이클 잭슨은 여섯 살 때 슈퍼스타가 되었습니다. 아마도 세상에서 가장 사랑받는 아이였을 것입니다. 제가 여섯 살 때, 저의 어머니가 돌아가셨습니다.

그렇지만 저는 그가 저보다 조금 더 불우했다고 생각합니다. 저는 엄마가 없었지만 그는 유년시절이 없었습니다. 우리는 무언가를 가지지 못하면 그것에 집착하게 됩니다.

마이클 잭슨은 세계 역사상 위대한 천재 중 한 명이었다는 건 의심의 여지가 없습니다.

그가 여덟 살의 나이로 노래를 부를 때, 경험 많은 어른들은 자신의 심금을 울리는 느낌을 받았습니다. 그가 움직일 때는 프레드 아스테어의 위상을 보는 듯했고, 그의 힘은 무하마드 알리의 펀치같이 강했습니다. 그의 음악은 불가사의한 마술과도 같았고, 누구나 춤추고 싶게 만들었을 뿐만 아니라, 꿈을 향해 당신이 되고 싶은 무엇이든지 할 수 있다고 믿게 만들었습니다. 그건 영웅들이나 할 수 있는 일이고 마이클 잭슨은 영웅이었습니다.

그는 세계의 여러 경기장 스타디움에서 공연했고, 수천만 장의 앨범을 팔았으며, 세계 곳곳의 수상이나 대통령들과도 만찬을 함께 했습니다. 남녀 할 것 없이 모두 그를 사랑했고, 모두들 그처럼 춤추기를 바랐습니다.

그 후 마녀사냥이 시작되었습니다. 마이클에 관한 안 좋은 이야기들이 줄지어 등장했습니다. 저는 그의 고통을 느낄 수 있었고 온 세상이 등을 돌린 기분이 어떤 건지도 알 수 있었습니다. 사람들이 죽이지 못해 안달할 때, 자신의 목소리는 전해지지 않는 것 같을 때, 자신을 변론할 수도 없는 상태의 느낌이 어떤지 알고 있습니다.

제가 마이클의 사망소식을 들었을 때, 저는 런던에서 공연을 며칠 앞두고 있었습니다. 일주일 후 마이클이 같은 장소에서 공연하기로 되어 있었습니다. 그의 죽음을 안 순간 저는 오직 이 생각밖에 할 수 없었습니다. '내가 그를 버렸구나.' 우리 모두가 그를 버렸습니다. 한때 세상을 열광시켰던, 그런 대단한 존재를 우리는 잊어버리고 있었던 것입니다.

저는 끝으로 이 얘길 하고 싶습니다. 아홉 살과 네 살이 된 제 아들들이 마이클 잭슨에 푹 빠져 있다는 겁니다. 집 안에서 아이들이 바짓가랑이를 잡고 문워크를 추는 데 열중하고 있습니다. 그건 마치 새로운 세대의 아이들이 마이클의 천재성을 발견하고 그의 삶을 이어가는 것 같습니다. 지금 마이클이 어디에 있건 웃고 있기를 바랍니다.

그렇습니다. 마이클 잭슨은 인간이었지만, 그는 왕이었습니다. 왕이여 영원하라!"

명배우이며 환경 운동가,
레오나르도 디카프리오

━━━ 아역스타로 출발하여 대스타가 된 인기인

영화 〈로미오와 줄리엣〉, 〈타이타닉〉으로 우리에게도 잘 알려진 미남 스타 레오나르도 디카프리오Leonardo Wilhelm DiCaprio. 그는 1974년 캘리포니아주 로스앤젤레스에서 태어났다. 아버지는 이탈리아 출신의 만화가 겸 출판인이었고 어머니는 독일 출신의 법률 비서였다.

'레오나르도'라는 이름은 이탈리아의 화가이자 조각가 레오나르도 다빈치에게서 따온 것인데, 임신 중이던 어머니가 프랑스의 루브르 박물관에서 다빈치의 작품을 감상하던 때 처음으로 태동을 느꼈기 때문이라고 한다. 부모는 디카프리오가 태어난 지 얼마 안 되어 이혼을 했고 디카프리오는 어머니와 로스앤젤레스 교외 지역에서 자랐다. 디카프리오는 시즈 초등학교를 거쳐 로스앤젤레스 센터 포 인리치드 스터디스를 4년 다니다가 존 마셜 고등학교에 가게 되었다. 그러다 고등학교 3학년 때 학교를 자퇴하였고, 나중에 고등학교 졸업 자격시험에 응시해 합격했다.

디카프리오는 여러 광고와 교육 영화에 출연하며 경력을 쌓았다. 5세 무렵에는 어린이 프로그램 〈롬퍼 룸〉에 나가게 되었지만,

촬영장에서 시끄럽게 굴어 결국 출연이 무산된다. 의붓형인 애덤 패러의 광고 촬영장에서 모델로 발탁되었으며, 열네 살에는 매치박스의 자동차 광고에 출연했다. 1990년, 영화 〈우리 아빠 야호〉를 원작으로 한 텔레비전 드라마 〈페어런트 후드〉에 고정 출연하였고, 1989년 〈뉴 래시〉와 1991년 〈로잔느 아줌마〉에는 단역으로 얼굴을 비쳤다.

1990년에는 〈산타 바바라〉에서 어린 메이슨 캡웰 역을 맡았다. 〈산타 바바라〉와 〈페어런트 후드〉로 제12회 젊은 예술가상 최우수 아역연기상에 후보 지명되었다.

2000년대 초반에 청춘스타로 성공하였고, 그 후 청춘스타 이미지에서 벗어나고자 끊임없이 변신을 시도하여 개성 있는 배우로 성장하였다. 그는 36편의 영화에 출연하였으며, 골든 글로브상 남우주연상을 두 번 수상한 명배우이자 프로듀서다. 2008년 '지구를 구할 50인'에 선정되었고 2014년 유엔 평화대사에 임명되었다. 1998년에 자신의 이름을 딴 환경보호단체 '레오나르도디카프리오재단'을 설립하고 환경보호 활동에 적극적으로 참여하고 있으며 2010년, 영화제작사를 설립했다. 2016년 아카데미 남우주연상을 받았다.

▬ 살기 좋은 기후는 침범할 수 없는 인류의 권리

다음은 디카프리오가 2014년 9월 23일, 유엔 기후정상회의에서 한 연설의 요지다.

"반기문 총장님을 비롯한 내빈 여러분께 감사드립니다.

오늘 초대를 받고 여러분 앞에 서게 된 것을 영광스럽게 생각합니다. 저는 전문가가 아니라 기후변화에 관심을 갖고 있는 한 시민으로서, 뉴욕에서 거리를 행진한 40만 명 중 한 명으로서, 그리고 전 세계에서 기후 위기의 해결을 원하고 있는 수십억의 사람들 중 한 사람으로서, 여러분 앞에 서 있습니다.

배우는 가상假想의 인생을 사는 직업입니다. 가공의 인물을 맡아 때로는 가공의 문제를 해결합니다. 그런데 우리 인류는 지금까지 '기후변화'를 이와 비슷한 시각으로 본 것 같습니다. 즉 만들어낸 이야기거나 다른 행성에나 있을 만한 문제라는 마음으로 기후변화가 사실이 아니라고 부인하며 없어지기를 바라왔다는 것입니다.

그러나 그렇지 않다는 것은 자명한 사실입니다. 우리는 매주 발생하는 '기후 현상'을 보고 변화의 위기에 봉착했다는 사실을 알고 있습니다. 가뭄은 더 심해지고 바닷물 온도는 높아져 산성화되고 있으며 메탄가스는 바다 속에서 계속 증발하고 있습니다. 우리는 극심한 기상이변과 기온의 상승을 목격하고 있습니다. 또 서남극, 아이슬란드의 빙하가 예측보다 수십 년 빠른 속도로 녹고 있는 것을 보고 있습니다. 이런 일은 과장이 아닌 사실입니다.

친애하는 여러분, 역사상 그 어느 때보다도 오늘 이 자리에 모인 여러분은 참으로 어려운 과제에 직면해 있습니다. 새로운 역사적 위업을 만들든지, 아니면 역사로부터 비난을 받든지를 해야 합니다. 이 문제는 개인의 선택으로 해결할 수 있는 범위를 훨씬 넘어섰고 이제는 세계의 산업계와 정부가 대규모 행동을 취해야 할 때입니다.

저는 과학자가 아닙니다. 과학자여야 할 이유가 없지요. 그러나 세계 과학계는 이미 입장을 표명했습니다. 그리고 미래에 대한 예측도 했습니다. 즉 모두 협력해서 행동하지 않으면 함께 멸망할 것이라고 말입니다.

좋은 소식이 있습니다. 재생에너지가 실제 가능할 뿐 아니라, 경제적으로도 이로운 정책이라는 것입니다. 새로운 연구에 의하면 2050년까지 깨끗하고 재생 가능한 에너지가 '기존의 기술'을 사용하여 지구촌 에너지 수요를 100퍼센트 채울 수 있다고 합니다. 그리고 그 결과, 수백만 명의 일자리가 창출된다는 것입니다. 이 사안은 논쟁의 여지가 없습니다. 왜냐하면 인류의 문제니까요. 깨끗한 공기와 물, 살기 좋은 기후는 침범할 수 없는 인류의 권리입니다. 또 이 위기를 해소하는 것은 정치의 문제가 아닙니다. 우리의 도덕적 책임입니다.

우리가 가진 행성은 지구뿐입니다. 우리 모두의 고향을 부당하게 파괴하는 행위에 관해서, 인류는 막중한 책임을 져야 합니다. 이 지구의 미래를 지키기 위해서는 인류의 의식적인 진화가 요구됩니다. 지금은 가장 긴박한 시점이며, 이것은 가장 시급한 메시지입니다.

세계의 명예로운 대표와 세계 지도자 여러분, 저는 가상의 인생을 맡아서 삽니다. 하지만 여러분은 그렇지 않습니다. 지난 21일에 수많은 사람들이 외쳤습니다. 그리고 그들의 희망에는 가속도가 붙었습니다. 그들은 멈추지 않을 겁니다. 이젠 여러분의 차례입니다. 이 별에서 우리가 존재하기 위한 최대 과제에 대한 해답을 제시할 때입니다. 감사합니다."

행동하는 여배우,
엠마 왓슨

━━ 해리 포터 시리즈의 주인공으로 일약 톱스타

'가장 섹시한 여배우', '가장 돈을 많이 번 여자'로 세계적으로 큰 인기를 얻고 있는 엠마 왓슨Emma Watson이 '유엔 여성친선대사'가 되어 양성평등 연설을 하면서 '행동하는 여배우'로 화제를 모으고 있다.

해리 포터 시리즈의 여주인공으로 잘 알려진 그녀의 성장배경과 그녀가 하고 있는 '히포쉬HeForShe' 캠페인에 대해 좀 더 알아보자.

그녀는 영국인 변호사였던 재클린 루이스비와 크리스 왓슨의 딸로 1990년 파리에서 태어나 다섯 살까지 살다가 영국으로 이주했다. 그러나 부모가 이혼을 하면서 그녀는 엄마와 남동생과 함께 옥스퍼드셔에서 살았고 주말에는 런던에 있는 아빠 집에서 지냈다.

여섯 살 때부터 배우가 되기를 희망해 시간제 연극학교 옥스퍼드 스테이지코치 연극예술학교에서 노래, 춤, 연기를 배웠다. 일곱 살 때 학교에서 주최한 시낭송 대회에서 학년 최우수상을 수상했고, 교내 연극에 주요 역할을 맡았다.

1999년 엠마 왓슨은 조앤 K. 롤링의 베스트셀러 《해리 포터와 마법사의 돌》을 각색한 동명의 영화에 캐스팅되었다. 캐스트 에이

전트는 옥스퍼드 연극 선생님을 통해 왓슨을 알게 되었고 영화 제작자는 인상 깊게 보며 확신을 가졌다고 한다.

2001년 〈해리 포터와 마법사의 돌〉은 개봉하자마자 역대 일간 오프닝 스코어와 주간 오프닝 스코어 기록을 갈아치웠고, 2001년 가장 높은 수익을 올린 영화라는 기록까지 세웠다. 평론가들은 주연 세 명에게 호평을 했고, 특히 왓슨이 큰 찬사를 받았는데 〈데일리 텔레그래프〉는 왓슨의 연기가 '감탄스럽다'고 했다.

엠마 왓슨은 영아티스트 어워드에서 여자신인상을 수상했고, 다섯 부문에 걸쳐 후보로 올랐다. 1년 후 〈해리 포터와 비밀의 방〉에서 헤르미온느 역을 다시 맡았다. 이 작품 역시 평론가로부터 좋은 평을 받았다. 〈로스앤젤레스 타임스〉는 왓슨과 동료들은 영화와 함께 성숙해졌다고 했고, 엠마 왓슨은 연기력을 인정받으면서 독일 잡지 〈브라보〉의 오토상을 받았다. 〈해리 포터〉 영화에 총 여덟 편까지 출연했고 재산이 400억 원 정도라고 하며, 2009년에는 '지난 10년 간 가장 많은 돈을 번 여배우'로 기네스북에 올랐다.

2014년 5월 브라운 대학교를 졸업했고 동년 7월 유엔은 그녀를 여성친선대사로 임명했다. 9월에 뉴욕 유엔 본부에서 양성평등을 위한 첫 연설을 시작해 세계 지도자들의 모임, 스위스 다보스에서 열리는 세계경제포럼에서 연설하는 등 활발한 활동을 벌이고 있다.

━━ 내가 아니면 누가? 지금이 아니면 언제?

다음은 엠마 왓슨이 2014년 9월 20일, 유엔 본부에서 한 '양성평등 캠페인 연설'의 요지다.

"오늘, 우리는 '히포쉬HeForShe'라는 캠페인을 시작합니다. 이 캠페인이 성공하려면 성 불평등이 끝나야 하며 이것을 이루기 위해서는 모든 사람들이 참여해야 합니다.

저는 6개월 전에 '유엔 여성친선대사'로 임명되었습니다. 그리고 제가 페미니즘에 관해 이야기할수록 흔히 '남성 혐오'와 동의어로 느낀다는 것을 알게 되었습니다. 이런 잘못된 생각은 멈춰야 합니다. 사전적 정의에 따르면 페미니즘은 남성과 여성이 평등한 권리와 기회를 가져야 한다는 신념입니다.

저는 오래전부터 성에 관한 고정관념에 의문을 품어왔습니다. 제가 여덟 살 때, 부모님들 앞에서 연극을 하게 되었는데 제가 연극을 주도하려고 하자 '우두머리 행세를 한다'는 비난을 받았습니다. 열네 살 때 언론은 저의 성적인 매력만 부각했고, 열다섯 살 때 제 친구들은 남자처럼 근육질로 보이기 싫다고 스포츠 팀에서 탈퇴하기 시작했습니다. 열여덟 살 때 제 남자친구들은 자신의 감정을 솔직히 표현하기 힘들어했습니다.

저는 페미니스트가 되기로 결심했습니다. 그렇지만 페미니즘이라는 단어는 그다지 호의적이지 않았습니다. 자기주장이 너무 강하고, 공격적이고, 고립시키며, 남성들을 싫어하는 것으로 받아들여졌습니다. 왜 페미니스트가 이렇게도 불편한 단어가 되었을까요?

저는 여성들도 남성들과 똑같은 대우를 받는 것이 옳다고 생각하며 사회적으로 남성들과 같은 존중을 받는 것이 맞다고 여깁니다. 그러나 애석하게도, 세상 어느 나라에서도 여성이 이러한 권리들을 누릴 수 있는 곳은 없습니다.

저는 운이 좋은 사람 중의 하나입니다. 저의 부모님은 제가 딸이라고 차별하지 않으셨고, 제가 다닌 학교도 제가 여자라고 어떠한 제한을 두지 않았습니다. 이렇게 해준 분들이 오늘날 저를 만들어준 양성평등의 대사들입니다. 그들은 미처 몰랐을 수도 있지만 그들이 진정 오늘날의 이 세상을 바꾸고 있는 페미니스트였습니다.

남성 여러분, 성 평등은 여러분들의 문제이기도 합니다. 저는 남성의 성공이라는 왜곡된 의식 때문에 남성들이 망가지고 불안정해지는 것을 보았습니다. 우리 모두가 좀 더 자유로워질 수 있는 것, 이것이 히포쉬의 목적입니다. 이건 자유에 관한 겁니다.

저는 이 연설에 대한 긴장과 의구심이 몰려올 때마다 스스로에게 말했습니다.

'내가 아니면 누가 하겠어? 지금이 아니면 언제 하겠어?'라고 말입니다.

만약에 여러분이 평등을 믿는다면, 여러분 또한 제가 앞서 말했던 페미니스트일 수도 있기에 저는 여러분에게 응원을 보냅니다. 우리는 하나의 가치를 위해 투쟁하고 있고, 좋은 소식은 우리가 함께 움직이기 시작했다는 사실입니다. 이 움직임은 '히포쉬'입니다.

저는 여러분께 한걸음 앞으로 나와서 자신에게 물어보길 바랍니다.

'내가 아니면 누가 하겠어? 지금이 아니면 언제 하겠어?'라고요. 감사합니다."

BEST SPEACH OF THE WORLD

종교·인권운동

인권운동의 전설,
소저너 트루스

━━━ 흑인 노예에서 인권 운동가로 변신

흑인노예제도 폐지론자, 여성 인권 운동가인 그녀의 본명은 이사벨라 바움프리Isabella Baumfree, 소저너 트루스Sojourner Truth는 '진리를 전하고다니는 사람'이라는 뜻으로 그녀가 1843년부터 스스로 만들어 사용한 이름이다. 그녀는 뉴욕의 한 장군 집안에서 부리는 노예 가족으로 태어났다. 열한 살 때 다른 백인의 노예로 팔려간 후 몇 번 주인이 바뀌었다.

노예해방선언이 있기 1년 전에 소유주가 트루스에게 "네가 충실하게 일한다면 자유를 주겠노라"고 약속했다. 그녀는 그 약속을 믿고 열심히 일했지만 일의 능률이 떨어진다는 등 핑계를 대었다. 1826년 말, 트루스는 자유를 찾아 탈출했다.

그 후 그녀는 노예로부터 해방이 되었고 불법적으로 남부에 노예로 팔려간 아들을 찾기 위해 백인 남자와 법정투쟁을 하여 아들을 되찾았으며, 노예해방운동은 물론 해방된 후 사회에 내던져진 노예들의 주거와 일자리를 제공하는 활동을 했다. 또한 흑인도 백인과 함께 대중교통을 이용할 수 있는 권리를 호소하고, 최초로 백인과 함께 기차에 타고 미국여성인권대회에서 연설을 한 최초의 흑인 여성이며, 미국여성참정권협회의 창립 멤버였다.

그녀는 일평생 글을 읽고 쓸 줄 몰랐지만 탁월한 연설의 능력이 있었다. 전 미국을 순회하며 대규모의 군중을 끌어들였다. 그녀가 한 일은 노예로, 흑인으로서, 자신이 받아온 비참한 처사나 불이익을 대중들에게 연설하는 것이었다.

어느 날 백인들이 집회를 방해하기 위해 "여기서 연설하면 회장에 불을 지르겠다"고 위협하자 그녀는 "나는 재가 되어도 내가 할 이야기를 계속한다"고 단호하게 대답했다. 그런가 하면 1858년에는 강연 도중 누군가 그녀가 "남자가 아니냐?"며 끼어드는 소동이 있었다. 이때 트루스는 블라우스를 벗고 자신의 검은 젖가슴을 열어젖히며 "당신들도 내 젖이 먹고 싶으시오?"라고 응수하여 야유꾼들을 제압했다. 그녀는 미국인권운동의 전설이다.

1851년, 트루스는 오하이오주 애크런에서 열린 여성인권대회에서 연설을 했는데, 대회 의장을 맡았던 프랜시스 게이지는 당시의 상황을 다음과 같이 기록했다.

"키가 크고 야윈 흑인 여성 한 명이 하얀 터번을 머리에 쓰고 잿빛 드레스를 입은 채 안으로 들어오자 사람들은 수군거리기 시작했다. 그 여성은 마치 여왕 같은 모습으로 통로를 걸어 들어와 연단에 올라섰다. 180센티미터에 가까운 훤칠한 키, 고개를 곧게 세운 채 하늘을 응시하는 두 눈동자, 그녀의 모습은 마치 꿈에서나 볼 수 있는 사람 같았다. 트루스는 깊은 톤으로 말을 하기 시작했다. 큰 목소리는 아니었지만 그곳에 있는 모든 사람들뿐 아니라 뒷문가와 창가에 있는 군중의 귀에까지도 다 전해졌다.”

그녀의 예리하고 재치 있는 연설은 폭도같이 흥분한 군중의 비웃음들과 조소를, 존중과 감탄으로 바꾸어놓았다고 한다.

▬ 나는 여자가 아닙니까?

1851년 5월 28일, 오하이오주 애크런에서 열린 여성인권대회에서 트루스가 한 유명한 연설의 전문이다.

“여러분, 이렇게 야단법석인 곳에는 틀림없이 뭔가 정상이 아닌 게 있습니다. 제 생각에는 남부의 검둥이와 북부의 여성 모두가 자신들의 권리에 대해 얘기하고 있으니 그 사이에서 백인남성들이 곧 곤경에 빠질 것 같습니다. 그런데 여기서 얘기하고 있는 것은 전부 무엇입니까?

저기 저 남자분이 말하는군요. 여성은 탈것으로 모셔드려야 하고, 도랑은 안아서 건너드려야 하고, 어디에서나 최고 좋은 자리를 드려야 한다고 말입니다. 하지만 아무도 제게는 그런 적이 없습니다. 저는 탈것으로 모셔진 적도, 진흙구덩이를 지날 때 도움을 받은 적도 없으며, 어떤 좋은 자리를 권유받아본 적도 없습니다.

그렇다면 저는 여자가 아닙니까? 저를 보십시오! 제 팔을 보십시오! 저는 땅을 갈고, 곡식을 심고, 수확을 해왔습니다. 어떤 남자도 저를 앞서지 못했습니다. 그러면 저는 여자가 아닙니까? 저는 남자만큼 일할 수 있었고 먹을 게 있을 땐 남자만큼 먹을 수 있었습니다. 남자만큼이나 채찍질을 견뎌내기도 했습니다. 그러면 저는 여자가 아닙니까?

328

저는 열세 명의 아이를 낳았고 그 아이들 모두가 노예로 팔리는 걸 지켜봐야 했습니다. 제가 어미의 슬픔으로 울부짖을 때 그리스도 말고는 아무도 내 말을 들어주지 않았습니다. 그러면 저는 여자가 아니란 말입니까?

이런 일을 사람들이 머리와 관련된 말을 할 때 뭐라고 부릅니까?

그렇습니다. '지성'이라고 합니다. 지성이 여자의 권리나 흑인의 권리와 무슨 관계가 있습니까? 제 잔은 1파인트도 채울 수 없고 당신들 잔에는 2파인트를 채울 수 있는데, 절반 크기도 안 되는 보잘 것없는 제 잔을 채우지 못하게 할 만큼 여러분은 치사하지 않으시겠지요?

저기 검은 옷을 입은 키가 작은 남자분이 말하는군요. 여자는 남자만큼의 권리를 가질 수 없다고 말입니다. 왜냐하면 그리스도가 여자가 아니었기 때문이랍니다! 당신들의 그리스도는 어디서 왔습니까? 어디서 왔느냐고 묻습니다. 신과 여자로부터 오지 않았습니까! 남자는 그리스도와 아무런 관계가 없었습니다.

신이 만든 최초의 여자가 혼자서 세상을 엉망으로 만들 만큼 강했다면 이 여성들이 함께 세상을 다시 올바른 방향으로 되돌려놓을 수 있어야 합니다. 지금 여성들은 그렇게 할 것을 요구받고 있으며 남성들은 우리 여성들이 그렇게 하도록 해줘야 합니다.

제 말을 들으십시오. 이제 이 늙은 소저너는 더 이상 할 말 없습니다."

흑인들의 영웅,
프레데릭 더글러스

흑인 노예로 태어나 저명한 노예제폐지운동가, 개혁가, 정치인, 신문 편집인, 저술가, 탁월한 연설가로서 파란만장한 삶을 살았던 프레데릭 더글러스Frederick Douglass! 그는 1817년 이름도 모르는 백인 아버지와 흑인 노예 어머니 사이에서 태어났다.

여덟 살이 되던 1925년, 더글러스는 주인 안토니의 친척이 사는 볼티모어로 보내져 노예 생활이 시작되었는데, 이때 그는 인생의 전환점을 맞이하게 된다. 열두 살이 되던 어느 날부터 안주인 소피아가 더글러스에게 알파벳을 가르쳐주었다. 그녀의 남편이 '노예에게 글을 가르쳐서는 안 돼'라고 화를 내는 바람에 글공부는 중단되었지만 그는 독학으로 글을 읽는 것에 그치지 않고 쓰는 법까지 공부했으며 집 안에 있는 책이나 신문을 닥치는 대로 읽었다. 이 무렵《미국의 웅변가The Columbian Orator》는 그에게 큰 영향을 주었다.

1833년 더글러스는 다시 예전에 태어났던 농장으로 보내지면서 또 다른 전환점을 맞이한다. 되돌아간 농장에는 '노예 파괴자'라는 악명 높은 관리자가 노예들을 채찍으로 다스리고 있었다. 두들겨 맞는 생활을 견디다 못한 어느 날, 더글러스는 '노예 파괴자'에게 힘으로 맞서 그를 제압했다. 스물한 살이 되던 1838년 기차를 타고 매사추세츠로 탈출하는 데 성공했다.

추적을 피하기 위해서 본명인 '프레데릭 베일리Frederick Bailey'를 '프레데릭 더글러스'로 개명한다. 그곳에서 노예제도폐지론자이며 편집자인 윌리엄 로이드 개리슨의 도움을 받아 노예제도 반대집회에서 시작한 강연 실력이 일취월장해서 뛰어난 연설가로 이름을 떨치게 되었다.

1845년에 출간한 첫 번째 자서전《미국 노예, 프레데릭 더글러스의 인생 이야기》는 베스트셀러가 되어 엄청난 반향을 일으켰으나 이로 인해 그의 진짜 신분이 드러나 영국으로 도망간다. 1846년, 영국에서 사귄 친구들이 700불이 넘는 돈을 주고 더글러스가 자유의 신분이 되게 도와주었다.

미국으로 돌아온 더글러스는 다시 노예폐지론자이자 뛰어난 연설가로 활동, 1847년 반노예운동을 위한 신문〈북극성The North Star〉을 발행했다. 그러나 창간 직후부터 큰 호응을 받았으나 실제 구독률은 그리 높지 않아 경제적인 어려움에 처하곤 했다.

남북전쟁 중에는 링컨 대통령의 조언자가 되어 북부군을 위해 흑인 신병을 모집하는 일을 맡았다. 1877년 컬럼비아 특별구 경찰서장이 되었고 1889년 아이티공화국 공사, 도미니카공화국의 공사 등을 역임했는데 이는 곧 미국 정부 고위직에 임명된 최초의 흑인이라는 데 의의가 있다. 훗날 더글러스는 '흑인들의 영웅'으로 존경을 받았으며 중고등학교에서 사용하는 미국사 교과서에 빠지지 않고 언급

되는 역사적 인물의 반열에 오르게 되었다.

오늘날 역사상 최초로 흑인 출신의 오바마가 미국 대통령이 될 수 있었던 것도 프레데릭 더글러스와 같은 용기와 능력을 겸비한 선구자가 있었기에 가능하지 않았을까.

━━ 나는 수백만 명의 울부짖음을 듣습니다

다음은 1852년 7월 4일, 독립선언기념식에서 더글러스가 한 명연설의 요지다.

"친애하는 시민 여러분! 나는 온 나라에 울려 퍼지는 여러분의 환호성 너머로 수백만 명이 서럽게 울부짖는 소리를 듣습니다. 어제까지 모질게 옥죄던 쇠사슬보다 오늘 귓가에 닿는 여러분이 기쁨에 겨워 내지르는 가슴 벅찬 소리에 저들은 더욱 처절히 울부짖습니다. 제가 저들을 잊은 채, 저들의 슬픈 마음을 모르는 척 넘겨버린 채 누구나 떠들어대는 주장 따위나 되풀이한다는 것은 더없이 추악하고 괘씸한 배반이요, 신과 세상 사람들 앞에 차마 얼굴을 들 수 없이 부끄러운 일입니다.

그래서 나는 미국의 노예제도에 대해서 말씀드리고자 합니다. 이 날과 이 나라 민주주의 특징을 노예의 시각에서 살펴보겠습니다. 나는 미국의 노예와 같은 처지가 되어 그들의 한을 나의 한으로 삼겠습니다. 조금의 망설임도 없이 곧이곧대로 제 마음속을 밝히자면 내게 이 나라의 성격과 국정 운영이 독립기념일인 오늘만큼 암울하게 보이는 날은 없습니다.

지난날의 선언으로 보나 오늘날 여러 사람 앞에서 공개적으로 말하는 것으로 보나, 이 나라가 하는 일은 모두 괘씸하며, 역겹기 짝이 없습니다. 미국은 과거와 현재를 온통 거짓말로 꾸며대더니 미래마저 그럴싸하게 꾸미겠다고 스스로 단단히 맹세하고 있습니다. 오늘처럼 좋은 날, 나는 하느님과 짓밟혀서 피를 흘리고 있는 노예 옆에 나란히 서서 억압당한 인류애의 이름으로 미국의 엄청난 죄악이자 수치인 노예제도가 영원히 이어지도록 도와준 모든 것을 목이 터져라 고발하고 비난합니다.

여러분의 7월 4일이, 노예들에게는 어떤 의미일까요? 나는 이렇게 대답하겠습니다. 1년 중의 다른 어떤 날보다 7월 4일은 엄청난 불공평과 잔인성을 일깨우는 날이라고.

여러분의 기념일이 저들에게는 하나의 속임수일 뿐이요, 여러분이 자랑하는 자유는 사악한 방조이며, 여러분이 찬양하는 국가의 위대함은 과장된 자만심이요, 여러분이 내지르는 환호성은 실없고 매몰찬 소리요, 여러분이 포악한 정치를 비난하는 것은 얼굴에 철판을 간 뻔뻔스러운 짓이요, 여러분들이 외치는 자유와 평등은 허공에서 울려 퍼지는 텅 빈 메아리요, 여러분들의 기도와 찬송, 설교와 감사제, 온갖 종교적 행진과 장엄한 의식은 소리만 요란한 허풍이요, 무례함이요 거짓일 뿐입니다.

노예에게는 이 모든 것이 야만인들의 나라라고 손가락질 받을 죄악을 가리려고 뒤집어쓴 너울로 보일 뿐입니다. 이처럼 야만스러운 나라는 둘도 없습니다. 지금 이 시간에 미 합중국보다 더 폭력적이고 피에 물든 관습을 지닌 사람들은 이 세상 어디에도 없을 겁니다."

설교의 왕자,
찰스 스펄전

'설교의 왕자', '마지막 청교도', '세계 최고의 설교자'로 불렸던 영국이 낳은 위대한 설교자요 명연설가였던 찰스 스펄전Charles Haddon Spurgeon. 그는 1834년, 영국 에섹스 켈비던의 기독교 집안에서 열일곱 명의 자녀 중 장남으로 태어났다. 조부와 부친이 목사인 가정에서 어린 스펄전은 청교도 신앙으로 양육되었으며, 찬송가를 자장가로 들으며 잠들곤 했다. 어린 시절 그는 독서광이었는데 존 번연의 《천로역정》은 죽기 전까지 무려 100번이나 읽었을 정도로 독서량이 엄청났다.

열다섯 살이 되던 어느 일요일 아침, 스펄전은 눈보라 때문에 자기가 다니던 교회까지 가지 못하고 어떤 작은 교회 예배당으로 들어갔다. 그날 목사의 설교는 "땅 끝의 모든 백성아, 나를 앙망하라. 그리하면 구원을 얻으리라"는 내용이었다.

"예수 그리스도는 '나를 앙망하라'고 말씀하십니다. 나를 보라, 나는 큰 핏방울들을 흘리고 있다. 나를 보라, 나는 십자가에 달려 있다. 나를 보라, 하늘로 올라간다. 나를 보라, 나는 하나님 우편에 앉아 있다. 오 가련한 죄인들아, 나를 보라! 나를 보라!"

목사의 말을 듣는 순간 스펄전은 영혼이 완전히 사로잡히는 영적 체험을 했다고 한다. 그것이 계기가 되어 침례를 받았고 일생 동안 "그리스도께서 기뻐하시는 방식으로 그분의 일을 확장시키겠다"고 서원한다. 그 후 1852년 1월 케임브리지 근처 워터비치 침례교회에 어린 나이로 부임했다. 마흔 명의 교인들이 450명으로 급증했고, 그는 2년 간 설교자로서 명성을 날렸다. 1854년 당시 열아홉의 나이로 파크 스트리트 침례교회의 정식 담임목사가 되었다. 그가 사역을 시작한 후 처음의 200명 성도가 곧 1,800명이 되었고 그것도 모자라 다시 증축공사를 하게 되었다.

교회당을 건축하는 동안 빌려서 예배를 드렸던 음악 홀에는 매주 4,500명이 모였고 2만 2,000명이 한 번에 모이기도 했다. 1861년 신축공사가 완료되어 문을 연 새 교회는 메트로폴리탄 타버나클, 즉 장막교회로 명명되었다. 그가 사역하는 동안 이 교회의 주일예배에는 늘 5,000명 이상이 출석했고, 그의 설교는 매주 인쇄되어 전 세계로 보급되었다.

스펄전은 적합한 묘사와 시의적절한 말로 설교했다. 그는 빵을 만들고 있는 여인에게 이렇게 말했다. "생명의 빵을 만들려고 시도해 본 적은 없습니까?" 목수들에게는 "모래 위에 성을 쌓으려고 한 적은 없습니까?"라고 묻곤 했다.

한 미국인 방문자에게 스펄전의 설교를 듣고 난 후 그에 대해 어떤 생각을 하게 되었냐고 묻자 그는 "그의 설교를 듣고 나면 저는 스펄전이 아닌 예수를 생각하게 된다"고 대답했다. 블랙우드 교수는 스펄전을 "사도 시대 이후의 가장 영향력 있고 가장 유능한 설교자"였다고 평했다.

1892년 세상을 떠났지만 그동안 교회에서 세례를 베푼 사람만 1만 4,460명이나 되었고, 그가 기록하여 남긴 설교가 3,500여 편에 이른다.

━━ 교만을 미워하고 멀리하십시오

다음은 그가 한 설교 가운데 교만에 관한 명연설의 요약이다.

"교만이란 가장 미친 짓입니다. 교만한 사람은 자신에게 가장 중요한 것들을 마치 제 살을 파듯이 깎아먹으며 삽니다. 교만은 자기의 생명을 빼앗으며 자신의 피로 자기 어깨에 걸칠 옷을 물들이는 일입니다. 교만은 자기 집을 파서 주춧돌을 꺼내다가 자기의 뾰족탑을 좀 더 높이 세우려고 합니다만 그러자마자 전체 건물은 무너져 내립니다.

오 여러분이여, 교만을 미워하십시오. 교만으로부터 멀리 도망치십시오. 교만을 증오하십시오. 교만이 여러분과 같이 살지 못하도록 하십시오.

여러분이 선택하는 그 어떤 차림에서도 교만을 발견할 수 있습니다. 부자가 입는 옷뿐 아니라 거지가 입는 옷에서도 교만을 발견할 수 있습니다. 교만은 부자와 함께 살 뿐만 아니라 가난한 사람들과도 함께 삽니다. 현재 발에 신을 신발조차 없는 사람도 자신이 마차를 타고 다니던 시절과 마찬가지로 교만할 수 있습니다.

교만은 지위고하를 막론하고 사회 모든 계층에서 발견될 수 있습니다. 또 교만은 휘황찬란한 성당에서 하나님께 예배드린다고 자랑하는 교인의 모습으로 나타날 수도 있습니다. 교만은 이 세상에서 가장 보편적인 것들 가운데 하나입니다. 교만이라는 놈은 모든 교단들의 예배당이나 성당을 제집 다니듯이 출입합니다. 여러분은 어디를 보거나 교만을 보게 될 것입니다. 교만은 우리와 함께 하나님의 집으로 가기도 하고, 우리 자신의 집으로 가기도 합니다. 시장이나 사업장이나 길거리나 어디를 가든지 거기에 교만이 있습니다.

교만은 오만 가지 모양을 하고 있습니다. 교만은 여러분이 생각하는 것처럼 언제나 다림질한 옷을 입은 듯한 신사의 모습만 가지고 있는 것이 아닙니다. 교만은 사악하고 보이지 않게 땅에 붙어서 움직이는 뱀처럼 몸을 뒤틀며 몰래 우리 마음으로 찾아옵니다. 교만은 겸손에 대해서 이야기하기도 하고, 티끌과 재같이 낮아지는 것에 대해서도 이야기합니다.

나는 때로는 자기들의 죄와 부패에 대해서 가장 엄청난 이야기를 고백하며 자기가 가장 겸손한 척하지만, 사실은 이 세상에서 가장 비열할 정도로 교만한 사람도 알고 있습니다.

오 형제들이여, 교만은 얼마나 많은 모습을 가지고 있는지 모릅니다. 여러분 자신을 날카로운 눈으로 바라보십시오. 그렇지 않으면 교만에게 속게 될 것입니다. 여러분이 천사들을 영접하고 있다고 생각하다가, 어느덧 자신도 모르는 사이에 마귀를 받아들였다는 사실을 깨닫게 될 수도 있기 때문입니다."

아나키스트,
엠마 골드만

━━ 세계에서 가장 위험한 여자

20세기의 대표적인 아나키스트(무정부주의자)로서, 급진적인 해방 사상과 여성의 권리 확장을 위한 탁월한 연설과 저작으로 명성을 떨쳤던 엠마 골드만Emma Goldman. 그녀는 1869년 러시아의 작은 도시 코브노의 유태인 가정에서 태어났다. 골드만은 계속 공부하기를 희망했지만, 아버지는 "여자에게 공부 따위는 필요 없다. 요리를 할 줄 알고 아이를 많이 낳기만 하면 된다"고 윽박질렀다고 한다.

그녀는 열다섯 살 때 언니와 함께 미국으로 이주하여, 봉제공장에서 여공으로 새로운 삶을 시작한다. 자유와 평등의 나라라는 환상을 품고 있던 미국이었지만, 주위 대다수 유태계 이민자들이 비참한 생활과 가혹한 노동조건을 강요당하고 있는 현실을 알게 되면서, 미국에 대한 환상도 산산이 깨졌다고 한다.

1887년 일어난 시카고의 헤이마켓 폭탄테러사건에 자극을 받아 1889년에 뉴욕으로 이주한 그녀는 아나키스트 운동가가 되었고, 미국 급진주의자들 가운데에서 가장 두드러진 인물 가운데 한 사람이 되었다. 1892년, 카네기제강소에서 파업 중에 헨리 클레이

프릭 회장이 고용한 살인청부업자들에게 노동자가 살해당했다. 이 소식을 들은 골드만은 애인이며 평생의 벗인 알렉산더 버크만과 함께 플릭의 암살을 시도했다. 그러나 결과는 실패로 끝나고, 두 사람은 투옥되었다. 1916년에는 산아제한 운동을 하다가 투옥되었고, 이듬해 반전反戰 활동을 하다가 징역 2년형을 선고받기도 했다.

1919년 말, 골드만을 국외로 추방하기 위해 열린 공청회의 주재자인 FBI 국장 에드거 후버는 골드만을 '세계에서 가장 위험한 여자'라고 말했다. 그녀는 버크만과 함께 러시아 땅으로 추방되었다. 처음에 골드만은 러시아 혁명에 참가할 생각이었지만, 그곳에서는 볼셰비키와 아나키스트의 대립이 한창이었기에 결국 외국으로 도피했다.

1923년 골드만은《러시아에 대한 환멸》이라는 자유론자로서 바라본 사회주의 체제를 비판하는 책을 출판하고, 1931년에는 두 권으로 이루어진 자서전을 완성했다. 1936년 에스파냐 내란이 일어나자 에스파냐의 아나키스트를 도와 활약했다. 만년에는 스페인에서 강연과 기금모금 활동을 통해 반 프랑코 운동에 전념했다.

1940년 5월 캐나다 토론토에서 뇌졸중으로 70세의 생애를 마감하고 유해는 시카고에 묻혔다. 그녀는 평생을 진정으로 자유로운 인간사회를 꿈꾸는 데 바친 여성으로 평가되고 있다.

━━━ 진보는 법 테두리 안에 머물지 않습니다

다음 연설은 징병제도에 반대하는 선언문 살포와 집회로 체포되어 1917년 6월 법정에서 배심원을 대상으로 자신들의 입장을 항변한 것이다.

"배심원 여러분! 우리가 대다수 사람들과 반대되는 의견이나 생각을 퍼뜨렸다는 사실이 입증될 경우 여러분이 우리에 대한 편견을 갖게 될 것인지를 묻게 된다면 '법의 테두리 내에서' 판단할 거라고 대답할 겁니다.

인류 발전의 역사는 동시에 더 밝은 여명을 예고하는 새로운 사고의 역사이며, 더 밝은 여명은 언제나 법의 테두리 밖에서 불법으로 여겨져 왔습니다.

배심원 여러분, 저 역시 그렇습니다. 여러분 대부분은 예수님의 가르침을 믿습니다. 예수님은 그의 시각이 법에 어긋난다고 주장하는 사람들의 손에 죽었다는 사실을 기억하십시오. 저는 여러분이 미국의 정신을 얼마나 자랑스러워하는지 알고 있습니다. 하지만 여러분이 자유를 위해 투쟁하고 피 흘렸다고 알고 있는 사람들이, 그 당시에는 법을 위반한 사람들이었고 말썽을 일으키는, 위험한 불순분자로 취급받았음을 잊지 마십시오.

여러분의 정부는 프랑스 공화국과 동맹을 맺고 있습니다. 여러분은 프랑스에서 일어난 엄청난 대격변이 매우 엄한 법률 수단에 의해 발생했다는 역사적 사실에 주목할 필요가 있습니다.

단테스나 로베스 피에르, 마라, 헤르베르츠, 가장 선동적인 혁명 음악 '라 마르세예즈'를 만든 사람, 심지어 카미유 데물랭도 절대 법의 테두리 안에 있지 않았습니다. 그러나 위대한 선구자요, 반역자들이 없었더라면 프랑스인들의 운명은 산토끼 사냥이 더 중요했던 게으른 루이 16세의 굴레에서 벗어나지 못했을 겁니다.

새로운 사고는 결코 법 테두리 안에서 움틀 수 없습니다. 새로운 사고가 정치적·사회적 변동에 관련되거나 과학이나 문학, 음악을 통해 인간 사고의 전혀 다른 영역을 표현하기 때문만은 아닙니다. 사실 자유와 기쁨과 아름다움을 창조해내려면 법 안에서 움직이는 것을 거부해야 합니다. 그렇지 않고서 어떻게 새로운 것을 창조해낼 수 있겠습니까?

진보는 계속해서 새로워지는 것이며, 계속해서 변화를 일으키는 것이지, 결코 법 테두리 안에 머물지 않습니다. 만일 진보가 범죄라면 예수, 소크라테스, 갈릴레오, 브루노, 존 브라운, 그 밖의 많은 사람들도 범죄자일 것입니다.

저는 나라를 사랑하는 방법이 그 사회의 결점에 대해 눈을 감고, 사회적 불화에 귀를 막고, 사회적 문제점에 대해 입을 다물어야 하는 것이라고 믿지 않습니다. 저는 미국의 위선과 부패, 광기와 부도덕함을 혐오합니다. 미국이 세계의 민주주의 수호를 명목으로 전쟁에 참가해야 한다면 먼저 미국 내 민주주의부터 수호하라고 말씀드리고 싶습니다.

배심원 여러분, 제가 여러분에게 어떤 영향을 끼칠 거라고 기대하지 않습니다. 오직 증거만으로 판단해주십시오. 우리가 어떤 음모를 꾸몄다구요? 그 음모가 입증되었습니까? 우리가 법을 어기는 행동을 했다구요? 그런 행동이 입증되었습니까? 우리 변호인 측에서는 아무것도 입증되지 않았다고 말합니다. 따라서 여러분의 결정은 유죄가 되어서는 안 됩니다."

무저항주의자,
마하트마 간디

━━━ 자기의 말에 책임을 지는 지도자

인도의 '민족운동지도자', '건국의 아버지'로 불리는 마하트마 간디 Mahatma Gandhi. 그는 훌륭한 학자도, 위대한 전사도, 탁월한 웅변가도 아니었다. 그러나 자기가 옳다고 확신하는 것에는 뜻을 굽히지 않고 곧바로 행동에 옮기는 성실한 사람이었고, 자기의 말에 책임을 지는 지도자였다.

대부분의 지도자가 그렇듯이 간디도 젊은 시절에는 애처로울 정도로 수줍음을 많이 타는 성격이었으며, 많은 사람 앞에서 이야기를 하려면 큰 용기가 필요했다. 변호사를 개업하고 처음 맡은 변호에서 서툰 스피치 때문에 참담한 실패를 맛본 그는 비로소 자기의 단점을 극복하기 위해 전문가에게 웅변술을 배웠다.

간디는 1869년 인도 서부 포르반다르에서 태어났다. 아버지는 지방의 관리였는데 간디는 3남 1녀 중 막내로 태어났다. 그리고 당시 풍습대로 13세의 어린 나이에 결혼을 한다. 18세에 대학 입학 자격시험에 합격하여 사말다스라 대학교에 입학했으나 수업 내용이 너무 어려워 한 학기 만에 중퇴했다고 한다. 그리고 영국 유학길에 올라 법률을 공부하고, 1891년 변호사 면허를 취득해 귀국한다.

그는 고국에 돌아와 변호사로 활동하지만 변호사로서는 자질이 부족했던지 성공하지 못한다. 그러나 1893년 남아프리카 연방으로 소송 의뢰를 받아 떠난 곳에서, 백인에게 차별대우를 받고 있는 수많은 인도인들의 참상을 목격하게 된다. 이에 소명의식을 느낀 그는 인도 사람의 지위와 인간적인 권리를 보호하고자 결심하고 남아프리카 연방 당국에 대한 인종차별 반대투쟁단체를 조직하고 지도자로 활동한다.

그는 1906년에 이르러 남아프리카에서 최초로 일어난 투쟁인 '사티아그라하 투쟁'을 기점으로 8년 동안 여러 차별법 폐지 운동을 전개해나간다. 그 결과 결국 아시아인 구제법이 제정되면서 남아프리카에서의 인도인 차별법도 모두 폐지가 되는데, 이로 인해 간디는 민족의 구원, 인류 차별 반대를 위한 평화운동가로서 전 세계적으로 주목을 받게 된다.

1919년 간디의 지도하에 영국에 대한 비협력운동 방침을 세우고 납세 거부, 취업 거부, 상품 불매 등을 통한 비폭력 저항운동을 하다가 투옥된다. 1924년 감옥에서 풀려난 간디는 인도 전역을 돌아다니며 농촌구제운동을 펼친다. 1929년 61세가 된 그는 소금세 신설 반대운동을 벌였고 이로 인하여 그는 또 구금된다.

1942년 영국 세력의 즉시 철퇴를 요구하여 공전의 대규모 반영 불복종운동에 돌입했다. 이로 인해 73세의 노령으로 다시 체포되어 1년 9개월의 옥고를 치른다. 1947년 7월, 마침내 인도의 독립이 이뤄진다. 이때의 나이는 78세였으며, 종교의 융화를 위한 활동을 펼치던 중 1948년 1월 30일, 반(反)이슬람 극우파인 한 청년의 흉탄에 쓰러졌다. 위대한 지도자는 갔지만 그의 말을 여전히 살아 있다.

━━ 비폭력에 의한 비협력이란?

다음은 1920년 8월 12일, 간디가 한 명연설의 요지다.

"여러분이 지금까지 많이 들어온 이 비협력운동이란 무엇이며, 왜 우리는 이 운동을 전개하려는 것일까요? 나는 비협력운동이 위헌이라는 말을 들어왔습니다. 나는 그 말을 감히 부정하는 바입니다.

오히려 나는 비협력운동은 정당하며 종교적인 교리라고 주장합니다. 그것은 모든 인간의 타고난 권리이며, 전적으로 합법적인 것입니다. 내가 말하려는 것은 내 친구 역시 폭력주의를 신봉하고 비폭력주의를 약자의 무기로 받아들이지만, 나는 비폭력주의가 최강자의 무기라고 믿습니다. 나는 무장하지 않은 채 적 앞에서 가슴을 드러내고 죽을 수 있는 사람이야말로 가장 강한 군인이라고 믿습니다.

나는 또 묻겠습니다. 경찰관이나 군인이 자신의 동포를 중상모략하는 정부에 복무하도록 명령받았다는 사실을 알고 사직서를 제출한다고 해서 그것이 위헌입니까? 내가 농민을 찾아가서 '정부가 당신을 돌보기 위해서가 아니라 힘을 약화시키기 위해 당신이 낸 세금을 쓴다면 당신이 세금을 내는 것은 현명하지 못한 일입니다'라고 그에게 말하는 것이 위헌입니까? 거기에는 위헌적인 요소가 전혀 없다고 나는 감히 주장하는 바입니다. 더욱이 나는 일생 동안 이러한 일들을 해왔으며, 그것에 대해 합헌성 여부를 묻는 사람은 아무도 없었습니다.

나는 비협력운동의 전반적인 계획에는 위헌적인 요소가 하나도 없음을 말씀드립니다. 그러나 이 위헌적인 정부 앞에서, 그리고 위대한 헌법을 만들어낸 국가 앞에서, 인도 국민이 나약해져 굽실거리는 것은 매우 위헌적인 일이라고 감히 주장하는 바입니다. 즉 인도 국민이 그들에게 가해진 온갖 모욕을 참는다면 그것은 상당히 위헌적인 일이 될 것입니다. 인도의 7,000만 회교도들이 그들의 종교에 가해진 난폭한 비행에 굴복하는 것은 매우 위헌적인 것입니다. 전 인도인들이 가만히 앉아 펀자브의 명예를 짓밟은 부당한 정부에 협력하는 것은 대단히 위헌적인 일입니다.

여러분이 명예심을 가지고 있는 한, 대대로 전해져 내려온 숭고한 전통의 후손들이자 수호자들로 남아 있기를 원하는 한, 여러분이 비협력에 동참하지 않는다면 위헌이요, 우리의 현 정부처럼 매우 부당하게 되어버린 정부에 협력하는 것도 위헌입니다. 나는 영국인을 싫어하지 않습니다. 나는 반영주의자도 아닙니다. 나는 어떠한 정부에도 반대합니다. 그러나 나는 거짓과 속임수와 부정에 반대합니다. 정부가 부정을 저지르는 한, 그 정부가 나를 그들과 화해할 수 없는 적으로 간주해도 좋습니다.

협력이란 단지 정부가 여러분의 명예를 보호해주는 경우에 한해서만 의무인 것이며, 정부가 여러분의 명예를 보호해주기보다는 오히려 빼앗아갈 때는 협력하지 않는 것 또한 의무인 것입니다. 이것이 바로 비협력주의의 가르침입니다."

국민계몽 운동가,
안창호

━━━ 연설가로 이름을 떨친 안창호

독립운동과 민족계몽으로 일생을 바친 도산 안창호安昌浩는 탁월한 웅변가였다. 1878년 평양에서 태어나 어린 시절 한학漢學을 공부하고, 선교사 언더우드가 경영하는 구세학당에 다니면서 서구문물과 접하게 된다. 그 후 미국 유학을 거쳐 독립운동에 공헌한 업적은 생략하기로 하고, 여기서는 스피치 측면에서 살펴보기로 한다.

1897년 평양에서 열린 만민공동회에서 무능한 관료들을 비판한 연설로 주목받은 이후, 안창호의 연설이 있다면 회장이 터지도록 만원이었다. 그는 실력 양성을 위해서는 교육이 필요하며, 민중의 의식개선이 선행되어야 한다고 역설했고, 그의 충정에서 나온 연설은 가는 곳마다 청중들을 감동시켰다.

1907년 대한협회에서 주최한 강연에서 안창호의 연설을 듣고 감동받은 여운형, 여운홍 형제와 조만식은 독립운동에 투신할 것을 결심했고, 조만식은 "장차 민족을 위해서 봉사하려면 실력을 키워야 되겠다"고 다짐했다고 한다.

뿐만 아니라 놋그릇장사로 성공한 이승훈은 "나라가 없고서 일가와 일신이 있을 수 없고, 민족이 천대를 받을 때에 나 혼자만 영광을 누릴 수가 없소"라는 안창호의 연설을 듣고 감명을 받아서 가산을 정리하여 오산학교를 세웠고, 한평생 독립운동과 민족교육을 위해 헌신했다는 일화는 유명하다.

동시대의 작가 이광수李光洙는 안창호의 연설에 대해서 다음과 같이 기록하고 있다.

"안창호가 '지금에 깨달아 스스로 고치고 스스로 힘쓰지 아니하면 망국을 뉘 있어 막으랴'라고 눈물과 소리가 섞이어 흐를 때는 만장이 흐느껴 울었다. (…) 만장 청중으로 하여금 서슴지 않고 '대한독립 만세'를 고창하게 했다."

그의 말이 설득력이 있었던 것은 정확한 지식과 확고한 신념, 또 한마디 한마디가 애국애인愛國愛人의 진정에서 나왔기 때문이었다.

안창호는 연사의 제일 조건인 훌륭한 인격의 소유자였다. 모든 사람의 개성을 존중했고, 누구에게 핀잔을 주는 일이 없었으며, 비록 어린 사람이라도 하고자 하는 말을 다할 기회를 주었다. 그는 남이 하는 말을 다 들은 뒤에, 비로소 자신의 의견을 말했다. 안될 일은 안 된다 하고, 믿지 못할 말은 안 믿는다고 바로 말했다. 그의 말은 항상 분명하고 긍정이나 부정의 의사표현을 확실하게 했다.

또한 안창호는 공적으로나 사적으로 한 점의 비난을 받을 일을 하지 않았다고 한다. 육십 평생에 누구를 속인 일이 없고, 누구에게라도 야속하게 언행하거나 부정한 행위를 한 적이 없었으며, 그를 접한 사람은 모두 그에게서 사랑과 우정을 느꼈다. 생전에 그를 원망하거나 비난한 사람이 없었다. 그렇다면 그의 연설을 들어보기로 하자.

다음은 1919년 중국 상해의 교민단에서 안창호가 행한 '민족의 개조'에 관한 연설이다.

"우리 전 인류가 다 같이 절망하고, 또 최종의 목적으로 하는 바가 무엇이오? 나는 이것을 '전 인류의 완전한 행복'이라 하오. 이것은 고금동서 남녀노소를 물론하고 다 동일한 대답이 될 것이오.

그러면 이 '완전한 행복'은 어디서 얻을 것이오? 나는 이 행복의 어머니를 '문명'이라 하오. 그 문명은 어디서 얻을 것이오? 문명의 어머니는 '노력'이오. 무슨 일에나 노력함으로써 문명을 얻을 수 있소. 곧 개조하는 일에 노력함으로써 문명을 얻을 수 있소. 그러므로 내가 말하기를 '우리 사람이 일생에 힘써 할 일은 개조하는 일이라' 했소.

세상에 어리석은 사람들은 흔히 이러하오. 가령 어느 단체의 사업이 잘못되면, 문득 그 단체의 수령을 욕하고 원망하오. 또 어느 나라의 일이 잘못되면 그중에서 벼슬하던 몇 사람을 역적이나 매국적이라 하며 욕하고 원망하오. 물론 그 몇 사람이 그 일의 책임을 피할 수는 없소. 그러나 그 정부의 책임이 다 그 벼슬하던 사람이나 수령 몇 사람에게만 있고, 그 일반 단원이나 국민에게는 책임이 없느냐 하면 결코 그렇지 않소. 그 수령이나 인도자가 아무리 영웅이요 호걸이라 하더라도, 그 일반 추종자의 정도나 성심이 부족하면 아무 일도 할 수 없소.

한국 민족이 개조되었다 하는 말은, 즉 다시 말하면 한국 민족의 모든 분자 각 개인이 개조되었다 하는 말이오. 그런 고로 한국 민족이라는 한 전체를 개조하려면 먼저 그 부분인 각 개인을 개조하여야 하겠소. 이 각 개인을 누가 개조할까요? 누구 다른 사람이 개조하여 줄 것이 아니라, 각각 자기가 자기를 개조하여야 하겠소. 왜 그럴까? 그것은 자기를 개조하는 권리가 오직 자기에게만 있는 까닭이오. 아무리 좋은 말로 그 귀에 들려주고 아무리 귀한 글이 그 눈앞에 벌려 있을지라도, 자기가 듣지 않고 보지 않으면 할 수 없는 일이오.

그런 고로 우리는 각각 자기 자신을 개조합시다. 너는 너를 개조하고 나는 나를 개조합시다. 곁에 있는 김 군이나 이 군이 개조 아니 한다고 한탄하지 말고, 내가 나를 개조 못하는 것을 아프게 생각하고 부끄럽게 압시다. 내가 나를 개조하는 것이, 즉 우리 민족을 개조하는 첫걸음이 아니오? 이에서 비로소 우리 전체를 개조하는 희망이 생길 것이오. (…)

나는 사람을 가리켜서 개조하는 동물이라 하오. 이에서 우리가 금수와 다른 점이 있소. 만일 누구든지 개조의 사업을 할 수 없다면 그는 사람이 아니거나 사람이라도 죽은 사람일 것이오."

안창호 스피치의 가장 큰 특징은 청중의 관심을 끌기 위해 스스로 묻고 답하는 질문법과 이해하기 쉽게 반복법, 그리고 분명하게 알아듣도록 직설법을 사용하고 있다는 점이다.

인간 승리의 표본,
헬렌 켈러

━━ **삼중고에서 시작된 파란만장한 일생**

'삼중고三重苦의 성녀'로 잘 알려진 미국의 작가, 교육자, 사회주의운 동가인 헬렌 켈러Hellen Kelle. 그녀는 1880년 앨라배마주 터스컴비아에서 태어났다. 태어난 지 19개월이 되었을 때 심한 병에 걸려 청각과 시각을 잃었다. 여섯 살 때 부모는 헬렌을 치료할 수 있을까 해서 유명한 의사를 찾아갔다. 그러나 치료는 불가능했고 '교육은 충분히 시킬 수 있다'는 의사의 말에 따라 알렉산더 그레이엄 벨 박사를 소개받는다. 부모는 '퍼킨스 맹인학교'를 추천받고 그 학교에 의뢰하여 가정교사를 부탁한다. 이때 온 사람이 앤 설리번이다.

앤 설리번은 1888년부터 응석받이로 자랐던 헬렌에게 극도의 인내심을 가지고 손바닥에 글씨를 쓰는 방식으로 언어를 가르치기 시작했다. 그리고 헬렌 켈러는 여덟 살 때부터 맹인학교와 농아학교에 차례로 다니면서 정식교육도 받게 된다. 그러던 중 농아학교의 선생인 새라 풀러가 목의 진동과 입의 모양을 만지고 느끼게 하는 방법으로 헬렌에게 말하는 법을 처음으로 가르친다. 이후 헬렌 켈러는 명문 래드클리프 대학교를 1904년에 졸업하면서 독일어를 비롯해 다섯 개의 언어를 구사하게 되었다고 한다.

1915년에는 '헬렌켈러인터내셔널'이라는 단체를 설립했고, 1924년부터 3년 동안 미국맹인원호협회의 지원을 호소하면서 전국 각지를 돌며 250회 이상 집회를 열었고, 25만 명 이상의 사람들과 대화를 나누었다. 그녀가 가진 불굴의 정신, 유머와 낙천주의가 만나는 사람 모두를 사로잡아 헨리 포드나 록펠러를 비롯한 많은 이들이 기부를 하여 100만 달러 이상을 모금했다.

1946년부터 11년 동안 헬렌은 국제맹인 미국협회 대표로 한국, 일본, 중동, 중앙아프리카, 북유럽 등 35개 나라를 찾아다니면서 장애인에 관한 강연 활동을 했다.

헬렌 켈러는 삼중고의 장애를 극복한 여성으로 유명하지만 작가로서 저술 활동도 활발히 했고, 연설가로 사회운동에도 적극적으로 나섰다. 특히 그녀가 당시 열렬한 사회주의자였다는 것은 잘 알려지지 않았다. 그녀는 1909년부터 사회당에 가입했으며 1차 세계대전 때 사회주의운동과 반전反戰운동을 열렬히 했고 전투적 노동자 단체인 IWW(세계산업노동자 동맹)에도 가입하여 사회주의 관련 운동에 앞장섰다.

헬렌 켈러는 그녀의 자서전 《미라클 워커》를 비롯한 총 12권의 책을 출판했고 많은 기사들을 썼다. 1968년 향년 87세를 일기로 파란만장한 일생을 마쳤다.

그녀에 대한 평가로 마크 트웨인은 다음과 같이 말했다.

"19세기에 위인 두 사람이 나왔다. 한 명은 나폴레옹 1세이고 다른 한 명은 헬렌 켈러다. 나폴레옹은 무력으로 세계를 정복하려고 꾀했지만 실패했다. 그러나 헬렌 켈러는 삼중고를 짊어진 채 마음의 풍요와 정신의 힘으로 빛나는 삶을 이루었다."

━━ 무엇을 위해 싸워야 한다는 말입니까?

다음은 1915년 12월 19일, 뉴욕에서 열린 '노동포럼'에서 그녀가 한 명연설의 요지다.

"전쟁의 고통은 항상 근로대중에게 돌아갑니다. 대중은 지배자들이 결코 틀리지 않는다고 교육을 받습니다. 그리고 수도 없이 전쟁터로 끌려 나가 죽임을 당합니다. 그러면 그 보상은 무엇입니까? 만약 죽지 않고 용케 살아 돌아온다면 이들이 마주하게 될 것은 무거운 세금이고 배로 늘어난 가난의 굴레입니다. 어느 시대에나 대중은 자신의 노동에 대한 정당한 보상을 박탈당하는 것처럼 자신의 애국심에 대한 정당한 보상 역시 강탈당해왔습니다.

전쟁의 무익함에 대한 역사적 증거에도 불구하고 미국은 전쟁을 준비하기 위해 10억 달러의 전비戰費와 백만의 병사를 모으고 있습니다. 조국 방위의 열렬한 선동가들 뒤에는 J. P. 모건과 다른 자본가들이 있습니다. 이들은 살인의 수단이 될 포탄과 무기제조공장에 투자한 자들입니다. 이들이 무장을 원하는 이유는 전쟁을 바라기 때문입니다. 왜냐하면 이들 자본가들은 자신들의 소름 끼치는 거래를 위해 새로운 시장을 개척하길 원하기 때문입니다.

나의 조국은 세계입니다. 그래서 어떤 전쟁도 나에게는 동족상잔의 공포를 의미합니다. 저는 인류의 형제애와 만인의 만인을 위한 봉사야말로 참된 애국심이라고 생각합니다. 우리를 구원할 유일한 싸움은 세계가 자유와 정의 그리고 만인의 풍요를 향해나가는 데 기여하는 싸움입니다. 무엇보다도 가장 훌륭한 방어태세는 타국의 적대감을 약화시키고 친교를 맺는 것입니다. 노동자가 전쟁으로부터 얻을 것은 아무것도 없습니다. 만약에 민주국가들이 전쟁 대비에 실패해서 세계 제국이 등장한다고 할지라도 노동자들은 두려워할 게 전혀 없습니다. 노동자는 사슬밖에는 잃을 게 없으며 얻을 것은 세상입니다.

도대체 무엇을 위해 싸워야 한다는 말입니까? 조국의 독립? 이는 지배자들의 독립을 의미할 뿐입니다. 여러분이 더 나은 생활조건을 요구할 때 여러분을 감옥에 처넣는 그 법? 아니면 국기國旗? 그것은 여러분이 자유를 누리며 가정을 꾸리는 그런 나라의 깃발입니까 아니면 여러분이 임금 상승과 노동 시간 단축을 위해 파업투쟁을 할 때 주먹질을 퍼붓는 그런 나라를 상징하는 것입니까? 여러분은 살인명령을 받았을 때조차 복종해야 한다고 가르치는 지배자들의 종교를 위해 싸우렵니까?

자, 이제 인간을 야수로, 신을 괴물로 전락시키는 지배자들의 종교, 그들의 문명, 그들의 왕과 관습을 쓰레기더미로 만들어버립시다. 자유를 위한 나팔소리가 울리게 합시다. 노동자들이 하나의 거대한 세계적 노동조합을 건설합시다. 노동자들이 참된 자유와 행복을 쟁취할 전 지구적인 반란을 시작합시다."

열정의 꽃,
라 파시오나리아

스페인의 여성 혁명가 '라 파시오나리아'로 널리 알려진 그녀의 본명은 돌로레스 이바루리 고메스다. 스페인 제2공화국과 스페인 내전에서 정치 지도자로 두각을 드러냈고, 스페인 공산당의 역사적인 지도자다.

그녀는 1895년 광산 노동자의 열한 남매 중 여덟 번째로 태어났다. 가난한 탓에 고등교육을 받지는 못했으나 독학으로 마르크스의 책들을 읽었고, 뒷날 모스크바 대학교에서 명예 박사학위를 받았다. 광산 노동자이며 사회주의자인 남편과 결혼했고, 1918년 〈미네로 비스카이노〉 신문에 처음으로 기사를 발표했는데, 이때 필명이 '열정의 꽃'이라는 뜻의 '라 파시오나리나'였다. 1920년 이후 스페인 공산당에 입당했으며 당 중앙대회에서 중앙위원에 선출된 그녀는 모스크바에서 열리는 제13차 공산당 전체회의에 스페인 대표로 참석했다. 아수트리아스 지방 광산노동자 폭동을 주도한 혐의로 투옥을 당하기도 했다.

1939년 스페인 내란 당시 프랑코군과 맞서 싸운 저항세력의 상징으로 통하는 전설적인 존재가 되었다. 그녀는 내란 초 마드리드 방송을 통해 공화파들을 독려했고, 프랑코군이 마드리드시를 포위했을 때에는 부녀들에게 끓는 물과 칼을 들어 이에 대항할 것을 호소하기도 했다. '노 파사란(그들은 통과할 수 없다)' '무릎을 꿇고 살 바에야 서서 죽는 편이 낫다'는 그녀의 말은 너무도 유명하다.

내란이 프랑코 장군의 승리로 끝나자 그녀는 소련으로 탈출했다. 소련은 따뜻하게 그녀를 맞이했고 망명기간의 대부분을 소련에 있었으므로 신변의 안전이 보장되었다. 2차 세계대전의 막바지 무렵, 그녀는 스페인 공산당 총서기로 선출돼 1960년까지 이 직책을 맡았다. 물론 몸은 소련에 있었다. 1960년 총서기 자리를 후임자에게 물려주고 그녀는 자서전 《단 하나의 길El unico Camino》을 집필하여 출판했다.

1963년 그녀는 쿠바혁명 5주년기념식에 참석하여 피델 카스트로의 곁에 앉았고, 1964년 흐루시초프의 생일축하회에서 연설자 일곱 명 중 한 명으로 나섰다. 1965년 12월 소련 정부는 영웅들에게 주는 최고의 훈장인 '레닌훈장'을 그녀에게 수여했다. 그녀는 반 세기 가까이 스페인 공산당의 상징이고 우두머리였으며, 국제 공산당의 거물이었다.

프랑코가 죽고 스페인의 군사독재가 끝나자 그녀는 장장 38년간의 소련 망명생활을 청산하고 81세 노파가 되어 1977년 스페인으로 귀환했다. 스페인 공산당 의장이 된 그녀는 그해 6월에 실시된 총선에 당선돼 국회의원이 되었다. 그 역할은 정치적이지만 동시에 상징적이었다. 1989년 마드리드에서 폐렴으로 사망했다.

▬▬ 노 파사란, 그들은 통과하지 못할 것입니다

다음은 그녀가 1936년 8월에 인민광장에서 10만의 노동자들을 열광시킨 명연설이다.

"발렌시아 동지 여러분! 저는 에스파냐의 운명과 특히 노동자 여러분의 미래가 결정될 이 비극적이고 암울한 시각에 여러분에게 달려왔습니다. 입안이 얼얼하도록 화약가루를 맡으며 저 과다라마스 산기슭과 산 정상에서 우리의 전투가 얼마나 중요한지 절실히 느끼며 파시즘 마수에 빠지느니 차라리 죽겠다고 싸우고 있는 우리의 동료에 대해 가눌 길 없는 복잡한 마음을 안고서 달려왔습니다.

저는 전쟁터에서 여러분에게 달려왔습니다. 온갖 무기로 무장한 적을 물리치겠다는 큰 뜻 하나로 열정과 자기희생 그리고 높은 헌신만으로 무장한 채, 전쟁터에 뛰어든 영웅적인 서사시의 주인공들이 싸우고 있는 저 위대한 전쟁터에서 달려왔습니다.

국가의 자유를 위협하는 적과 싸우기 위해 전선으로 뛰어든 것과 마찬가지로 후방의 우리도 그런 열의를 갖는다면 저는 여러분께 이렇게 말씀드리겠습니다. 발렌시아 노동자 여러분, 군인들의 손에서 무기를 보았을 때, 정부를 위해 충성하는 군인의 손에서 권총을 보았을 때, 제가 했던 말을 여러분에게 말씀드리겠습니다.

파시즘은 무사히 통과하지 못할 것입니다. 왜냐하면 파시즘의 진로를 막아왔던 우리의 방어가 더욱 강해졌기 때문입니다. 또한 비겁한 적은 우리를 전쟁터로 이끄는 이상적인 목표를 갖고 있지 않기 때문에 맹렬하게 돌진해오지도 않을 것이기 때문입니다.

반면에 우리는 적과 함께 죽어가는 에스파냐가 아닌 우리가 원하는 '민주 에스파냐'를 위해 이상과 사랑의 날개를 달고 태어났습니다.

우리가 에스파냐에 대해 말할 때는 단순히 한 국가의 이름만을 뜻하지 않습니다. 우리가 말하는 에스파냐는 옛 전통에 매여 있는 에스파냐가 아니라 민주적인 에스파냐입니다. 우리가 말하는 에스파냐는 농부에게 땅을 주고, 노동자들이 산업을 지배하는 사회이며, 사회보험을 도입하여 노동자들이 늙어서 노숙자로 전락하지 않게 하는 곳입니다.

우리가 의미하는 에스파냐는 완전하게, 종합적으로, 그리고 혁명정신으로, 모든 혁명의 기반이 되는 경제 문제를 해결할 것입니다….

오만한 파시스트 지도자들과 그 밑에 있는 군대가 저지르는 끔찍하고 몸서리쳐지는 야만스러운 행동을 우리는 고발해야 합니다. 지나가는 곳마다 모든 문명과 문물을 파괴했던 반달족Vandals의 현대판이며, 파시스트들이 지나가는 곳과 벌이는 일마다 단테의 지옥이 재현되고 있습니다. 학살당한 아이들과 노인들, 강간당한 뒤 절단되어 뒹구는 여인들의 몸뚱이, 파괴되는 문화재들. 그들은 지나가는 곳마다 죽음과 고립의 씨를 뿌리고 있습니다.

만일 자신의 힘과 신념에 한껏 흥분된 사람들이 막아서지 않는다면 파시스트들이 점령한 지역마다 벌어지는 일들을 장차 에스파냐 전역에서 목격하게 될지도 모릅니다.

우리는 머지않아 승리를 할 것이며, 우리의 후손들에게 돌려줄 것입니다."

약자의 대변자,
함석헌

━━ 필설로 권력에 저항한 자유의 투사

올해 탄생 114주년이 되는 함석헌咸錫憲은 사상가·민권운동가·잡지
발행인 등 여러 가지로 불리기도 하지만 일생을 항일과 반독재 투
쟁에 필설로 저항한 자유의 투사였다. 내가 학생시절 목격한 함석
헌 선생은 하얗고 긴 수염에 백발을 날리며, 하얀 두루마기 차림으
로 연단에 올라 꼿꼿하게 서서 열변을 토했는데, 그야말로 청중의
폐부를 찌른 사자후였다.

함석헌의 연설이 있다는 포스터가 붙으면 학교 운동장이 꽉 찰
정도로 청중이 운집했다. 언론탄압의 시대에 누구도 감히 입을 열지
못했던 공포의 상황에서 선생은 거침없이 자기가 하고 싶은 말을 다
했으며, 그 통쾌한 비판에 사람들은 "옳소"를 연발하며 환호했다.

함석헌은 일제강점기에는 어둠에 묻힌 민족의 정체성을 역설하
여 민중에게 희망과 비전을 제시하다가 투옥되었고, 자유당 시절
에는 〈생각하는 백성이라야 산다〉는 논설을 썼다가 교도소에 갔으
며, 5·16쿠데타로 너나할 것 없이 겁에 질려 입을 다물고 있을 때
는 〈5·16을 어떻게 볼까〉란 비판하는 글을 썼다. 다음은 〈사상계〉

에 실렸던 5·16 비판의 글이다.

"아파도 아프다는 소릴 못하고, 슬퍼도 목을 놓고 울어도 못 본 이 민중을… 이제 해방이 되려는 이 민중을 또다시 입에 굴레를 씌우지 마라. 정신에 이상이 생겼거든 지랄이래도 마음대로 할 수 있도록 돼야 할 것이다. 4·19 이후 처음으로 조금 열렸던 입을 또 막아? (…)

혁명은 민중의 것이다. 민중만이 혁명을 할 수 있다. 군인은 혁명 못한다. 어떤 혁명도 민중의 전적 찬성 전적 지지 전적 참가를 받지 않고는 혁명이 아니다. 그러므로 독재가 있을 수 없다. 민중의 의사를 듣지 않고 꾸미는 혁명은 아무리 선의로 했다 해도 참이 아니다. (…) 학생이 잎이라면 군인은 꽃이다. 5월은 꽃달 아닌가? 5·16은 꽃이 한 번 핀 것이다. 잎은 영원히 남아야 하는 것이지만 꽃은 활짝 피었다가 깨끗이 뚝 떨어져야 한다. (…)

박정희님, 내가 당신을 국가재건최고회의 의장이라고도 육군대장이라고도 부르지 않는 것을 용서하십시오. 여러분은 아무 혁명이론이 없었습니다. 단지 손에 든 칼만을 믿고 나섰습니다. 그러나 민중은 무력만으로 얻지 못합니다."

또한 평화시장의 청년 노동자 전태일이 열악한 노동조건에 항거하여 분신자살을 하자, 그의 추도식에 참석한 함석헌은 다음과 같이 연설했다.

"오늘 우리는 전태일을 추도하기 위해 모였다고 하지만 사실을 말하면 그에게 추도란 있을 수 없는 일입니다. 스스로 자기 손으로 자기 목숨을 불사른 사람에게 죽음을 슬퍼한다는 것이 무슨 의미가 있습니까? 나는 그보다도 차라리 우리가 그를 살려내야 한다고 말하고 싶습니다.

전태일을 살려야 합니다. 그는 우리를 위해 죽었습니다. 우리가 그를 참아 죽은 채로 둘 수가 없습니다. 아닙니다, 전태일은 죽은 사람이 아니라 산 사람입니다. 그는 그 죽음으로 우리 앞에 삶을 절규하고 있습니다. 그 그를 어찌 차마 죽음 속에 묻어두고 썩혀둘 수가 있습니까? 전태일을 살려야 합니다."

덧없이 죽어갈 뻔했던 한 노동자의 희생을 '민주열사로 부활'시킨 것도 함석헌의 연설이다.

■■■ 암흑시대 민중을 일깨운 메시지

다음은 1963년 7월 24일, 〈조선일보〉 1면에 발표한 함석헌의 서면 연설이다.

"이름 없이 일하고 있고, 생각하고 나타나고 있는 인문의 무리들, 우리는 나라의 밑터요, 문화의 지붕이며, 역사의 줄거리요, 삶의 씨알입니다. 우리 밖에 정치가 또 따로 있는 것이 아니며, 우리 밖에 지식인이 또 따로 있는 것이 아니요, 이 우리를 내놓고 군인이니 학생이니 하는 것이 따로 있는 것이 아닙니다. 그것은 우리의 뼈대며 신경이요, 잎사귀며 꽃입니다. 우리가 전체요, 전부입니다.

오랫동안을 우리는 잠을 잤습니다. 꿈을 꾸었습니다. 어떤 놈이 우리를 깔고 앉는 것 같고, 목을 조르는 것 같았습니다. 무엇이 귀에 대고 속삭이는 것 같았고, 삼킬 듯이 으르렁대는 것 같았습니다. 그래 몸부림을 치고, 뒹굴고, 고래고래 소리를 지르고, 통곡도 하고, 이젠 죽었다 낙심하기도 했나 봅니다. 깨고 보니 그랬던가 봅니다. 이젠 깼습니다. 그래요, 깨어나기 시작했습니다. 우리는 사람입니다.

이 나라의 동포들! 큰일 났습니다. 이 삶에 경련이 일어납니다. 물러가도 도깨비가 다시 돌아서 우리 목을 조릅니다. 아니오, 일없습니다. 절대로 이 나라는 망하지 않습니다. 망할 리가 없습니다. 망할 수도 없습니다. 이젠 망했다 하는 그 생각이 망한 것입니다. 그것이 도깨비입니다. 깹시다. 살을 꼬집고, 혀를 깨물어서라도 깹시다. 깨야 합니다.

여러분! 무조건 뭉쳐라, 복종해라 하는 독재자의 말에 속지 마십시오. 우리는 개성을 가져야 합니다. 우리는 하나가 돼야 하지만, 그 하나는 분통에 들어가서 눌려서 꼭 같은 국수발로 나오는 밀가루 반죽 같은 하나는 아닙니다. 3,000만에서 2999만 9999가 죽는 일이 있어도, 남은 한 알 속에서 다시 전체를 찾고 살려낼 수 있는, 하나 속에 전체가 있고 전체 속에 하나가 있는 그런 개성적인 하나입니다. 문제는 여러 가지여도 우리가 하는 일의 뜻은 하나로, 성격 건설에 있음을 알아야 합니다. 말은 거칠고 순서 없는 말이나, 조그마하나마 정성에서 하는 말입니다. 말을 다하지 못하여도, 알아주시는 깊은 마음이 여러분 속에 가 있는 줄 믿고 그치겠습니다.

아아! 그럼 생각합시다! 그럼 꿈을 기립시다! 그럼 겁을 내지 말고, 속에 있는 대로 외칩시다. 자, 이젠 일어섭시다! 일어섭시다!"

함석헌은 시대를 꿰뚫어보는 혜안을 가지고 있었고, 그의 스피치는 한문체나 외래어가 없이 순수한 우리말로 유려하고 알기 쉬우며, 수사학적으로 반복법 점층법을 사용하여 청중의 심금을 울렸다. 요즘은 왜 함석헌의 스피치처럼 감동을 주는 사자후가 없을까.

가난한 사람들의 어머니,
마더 테레사

━━ 맨주먹으로 홀로 시작한 봉사활동

'빈자貧者의 성녀', '평화의 천사', '가난한 사람의 어머니'로 추앙을
받았던 마더 테레사Mother Theresa. 그녀의 본명은 '아녜즈 곤제 보야지
우'로 1910년 마케도니아의 스코페에서 세 남매 중 막내딸로 태어
났다. 아버지는 그녀가 여덟 살 때 사망했고, 어머니는 가톨릭의 계
율에 따라 그녀를 교육시켰으며 이런 환경에서 자란 그녀는 수녀
가 되기로 결심했다.

1928년 인도의 선교 활동을 주로 하는 아일랜드 로레토 수녀원
에 들어간 뒤, 인도 콜카타로 보내져 성 메리 고등학교에서 지리학
을 가르쳤고, 1944년에는 교장이 되었다. 이 시기 그녀는 학교 밖
의 처참한 인도 빈민들의 삶을 보게 되었다. 그녀는 1946년, 피정
을 가던 기차 안에서 '가난한 이들 가운데 가장 가난한 이들에게 봉
사하라'는 계시를 받았다고 한다.

1948년 그녀는 3개월 간 간호학을 배운 경험과 몸에 지닌 단돈
5루피(약 120원)를 밑천 삼아 혈혈단신으로 모티즈힐 빈민촌에 찾
아갔다. 테레사가 '이곳에 학교를 열고 싶다'고 하자 주민들은 열렬

히 환영하며 자녀들을 학교에 꼭 보내겠다고 약속했다.

그러나 테레사에게는 칠판도 분필도 살 돈이 없었다. 테레사의 첫 수업은 다섯 명의 어린이들을 대상으로 웅덩이 근처의 나무 아래서 시작되었다. 테레사 수녀는 당시의 모습을 이렇게 말했다. "조그만 나뭇가지로 땅바닥에 글자를 썼습니다. 어린이들은 허리를 굽혀 땅바닥을 들여다보고 있었습니다. 우리들의 학교는 이렇게 시작되었습니다."

테레사는 인도 사람들과 동화하기 위해 검은 수녀복을 벗고 인도의 흰색 사리를 입었다. 흰색 사리는 인도의 여인 중 가장 가난하고 미천한 여인들이 입는 옷이었는데 이 옷은 훗날 테레사 수녀를 상징하는 옷이 되기도 했다. 또한 국적마저 인도로 바꿨다.

1950년 테레사가 새로 설립한 수도회 '사랑의 선교회'가 교황청 직속으로 인가를 받아 본격적인 활동에 들어갔으며 회헌會憲(수도회의 구체적 생활지침)에 '총장'을 '마더Mother'라고 부르기로 했으므로 이날부터 '테레사 수녀'는 '마더 테레사'가 되었다.

《성경》에 "네 시작은 미약했으나 네 나중은 심히 창대하리라"(〈욥기〉 8장 7절)고 했듯이, 마더 테레사가 인도 빈민촌에서 미미하게 시작한 '사랑의 선교회'는 현재 한국을 포함한 130여 개국에 600여 곳의 구호시설을 운영하는 세계적인 조직이 되었다.

마더 테레사는 1979년 노벨평화상을 받았는데 수상 축하연에 사용될 돈을 빈민구제기금으로 써달라고 요청한 일화가 있다. 마더 테레사는 자선가에게 주어지는 각종 상과 선량한 종교인이 받는 각종 상들을 수상했다. 1980년에는 인도에서 가장 높은 등급의 시민 훈장인 바라트 라트나Bharat Ratna를 받았다.

마더 데레사는 한 평생을 가난한 사람들의 어머니로, 세상 사람들에게 위대한 사랑의 실천이 무엇인가를 보여주고 1997년 9월 5일 이 세상을 하직했다. 그녀의 장례식은 인도 국장國葬으로 치러졌는데 세계 각국의 정상을 비롯하여 150만 명의 조문객이 운집했다.

━━ 노벨평화상 수상 연설

다음은 1979년 마더 테레사가 노벨평화상을 받으며 한 연설의 요지다.

"오늘 이 자리에 우리가 함께할 수 있음을 신께 감사드립니다. 우리에게 평화의 선물을 일깨워주시고 우리가 평화로서 삶을 살아갈 수 있음을 일깨워주신 신께 감사드립니다. 우리는 사랑하기 위해 태어났으며, 사랑받기 위해 태어났습니다. 가난한 사람들은 아주 대단한 사람들입니다. 그들은 우리에게 아름답고, 소중한 것들을 가르쳐줍니다. 그들은 먹을 것도, 살 수 있는 집도 없는 사람들입니다. 그러나 그들은 대단한 사람들입니다. 가난한 사람들은 아주 경이로운 사람들입니다.

어느 날 저녁 외출을 했다가 노숙자 네 명을 거두었습니다. 그들 중 한 명은 생명이 아주 위험한 상태여서 나는 수녀들에게 말했습니다. '여러분은 다른 세 명을 보살펴주세요. 저는 가장 아픈 듯한 이 사람을 돌보겠습니다.' 나는 내가 사랑으로 할 수 있는 데까지 그녀를 보살펴주었습니다. 그리고 침대에 누워 있는 그녀의 얼굴에서 아름다운 미소를 보았습니다. 그녀는 내 손을 잡고 단 한마디를 했습니다. '고마워요.' 그리고 숨을 거두었습니다.

나는 그녀 앞에서 그녀를 돕지 못했다는 사실 때문에 내 양심을 시험하지 않을 수 없었습니다. 그리고 내가 그녀였다면 어떤 말을 했을지 양심에 물어보았습니다. 내 대답은 매우 간단했습니다. 내가 그녀였다면 나는 나 자신에게 관심을 갖게 하려고 노력했을 것입니다. 나는 내가 배가 고프고, 추우며, 고통스럽고, 죽어가고 있다고 말했을 것입니다. 또는 다른 무언가를 말했겠지요. 그러나 그녀는 그렇게 말하지 않고 나에게 훨씬 더 많은 것을 주었습니다.

그녀는 나에게 그녀의 감사하는 사랑의 마음을 주었습니다. 그녀는 얼굴에 미소를 지으며 죽었습니다. 우리가 개천에서 데려왔던 어떤 사람도 그녀와 같았습니다. 우리는 그를 집으로 데려왔습니다. '나는 길거리에서 동물처럼 살아왔습니다. 그러나 내가 사랑받았고 보살핌을 받았기에 나는 천사처럼 죽어갈 것입니다.' 누구도 비난하거나 저주하지 않고, 누구와 비교하지도 않고, 그렇게 죽어갈 수 있는 훌륭함을 보는 것은 경이로운 일이었습니다. 그는 천사와도 같았습니다. 이것은 우리 인간의 위대함입니다.

우리가 서로를 사랑할 수 있는 능력은 신이 우리에게 주신 선물입니다. 서로 사랑합시다. 지금 우리의 사랑을 나눕시다. 그리고 우리가 만나는 모든 생명과 사랑의 기쁨을 함께합시다. 빛을 내뿜는 기쁨은 현실이 됩니다. 우리 모두 이것을 실천합시다. 그리고 우리 모두 항상 서로에게 미소로 대합시다. 서로에게 미소를 베풉시다. 그대들에게 신의 축복이 있기를!"

한국 여권운동의 선구자,
이태영

━━ **최선의 삶을 살다 간 여성운동가**

여성 교육자이자 법조인, 정치인, 페미니스트 운동가로 평생 동안 바쁘게 살다간 이태영李兌榮 여사, 그녀에겐 '최초'가 붙어 다닌다. 서울대학교 역사상 최초의 여대생, 사법고시 역사상 첫 여성 합격자 그리고 대한민국 최초의 여성 변호사다.

이태영은 평안북도 운산에서 태어났다. 아버지는 그녀가 첫돌을 넘겼을 때 사고로 세상을 떠나 어머니는 어려운 집안 살림을 혼자 꾸려가야 했지만 "아들딸 가리지 않고 공부 잘하는 아이만 끝까지 뒷바라지 하겠다"면서 딸 이태영을 두 아들과 평등하게 가르쳤다.

그래서 주위의 어른들이 '아들은 귀하고 딸은 귀하지 않다'고 차별 대우하는 것을 이상하게 여기며 자랐고, 어느 날 오빠가 '억울한 사람을 대신해서 죄가 없다는 것을 밝혀주는 사람이 변호사'라고 하는 말을 듣고, 그녀는 가슴속에 '변호사'라는 단어를 깊이 새기게 된다. 그녀는 열심히 공부하여 법학과에 들어가려고 했으나 여자라는 이유로 받아주지를 않아, 이화여자전문학교 가사학과에 입학하여 수석으로 졸업한다. 그 후 평양여고 교사로 부임했으며 여기서 일생의 동반자가 된 정일형 목사를 만나 결혼한다.

"당신이 하고 싶어 하는 법률 공부를 하라"는 남편 정일형의 격려를 받으며 서른두 살의 나이에 서울대학교 법대에 입학하고, 고등고시 사법과에 합격하여 변호사가 되었다. 1956년에 여성법률상담소(한국가정법률상담소의 전신)를 세웠고, 63년에는 이화여대 법정대학 교수 겸 학장이 되어 법학도들을 양육했다. 69년에는 '한국이혼 연구'로 서울대학교에서 법학박사 학위를 받았고, 73년에는 세계여자 변호사회 부회장이 되었으며, 76년에는 소외된 모든 여성을 위한 100인의 후원을 받아 '여성백인회관'을 세웠다.

그녀에 대한 에피소드도 많다. 그녀는 대학생 시절 전국웅변대회에 나가서 〈제2의 인형〉이란 연제로 여성도 남성들과 똑같이 존중받아야 한다고 열변을 토했다. 남자들은 소리를 지르고 난리였지만 이태영은 당당히 1등을 했다. '웅변가 이태영'의 탄생이다.

또한 1942년 남편 정일형이 감옥에 있는 동안 이태영은 생계를 위해 이불 장사를 했다. 이때 '날이 잘 드는 가위 하나만 있었으면…' 하는 것이 그녀의 소원이었다고 한다. 해방 후 이 이야기를 들은 정일형은 외무부장관이 되어 외국에 갈 때마다 가위를 하나씩 사서 이태영에게 "어려운 때를 잊지 말고 살자"라는 말과 함께 선물했다고 한다.

그런가 하면 1980년에 김대중 내란음모사건 재판 당시엔 증인으로 출석하여 김대중의 결백을 주장했다. 당시 군 검사관이 증언을 제지하자 이태영은 그의 면전에 대고 "눈이 나빠 사람을 똑바로 보지 못하면 안경을 하나 더 끼고 사람을 똑바로 보시오! 지금 자신이 무슨 짓을 하고 있는지 생각해보란 말이오! 자식들한테 부끄럽지도 않소?!"라고 호통을 쳤으며, 방청석에서는 박수갈채가 쏟아졌다고 한다.

━━ 청춘은 청춘답게 살아라

다음은 1974년 한국언어문화원 주최 '언어교양대학'에서 했던 이태영의 강연 마지막 부분이다.

"젊은이가 젊은이다운 건, 이 시대의 진리를 추구하며 미래지향적인 사고방식에 탐닉할 때 진면목을 보여줍니다. 현실 사회의 부조리, 부패, 부정, 무질서 등 모든 악습을 일소하고 쇄신하려면, 아니 쇄신할 수 있는 소망 있는 전제가 있다면, 그건 바로 청춘을 누리는 젊음에 있습니다.

영국의 옥스퍼드 대학교에 갔더니 '1941년도 졸업생은 한 사람만 남고 모두 죽었다'고 씌어 있었습니다. 2차 세계대전이 발발했을 때, 국가 운명이 흔들릴 때, 옥스퍼드 대학생은 한 사람도 남지 않고 전선에 나갔다가 다 죽고 한 명만 살아남았다는 것입니다. 학교에 들어가서 벽에 새겨진 이름을 보고 엘리트라는 것은 시민의 책임을 가르치는 교육이라는 것은, 민족의 번영을 위해서, 정의를 위해서 생명을 초개같이 버린다는 사실을 실감했습니다.

가장 소망이 큰 청춘 여러분! 자기의 장래는 물론, 가족과 함께, 온 민족과 함께 번영하고 영속하고, 통일을 가져오고 싶다면 힘을 갖춰야 합니다. 만일 우리 청춘이 맥빠지고, 얼이 없고, 의타적이고, 안일하고, 방탕하다면, 방종적이고, 퇴폐적이고, 무질서하고, 무절제하다면, 내일의 우리 장래는 낙후된 민족의 오명을 벗지 못할 것입니다.

그렇다면 힘이란 무엇일까요? 우리에겐 땅도, 돈도, 자연도 넉넉지 않습니다. 이제 우리에게는 무엇이 의지할 근본일까요? 하나밖에 없습니다. 그것은 바로 '인간의 질質'입니다. 청춘에 사는 '젊은 이의 질'에 있습니다. 사람 수를 말하는 것이 아닙니다. 이스라엘이 1967년 6일 전쟁을 하던 날, 280만이 1억을 이기는 비결을 우리는 보았습니다. 기적을 보았습니다. 그 민족이 갖고 있는 질質의 여부가 아니었던가요. 우리 민족 중에서도 장래가 구만리 같은 젊은 청춘, 여러분들이 얼마만한 희망을 얼마만한 야심을 갖고, 얼마만큼 멋있게 한민족韓民族의 엘리트로, 핵심으로 사느냐에 따라 국가 민족의 운명을 좌우할 수 있는 것입니다.

우리의 심장인, 우리의 장래를 떠맡은 청춘 여러분! 사랑을 하지 않고는 살 수 없다는 여러분, 여성을 사랑해야 되겠고, 남자도 사랑해야 되겠지만, 민족도 사랑하고, 국가도 사랑하십시오. 운명 공동체인 내 민족이 죽으면 나도 같이 죽으리란 생각을 한다면, 나 하나 잘사는 것은 아무 의미 없다는 것을 내 젊을 때 알았으면 내가 그렇게 했을 것을, 다 늙어 죽어가며 이를 깨달아 여러분에 전해주니 위대한 민족사회를 위해 살아주기를 기대하며 다음의 당부를 하고 말을 마치고자 합니다.

여러분! 청춘 중에 위대한 청춘, 건실한 청춘, 협동심을 갖춘 청춘, 절도 있는 청춘, 부지런한 청춘, 함께 살며 번영하길 원하는 청춘, 세계에 제일가는 청춘 중의 청춘이 돼라!"

아프리카의 전설,
넬슨 만델라

━━━ **'섬김과 퇴장의 미학'을 보여준 지도자**

'용서와 화해의 상징', '아프리카의 대부'로 불리는 남아프리카공화국 최초의 흑인 대통령 넬슨 만델라Nelson Mandela! 그는 '20세기 인권의 상징'으로 추앙받는 전설적인 인물이다.

그는 1918년 트란스케이의 수도 움타타의 한 작은 마을에서 부족장의 아들로 태어났다. 1940년 포트헤어 대학교에서 법학을 전공하던 중 흑인들의 비참한 현실을 깨달으면서 학생운동을 하다가 퇴학당한다. 1943년 비트바테르스란트 대학교에 입학했고, 1952년 변호사 시험에 합격하여 흑인으로는 최초로 법률상담소를 열어 흑인들의 희망이 되었다.

남아프리카공화국 정부의 인종분리정책에 대항해 싸우던 만델라는 1956년 시민 불복종 캠페인 '자유헌장' 작성 등에 관련되어 반역죄로 기소되지만 무죄로 석방된다. 1960년 70여 명이 숨지는 '샤프빌 대학살사건'에 큰 충격을 받은 그는 비폭력 노선을 포기하고 폭력 무장투쟁으로 돌아섰으며 1962년 체포되어 5년형을 선고받는다.

370

수감 중이던 1964년에는 사보타주와 폭력혁명을 획책한 혐의로 다시 재판을 받게 된다. 만델라는 이 재판에서 감동적인 자기변호를 펼쳤다.

"나는 백인의 지배에 대하여 싸우고, 흑인의 지배에 대해서도 싸워왔습니다. 나는 모든 사람이 함께 화목하게, 그리고 동등한 기회를 부여받으며 살아가는 자유민주사회에 대한 이상을 간직해왔습니다. 그것은 내가 희망하고 달성하고자 하는 이상입니다. 필요하다면 나는 그 이상을 위해 목숨을 바칠 준비도 되어 있습니다."

재판 결과 만델라는 종신형을 선고받고 로벤 섬 교도소에 갇힌다. 그러나 '달도 차면 기운다'고 백인 정부는 흑인들의 지속적인 투쟁과 국제적인 압력에 굴복하여 1990년 2월 만델라를 석방하기에 이른다. 석방 후에는 대화와 타협을 통해 새로운 역사를 만들어낸 공적으로 1993년 노벨평화상을 받는다.

1994년 4월에는 남아공에서 최초로 흑인이 참여하는 자유총선거가 치러졌다. 여기서 만델라는 남아프리카공화국 최초의 흑인 대통령으로 당선되었다. 만델라는 백인들에 대한 일체의 정치적 보복을 하지 않았고 흑백화합을 위해 노력했으며 섬김의 미학을 실천했다. 또한 대통령직에서 물러날 때도 "나는 내 국민과 조국을 위해 내가 해야 할 의무를 했다고 느끼기에 이만 물러갑니다"라며 퇴장의 미학을 제대로 보여주었다.

▬▬ 흑인민권운동의 투사 만델라의 연설

다음은 1964년 4월 20일, 사보타주 혐의로 재판을 받을 때 자기를 변호하면서 한 명연설이다.

"재판장님, 남아프리카공화국은 누구를 위한 국가입니까? 남아프리카공화국에 흑인의 자리는 어디에 있습니까? 국민의 가슴에 총을 겨누는 국가는 어디에 있습니까?

이 법정에 서야 할 사람은 제가 아니라, 이 국가의 백인 정부입니다. 백인만을 위한 법을 만들고, 흑인을 착취하여 인간과 인간 사이에 차별을 만든 이 국가의 정부가 죗값을 치러야 합니다.

저는 사랑하는 남아프리카공화국이 모두가 평등한 민주국가가 되도록 양심에 따라 행동했습니다. 국가가 국민을 무력으로 진압한다면 반대로 국민도 국가를 상대로 무력을 행사할 수 있습니다. 우리는 우리의 생존을 위하여 투쟁했던 것입니다. 저는 남아프리카공화국에 자유와 평등, 진정한 민주주의가 오는 그날까지 투쟁을 계속할 것입니다."

만델라는 변호사로 편하게 살 수 있었으나 인종차별 철폐운동의 투사가 되어 가시밭길을 걷는다. 백인 정부는 그가 흑인자치구에서 거주하고 무장투쟁을 포기하면 석방시켜주겠다고 설득했지만 만델라는 달콤한 제안을 거부하고 감옥살이를 계속한다.

다음은 그가 오랜 감옥 생활을 끝내고 석방된 날 연설한 것이다.

"동지들, 동포 여러분, 오늘 저는 인류 전체의 평화와 민주와 자유의 이름으로 여러분 모두에게 인사합니다. 지금 저는 예언자가 아니라 여러분의 충직한 하인으로 이 자리에 서 있습니다. 여러분의 영웅적 희생이 없었다면, 오늘 저는 감히 이 자리에 설 수 없었을 것입니다. 그렇기 때문에 저는 앞으로 남은 인생을 여러분의 손에 맡기겠습니다.

우리가 1960년에 아프리카 국민회의ANC의 군사단체인 '국민의 창'을 결성하고 무장투쟁에 나선 것은 폭력을 서슴지 않는 아파르트헤이트에 맞서기 위한 정당방위였습니다. 우리가 무장투쟁에 나설 수밖에 없었던 요인, 즉 백인정부의 차별과 억압은 오늘날에도 고스란히 남아 있습니다. 그러므로 우리에게 다른 선택은 있을 수 없습니다. 하지만 저는 조만간 협상의 분위기가 무르익고 더 이상 무장투쟁이 필요 없는 상황이 오기를 간절히 바라고 있습니다.

정부는 지금 당장 국가비상사태를 중단해야 합니다. 그리고 정치범 전원을 아무 조건 없이 석방해야 합니다. 자유로운 정치활동이 보장되는 상황에서만, 우리는 국민의 뜻을 물을 수 있고, 국민의 대표자로서 정부와 협상에 나설 수 있기 때문입니다.

협상의 대표자를 뽑고 협상의 내용을 결정하기 위해서는 반드시 우리 국민의 뜻을 물어야 합니다. 국민의 머리꼭대기에서, 국민의 등 뒤에서 이뤄지는 협상은 아무 의미가 없습니다. 인종과 상관없이 오직 민주적으로 선출된 집단만이 우리나라의 미래를 결정할 수 있습니다. 인종격리정책의 폐지를 논의하는 자리에서는 반드시 우리 국민의 간절한 염원을 밝혀야 합니다. 민주적이고 인종차별이 없는 하나의 남아프리카를 세우자는 우리 국민의 간절한 염원 말입니다. 인종격리정책의 불평등 체제를 종식하고, 이 나라의 민주주의를 뿌리내리게 하려면, 백인의 권력독점을 끝내고, 우리나라의 정치 및 경제구조를 근본적으로 바꿔야 합니다."

'내면의 평화'로 크게 성공한
S. N. 고엥카

── **사업가에서 명상법 지도자로 변신한 남자**

2000년 8월, 유엔 본부에서는 세계의 종교적·정신적 지도자 1,000명이 모인 가운데 '밀레니엄 세계평화회의'가 열렸다. 이 회의는 세계의 종교가 서로를 인정하고 평화와 대화를 촉진하는 것을 목적으로 했는데, 초청 연사는 고엥카S. N. Goenka였다. 많은 종파의 주의주장이 대립할 것으로 예상되었지만, 종파를 초월한 고엥카의 연설은 박수갈채를 받았다.

그렇다면 이날의 주인공 고엥카는 어떤 사람일까? 그는 1924년에 버마 만달라이의 힌두교 사업가 집안에서 태어났다. 소년 시절에는 공부를 열심히 했고, 열여섯 살에는 랑군에 있는 대학교에 진학했지만 아버지가 편찮아지자 집안의 사업을 관리해야 했다. 당시의 관습대로 어린 나이에 결혼을 했고, 일찍이 사업에 성공해서 지역단체들의 회장이 되었다.

그러나 그는 아주 심한 편두통으로 고생했다. 며칠씩 잠을 못 자는 일이 몇 년 동안 지속되었다. 날이 갈수록 일반적인 진통제는 듣지를 않았고 급기야 모르핀까지 사용하게 되었다. 그는 전 세계를 돌아다니면서 유럽이나 미국, 일본 등의 명의名醫를 찾아 치료를 해보았지만 별 효험이 없었다.

그러던 중 친구가 권한 것이 위빠사나 명상이었고 스승 우바킨 Sayagyi U B Khin을 만나게 되었다. 우바킨은 버마 정부의 고위 관료였고, 승가僧家에서 대대로 내려오는 위빠사나 명상에서 미리 지명된 최고 스승인 마스터master였다. 고엥카는 그의 지도로 위빠사나를 수행하기 시작해 곧 편두통으로부터 해방되었을 뿐만 아니라, 돈으로 살 수 없는 큰 행복을 발견했다.

위빠사나를 전수 받으면서 놀라운 체험을 한 그는 14년 간 스승의 지도 아래 수행했으며 마침내 위빠사나 명상을 가르쳐도 좋다는 인가를 받았다. 마흔다섯이 되던 1969년, 그는 노모가 살고 있는 인도 뭄바이로 돌아와 어머니와 다른 열세 명의 수련생들을 위해 위빠사나 명상코스를 지도했다. 불교 수행이지만 종교성을 강조하지 않는 위빠사나의 장점은 빠른 속도로 입소문을 타기 시작했고, 그는 쇄도하는 요청으로 인도 전역을 돌아다니며 명상을 지도했다.

마침내 1976년에는 이가뜨푸리에 담마기리 명상센터와 위빠사나 국제 아카데미가 세워졌다. 1979년부터 해외 전법을 시작해 오늘날에는 외국으로 확산되어 인도의 45개를 비롯해 미국, 영국, 호주, 일본, 동남아 등에 55개의 명상센터가 설립되어 있으며 800여 지도자들이 130여 개국에서 '위빠사나 10일 집중 수행'을 무료로 지도하고 있다.

그의 명성은 국제적으로 널리 알려져 스위스의 다보스 세계경제포럼에서 연설을 했으며 유엔 세계평화 정상회담에 연설 초청을 받았다. 2012년, 인도 대통령은 고엥카에게 '파드마 상'을 수여했다. 이는 인도 정부가 민간인에게 주는 것 중 가장 영예로운 상이다.

━━━ 세계평화는 '내면의 평화'로부터 시작됩니다

다음은 2000년 8월 29일, 유엔 초청으로 세계평화회의에서 고엥카가 한 연설의 요지다.

"세계의 정신적, 종교적 지도자들이시여. 우리가 인류에 봉사하기 위해 결속하는 멋진 기회가 주어졌습니다. 종교는 결속해야 진정한 종교입니다. 사람들을 갈라놓고 대립시키는 종교는 진짜 종교라 할 수 없습니다. 이 회의에서는 '개종改宗'이라는 것에 대해서 찬반의 많은 의견이 오가고 있습니다. 저는 '개종'에 대해서는 대찬성입니다.

단 하나의 종교에서 다른 종교로 개종한다는 의미가 아닙니다. 그것은 고통에서 행복으로의 개종, 속박에서 해방으로 개종, 증오에서 자비로 개종하지 않으면 안 됩니다. 그것이 오늘날 세계에서 요구하는 것이며, 그 실현을 위해 이 회의에서 추구해야 할 것입니다.

모든 성자와 현인은 이렇게 말했습니다. '네 자신을 알라.' 이것은 논리 위에서, 감정적이거나 신앙심에서 알아두어야 할 뿐만 아니라 실제적 체험에서 경험으로 깨닫는 것을 의미합니다. 자신에 대한 진리를 스스로 내면에서 진실로 경험하게 될 때 인생의 과제는 저절로 해결되겠지요.

그때 보편의 법, 자연의 법을 사람은 이해하기 시작합니다. 이것은 만인을 같이 관장하는 법입니다. 분노나 증오, 악의, 원한 같은 감정을 마음에 일으키면 그 희생에 첫 피해자는 자기 자신입니다. 우선 나를 훼손하고 그러고 나서 다른 사람을 다치게 합니다.

필요한 것은 부정한 마음부터 청정한 마음으로 개종하는 것입니다. 그 개종은 멋진 변화를 사람에게 줄 것입니다. 마법도 기적도 아닙니다. 자신 안에서 마음과 몸의 상호작용을 관찰하는 그것은 순수과학입니다. 마음이 몸에 어떤 영향을 주고, 몸이 마음에 어떤 작용을 미치는가 인내심을 가지고 관찰해보십시오. 마음에 해로운 감정이 깃들 때 고통이 시작됩니다. 해로운 감정이 없을 때 안락과 평화를 느낍니다. 이 자기관찰의 기술은 누구도 실천할 수 있습니다.

인도에서 세계에 전하는 평화의 메시지를 들어주십시오. 이상적인 왕으로 알려진 아쇼카 대왕이 2300년 전에 돌기둥에 조각한 것이고 올바른 통치에 대해서 설파한 것입니다.

'자신이 신앙하는 종교만 인정하고 남을 깔보는 것이어서는 안 된다.'

종교라는 이름에 걸맞게 종교는 모두 사랑과 자비를 베풀고, 선의를 가르치는 것이 핵으로 되어 있습니다. 그 일에 경의를 품어야 합니다. 가르침의 바깥쪽은 다를지도 모릅니다. 종교 의식과 의례, 제사, 신앙은 천차만별입니다. 그러나 그 바깥의 차이에 대해서 싸움을 하는 것은 그만둡시다. 그보다 안쪽의 핵이 되는 가르침을 서로 인정합시다.

대립과 비판을 버리고 모든 종교를 꿰뚫는 정신을 인정하는 것이 중요합니다. 그래야 진정한 평화, 조화가 실현될 수 있습니다."

흑인 민족주의자,
말콤 엑스

━━ 불량배에서 인권 운동가로

'범아프리카주의자', '흑인 운동의 아버지', '이슬람 지지자', '흑인의 영웅'으로 불리는 급진적 흑인해방운동가 말콤 엑스Malcolm X. 그는 미국 중부 네브래스카주 오마하에서 여섯 남매 중 넷째로 태어났다. 침례교 목사였던 그의 아버지는 신자들에게 선조의 고향인 아프리카로 귀향할 것을 설교했는데 이를 못마땅하게 생각한 백인우월주의 폭력단체인 KKK 단원들에게 참혹하게 살해되었다. 어머니는 이일로 정신착란을 일으켜 정신병원으로 격리되었고, 형제들은 뿔뿔이 흩어져 남의 집에 맡겨졌다.

초등학교에서 문제아로 낙인찍힌 말콤은 얼마 후 퇴학 처분이 되어 거리에서 말썽을 일으키다가 미시건주 랜싱 소년원에 수감되었다. 소년원에서 중학교에 들어간 말콤은 마음을 잡고 공부에 전념, 우수한 성적으로 반장을 맡기도 했다. 졸업을 앞두고 그는 인종차별을 피부로 느끼는 생생한 경험을 하게 된다.

장래 직업을 묻는 담임선생님의 질문에 "변호사가 되겠다"고 대답하자 주위 선생님들 모두가 어처구니 없어하는 표정을 지으면서 목수나 수리공이 될 것을 권유했다. 그러면서도 자기보다 성적이 낮은 백인 학생들에게는 의사나 변호사가 될 것을 권유하는 것을 본 말콤은 심한 모욕감을 느끼고 이후 백인들에 대해 마음의 벽을 쌓기 시작했다.

학교를 졸업한 말콤은 또래 친구들과 어울려 뉴욕 할렘가로 진출했다. 이때부터 무장 강도범으로 체포되기까지 도박과 범죄, 마약과 방탕한 생활을 일삼으며 살았다. 당시 말콤은 그저 그런 불량배에 불과했다. 21세에 강도죄로 투옥되었는데 이때 이슬람 신앙을 받아들였고, 백인들에게 대항하는 새로운 삶을 시작하게 된다. 본래 이름은 '말콤 리틀'이었고 '말콤 엑스'는 그가 이슬람에 입교하면서부터 썼다.

말콤 엑스는 석방 후 흑인해방 운동가로 활동하게 되었는데, 흑인의 분노를 대담하게 표명한 그의 탁월한 언사와 웅변은 흑인사회에 지대한 영향을 주었다.

그는 흑인이야말로 최초의 인류를 계승한 적자라고 주장했고 백인은 '악마'라고 비난했으며, 백인우월주의에 맞서 흑인우월주의를 내세웠다. 미국의 흑인인권운동이 인종주의 자체를 부정했던 것에 비해 말콤 엑스는 흑인분리주의를 지지했다. 즉 미국에 흑인만이 사는 나라를 세우자고 했다. 말콤 엑스는 '만약 미국에 흑인의 나라를 세울 수 없다면 아프리카로 돌아가자'고 주장했다. 그러던 1965년 2월 21일, 뉴욕 맨해튼의 오더번 볼룸에서 아프로 아메리칸 연대기구와 관련된 연설을 준비하던 중 갑자기 들이닥친 흑인 괴한들의 총격을 받고 현장에서 죽었다.

—— 투표권이냐 총알이냐?

다음은 1964년 4월 3일, 오하이오주 클리블랜드의 코리감리교회에서 한 것으로, 미국 대중연설 학자 137명이 선정한 '20세기 미국 연설 톱 100 중 7위'의 명연설이다.

"오늘 우리는 '투표권과 총알'이라는 주제로 이야기하고자 합니다. 저는 흑인민족주의의 자유투사입니다. 저의 정치적, 경제적 그리고 사회적 철학은 흑인민족주의입니다. 흑인민족주의의 정치적 철학은 흑인사회의 정치와 정치인에 대해 흑인들이 통제할 수 있어야 한다는 것입니다. 백인들이 우리 흑인사회에 와서 그들이 정치적 지도자가 될 수 있도록 우리가 자신들에게 투표하게끔 하고, 또 우리에게 무엇을 하고 무엇을 하지 말아야 할 것인가에 대해 말하는 시대는 이제 끝났습니다.

우리는 반드시 우리 커뮤니티의 정치를 이해하고 정치 행태를 이해해야 합니다. 우리가 정치적으로 성숙해지지 않는다면 우리는 항상 기만당하거나 이용당하게 될 것입니다. 따라서 흑인민족주의의 정치 철학이란 우리 민중의 눈을 뜨게 해줄 재교육에 대한 정치적 프로그램을 수행한다는 것을 의미합니다. 흑인민족주의는 스스로를 돕는 철학입니다. 흑인민족주의는 400년 간 괴롭힘을 당한 2,200만 명의 '미국 흑인'들에게 자유를 가져올 것입니다.

1964년은 투표권을 위한 투쟁의 해가 될 것입니다. 흑인들은 너무나 오랫동안 백인들의 속임수와 거짓말, 거짓된 약속에 속아왔습니다. 이제 꿈과 환상에서 깨어나 불만과 좌절 속에서 어떤 행동을 취하고자 합니다. 흑인 청년들, 새로운 세대가 '투표권이냐 총알이냐'를 외치고 있는 것입니다. 만약 당신이 감옥에 가게 된다고 하더라도 그게 무슨 상관이란 말입니까? 만일 당신이 흑인이라면 당신은 태어나기를 감옥에서 태어난 것입니다. 당신이 흑인이라면 북부이건 남부이건 간에 당신은 감옥에서 태어난 것입니다.

당신은 누가 백악관에 입성하고 누구는 패자가 될지를 결정할 수 있는 자리에 있습니다. 힘이 있다는 것입니다. 당신은 존슨이 워싱턴에 남을지를 결정하고, 텍사스 목화밭으로 돌려보낼 수도 있습니다. 당신은 케네디를 워싱턴으로 보낸 사람이며 워싱턴에 민주당 행정부를 들여앉힌 장본인이기도 합니다. 흑인의 투표가 핵심요소라는 걸 알 수 있으실 겁니다.

남부에서 그들은 노골적인 정치적 늑대들입니다. 북부에서 그들은 정치적인 여우들이지요. 여우나 늑대나 결국 갯과의 동물입니다. 이제 여러분에게 선택이 달려 있습니다. 북부의 개를 선택하시겠습니까 아니면 남부의 개를 선택하시겠습니까? 왜냐면 어떤 개를 선택하든지 장담하건대 여러분은 여전히 개집에 살게 될 것이기 때문입니다.

이것이 제가 '투표권이냐 총알이냐'라는 것을 말하는 이유입니다. '자유 아니면 죽음을'과 같은 말입니다. 최근 미국은 독특한 상황을 맞고 있습니다. 역사적으로 혁명은 피를 요구합니다. 그렇습니다. 피를 흘리지 않는 혁명은 없습니다. 혁명은 시스템을 전복시키고 파괴합니다. 혁명은 피를 요구합니다. 따라서 저는 결론적으로 우리가 이 문제를 해결하는 유일한 방법은 단결과 협력이며, 흑인민족주의가 열쇠라고 말씀드립니다."

비운의 혁명가,
체 게바라

━━━ **의사 출신에서 혁명가로 변신한 사나이**

'영웅적 게릴라', '붉은 그리스도', '공산권 최고의 스타', '세계에서 가장 잘생긴 남자'라는 수식어가 붙은 혁명가 체 게바라Che Guevara, 본명은 '에르네스토 라파엘 게바라 데 라 세르나'지만 '체 게바라'라는 별명이 더 잘 알려졌다.

그는 1928년 아르헨티나 로사리오에서 다섯 형제 중 장남으로 출생했다. 그의 집안은 스페인에서 아르헨티나로 이주했고, 상류층에 속했다. 아버지는 병원 원장이었고 어머니는 문학과 사상에 열정적인 여성이었다. 그는 어린 시절 경제적으로 부족함 없이 자랐다.

1945년 부에노스아이레스로 이주, 체 게바라는 1947년 부에노스아이레스 의과대학교에 입학했다. 그는 성실한 학생이었으며, 아버지의 영향으로 스포츠와 여행을 즐겼고 어머니의 영향으로 독서와 예술가들과의 만남을 좋아했다.

1953년, 부에노스아이레스 의과대학교에서 박사학위를 받고 의사가 되었다. 그는 친구와 라틴아메리카 대륙을 여행하면서 피폐한 남미의 현실을 보며 충격에 빠졌다. 결국 자본주의를 타도하기 위해 혁명가의 삶을 살아갈 것을 다짐하고 과테말라 혁명에 참여했으나 실패하고 멕시코로 탈출했다. 1955년 평생 동지인 변호사 출신의 피델 카스트로와 만나 쿠바에서 혁명의 불길을 일으키기로 결심, 혁명군에 투신하게 된다.

멕시코에서 쿠바혁명군을 조직하여 군사훈련을 받고, 피델 카스트로와 함께 쿠바로 침투했다. 1957년 반군부대의 대장을 맡았고, 쿠바 바티스타 정부군과 싸웠다. 1959년 카스트로가 정권을 잡자 쿠바 시민이 되어 요새사령관, 국가토지개혁위원회 위원장, 중앙은행 총재, 공업장관 등을 역임하며 '쿠바의 두뇌'로 쿠바 정권의 기초를 세워나갔다. 하지만 그의 대중적인 매력이나 혁명가로서의 투지와는 달리 산업화나 경제부흥은 실패하고 말았다.

엎친 데 덮친 격으로, 쿠바가 혁명군에게 점령되자 위기를 느낀 미국이 1961년 쿠바(플라야 히롱)를 침공했다. 공격은 물리쳤지만 쿠바는 경제봉쇄를 당하게 되었다. 위기에 몰린 체 게바라는 소련에 경제적 지원과 무기원조를 요청했고, 쿠바에 소련미사일을 배치하여 미국의 공격에 대비하는 외교 성과를 이루었다. 하지만 소련은 미국과 협상으로 약속을 지키지 않았다.

체 게바라는 소련은 더 이상 사회주의혁명을 지원하는 종주국이 아님을 천명하고, 자신의 역할은 노동계급을 위한 대중혁명을 지원하는 것이며, 쿠바에서 성공한 혁명을 라틴아메리카 전역에 확산하는 것을 목표로 삼았다. 그리고 다시 게릴라로 돌아가기로 결심했다.

산악지대에서 소규모 게릴라부대를 조직한 후 라틴아메리카 전체의 혁명을 계획하고 활동하던 중 1967년 볼리비아 산중에서 정부군에게 포위되어 총상을 입고 생포되었다. 체 게바라는 다음날 곧바로 총살을 당했다.

그는 비록 실패하고 39세로 단명한 '비운의 혁명가'였지만 그의 삶을 조명한 영화가 세 편이나 제작될 정도로 사후에도 인기가 계속 되었다. 체 게바라는 영원히 불멸의 투쟁가로 기억될 것이다.

▬ 조국이냐 죽음이냐!

다음은 체 게바라가 1964년 12월 11일, 유엔 본부에서 한 명연설의 마지막 부분이다.

"아메리카 대륙의 산과 초원에서, 평지와 밀림에서, 황야와 도시의 길에서, 넓은 바다와 강변에서, 이 세계는 몸서리치기 시작했습니다. 조심조심 앞으로 손을 뻗어 자신이 얻고자 하는 것을 위해 죽음을 각오하고 500년 동안 어떤 사람들로부터 조소되어온 권리를 쟁취하려 하고 있습니다. 바로 지금이야말로 역사는 아메리카 대륙의 가난한 사람들에 대해 생각하게 되는 것입니다.

착취와 푸대접을 받아온 사람들, 자신의 손으로 그 탄생부터 지금에 이르는 역사를 저술하기 시작하기로 결단한 사람들, 이미 그런 사람들은 노상에 나타나 그 발로 서서 며칠 동안 그들의 권리를 얻기 위해, 통치기구의 한 정상을 향해 긴 거리를 행진하고 있습니다.

아니면 이미 그 사람들은 돌과 몽둥이, 칼로 무장한 모습을 곳곳에서 매일이라도 볼 수 있으며, 땅을 점거하고 자신의 그 땅에 갈고리를 깊이 꽂아 자신의 삶과 함께 그곳을 지키고 있습니다. 상징과 구호, 깃발을 들고, 그것을 산과 평원을 스치고 지나가는 바람에 휘날리는 모습을 보이고 있습니다.

분노, 정의의 희구, 발길질을 당하고 짓밟힌 권리를 달라는 외침으로 태어난 파도는 라틴아메리카의 대지를 뒤덮으며 결코 멈추지 않을 것입니다. 허구한 날, 그 파도는 계속 부풀어오르고 있습니다. 그 파도는 모든 곳에서, 그 노동으로 부를 쌓아올린 그 손에 의해 역사의 실을 뽑고 있는 듯한, 엄청난 수에 이르는 다수파의 사람들로 채워진 것입니다. 긴 세월에 걸쳐 복종의 잔혹한 잠에서, 지금이야말로 사람들은 깊은 잠에서 깨어나고 있습니다.

이 인간이 모인 큰 군중은 '이젠 지겹다!'고 목소리를 높여 행진을 시작한 것입니다. 그들 거인의 행진은 진정한 독립을 장악할 때까지 멈추지 않습니다. 물론 지금까지 보답 받지 못한 죽음도 한두 번이 아닐 것입니다. 그러나 여기서 죽을 사람은 플라야 히롱에서 죽은 쿠바인처럼 죽을 것입니다. 자신의 진실과 불요불굴의 독립을 위해 기꺼이 죽을 것입니다.

여기에 계시는 모든 특별사절 여러분, 라틴아메리카 대륙에 가득 찬 새로운 의지는 매일 또렷하게 들리는 비명 속에서 만들어진 선언입니다. 그들에게는 싸우기 위한, 침략자가 무기를 들고 있는 손을 움직이지 못하도록 하기 위한 결의가 있으며, 그 선언은 그들의 결의에 대해 바꿀 수 없는 표현입니다. 세계의 모든 사람들에 대한 이해와 지원의 뜻을 담아 호소하는, 하나의 절규가 있습니다. 조국이냐 죽음이냐!"

탁월한 연설가,
마틴 루터 킹

—— 비폭력으로 항거한 인권운동가

미국 인권운동의 상징인 마틴 루터 킹Martin Luther King, Jr은 마하트마 간디, 마더 테레사와 더불어 '20세기 인본주의'로 유명한 인물이다. 루터 킹은 흑인 목사의 장남으로 태어나 모든 굴욕을 경험하면서 성장했다.

흑인에 대한 억압과 야만적인 상황은 미국 사회 곳곳에서 벌어졌다. 흑인은 공원에도, 영화관에도 들어갈 수 없었고, 백인이 가는 레스토랑에서 식사도 할 수 없었다. 그밖에도 인종이 격리된 학교, 백인과 유색인종을 구별하는 음수 시설의 장소, 그리고 경찰의 만행과 법정에서 부당한 판결이 그들을 둘러싼 현실이었다.

루터 킹이 보스턴 대학교를 졸업(철학박사)하고, 앨라배마 주 몽고메리 침례교회 목사로 부임했을 때 운명적인 사건이 일어난다. '로자 파크스'라는 흑인 여성이 앉아 있는 버스 좌석을 '백인에게 양도하라'는 버스기사의 명령에 불복하고 맞서며 일어난 사건이다. 그날 흑인 지도자 그룹은 긴급회동을 갖고 '몽고메리개혁촉진협회'를 창설했다. 그리고 회장에 26세의 젊은 루터 킹이 선출되었다.

그날 밤의 궐기대회에서 루터 킹은 훌륭한 연설로 리더로서의 자질을 인정받았다.

이 연설에서 킹 목사는 "그동안 참아만 왔던 분노의 감정을 더이상 숨기지 말고 이제야말로 솔직하게 나타내고 일어서야 한다"고 선언했다. 그러나 어디까지나 '항의의 무기'를 사용해야지 폭력은 안 된다고 비폭력저항운동을 강조했다.

이후 루터 킹은 인종차별주의자들의 눈엣가시가 되어 이듬해 집에 폭발물이 던져진다. 다행히 가족은 무사했지만 현관은 파괴되었다. 이 소식을 듣고 귀가한 킹은 보복의 마음에 불타 총과 몽둥이를 들고 모여든 흑인들에게 말한다.

"폭력으로 보복해도 문제가 해결되지 않습니다. 미움은 사랑으로 보답해야 합니다."

5,000명이 넘는 군중은 그의 말에 감명을 받고 돌아갔다. 그의 비폭력사상이 폭력을 막는 첫 순간이다. 사건이 언론에 보도되면서 흑인 지도자로서의 그의 입장은 결정적으로 굳어졌다.

루터 킹의 연설은 수사학의 걸작으로 높은 평가를 받고 있으며, 설교의 형식과 비슷하게 되어 있다. 그의 연설은 《성경》처럼 널리 숭배되는 문서를 인용하여 호소하며 미국독립선언, 노예해방선언, 미국헌법과 같은 문서를 연상시킨다. 연설의 시작 부분에서 킹은 '100년 전'이라는 문구로 링컨의 게티스버그 연설을 인유引喩하고 있다. 또한 '나에게는 꿈이 있다'를 반복하여 희망을 갖게 하고 '자유의 종을 울리시오'를 반복법과 점층법으로 활용해 청중의 행동을 촉구하고 있다.

다음은 1963년 8월 28일, 노예해방의 지도자 링컨 동상이 우뚝 선 돌계단에서 25만 명이 운집한 청중에게 사자후를 토한 마틴 루터 킹의 대표적인 명연설이다.

"나는 오늘 우리나라 역사에 가장 위대한 행진으로 기록될 행사에, 여러분과 함께 참가한 것을 기쁘게 생각합니다. 백 년 전에 위대한 한 미국인이, 오늘 우리는 그를 상징하는 건물의 그늘에 서 있습니다만, 노예해방선언서에 서명을 했습니다. 이 역사적인 선언은 불의의 불꽃에 그슬려온 수많은 흑인 노예들에게 위대한 희망의 횃불이었습니다. 이 선언은 노예로서 살아온 기나긴 밤의 끝을 알리는 기쁨에 찬 여명이었습니다.

그러나 백 년이 지난 후, 흑인들은 여전히 자유롭지 못합니다. 백 년이 지난 후에도, 흑인들은 슬프게도 여전히 격리라는 쇠고랑과 차별이라는 쇠사슬에 얽매여 제대로 생활을 할 수 없습니다.

나는 오늘 나의 친구인 여러분들에게 우리가 오늘도, 내일도 그런 어려움을 겪을지라도 이렇게 말하겠습니다. '나에게는 여전히 꿈이 있다'고. 그것은 아메리칸 드림 속에 깊숙이 뿌리박힌 꿈입니다. 나에게는 꿈이 있습니다. 언젠가 이 나라가 모든 사람은 평등하게 만들어졌다는 것을 명백한 진실로 여기고, 그 진실한 신념의 의미를 갖는 날이 오는 꿈입니다.

나에게는 꿈이 있습니다. 언젠가는 조지아의 붉은 언덕 위에서 노예들의 후손과 노예 소유주들의 후손이 형제처럼 식탁에서 함께 둘러앉게 살게 되는 꿈입니다. 나에게는 꿈이 있습니다. 학대와 불공평의 열기가 이글거리는 미시시피 주조차도 언젠가 자유와 정의의 안식처로 바뀌는 꿈입니다. 나에게는 꿈이 있습니다. 나의 네 명의 아이들이 피부색이 아니라 인격으로 능력을 평가받는 나라에 살게 될 날이 올 것이라는 꿈입니다.

오늘 나에게는 꿈이 있습니다! 지금은 악의적인 인종차별주의들이 있으며, 주지사의 입에서 주권 우위설과 무효라는 말만 쏟아져 나오는 바로 저 앨라배마 주에서도 흑인 소년소녀들이 백인 소년소녀들과 형제자매로서 손을 잡게 될 날이 오리라는 꿈입니다.

자유의 종을 울리시오. 뉴햄프셔의 거대한 산꼭대기로부터 자유의 종소리가 울려 퍼지게 합시다. 뉴욕의 웅대한 산봉우리에서 자유의 종을 울리시오. 펜실베이니아의 높은 앨러게니 산맥에서 자유의 종을 울리시오. 콜로라도의 눈 덮인 로키산맥에서 자유의 종을 울리시오. 캘리포니아의 구불구불한 비탈길에서도 자유의 종을 울리시오. 그러나 그것만이 아닙니다. 조지아의 스톤 산에서도 자유의 종을 울리시오. 테네시의 룩아웃 산에서도 자유의 종을 울리시오. 미시시피의 모든 언덕과 구릉지에서도 자유의 종을 울리시오. 모든 산등성이에서 자유의 종소리가 울려 퍼지게 합시다.

우리가 자유의 종을 울릴 때, 모든 가정과 시내에서, 모든 주요 도시에서 자유의 종을 울릴 때, 우리는 하느님의 모든 자녀들, 흑인과 백인들이, 유태인과 이교도들이, 신교도와 구교도들 모두가 손에 손을 맞잡고, 그 옛날 흑인영가를 앞당겨 부를 것입니다. '드디어 자유다! 전능하신 하느님 감사합니다. 우리는 드디어 자유다!'"

게이 인권운동의 순교자,
하비 밀크

━━ 미국 최초로 공직에 선출된 게이

"자유의 여신상에는 '피곤한 자와 가난한 자는 모두 내게로 오시오. 그렇게 갈망하던 자유를 호흡하시오'라고 쓰여 있습니다. 독립선언문에는 '모든 사람은 평등하게 태어났고 조물주는 몇 개의 양도할 수 없는 권리를 부여했으며, 그 권리 중에는 생명과 자유와 행복의 추구가 있다'고 쓰여 있습니다. 애국가에는 "오- 성조기는 여전히 휘날리고 있는가. 자유의 땅, 용감한 자들의 고향이여!"라고 노래하고 있습니다. 그것이 미국입니다. 아무리 발악해도 그 말을 독립선언문에서 지울 수 없습니다. 그 말을 자유의 여신상의 대좌에서 깎아낼 수 없습니다. 그 말을 건너뛰고 애국가를 부를 수는 없습니다. 그것이 미국입니다! 그게 싫으면 미국을 떠나시오!"

1978년 6월 25일, '게이 자유의 날'에 하비 밀크가 한 말이다.

우리에게 좀 생소한 인물, 하비 밀크Harvey Bernard Milk는 어떤 사람일까?

그는 1930년 뉴욕주 롱아일랜드 지역에서 유대인의 아들로 태어나, 1951년 뉴욕 주립대학교를 졸업하고, 미 해군에 입대하여 한국전쟁 당시 장교로 잠수함에 승선했다. 제대한 후 롱아일랜드 조지 W. 휴렛 고등학교의 교사가 되었다. 그 후 보험사에서도 근무하고, 월 가의 연구원으로 일하는 등 자주 직업을 바꾸었다.

1972년 그는 뉴욕에서 캘리포니아주 샌프란시스코로 이주했다. 당시 미국 각지의 게이(동성애자)들이 자유를 찾아 샌프란시스코 카스트로 지역으로 몰려들면서, 그 지역의 경제적·정치적 영향력이 증가하고 있었다. 그는 카스트로 지구에 카메라 가게를 열었고, 게이 공동체의 리더로서 두각을 나타내자 지역 상인들로 구성된 협회의 대표자로 선출된다. 이를 기반으로 샌프란시스코 시의원 선거에 세 번이나 출마했지만 낙선했다.

그러는 동안 밀크의 적극적인 선거운동은 '카스트로 대로의 시장'이란 별명을 얻을 정도로 그를 유명하게 만들었고, 마침내 그는 1977년 샌프란시스코 시의원에 당선되었다. 게이임을 밝힌 사람으로서는 최초로 미국 대도시의 공직에 뽑힌 것이다. 그는 11개월 27일 동안 시의원으로 재직하며, 동성애자의 권리조례를 제정하는 등 소수자와 약자의 권리 옹호를 위해 노력했다.

그러나 1978년 11월 27일, 의원직을 사임했다가 다시 복귀하려고 했던 동료 시의원 댄 화이트에 의해 샌프란시스코 시장 모스코니와 함께 살해당했다. 모스코니 시장과 밀크 시의원 저격사건은 미국 사회에 큰 충격을 주었지만 그의 활동은 이후 동성애자 권리 옹호를 위한 기반을 닦은 것으로 널리 기억되고 있다.

짧은 재임 기간에도 불구하고 하비 밀크는 1999년 〈타임〉 지 선정 20세기 100명의 영웅'으로 뽑혔고 2002년에는 '미국 역사상 가장 유명하고, 자신의 성적 정체성에 있어서 가장 공개적이었던 공직자'로 불리게 되었다. 2008년 캘리포니아주 의회는 밀크의 생일인 5월 22일을 '하비 밀크의 날'로 규정하는 법안을 통과시켰다. 그의 이야기를 다룬 영화로는 1984년에 제작된 다큐멘터리 영화 〈하비 밀크〉가 있고, 극영화 〈밀크〉는 2008년 개봉되었으며, 2009년 버락 오바마 대통령은 그에게 미국 최고의 훈장인 '대통령 자유메달'을 추서했다.

━━ 소수의 약자들에게 희망을 주십시오

다음은 1978년 3월 10일, 캘리포니아 민주 회의의 집회에서 한 연설의 요지다.

"하비 밀크라고 합니다. 여러분을 동지로 모시기 위해 여기 왔습니다. 반년 전에 아니타 브라이언트는 '캘리포니아의 가뭄은 게이에 대한 천벌'이라고 말했습니다. 내가 선거에서 당선된 다음날, 오랜만에 비가 내렸습니다. 내가 첫 출근하는 날, 날씨는 맑았습니다. 그러나 내가 선서를 하며 '맹세합니다'라고 하는 순간 또 비가 내리기 시작했습니다. 그때부터 비가 줄곧 내리고 있으니 비를 그치게하는 유일한 방법은 샌프란시스코 시민들이 나를 소환하는 길밖에 없지 않나 싶습니다. 이것은 로컬 기사를 인용해 농담한 것입니다.

그런데 우리는 무엇 때문에 여기에 있습니까? 무엇 때문에 게이들은 이곳에 모였습니까? 도대체 무슨 일이 벌어지고 있습니까? 내게 일어나고 있는 일들은 여러분이 신문이나 라디오로 보고 듣는 것과는 정반대입니다. 여러분은 지금 보수적인 움직임들에 대해 읽고 들었을 겁니다. 우리는 하나로 뭉쳐서 보수적인 움직임과 맞서 싸워야 합니다.

1977년을 되돌아보고, 정말 보수적인 움직임이 있었는지 생각해봅시다. 1977년 마이애미에서 게이들이 권리를 박탈당했습니다. 그러나 잊어서는 안 될 것은 이 마이애미에서의 소동 전후 두 주 동안 '동성애자'나 '게이'라는 말이 긍정적인 것, 부정적인 것을 포함하여 이 나라의 모든 신문지상을 장식했다는 점입니다. 모든 라디오와 텔레비전 방송국 그리고 일반 가정에서도 그랬습니다. 세계 역사상 처음으로 '동성애'에 대해서 말했습니다.

그럼 지금 바로 커밍아웃을 할까 하는 게이인 젊은이들이 텔레비전에서 (동성애를 반대하는) 아니타 브라이언트가 말하는 걸 들으면 어떤 기분일까요? 그들이 필요로 하는 것은 긍정적이 될 수 있는 '희망'입니다. 그들에게 희망을 주어야 합니다. 더 나은 세계에 대한 희망, 더 나은 내일에 대한 희망, 집에서 압박에 견딜 수 없게 될 때 들어갈 수 있는 보다 좋은 장소가 있다는 희망, '괜찮아, 분명 모두 좋아질 거야'라는 희망, 게이뿐 아니라 흑인과 노인, 장애를 가진 사람들도, 우리 모두는 희망이 없으면 완전히 포기해버립니다. 더 많은 게이가 선거에서 뽑히면 그것은 공민권이 박탈된 것이나 다름없다고 느끼는 사람들에게 앞으로 나아가라고 하는 전진의 신호가 될 것입니다.

그래서 오늘 내가 전해야 할 메시지가 있다면 그것은 게이라도 선거에서 이길 수 있다는 것입니다. 이것은 앞으로 나아가라는 신호입니다. 여러분, 좋습니까? 당신도, 당신도, 당신도, 그리고 당신도, 여러분 한 사람 한 사람이 사람들에게 희망을 주십시오."

살아 있는 성인,
달라이라마

━━━ 티베트의 정신적 지주, 달라이라마

티베트인에게 '살아 있는 부처'로 추앙받는 티베트의 지도자, '살아 있는 성인'으로 세계인의 관심과 존경을 한 몸에 받고 있는 14대 달라이라마Dalai-Lama는 인도 북부 히말라야 산 기슭에 티베트망명정부를 세우고 10만여 명의 티베트 난민들과 함께 살고 있다.

달라이라마란 큰 바다를 뜻하는 '달라이'와 영적인 스승을 뜻하는 '라마'가 합쳐진 말로, '바다와 같이 넓고 큰 덕의 소유자인 스승'을 뜻한다. 티베트 불교의 종파인 겔루크파의 수장인 법왕의 호칭으로 티베트의 정신적 지도자이며 실질적인 통치자다.

달라이라마는 자신이 입적하기 전에 환생할 장소나 인물에 대해 예시한다. 이를 가지고 고승들은 후대 달라이라마가 될 아이를 찾게 된다. 전대 달라이라마가 환생했다고 여겨지는 아이는 그것을 확인할 시험을 치르게 되는데, 전대 달라이라마가 입적하기 전에 사용하던 염주와 유품들을 섞어놓고 물건을 고르게 하는 것이다. 이렇게 선택된 아이는 달라이라마로서의 자질을 갖출 교육을 받고 18세가 되면 정식으로 달라이라마에 즉위한다.

현재의 달라이라마는 14대째, 텐진 가초Tenzin Gyatso인데 그는 1935년 티베트 암도 지방의 농가에서 출생했으며 어린 시절 이름은 '라모 톤둡'이었다. 두 살 때 제13대 달라이라마의 환생자로 인정받았으며 1940년 제14대 달라이라마로 공식 취임했다.

1945년 티베트는 중국 국민당 정부로부터 독립했으나 1949년 마오쩌둥이 중화인민공화국을 세우고 티베트 정부에 중국의 일부로서 지역자치를 권했다. 티베트인들이 이를 받아들이지 않고 완전한 독립을 주장하자 중국은 1950년 여름 무력으로 창두를 점령했다. 달라이라마는 어쩔 수 없이 중국의 '화평해방' 정책을 받아들일 수밖에 없었다.

그러던 1959년 3월, 티베트에서 반反중국 반란이 일어났다. 그 진압 과정에서 중국군은 12만여 명에 달하는 티베트인들을 학살했고 6,000여 개의 불교사원을 파괴했다. 달라이라마는 국제적 지원과 티베트 독립운동을 지속하기 위해 인도로 망명하여 인도 동북부의 히말라야 산맥 기슭인 다람살라에 티베트 망명정부를 세우고 40여 년 간 티베트 문화의 정체성을 지키는 데 주력했다.

특히 비폭력 노선을 견지하면서 지속적으로 티베트의 독립운동을 전개해 결국 1959, 1961, 1965년에 걸쳐 유엔 총회에서 중국 정부를 상대로 '티베트의 인권과 자치권을 존중하라'는 결의안을 채택하게 했고 티베트의 무장 게릴라 조직인 캄바의 중국 무력투쟁 노선을 반대해 해산시키는 등 세계평화를 위한 비폭력주의를 고수했다. 이러한 공로로 1989년 노벨평화상을, 그 외 루스벨트 자유상(1994), 세계안보평화상(1994) 등을 받았다.

다음은 달라이라마가 1989년 노벨평화상 수상을 하면서 한 연설
의 요지다.

"저는 오늘 여기에 여러분과 함께 있으면서, 노벨평화상을 받게
되어 기쁩니다. 영광스럽고, 겸손해지고, 크게 감동스럽습니다. 여
러분들은 이렇게 중요한 상을 티베트에서 온 대단치 않은 승려에
게 주셨습니다. 이 상은 이타주의, 사랑, 자비, 비폭력에 대한 인정
입니다.

도처에 압제받는 사람들, 자유를 위해 투쟁하는 사람들, 세계평
화를 위해 애쓰는 사람들을 대신하여 저는 이 상을 큰 감사로 받습
니다. 또한 600만 티베트 사람들을 대신해서 받습니다. 저의 용감
한 남녀 동포들은 티베트에 있으면서 크게 고통을 받아왔고, 지금
도 그러합니다. 티베트의 국가적, 문화적 정체성을 파괴하기 위해
체계적으로 계획된 전략에 정면으로 맞서고 있습니다.

세계의 어디에서 왔든지 간에, 우리는 기본적으로 같은 인간입
니다. 우리 모두는 행복을 추구하고 고통을 피하고자 합니다. 인간
으로서 기본적으로 필요로 하는 것과 걱정도 같습니다. 우리 모든
인간들은 자유를 원하고, 개인으로서 그리고 국민으로서 우리의 운
명을 스스로 결정하는 권리를 갖고 싶어 합니다. 이것은 인간의 본
성입니다.

중국에서, 민주화를 향한 대중의 움직임이 무자비한 힘에 의해,
올해 6월에 짓밟혔습니다. 그러나 저는 그 시위가 헛된 것은 아니
라고 믿습니다. 중국인들 사이에 자유를 바라는 마음이 되살아났고

세계의 많은 곳으로 쏠려가고 있는 이러한 자유를 바라는 마음의 영향에서 중국이 완전히 벗어날 수는 없기 때문입니다. 용감한 학생들과 그들의 지원자들은 중국인의 리더십을 보여주었고, 전 세계에 대국의 인간적 면모를 보여주었습니다….

제가 믿기로 모든 고통은 무지에서 비롯됩니다. 사람들이 남들에게 고통을 가하는 것은, 그들의 행복과 만족을 추구하고자 하는 이기심에서 비롯됩니다. 그러나 진정한 행복은 내적인 평화와 만족에서 옵니다. 그것은 이타주의와 사랑과 자비를 키우고, 무지와 이기심과 탐욕을 소멸시킴으로써 얻어져야 합니다. 오늘날 우리가 직면하고 있는 문제들, 폭력적인 다툼, 자연의 파괴, 가난, 배고픔 등은 인간들이 만들어낸 문제이며, 인간의 노력을 통해 형제애와 자매애를 이해하고 이를 발전시키는 것을 통해 풀 수 있습니다. 우리는 서로에 대해, 그리고 우리가 함께 살아가는 터전인 지구에 대해 보편적인 책임의식을 키워야 합니다….

금세기 마지막 10년에 들어서면서 저는 낙관하고 있길, 인류를 지속시켜온 고전적 가치가 오늘날 그 가치를 재확인하면서 지금보다 더 애정이 있고 행복한 21세기를 맞이할 수 있도록 우리를 준비시키고 있습니다. 압제자와 친구를 포함해 우리 모두를 위해 기도합니다. 우리가 힘을 합쳐 인간에 대한 이해와 사랑을 통해 더 나은 세상을 만드는 데 성공할 수 있기를, 그리고 그를 통해 우리가 모든 유정의 아픔과 수난을 줄일 수 있기를. 감사합니다."

민주화운동의 상징,
아웅 산 수지

━━━ 장군의 딸로 태어난 민주화 투사

아웅 산 수지Aung San Suu Kyi는 1945년 '버마 독립의 아버지'인 아웅 산 장군의 딸로 태어났지만 그녀가 두 살 때 아버지는 정적에게 암살을 당했다. 1960년 어머니가 인도 대사로 임명되자 함께 인도에서 생활을 하다가, 1964년 영국으로 건너가 옥스퍼드 대학교에서 정치학을 공부하고, 미국 뉴욕 대학교 대학원에 진학했다.

그 후 유엔 직원 등의 일을 거쳐 1972년 영국인 남성 마이클 앨리스와 결혼한다. 당시 대학원생이던 마이클은 그 뒤 옥스퍼드 대학교를 거점으로 티베트와 부탄, 히말라야의 연구자로 대성한다. 아웅 산 수지는 마이클과의 사이에 아이 둘을 낳았고, 주부로서 육아에 쫓기면서 대학에서 연구를 재개해 버마문학 등을 테마로 한 연구논문을 집필하고 있었다.

그러던 1988년, 어머니가 위독해 병간호를 위해 영국에서 귀국한 후, 군사 통치에 반대하는 집회에서 학생들이 참혹하게 탄압당하는 장면을 목격하게 된다. 조국의 현실을 목격한 아웅 산 수지는 민중들의 부탁을 받고 일어선다. 쉐다곤 파고다 집회에 모인 50만 명의 청중 앞에서 '공포로부터의 자유'란 제목의 연설을 통해 민주화 투사로 제2의 인생을 시작하게 된다. 그녀는 연설에서 '부패한 권력은 권력이 아니라 공포다. 권력을 잃을지도 모른다는 공포는 권력을 휘두르는 자를 부패시키고, 권력의 채찍에 대한 공포는 거기에 복종하는 사람을 타락시킨다'고 했다.

그녀는 야당 세력을 망라한 '민족민주동맹NLD'을 창설하고 그 의장이 되었다. 그녀가 주도한 민주화운동은 독재자 네윈 장군을 권좌에서 물러나도록 만들었으나 결국 군사정부에 의한 대량학살의 비극으로 끝났으며, 수지는 1989년 가택연금에 처해졌다.

1990년 5월 미얀마 군사 정부는 서방의 압력에 의해 총선을 실시했다. 당시 수지는 피선거권을 박탈당한 상태였으나 그녀의 인기에 힘입어 총선 결과는 그녀가 이끄는 민족민주동맹이 82퍼센트의 지지로 압승했다. 그러나 군사 정부는 선거 결과를 무효화시켰다.

1991년 수지는 민주화운동의 공적을 인정받아 노벨평화상을 받았으며, 평화상 수상식에는 그녀가 연금 상태에 있어 두 아들과 남편이 그녀의 전면 사진을 들고 대신 참석했다.

그녀는 1989년 이후 몇 년의 휴지기를 포함해 2010년 석방에 이르기까지 총 15년을 가택연금 상태로 지내왔다. 그리고 2010년 11월 13일, 가택연금에서 해제된 아웅 산 수지는 2012년 4월 1일 치러진 국회의원 보궐선거에 출마해 하원의원에 당선됐고, 그녀를 중심으로 하는 민족민주동맹도 재보선 대상 45석 가운데 43석을 차지하는 압승을 거뒀다.

━━ 우리가 궁극적으로 지향하는 것은

다음은 2012년 6월 16일, 노벨평화상을 받은 지 21년 만에 노르웨이 오슬로 시청에서 아웅 산 수지가 한 명연설의 요지다.

"나는 시상이 발표되었을 때 자신의 반응이 어떠했는지를 떠올리려고 노력했습니다. 이런 느낌이었다고 생각합니다. '오, 그들은 나에게 수여를 결정했어.' 현실감은 전혀 없었습니다. 왜냐하면 나는 그때 내 자신이 현실적으로 느껴지지 않았기 때문입니다.

가택연금 상태에 있을 때 나는 이미 현실세계의 일부가 아닌 것 같은 느낌이 자주 들었습니다. 집이 온 세계였던 나, 감옥에 갇혀 있는 다른 사람들, 그리고 자유로운 세계가 있었습니다. 각각의 세계는 무관심한 우주에 다른 궤도를 가는 별도의 행성과 같았습니다.

평화상은 나를 격리된 장소에서 다른 사람들이 사는 세계로 되돌려 현실감을 되찾게 해주었습니다. 세월이 지나 수상의 반응이 전해지면서 노벨상의 의의를 이해하게 됐습니다. 더 중요한 것은 노벨상이 세계인의 관심을, 민주주의와 인권을 요구하는 버마의 싸움에 끌어들였던 것입니다. 우리는 잊혀져버리지 않았습니다. 잊혀져버리는 것은 자신의 일부가 죽는 것입니다. 인류 사회 전체와 연결된 고리를 끊어버리는 것입니다.

내가 평화상을 수상한 것은 억압되고 고립된 버마도 세계의 일부이며, 인류는 하나라고 노벨상위원회가 인정했다는 것입니다. 수상을 계기로 민주주의와 인권에 대한 나의 관심은 국경을 넘어 확산되었습니다. 평화상이 내 마음의 문을 열어준 것입니다.

가택연금 중에 나는 몇 번이나 세계인권선언의 전문에서 힘을 얻었습니다.

'인권에 대한 무시와 경멸은 인류의 양심을 짓밟는 야만적 행위를 야기한다. 언론과 신앙의 자유를 누리고, 두려움과 결핍 없는 세계의 도래는 사람들의 열망으로 천명되어왔다.'

'폭정과 억압에 대항하는 마지막 수단으로서, 사람들이 반란을 일으키지 않게 하려면 법에 의해 인권이 보호되어야 하는 것이 필수적이다.'

제가 왜 버마의 인권을 위해 싸우느냐는 질문을 받는다면 위 구절이 그 대답을 줄 것입니다. 제가 왜 버마 민주주의를 위해 싸우느냐고 묻는다면, 그것은 민주적인 제도와 실행이 인권보장을 위해 필요하다고 믿기 때문입니다. 우리가 궁극적으로 지향하는 것은 어디에서 사는 사람들도 자유와 평화를 누릴 수 있는 세계를 만드는 것입니다. 안심하고 잠자리에 들고 행복하게 깨어나는 평화로운 세계를 만들기 위해서는 손을 잡아야 합니다.

내가 버마의 민주화운동에 가담했을 때 뭔가 상과 영예를 받는 것은 생각지도 못했습니다. 역사는 우리가 믿는 대의大義를 향해 최선을 다하는 기회를 우리에게 주었습니다. 노벨상위원회가 수여를 결정했을 때, 나는 내 자유의사로 선택한 길을 가는 것에 그다지 외롭지 않게 되었습니다. 노벨상위원회와 노르웨이 국민 등의 지원이 평화를 추구한다는 내 신념에 큰 힘이 되어주었습니다. 감사합니다."

농구계의 전설,
짐 발바노

── **명연설로 더욱 유명해진 스포츠맨**

'지미 V'란 별명으로 미국 대학 농구코치와 방송 해설자로 유명했던 짐 발바노Jim Valvano. 그는 1946년 뉴욕 퀸스에서 태어났다. 롱아일랜드에 있는 시포 고등학교 스포츠 선수였고 1963년에 졸업하고 1964년에서 1967년까지 럿거스 대학교의 포인트 가드였다. 그는 1967년 럿거스에서 '올해의 시니어 선수'로 지명되었고 졸업 후 볼티모어에 있는 존스 홉킨스에서 농구 헤드코치로 그의 19년 경력을 시작했다. 몇몇 대학을 거쳐 1980년에서 노스캐롤라이나 주립대학의 헤드 코치로 취임했다.

그 경력 중에서 특히 유명한 대회가 1983년 NCAA(미국대학농구) 남자 농구 토너먼트다. NCAA 사상 유례가 없는 전설적인 일이 결승전에서 벌어졌다. 젊고 명석한 두뇌의 짐 발바노 코치가 이끈 노스캐롤라이나 주립대학교와 자타가 공인한 동 시즌 최고의 강팀이었던 드렉슬러의 휴스턴 대학교 간의 결승전에서 모두의 예상을 깨고 언더독, 노스캐롤라이나 주립대학교가 휴스턴을 54:52로 누르며 우승했기 때문이다.

코치를 그만 둔 후 그는 '지미 V'란 별명을 가진 방송 해설자가 되었다. 스포츠 전문 방송 ESPN과 ABC TV 방송에서 활약했는데 그는 농구 코치와 방송 해설자로서 그 공로를 인정받아 1989년 올해의 ACC 코치상을 수상했으며, 1992년 해설·분석을 위한 케이블 ACE상도 수상했다.

그러나 그는 인기 절정기였던 1992년, 치료가 불가능한 뼈에 생기는 암bone cancer을 앓게 된다. 짐 발바노는 자신과 같은 암이라는 병으로 많은 사람이 희생되어서는 안 된다는 생각으로 '지미 V 재단Jimmy V Foundation'이라는 암 연구를 위한 자선단체를 설립했다. 그리고 낙천적이고 열정적으로 투병생활을 이어갔지만 끝내 죽고 만다.

그가 세상을 떠난 지 20여 년, 아직도 사람들이 그를 기억하는 이유는 스포츠를 뛰어넘은 명연설 때문이다. 1993년 3월 4일, 지미 발바노는 '아서 애쉬 용기와 박애상Arthur Ashe Courage & Humanitarian Award'을 수상하기 위해 시상 무대에 올라섰다. 종양이 온몸에 퍼져 걷기조차 힘든 그는 어디서 힘이 났는지 11분 동안 청중을 감동의 도가니로 몰아넣는 명연설을 했고 그가 보여준 불굴의 정신은 세상 사람들에게 큰 교훈을 주었다.

그리고 두 달이 채 못돼서 47세의 한창 나이에 사망했다. 발바노 감독의 파란만장한 농구 인생과 암 투병 이야기는 영화로도 제작되었고 그의 묘비에는 다음과 같이 적혀 있다.

'매일 시간을 내어 생각하고, 웃고, 울자.'

다음은 짐 발바노가 '아서 애시 용기와 박애상'을 수상하며 한 명연설의 요지다.

"감사합니다. 감사합니다. 정말 감사합니다.

아서 애쉬와 저의 이름이 함께하는 것은 말로는 표현할 수 없는 명예입니다. 이 상은 저의 영원한 보물이 될 것입니다. 여러분이 아시다시피 저는 암과 싸우고 있습니다. 항상 많은 분이 오늘은 어떠냐고 물어봅니다. 저는 매우 감성적이고 열정적입니다.

저는 우리가 매일 해야 할 일이 세 가지가 있다고 생각합니다. 첫째는 웃는 것, 매일 꼭 웃어야 합니다. 둘째는 생각하는 것, 가만히 생각할 시간이 필요합니다. 셋째는 눈물이 날 만큼 감성을 갖는 것입니다. 행복이나 기쁨의 눈물입니다. 생각해보십시오. 웃고, 생각하고, 울 수 있다면 정말 놀라운 일이 벌어집니다.

저는 여러분에게 이렇게 권하고 싶습니다. 당신 인생의 귀중한 시간을 즐기십시오. 매일 웃고, 생각하고, 감성적으로 되게 하십시오. 하루하루를 열정적으로 사십시오. 에머슨이 말했듯이 '어떤 위대한 것도 열정 없이는 성취할 수 없습니다.' 그리고 어떤 문제에 봉착하더라도 꿈을 잃지 마십시오. 꿈을 현실화하기 위해서는 최선의 노력을 해야 합니다.

저는 현재의 상황을 파악하고 자신이 무엇을 하고 싶은지도 알고 있습니다. 저는 얼마나 더 살지 모르지만 남은 시간을 될 수 있는 한 사람들에게 희망을 주고 싶습니다.

에이즈 때문에 기부되는 돈은 충분하진 않지만 엄청난 금액입니다. 그런데 암 연구의 기부금은 에이즈 기부금의 10분의 1입니다. 매년 50만 명의 사람이 암으로 죽습니다. 네 명 중 한 명은 이 병에 시달립니다. 하지만 왠지 암은 항상 뒷전에 묻혀버립니다. 저는 그것을 전면으로 가져오고 싶습니다. 우리는 당신의 도움이 필요합니다. 연구에는 돈이 듭니다. 이제 내 목숨을 구하는 데는 늦을지도 모릅니다. 하지만 제 아이들의 목숨을 구할지도 모릅니다. 여러분이 사랑하는 사람을 구할지도 모릅니다.

우리는 암 연구를 위해 '지미 V 재단'을 설립합니다. 우리의 모토는 '포기하지 말자, 절대 포기하지 말자'입니다. 그것은 제가 남은 시간에 항상 하고 있는 것입니다. 저는 저에게 남겨진 나날을 신에게 감사합니다. 혹시 저를 만난다면 보고 웃으며 꼭 껴안아주세요. 그것도 제게는 중요한 일입니다. 그리고 만약 할 수 있다면 기부를 해주세요. 그래서 누군가가 살지도 모릅니다. 성공을 거둘지도 모릅니다. 이 끔찍한 병에서 회복할지도 모릅니다.

마지막으로 한마디 더 하고 싶습니다. 저는 지금 투병 중입니다. 점점 걷기도 힘들며 또한 오래 서 있기도 역시 힘이 듭니다. 암은 저의 육체적 능력을 빼앗을지도 모릅니다. 그러나 제 정신과 마음을 빼앗을 수는 없습니다. 제 영혼도 빼앗아갈 수 없습니다. 이 세 가지는 영원히 살아 있을 것입니다. 감사합니다. 신의 가호가 있기를."

탈레반 피격 소녀,
말랄라 유사프자이

━━ 총탄 앞에서도 굴하지 않는 소녀

파키스탄의 작은 시골 마을에서 '여성의 교육받을 권리'를 주장하며 저항하다가 탈레반들이 쏜 총에 머리를 맞고도 기적적으로 살아난 소녀가 유엔 본부에서 한 전 세계 아동과 여성의 교육권 보장을 촉구한 연설이 감동을 주고 있다.

화제의 주인공은 말랄라 유사프자이Malala Yousafzai, 그녀는 1997년 7월 12일, 파키스탄 북부 산악지대에 있는 작은 마을에서 태어났다. 아버지는 사립학교를 경영하는 교육자이고, 말랄라도 이 학교에 다녔다. 그녀는 의사를 목표로 열심히 공부하고 있었다.

이곳은 이슬람 보수 세력이 강한 지역인데 2007년에는 반정부세력 파키스탄 탈레반운동TPP이 정부로부터 통치권을 빼앗아 2009년까지 실질적인 지배를 하고 있었다. 이슬람 과격파인 TPP는 여성의 교육과 취업권을 인정하지 않고, 2년 동안 200여 개의 여학교를 폭파시켰다.

2009년 1월, 당시 열한 살이었던 말랄라는 영국 BBC방송의 블로그에 탈레반의 강권지배와 여성의 인권침해를 고발하는 '키스탄

여학생의 일기'를 투고했다. 겁에 질려 있으면서도 굴하지 않는 자세가 많은 사람들의 공감을 불러일으켰으며, 특히 교육의 기회를 빼앗긴 여성들의 희망의 상징이 되었다.

그해 미국 〈뉴욕 타임스〉가 탈레반 치하에서의 말랄라의 일상과 호소를 영상에 담은 단편 다큐멘터리를 제작했고 2011년, 파키스탄 정부에서 제1회 '국가평화상'을 주었고 키즈 라이트재단이 선정한 '국제어린이평화상' 수상자로도 선정되었다.

2012년 10월 9일, 말랄라는 학교에서 스쿨버스를 타고 집으로 가던 중, 탈레반의 공격으로 머리와 목에 두 발의 총탄을 맞고 중태에 빠졌다. 현지에서 응급수술을 받은 말랄라는 영국 버밍엄 엘리자베스 병원으로 후송되어 치료를 받았다. 죽을 고비를 맞았으나 쾌유를 비는 세계인들의 기원을 들었는지 그녀는 기적같이 회복했다.

이 사건에 대해 탈레반은 범행을 인정하는 성명을 내고 말랄라에 대한 새로운 범행을 예고했다. 이에 파키스탄 국내는 물론 세계 각국에서도 비난의 소리가 높아졌다.

한편 말랄라의 저항정신을 이어가기 위해 "나는 말랄라다ᴵ ᵃᵐ ᴹᵃˡᵃˡᵃ"라는 캠페인이 조성되었고, 영국 전 총리 고든 브라운은 "나는 말랄라다" 홈페이지에 남긴 청원 글을 모아 파키스탄 대통령에게 전했으며, 팝가수 마돈나는 공연 중 퍼포먼스를 통해 말랄라 사태를 고발하는 등, 캠페인이 전 세계적으로 확산되었다. 유엔은 그녀의 생일인 7월 12일을 '말랄라의 날'로 정했고, 말랄라는 최연소자로 2014년 노벨평화상을 수상했다.

다음은 말랄라가 2013년 7월 12일, 뉴욕 유엔 본부에서 한 명연설의 요지다.

"자애로운, 자비 깊은 신의 이름으로, 존경받는 반기문 유엔 사무총장, 우크 지에레믹크 유엔 총회 의장, 고든 브라운 유엔 세계교육특사, 나이 지긋한 분들, 그리고 친애하는 또래의 여러분, 앗사라무 아라이 캠(여러분에게 평화를)….

'말랄라의 날'은 나를 위한 것이 아닙니다. 오늘은 자신의 권리를 위해 목소리를 높여온 모든 여성이나 소년 소녀를 위한 날입니다. 자신의 권리를 호소할 뿐 아니라 평화와 교육이나 평등이라는 목표를 달성하려고 분투 중인, 수백의 인권활동가나 소셜 워커가 있습니다. 저는 그중 한 명에 불과합니다. 저는 수많은 사람들 중 한 명으로 여기 서 있습니다. 저는 자신 때문에 말하는 게 아닙니다. 소리가 들리지 않는 '소리 없는 사람들' 때문입니다. 자신의 권리를 위해 싸우는 사람들입니다. 그 권리는 평화롭게 살 권리, 존엄을 가지고 다루는 권리, 기회균등의 권리, 교육을 받을 권리의 일입니다….

친애하는 또래의 여러분, 우리는 어둠을 보았을 때 빛의 소중함을 알아챕니다. 조용히 하는 소리의 소중함을 알아챕니다. 마찬가지로 파키스탄 북부 스와트에 있었을 때 우리는 총을 보고 책과 펜의 소중함을 깨달았습니다. '펜은 칼보다 강하다'라는 속담은 정말입니다. 과격파는 책과 펜을 두려워합니다. 교육의 힘이 그들을 두렵게 합니다. 그들은 여성을 두려워합니다. 여성의 목소리의 힘이 그들을 두려워하게 합니다. 그래서 그들은 최근 퀘타를 공격했을 때 열네 명의 무고한 학생이나 여교사를 살해한 것입니다. 매일 학교를 폭파하는 것입니다. 왜냐하면 우리가 사회에 정착할 변혁과 평등을 염려했기 때문이며, 지금도 두렵기 때문입니다. 저는 학교에 있던 한 소년을 기억하고 있습니다. 그는 어떤 기자가 '왜 탈레반은 교육에 반대하고 있는 거죠?' 이렇게 묻더군요. 그는 책을 가리키면서 아주 쉽게 대답했습니다. '탈레반은 이 책 속에 적혀 있는 것을 모르니까.'

친애하는 여러분, 아이들의 빛나는 미래를 위해 학교와 교육이 필요합니다. 우리는 평화와 교육의 목적지로의 여행을 계속합니다. 아무도 그만둘 수는 없습니다. 우리는 자신들의 권리를 위해 아우성 소리에 변화를 가져옵니다. 우리의 말의 힘과 강함을 믿고 있습니다. 우리의 말은 전 세계를 바꿀 수 있습니다. 왜냐하면 우리는 교육이라는 목표를 위해 단결하기 때문입니다. 그리고 우리가 목표에 도달하고 싶다면 지식이란 무기로 힘을 가집시다. 단결하는 하나가 되어 자신들을 지키는 것입니다.

친애하는 여러분, 수백만의 사람들이 빈곤과 부정과 무학無學 때문에 시달리는 것을 잊어서는 안 됩니다. 수백만의 아이들이 학교에 가지 못했다는 것을 잊어서는 안 됩니다. 많은 소녀와 소년이 밝고 평화로운 미래를 기다리고 있다는 것을 잊어서는 안 됩니다.

가장 강한 무기인 책과 펜을 들고 문맹과 빈곤, 테러와 맞서 싸워야 합니다. 한 명의 아이, 한 명의 교사, 한 권의 책, 한 개의 펜이 세계를 바꿉니다. 교육만이 단 하나의 해결책입니다. 교육이 제일입니다. 감사합니다."

BEST SPEACH OF THE WORLD

고전·경제·기타

대정치가,
페리클레스

━━ 아테네를 최전성기로 이끈 주인공

기원전 5세기 아테네는 건국 이래 최대의 전성기였고, 아테네의 민주정치 역시 최고조에 달했다. 초강대국 페르시아의 침공을 물리쳤으며, 또 다른 침략을 대비하여 그리스 도시국가들이 연합한 델로스동맹의 맹주를 맡았다. 최강의 해군력을 보유한 아테네는 해상무역의 주도권을 잡아 막대한 부를 누리게 된다. 이 영광의 황금시대를 이끈 지도자가 페리클레스Perikles다.

페리클레스는 아테네 최고의 명문 출신이었으나 귀족파가 아닌 민중파의 지도자가 되어, 30여 년 동안 장기 집권하면서 아테네를 최대의 전성기로 이끈다. 그가 매년 선출되는 선거에서 재선되어 최고 통치자의 권좌를 지켰던 비결은 총명한 예지와 뛰어난 웅변술이다. 정적들이 권좌에서 끌어내리려고 모함을 하면 즉시 민회를 소집하여 뛰어난 웅변술로 명쾌하게 해명했으며, '아테네를 이끌 지도자는 역시 페리클레스뿐'이라는 강력한 신뢰를 얻었다고 한다.

《영웅전》을 쓴 플루타르코스는 "페리클레스가 죽은 뒤 아테네인들은 그처럼 위엄이 있으면서도 겸손하고, 온유하면서도 진지한 사람은 일찍이 태어난 적이 없다는 결론에 이르렀다"고 쓰고 있다.

페리클레스는 빼어난 용모에 인품도 뛰어났고, 금전적으로 결백했으며, 흐르는 폭포와 같이 유려한 웅변술, 숭고한 말의 배치, 의연한 자세, 흐트러지지 않는 복장을 맵시 있게 입는 등 연사로서 완벽했다고 한다.

그의 웅변술에 관한 기록을 보면 "혀끝으로 무서운 천둥을 일으키는 페리클레스"라고 당대의 희곡작품 속에 나타나 있었으며, "레슬링에서 그를 넘어뜨려도 그가 넘어진 일이 없다고 증명하면 구경꾼들은 자기 눈을 의심하게 되어 결국 그의 말을 믿는다"고 묘사되어 있다. 이 같은 묘사는 연설가에 대한 최고의 찬사라고 할 수 있을 것이다.

▬ 민주주의 전범이 된 '불멸의 추도사'

다음은 기원전 431년 펠로폰네소스전쟁에서 전사한 장병들의 추모사로, 페리클레스의 연설 가운데에서도 유명하다. 격조 높은 그의 연설은 현대에까지 정치의 본보기가 되고 있다.

"오늘까지 이 연단에 선 대부분의 연사들은 전몰자들에게 조사를 바치는 것을 옳다고 보고, 이 연설의 관례를 법으로 정한 인물을 칭찬해왔습니다. 그러나 나는 행동으로 나타난 그 명예는 행동으로 표창되면 충분하다고 생각합니다. 그것은 바로 지금 공중의 손으로 준비된 이 행사를 여러분이 눈앞에서 보고 있는 것과 같이, 다수인의 덕행이 한 개인에게 맡겨져, 그 사람의 조사가 능숙하냐 서투냐에 의해 판단되어서는 안 되기 때문입니다. (⋯)

우리의 정치체제는 이웃나라의 관행과 전혀 다릅니다. 다른 나라의 것을 모방한 것이 아니라 오히려 다른 나라들의 모범이 되고 있습니다. 그 명칭도 정치 책임이 소수자에게 있지 않고 다수자 사이에 골고루 나뉘어 있기 때문에 '민주정치'라고 불리고 있습니다.

모든 시민은 평등한 권리를 가집니다. 출신을 따지지 않고 오직 능력에 따라 공직자를 선출합니다. 그리고 국가에 뭔가를 기여할 수 있는 인물이라면 그 가난 때문에 이름도 없이 헛되이 죽는 일은 없습니다. 우리는 공적인 생활뿐만 아니라 사적인 일상생활에서도 완벽한 자유를 누리며 살고 있습니다. 아테네 시민이 누리는 자유는 의심과 질투가 소용돌이치는 것조차 자유라고 하는 만큼, 그 완성도는 높습니다.

또 우리의 군사정책도 적과는 다릅니다. 먼저 우리는 문호를 개방하고 외인추방 등으로 다른 사람의 견문을 방해하지도 않습니다. 설사 이 공개주의 때문에 적이 우리에게서 뭔가를 배워 편의를 도모할지라도 장비나 책략보다 우리의 감투정신을 확고히 믿고 있습니다. 군사교육에 있어서도 그들은 아주 어릴 때부터 엄격한 훈련으로 용기의 함양을 추구하고 있지만, 우리는 자유롭게 놔두면서도 그들에 대항해서 조금도 밀리지 않고 있습니다.

우리는 아름다움을 추구하면서도 사치로 흐르지 않고, 지智를 사랑하면서도 유약함에 빠지지 않습니다. 부富를 추구하면서도 그것을 자랑하지 않고 활동의 바탕으로 삼을 뿐입니다. 아테네에서 가난은 수치가 아닙니다. 하지만 가난에서 탈출하려고 노력하지 않는 것은 부끄러운 일입니다. 우리는 자신의 개인적인 일에 최선을 다하고 있으며, 국가의 일에도 관심을 가집니다. 대체로 자신의 사업에 몰두하고 있는 사람들조차 전반적인 정치문제에 대해서 잘 알고 있는데, 이 점이 바로 우리의 특징입니다. 우리는 정치에 무관심한 사람을 자신의 일에만 몰두한다고 말하지 않고, 우리와는 전혀 무관한 사람이라고 말합니다.

확실치 않은 전운에 희망을 걸고, 목전에 둔 임무를 자신을 믿고 대담하게 수행해내는 것이 마땅하다고 보고, 퇴각해서 생명을 보존하기보다는 대항해 싸우다 죽기를 선택한 것입니다. 불명예스런 이 해타산을 피하고, 자신의 온몸을 바쳐 전열을 고수한 그들은 천재일우의 호기를 이용해 공포보다 영광스럽게 죽어갔던 것입니다. 이렇게 그들은 아테네에 어울리는 용사가 되었습니다. 뒤에 남은 사람들의 위험이 적어지길 기원하는 것은 당연합니다.

또 알아야 할 것은, 이들 용사가 아테네에 준 비길 데 없는 무상의 보물은 설사 시도하다가 실패하더라도, 아테네를 위해 최선을 다하려고 한 마음가짐이었다는 것입니다. 왜냐하면 그들은 한 몸을 나라에 바쳐 불멸의 찬사와 영광 외에 보다 나은 분묘를 얻었기 때문입니다. 게다가 그들은 지하에 묻히고 만 것이 아닙니다. 그들의 영명英名은 영원히 기억되고, 일이 있을 때마다 사람들의 언행 속에서 영원히 기념될 것입니다."

지면 관계로 전문을 수록하지 못한 아쉬움이 있지만, 참으로 격조 높은 연설이다. 2400여 년이 지난 오늘날까지 링컨, 케네디, 오바마를 비롯하여 최근 박근혜 대통령 취임 연설에서도 이 연설의 일부가 녹아 있음을 볼 때, 명연설의 힘은 실로 가공할 만하다고 하겠다.

아테네의 현자,
소크라테스

━━ 악법도 법이다, 소크라테스

'너 자신을 알라', '악법도 법이다'란 말로 유명한 인물, 서양 철학
의 비조鼻祖로 널리 알려져 있는 소크라테스Socrates를 모르는 사람은
없으리라. 소크라테스는 아테네에서 조각가인 아버지와 산파인 어
머니 사이에서 태어났고, 부인은 악처로 유명한 크산티페이며 세
아들을 두었다.

그는 남을 가르치는 일을 했는데 특이한 점은 확정된 진리를 가
르쳐주는 것이 아니라 상대에게 질문을 던지는 방식으로 대화를 했
다. 이 철학적 대화를 통하여 상대가 스스로 무지無知임을 깨닫게 했
고 무지를 깨달음으로써 철학의 참뜻에 다가가는 것이 소크라테스
의 교육 방법이었다. 이 방법을 소크라테스는 '지식의 산파술産婆術'
이라고 불렀으며 세상 사람들은 '소크라테스의 문답법'이라고 한다.

또한 소크라테스는 당시 강의를 통해 세속적인 명예와 부를 누
렸던 소피스트와는 달리 그는 가르침의 대가로 돈을 받지 않았다.
돈을 받지 않았기 때문에 가난했으며 남루한 옷차림으로 광장을
거니는 그에게 다양한 계층의 제자들이 모여들었다.

델포이 신탁에서 "소크라테스가 가장 현명하다"라는 말을 들은 소크라테스는 신의 뜻을 알기 위해 당대의 현자들로 불리는 세 부류의 사람들(정치가, 시인, 장인)을 찾아간다.

먼저 정치가 아니토스를 만났다. 그 정치가는 아무것도 알지 못하면서도 대단한 것을 알고 있는 것으로 착각하고 있었다. 다음으로 시인을 찾아갔지만 그 역시 자신이 말하는 것들에 대해서 아무것도 알지 못한다는 것을 확인한다. 마지막으로 찾아간 장인匠人에게서도 이런 무지를 확인한다.

그 결과 소크라테스는 자신이 그리스에서 가장 현명하다고 자처했다. 그 이유는 '자신만이 아무것도 모른다는 사실을 알고 있기 때문'이라고 했다.

소크라테스가 현자라는 명성이 널리 알려지자 수많은 젊은이들이 그를 추종했지만, 무지로 지적된 사람들로부터 미움을 받아 많은 적들을 만들게 되며, 비방도 듣게 되었다. 결국 소크라테스는 70세 때 세 명의 아테네 시민들에 의해 고소를 당한다. 죄목은 "스스로 만든 하나님을 신앙하고, 국가의 신들을 모독했다. 젊은이들에게 나쁜 것을 가르쳐 타락시켰다"는 것이었다.

공개재판을 받는 법정에서 소크라테스는 자신을 변론한다. 그러나 자기 의견을 굽히거나 자신의 행동을 사과하지 않았으며, 추방의 손길도 거부했다. 당당한 자세로 멋지게 자신을 변론했지만 그것이 배심원들의 반감을 사서 사형이 선고된다. 그는 '악법도 법'이라고 하며 독배를 마시고 생을 마감하게 된다.

다음은 재판 과정에서 소크라테스가 자신을 변론한 요지다. 플라톤
의 작품으로 〈소크라테스의 변명〉으로 알려졌지만 〈소크라테스의
변론〉이라고 하는 것이 적절할 것 같다.

"아테네 시민 여러분! 제가 올바른 것들을 말하는지 또는 그렇
지 않은지 유의해주시기 바랍니다. 그것이 재판하는 사람의 덕목이
며, 변론하는 사람의 덕목은 진실을 말하는 것입니다. 저는 먼저 저
에 대한 최초의 거짓된 고발과 최초의 고발인들에 대해서 변론을
하고, 그 후 나중의 고소와 나중의 고소인들에 대해서 변론을 하겠
습니다. (…)

아테네 시민 여러분! 질문으로 인해 저에 대한 많은 증오심이 생
겼는데 신께서는 저를 빌어 '인간들이여! 그대들 중에서는 소크라
테스처럼 지혜와 관련해서 자신이 진실로 보잘 것 없다는 사실을
깨달은 자가 가장 지혜로운 자이니라'라고 말하려 했습니다.

저는 그 사람이 지혜로운 사람으로 생각되면 찾아가서 살펴봅니
다. 그리고 그 사람이 지혜롭지 못한 것으로 보이면, 신을 도와 그
가 지혜롭지 못하다는 것을 지적합니다. 이러한 노력으로 저는 가
난했습니다.

저를 따라 다니던 젊은이들의 질문을 당한 사람들은 저한테 화
를 냈습니다. 그들은 소크라테스는 지극히 혐오스런 자이며, 젊은
이를 타락시키고 있다고 말합니다. 이들은 제가 '신을 믿지 않는다'
든가 '약한 주장을 강하게 만든다'고 말합니다.

아테네 시민이여! 자신의 혼이 최대한 훌륭해지도록 하는 데 대

해서는 마음을 쓰지도 않고 생각하지도 않는 것이 부끄럽지 않습니까? 제가 돌아다니면서 한 일이라고는 여러분의 혼이 최선의 상태가 되도록 설득하는 일이었습니다. (…)

저는 죽음을 두려워해서 올바른 것을 거슬러 누구에게 굽힌 적이 없습니다. 올바르지 못한 결정을 내리려는 여러분의 편이 되느니, 오히려 법과 올바른 것의 편이 되어, 온갖 무혐을 무릅써야만 한다고 생각합니다. (…)

아테네 시민 여러분! 부족한 제가 유죄판결을 받기는 했습니다만, 실은 말이 부족해서가 아니라 뻔뻔스러움과 몰염치가 부족해서이며, 또한 여러분이 듣기에 기분 좋은 그런 것들을 여러분께 말하지 않았기 때문입니다. 저는 지금 여러분에 의해 죽음의 판결을 받고 떠납니다만, 저들은 진리에 의하여 사악과 불의의 심판을 받았습니다.

제게 유죄판결을 내린 이들이여! 저의 죽음 다음에는 여러분께 저를 죽게 한 처벌보다 가혹한 처벌이 닥칠 것입니다. 여러분이 사람을 죽임으로써 여러분을 나무라는 것에서부터 벗어날 수 있다고 생각했다면 잘못 생각한 것입니다. 가장 아름답고 쉬운 벗어남은 남을 억압하는 것이 아니라, 자신이 최대한 훌륭해지는 것입니다. (…)

자, 작별의 때가 왔습니다. 다른 길로 나아갑시다. 나는 죽음의 여로에, 여러분은 살 길을. 어느 쪽이 행복할까는 하나님밖에 모릅니다."

위대한 전술가,
한니발 바르카

━━━ 로마를 짓밟았던 카르타고의 명장

고대의 위대한 군사 지도자 중 한 명인 한니발Hannibal. 그는 기원전 247년, 카르타고의 장군이었던 하밀카르 바르카의 장남으로 태어났다. 제1차 포에니전쟁에서 카르타고가 로마에게 패배하자 하밀카르 바르카는 가족과 자신의 나라인 카르타고의 미래를 위해 이베리아 반도로 이주한다. 그곳에서 정복지를 넓히고 은광을 개발하며 카르타고의 손상된 국력 회복을 뒷받침했다.

《플루타르코스 영웅전》에 의하면 그가 아홉 살 되던 해에 아버지가 "네가 자라면 반드시 로마를 멸망시켜야 한다. 신과 아버지 앞에 맹세하거라"라고 다짐을 했다고 한다.

기원전 229년, 아버지가 암살을 당했는데 배후에는 로마가 있었다. 한니발에게 로마는 아버지가 멸망시키고 싶어 했던 나라요, 아버지를 죽인 원수의 나라였다.

기원전 221년에 26세의 나이로 카르타고군 총지휘관이 된 그는 이베리아 북부를 공략했고 로마의 속령이었던 사군툼을 점령했다. 이를 계기로 기원전 218년, 제2차 포에니전쟁이 시작된다.

한니발은 이전의 전쟁에서 '로마는 육군의 나라이고 카르타고는 해군의 나라다'라는 발상을 뒤집어 바다에서도 육지에서처럼 싸우는 방법을 개발해 이번에는 바다가 아닌 육로로 로마를 침공, 육지전에서 로마를 패배시키겠다는 전략을 세웠다.

로마가 서지중해에서만 카르타고 함대가 쳐들어올 것이라고 감시하는 동안 한니발은 4만의 병력으로 피레네 산맥을 넘고 갈리아를 통과, 다시 알프스 산맥을 넘어 이탈리아 북부로 침입했다. 그러나 그때 군사는 보병 2만, 기병 6,000으로 줄어들어 있었다.

전혀 예상치 못한 방향에서 뛰쳐나온 한니발 군에게 로마인들은 혼비백산했다. 그래도 총 75만의 병력을 가진 로마군은 원정 과정에서 절반가량 준 한니발 군을 간단히 무찌를 수 있을 것 같았다. 하지만 한니발은 기병대와 코끼리부대를 써서 로마의 중장보병을 뒤흔들어놓고, 이를 다시 보병대로 밀어붙이는 전법으로 연전연승을 거두었다. 한니발은 후세에 '전략의 아버지'로 불릴 만큼 전투의 여러 요소를 적절히 배합하여 통상적인 전투력보다 몇 배나 되는 힘을 끌어내는 천재였다.

그러나 점차 전세를 회복하기 시작한 로마의 장군 스키피오가 에스파냐를 정복하고 카르타고로 육박했다. 한니발은 고국에 소환되었으며 기원전 202년 자마전투에서 스키피오에게 대패함으로써 결국 2차 포에니전쟁도 카르타고의 패배로 끝났다.

한니발은 자신에게 모든 책임을 묻는 정치인들을 피해 망명했다. 티레, 시리아, 비티니아 등을 떠돌며 로마에 복수할 방법을 모색했으나 헛수고였다. 기원전 183년, 비티니아 왕이 로마군에게 그를 넘겨주기로 결정했음을 듣고 그는 독약을 마시고 자살했다.

"아, 카르타고여! 나를 용서해다오!" 그는 죽어가며 이렇게 소리쳤다고 한다. 그가 죽고 난 37년 뒤, 카르타고는 로마에 의해 멸망했다. 비록 비운의 종말을 맞았지만 역사가들은 카이사르, 알렉산더, 한니발을 세계 정복자 반열에 올려 평가하고 있다.

▬ 우리는 반드시 승리할 것을 확신합니다

다음은 기원전 216년, 한니발이 포에니전쟁에서 병사들에게 한 명연설의 요지다.

"카르타고의 병사들이여! 나는 여러분이 피할 수 없는 운명에 처해 있는지 어쩐지 알지 못합니다. 앞에는 포 강이 가로놓여 있고 뒤에는 거대한 알프스 산맥이 있습니다. 앞으로 나갈 수도, 뒤로 물러설 수도 없습니다. 이제 우리는 승리를 쟁취하느냐, 죽음을 택하느냐, 오직 한판 승부로 운명을 결정짓지 않으면 안 되게 되었습니다.

그러나 싸울 수밖에 없는 여러분의 운명은 영원불사신에게서나 받을 수 있는 최대의 보상을 눈앞에 제시받고 있습니다. 일찍이 로마가 우리 조상에게서 빼앗은 시칠리아와 사루지니아, 두 섬만 회복하여도 우리의 이익은 적지 않을 것입니다. 그러나 그것만이 아닙니다. 로마의 재력, 로마가 여러 나라들로부터 약탈하여 쌓아놓은 거대한 부는 머지않아 그 원주인과 함께 여러분의 소유로 돌아올 것입니다.

여러분은 그동안 여러 차례 전쟁을 했으나 아직도 그 전공의 대가를 충분히 보상받지 못했습니다. 그러나 이제야말로 여러분은 그

노고의 대가를 받게 되었습니다. 때는 왔고, 운명은 이 땅을 여러분의 전쟁터로 정했습니다. 여러분이 영광스러운 싸움을 끝내고 보상받을 땅은 바로 여깁니다.

로마 사람들은 우리들의 적수가 아닙니다. 여러분은 레르크레스 기둥이 서 있는 세계 저편 땅 끝으로부터 호전적인 페인 고올 족과 싸워 이기며, 승리의 건국을 하여 여기까지 온 것입니다. 그런데 이제 여러분들이 싸우려고 하는 적은, 지난여름 고올 족에게 격파당한 훈련도 멋도 없는 패잔병들, 그 장수의 이름조차 알 수 없는 군대입니다. 어느 면으로 보나 지금 우리 군대는 활기에 가득 차 있습니다. 앞으로 돌진해 가는 자는 뒤로 물러서는 자보다 언제나 큰 희망과 용기를 가지고 있는 것입니다.

승리의 깃발을 휘날리며, 여러분들은 로마제국의 벌판에까지 왔습니다. 지금 적은 우리에게 처참한 살상을 가하려고 하고 있습니다. 그렇기 때문에 우리의 고난과 위기, 경멸과 모욕을 갚기 위해서는 여러분이 힘을 합쳐 적들을 물리쳐야만 합니다.

교만하고 잔악한 로마인이여! 너희들은 시칠리아와 사루지니아에 만족하지 않고 카르타고까지 빼앗으려고 하는가? 그리고 카르타고의 병사들이여! 우리는 오직 군사력에 호소할 수밖에 없습니다. 오라! 로마인은 배후에 그 국토를 등지고 있어 그 위험이 적다는 것을 과시한 나머지 용기가 없는데 반하여 여러분은 승리냐, 죽음이냐 오직 하나를 택하는 길밖에 없습니다. 이 사실을 마음에 깊이 새길 때 우리는 반드시 승리할 것을 확신합니다."

로마 제일의 웅변가,
마르쿠스 키케로

■■■■ **무명의 변호사에서 최고 권력자인 집정관까지**

라티움의 아르피눔이란 작은 마을에서 태어나 원대한 꿈을 실현시
키기 위해 로마와 아테네에서 웅변술을 연마하는 한 소년이 있었
다. 그의 이름은 마르쿠스 키케로Marcus Tullius Cicero, 그 소년은 성장하여
위대한 웅변가, 정치가, 문학가, 철학자로 수많은 저술을 남긴 역사
적 인물이 된다.

키케로의 위대성은 그가 인류에 기여한 공적은 물론, 공화정 말
기 세기의 영웅들이 벌이는 권력투쟁의 한복판에서 가문도 재산도
도와줄 군대도 없이 오직 '연설 능력' 하나만으로 변호사가 되어 원
로원을 거쳐 최연소자로서 로마 최고의 권좌인 집정관의 자리에 오
른, 당시로서는 그야말로 '전설적인 새로운 인물'이라는 점에 있다.

그의 웅변에 감탄한 아테네인 스승이 "지금껏 우리 그리스가 자
랑했던 학문과 웅변도 이제는 로마에게 뺏기게 되었다"라고 말한
일화가 유명하다.

그는 웅변을 출세의 무기로 삼았는데 '말의 힘'에 대한 그의 예
찬을 들어보자.

"무고한 탄원자들에게 구원의 힘을 주고, 절망에 빠진 이들에게 용기를 북돋아주며, 안전을 제공하고, 위험으로부터 벗어나게 해서 국가의 울타리로 사람들을 지켜주는 일처럼, 그렇게 군주의 품위를 보이고 관대하며 후덕한 경우가 있다면 도대체 무엇인가? 또한 자신을 보호하고, 경우에 따라선 흉악한 무리들을 공격할 수도 있으며, 자신의 복수를 위해서 사용할 수 있도록 몸에 항상 지니고 다녀야 하는 무기로 말보다 더 중요한 필수품이 있다면 과연 무엇인가? (중략) 흩어진 사람들을 한자리에 모으고, 야만의 거친 삶에서 이곳 로마처럼 사람답게 살 수 있는 문화와 문명의 세계로 이끌 수 있었던, 또한 국가가 이미 세워졌을 때 입법과 사법 그리고 법에 입각한 권한과 법이 보장한 권리에 대한 규정과 틀을 마련하고자 할 때, 어떤 다른 힘이 가능했을까?"

▬ '국부'라는 호칭을 얻은 카틸리나 탄핵 연설

키케로는 집정관 시절에 카틸리나 탄핵 연설로 '국부國父'라는 명예로운 호칭을 얻었다. 이 연설은 원로원에서 네 차례나 행해졌는데, 여기에는 그 첫 번째 연설을 소개한다.

"카틸리나여, 언제까지 시험할 작정인가, 우리의 인내를? 아직도 얼마나 오랫동안 우리들을 피할 것인지 그대의 광포는. 절제가 없는 무모는 어느 한도까지 으스댈 것인지? 팔라틴 언덕의 야경꾼도 로마 시내의 순찰도 인민들의 공포도, 성실한 시민들의 한결같은 반대도, 원로원 회의마저 안전한 이곳에서 열지 않으면 안 되는 사정도, 그리고 이곳에 모인 원로원 의원들의 걱정스런 표정도, 네 마음에 동요를 일으키지 않았느냐? 그대의 음모는 명백히 밝혀졌다. 그것을 깨닫지 못하는가? 비밀로 하고 있던 그대의 생각을 이제는 누구나 다 알게 되었다는 것을. 어젯밤에 무엇을 했는가. 어디에 갔는가. 공모자 가운데 누구누구를 소집했는가. 거기서 무엇이 결정되었는가?

오오 시대여, 오오 전통이여! 원로원과 집정관은 이러한 것을 보고 깨닫는다. 그렇지만 그는 살아 있다. 그는 살아 있는가? 그는 물론 틀림없이 원로원에 와서 우리들 각자에 표를 해서 속셈으로 죽일 것인가 살려둘 것인가를 저울질하고 있다. 그런데도 세계에 유례없는 권력을 가진 우리가 조국을 위해 헌신을 아끼지 않았던 원로원 의원들이, 저 가증스런 자의 증오와 단검에서 몸을 피할 수 있느냐 없느냐를 시험당하고 있으니 이게 어찌된 일이란 말인가. 그대야말로 죽어야 한다. 카틸리나여! 집정관은 좀 더 일찍 그대를 법정으로 끌어내어 그대가 우리들에게 획책한 파멸을 네가 받아야만 했다. (중략)

의원 여러분, 로마공화국은 원로원에 현명한 권한 행사를 허용하고 있습니다. 분명히 말하건대 만약에 그 권한을 행사하지 않으면 나를 포함한 두 명의 집정관이야말로 부재不在라고 말할 수밖에 없습니다. 카틸리나여, 나는 지금 이 순간 그대에 대한 증오보다 그대가 받을 가치도 없는 연민을 가슴에 품고 이야기한다. 카틸리나여, 그대가 회의장에 들어왔을 때 친구이자 친족이기도 한 많은 원로원 의원들 가운데, 그대에게 인사한 사람이 단 하나라도 있었는가. 이런 무례는 일찍이 없었다. 그런데 그대는 도대체 무엇을 기다리고 있는가. 비난을 기다렸는가? 그럴 리는 없을 것이다.

침묵이라는 형태의 비난이 이미 여기에 나오고 있다. 그리고 그대가 자리에 앉자마자 근처에 있던 이들은 차례로 자리에서 일어나 다른 자리로 옮겼고 그대의 주변 좌석은 비게 되었다. 이런 수모를 그대는 어떤 생각으로 참을 수 있겠는가? 카틸리나여, 그대는 나에게 반격할 셈인지 그대의 추방을 제안하라고 말했다. 만약에 추방령이 가결되면 기꺼이 감수하고 따를 작정이라고. 하지만 나는 어떤 제안도 하지 않겠다. 왜냐하면 그런 것은 내 방식에 어긋나기 때문이다. 하지만 그대는 사실상 이미 추방되었다는 사실만은 말해두겠다. 로마를 떠나라. 카틸리나여, 공화국을 공포에서 해방하기 위해 로마를 떠나라. 나는 그대에게 한 가지만 요구하겠다. 로마를 떠나라고. 무엇을 기다리고 있는가. 의원들의 침묵을 알아차리지 못하는가. 그들은 나에게 계속 이야기를 시키고 있다. 그런데도 그대는 명령이 입으로 나오기를 기다리고 있는가.

의원들의 침묵이 그들의 의사표시인 것을 모르는가? 유피테르 신이시여, 만약 당신의 예언에 따라 로물루스가 이 도시를 세웠다면 우리는 당신에게 빌겠습니다. 저 카틸리나와 그의 일당을 로마에서, 로마인들의 집에서, 수도를 둘러싼 성벽에서, 포도밭에서, 재산에서, 모든 주민들에게서 떼어놓아 주십시오. 정직한 이들의 적, 이탈리아의 파괴자, 악랄한 음모자, 파렴치한 악당, 신들을 절망에 빠뜨리고 우리 인간에게 끝없는 고뇌를 안겨주는 저 간악한 자와 그의 일당을 부디 로마에서 내쫓아주소서.”

불세출의 영웅,
율리우스 카이사르

━━ 한 시대를 풍미했던 영웅의 삶과 죽음

'주사위는 던져졌다!', '왔노라, 보았노라, 이겼노라!', '브루투스 너마저도'의 명언으로도 유명한 율리우스 카이사르Gaius Julius Caesar, 일명 '시저'라고도 하는 그는 로마공화정 말기의 정치가이자 장군으로, 서양 역사상 큰 영향을 남긴 위인 가운데 한 명이다. 그의 일생에 대해 좀 더 알아보자.

그는 BC 100년에 유서 깊은 귀족 집안에서 태어났다. 당시 로마는 원로원을 중심으로 한 보수파와 시민 모임을 중심으로 한 민중파가 정권 쟁탈전을 벌이고 있었는데 보수파의 우두머리 술라가 정권을 잡자 민중파를 철저하게 숙청했다.

그는 술라의 손아귀에서 벗어나기 위해 지중해 연안으로 달아나 아시아 속주屬州인 시키리아 주둔군에 적을 두고 거기서 빛나는 업적으로 '시민관'이라는 영예로운 훈장을 받는다. BC 78년, 술라가 사망하자 그는 로마로 귀환했고 BC 69년에 재무관에 취임하여 히스파니아에 부임한다.

그곳에서 알렉산더 대왕의 동상을 보고 '알렉산더의 나이에 이르렀음에도 나는 아무것도 이룬 것이 없구나' 하고 자신의 심경을 토로하고 위업 달성의 의욕을 보였다.

재무관의 임기를 마치고 로마로 돌아온 그는 원로원 의원이 되었고 BC 65년에는 상급 안찰관, BC 62년에는 법무관으로 취임했고, 61년 히스파니아 총독으로 부임하면서 '로마에서 2인자가 되기보다는 이 한 촌락의 우두머리가 되고 싶다'고 말했다.

BC 59년, 집정관에 선출되면서 삼두정치三頭政治를 개시하게 되는데 그는 국유지 분배 법안을 비롯한 각종 법안을 제출하여 민중의 큰 인기를 얻었다. BC 58년부터는 속주 갈리아의 지방장관이 되어 BC 50년까지 재임 중 이른바 갈리아전쟁을 수행했다. 갈리아의 평정만이 아니라 라인 강을 건너 게르만족의 땅과 영국 해협을 건너 브리튼 섬으로 두 번이나 침공해 전승을 거두었다.

BC 52년, 갈리아인의 대반란이 일어났으나 이것도 진압해 일단 갈리아전쟁은 종지부를 찍고 평온을 되찾았다. 오랜 갈리아전쟁은 그의 경제적 실력과 정치적 영향력을 증대시켰다. BC 53년 크라수스가 메소포타미아에서 쓰러지자 제1회 삼두정치는 붕괴되고, 원로원 보수파의 지지를 받은 폼페이우스와도 관계가 악화되어 마침내 충돌하기에 이르렀다.

'군대를 해산하고 로마로 돌아오라'는 원로원의 결의가 나오자 BC 49년 1월, 그 유명한 '주사위는 던져졌다'라는 말과 함께 루비콘 강을 건너 로마를 향해 진격했다. 4년여 동안 치열하게 싸운 끝에 BC 45년에 내란을 종식시켰고 1인 지배자가 된 그는 각종 사회정책과 역서曆書의 개정 등의 개혁사업을 추진했다.

그러나 무소불위의 권력이 한 몸에 집중되자, 공화정 체제에 위협을 느낀 브루투스와 카시우스를 주모자로 한 원로원의 공화정 옹호파들에게 카이사르는 암살을 당하고 만다.

한 시대를 풍미했던 영웅은 어이없이 갔지만 그의 이름은 인심을 파악할 줄 아는 정치가로서, 탁월하고 용맹한 장군으로서, 뛰어난 웅변술과 1급 문인으로서 역사에 길이 남아 있다.

▬ 반역자들을 어떻게 다룰 것인가?

다음은 BC 63년, 카이사르가 원로원에서 반역자들의 처리에 관해한 명연설의 요지다.

"원로원 의원 여러분, 중대한 문제를 다룰 때는 증오나 분노 또는 연민의 정에 얽매이지 않는 것이 중요합니다. 그와 같은 감정에 사로잡히면 옳고 그름을 판단할 수 없게 됩니다. 그런 감정은 인간을 폭도로 변화시키고 이성을 무력하게 만듭니다.

우리의 선조들은 적들의 배신에도 보복을 가하지 않았습니다. 포에니전쟁 동안 카르타고인들이 평화로울 때나 휴전 중에도 수많은 불법을 자행했지만 보복하지 않았습니다. 적에게 징벌을 내리기보다 보람된 일이 무엇인가를 생각했습니다.

여러분은 분노보다 여러분의 위엄과 인격을 더 중요하게 생각하십시오. 그들의 범죄에 합당한 형벌을 찾아낸다면 나는 찬성하겠습니다. 그들의 범죄가 극악무도해 우리의 법률이 합당한 벌을 내릴 수 없다고 할지라도 우리는 정해진 법률에 따라 벌을 줘야 합니다.

원로원 의원 여러분, 지체가 낮은 사람이 극도로 화가 나서 잘못을 저지르면 그 잘못을 알아차릴 사람이 거의 없습니다. 반대로 권력이 있고 지위가 높은 사람에 대해서는 온 세상이 그의 행동에 대해 잘 알고 있습니다.

그러므로 지위가 높은 사람은 행동의 자유가 거의 없으며, 공적 문제에 편파적이거나 짜증을 낼 수 없으며, 더구나 증오심을 가져서는 안 됩니다. 보통 사람의 경우라면 원한이라고 할 것을 권세가들의 경우에는 폭력과 잔인성이라고 할 것이기 때문입니다.

원로원 의원 여러분, 아무리 가혹한 형벌도 그들이 저지른 죄악을 책망하기에는 부족하다고 생각합니다. 그러나 대부분의 인간들은 마지막 결과를 두고 판단합니다. 죄인의 입장에서는 형벌이 지나치게 가혹하다면 자신의 죄는 잊어버리고 벌만 탓하게 됩니다.

원로원 의원 여러분, 우리 조상들의 관용성은 바로 우리가 새로운 극형의 방법을 채택해서는 안 된다고 일깨워주고 있습니다. 지난 날 우리들보다 소박한 수단으로 강대한 제국을 건설했던 우리의 선조들은 확실히 큰 장점과 지혜를 가지고 있습니다.

그러면 당신은 반역자들을 석방하고 내버려둬야 한다는 생각이냐고 물으시겠지요. 결코 그렇지 않습니다. 나는 그들의 재산을 몰수하고, 비용이 허락하는 한 조그만 도시에 연금시킬 것을 건의합니다. 차후에는 그 어느 누구도 이들의 문제를 원로원에 상정하지 못하도록 하자는 것입니다. 그리고 이제 원로원은 이와 반대되는 행위를 하는 사람은 누구든 우리 공화국과 국민 전체의 안전에 배치된다는 견해를 뚜렷이 밝혀야 하리라고 믿습니다."

전설적인 검투사,
스파르타쿠스

━━ 노예해방을 위해 항쟁한 검투사

스파르타쿠스Spartacus는 트라키아 출신으로 그의 생애에 관한 기록은
자세하지 않지만 무예가 뛰어난 검투사였고 여느 노예들과는 달리
유식하고 냉철했으며 신중했다고 한다.

로마공화정 당시에 검투시합은 가장 인기 있는 '국민 오락'의 하
나로, 정치나 장군들도 자신의 인기를 높이기 위해 검투사 시합
을 종종 개최했다. 검투사는 오늘날의 프로 격투기 선수와 같다고
하겠으나 그들은 노예 신분으로 시합에 대한 보수는 물론 가족도
없었고, 생명도 보장되지 않았다. 훈련을 마친 검투사는 아무런 영
광도 보답도 없이 싸움터로 나가 살아남거나 죽는 길밖에 없었다.
그래도 검투사가 되면 잘 먹을 수 있다는 이유로 검투사를 자원하
는 노예도 없지 않았으나, 결국 동료의 손에 경기장에서 죽어갈 서
글픈 운명이었다.

이런 인간 이하의 운명을 벗어나기 위해 스파르타쿠스는 78여
명의 검투사들을 선동하여 검투사 양성소에서 탈출한다. 그리고 검
투사들뿐 아니라 농장이나 광산의 노예들 그리고 가난한 농민들에

게도 합류를 권유해서 대병력을 이룬다.

로마 정부는 노예들의 반란을 방치할 수 없어 진압군을 급파한다. 지방총독 가이우스 클라리우스가 이끄는 3,000명의 병력이 출동했으나 스파르타쿠스군은 그들의 야영지를 밤에 습격하여 진압군은 제대로 싸워보지도 못하고 전멸한다. 로마는 다시 1만 2,000의 병력을 파병했으나 이들 역시 스파르타쿠스에게 격파되고 만다. 이후 스파르타쿠스의 군대는 세 차례의 큰 전투에서 승리하며 3년 동안 이탈리아를 휩쓸고 다녔다.

하지만 BC 71년 원로원에서 파견된 크라수스의 막강한 군단에게 패전하고 만다. 결국 노예해방을 위해 분기했던 스파르타쿠스의 병사들은 모두 전사했고 포로가 된 6,000여 명도 십자가에 매달린 채 죽어감으로서 스파르타쿠스의 반란은 끝이 났다. 스파르타쿠스의 시체는 확인되지 않았다.

그러나 《영웅전》을 쓴 플루타르코스는 "마지막 순간 그는 혼자서 황금빛 독수리의 깃발을 향해 사령관의 표식을 향해 달려들었다. 수십 명의 로마 병사가 그를 둘러쌌다. 그는 마지막까지 용감하게 싸웠다"라고 적고 있다.

━━ 스파르타는 이미 죽었는가?

다음은 스파르타쿠스가 검투사들의 마음을 움직여 로마에 대항하게 만든 명연설이다.

"여러분은 나를 대장이라고 부르지만 나는 어머니 뱃속에서부터 투사가 아니었습니다. 나의 아버지는 지극히 겸허한 분으로 해리컨

산막山幕의 포도나무와 올리브 나무가 우거진 곳에서 살았습니다. 어렸을 때의 내 생활은 항상 즐겨 놀던 시냇물과 같이 평온했습니다.

매일같이 포도나무를 베기도 하고, 양떼를 돌보는 목동노릇도 하고, 점심때가 되면 양들을 나무 그늘에 모아놓고 목동의 피리를 불며 지냈습니다. 그때의 나의 친구는 이웃 농사꾼의 아들로, 우리 두 사람은 언제나 같은 목장에서 목동생활을 하며 반찬 없는 밥이지만 같이 나눠먹곤 했습니다.

어느 날 저녁 때 양을 외양간에 들여 매고 집 옆에 있는 나무 그늘에 앉아 있으려니까, 나의 할아버지께서 수가 적은 스파르타 병사가 엄청나게 많은 적의 대군을 산길에서 막아냈다는 옛날 전쟁 무용담을 들려주셨습니다. 나는 그때 전쟁이 무엇인지 몰랐으나 왜 그런지 나도 모르게 얼굴이 달아올라 정신없이 할아버지의 손을 꼭 쥐고 있었습니다. 그때 어머니께서 오셔서 나의 머리를 쓰다듬으시며 '무서운 전쟁 같은 건 생각지 말고 어서 자거라' 하시고는 나를 집으로 데리고 가셨습니다.

바로 그날 밤, 때아닌 창검소리는 이 산골의 평화를 깨트렸으며 그때 나를 길러주신 어머니의 가슴은 잔인한 로마병사의 말발굽에 짓밟혔고, 피투성이가 된 아버지의 시체가 길바닥에 내버려져 있는 것을 나는 보았습니다.

나는 오늘 결투에서 나의 상대를 죽였습니다. 그때 내가 상대의 투구의 끈을 끊었을 때 그의 얼굴을 보니 그는 바로 나의 옛 친구였습니다. 그는 나를 알아본 모양이어서 미소를 띠며 죽어갔습니다. 그 웃는 얼굴은 우리가 어렸을 때 둘이서 높은 비탈을 서로 끌어주며 올라가 포도를 따가지고 왔을 때 웃던 얼굴과 같았습니다.

나는 그 순간 입회인에게 내가 친구의 시체를 맡아 장례식을 치르고 싶다고 간청했습니다. 모래와 피로 물들여진 싸움터에 무릎을 꿇고 간청했을 때 관중들은 고래고래 외치며 조소를 퍼부었습니다. 입회인은 한마디로 거절하면서 "무어 장례식? 로마인 이외에는 인간은 없어"라고 말했습니다. 불행한 친구의 영혼은 죽어서도 구천을 떠돌며 선조의 영혼들이 평안히 잠들어 있는 '에리사'의 정토淨土를 바라만 볼 것입니다. 앞으로 여러분도 나도 그와 똑같은 개죽음을 당할 것입니다.

여러분은 지금 여기에 거인과 같이 서 있습니다. 그러나 내일이 또 있다고 기대할 수 없는 것이 우리의 운명입니다. 귀를 기울여보십시오! 피에 굶주린 사자는 포효하고 있지 않습니까? 사흘 동안 고기를 먹지 못하고 굶주린 사자에게 우리는 내일 그들의 밥이 될 것입니다.

여러분! 만일 여러분이 짐승이거든 잠자코 살찐 암소모양으로 백정의 칼을 받으십시오. 그렇지 않고 인간이거든 나를 따라 저 파수병을 죽이고, 우리의 할아버지가 싸모피레의 산 협곡에서 적을 막아냈듯이 산길을 이용해서 적에 대항하여 싸웁시다.

오, 스파르타는 이미 죽었는가? 여러분의 혈관 속을 흐르고 있는 그리스인의 피는 모조리 말라버렸는가? 오, 동포여! 그리스인이여! 만약 싸우게 되면 자기를 위해서 싸워라. 만약에 죽이려면 우리의 억압자를 죽여라. 만약 죽으려면 명예로운 싸움에서 죽도록 하자!"

위대한 여왕,
엘리자베스 1세

━━ 시련을 극복하고 여왕이 된 처녀

스물다섯 살 처녀가 잉글랜드의 왕위에 올랐다. 그녀의 이름은 엘리자베스 1세Elizabeth I, 45년이란 오랜 치세로 당시 유럽의 후진국이었던 조국을 세계 최대의 제국으로 발전시키는 데 이바지했다. 후세 사람들은 그녀를 '국가와 결혼한 처녀왕', '약소국을 유럽 최강국으로 만들었던 위대한 여왕', '대영제국의 주춧돌을 쌓아올린 전설의 여왕' 등으로 부른다.

그녀는 헨리 8세와 두 번째 왕비 앤 불린 사이에서 태어났다. 어머니는 엘리자베스가 두 살 때 간통죄란 누명을 쓰고 사형을 당하고, 그녀도 왕실의 일원으로서의 자격이 박탈되었다. 그 후 그 지위를 회복했다고는 해도 이복언니 메리의 통치 하에서는 위험인물로 간주되어 항상 감시당하고 견제되었으며, 한때는 죄수로 몰려 런던탑에 갇히기도 했다.

하지만 천성적으로 밝고 활기찬 성격의 그녀는 결코 좌절하지 않았다. 그녀는 온갖 시련을 공부에 열중함으로 모든 상황을 이겨내었다. 하루에 3시간 이상 책을 읽었으며 타키투스나 플루타르크

등 고대 로마 철학자를 번역하는 것을 소일로 삼았다. 특히 그녀는 라틴어, 에스파냐어, 프랑스어, 그리스어, 웨일스어, 이탈리아어 등 여섯 개 국어 이상을 유창하게 쓰고 말하는 등 어학 쪽으로 재능이 출중했다.

1558년 11월 17일, 엘리자베스는 죽은 언니 메리의 뒤를 이어 여왕으로 즉위했다. 젊고 아름답고 지성이 넘치는 그녀가 즉위하자, 메리의 통치 아래에 불안한 생활을 하고 있던 민중들은 그녀를 뜨겁게 환영했다.

가톨릭도 개신교도 청교도도 남자도 그녀를 사랑했다. 엘리자베스 여왕은 먼저 종교개혁을 실시해 그동안 분쟁해온 가톨릭과 개신교를 정리했으며, 화폐제도의 통일, 런던거래소의 창설 등 경제활동을 위한 기반을 정비하여 국정을 안정시킨다. 이를 기반으로 문예가 번성하여 수많은 연극 각본을 쓴 셰익스피어, 새로운 사상의 시인 스펜서, 현대과학의 기본개념을 개척한 철학자 베이컨 등이 활약했다.

또한 당시 새로운 세계무역의 제패를 놓고 영국과 스페인 사이에 해상권 획득을 위한 큰 경쟁이 있었다. 강대국이었던 스페인의 왕은 '무적함대'를 이끌고 영국해협으로 침공해왔다. 이에 맞서 영국 해군도 출항준비를 하고 있을 때 엘리자베스가 현장에 나타나 병사들을 격려하는 연설을 했다. 여왕의 격려에 사기충천한 영국 해군은 작은 군함으로 기동성 있게 공격하여 무적함대를 자랑하던 스페인의 함대들을 때려부숴 대승리를 거두고, 영국은 해상권을 지배하는 강대국이 되어 수세기 동안 영광을 누리게 된다.

━━━ '황금의 연설'과 또 하나의 명연설

1588년 8월 18일, 스페인이 무적함대를 앞세우고 잉글랜드를 침공하려고 하자 엘리자베스 1세는 병사를 고무하기 위해 다음과 같은 연설을 한다.

"사랑하는 국민 여러분! 나는 나의 안전을 염려하는 이들로부터 충고를 받았습니다. 반역의 우려가 있기 때문에 무기를 가진 군중 앞에 나서는 것은 조심하라고. 하지만 나는 나의 충실하고 사랑스러운 국민을 불신하기를 원치 않습니다. 그런 공포는 폭군이나 갖는 것입니다. 나는 하느님 앞에 나의 충신과 국민의 호의를 지키는 것을 항상 제일 과제로 삼아왔습니다. 그러므로 나는 지금 전쟁의 열화 속에서 여러분과 함께 살거나 죽기를 바랍니다.

나는 나의 하느님, 나의 왕국, 나의 백성, 나의 명예를 위해, 그리고 나의 피로 맹세합니다. 나는 비록 연약한 여자의 몸이지만 왕의 심장과 배짱을 가지고 있습니다. 그것은 잉글랜드 왕의 것입니다. 더럽고 모멸스러운 파르마나 스페인의 왕 또는 어떤 유럽 군주가 우리 지역의 경계를 침범한다면 나는 불명예보다는 무기를 들고 싸우겠습니다.

나는 여러분의 지휘관이요 심판관으로서, 그리고 군주의 이름으로 여러분에게 정당한 포상을 약속합니다. 이제 고귀하고 덕망 있는 장군이 나를 대신할 것입니다. 장군의 명령을 의심치 마십시오. 막사에서는 화합으로, 전쟁터에서는 용맹으로 임한다면, 우리는 하느님과 우리 국민의 적에게 단시간 내에 멋지게 승리할 것입니다."

다음은 1601년 11월 30일, 여왕이 의회에서 한 마지막 연설로 '황금의 연설'이라 불린다.

"단언하건대 나만큼 국민을 사랑하는 군주는 없을 것입니다. 하느님께서 나를 여왕으로 만들어주신 데 감사하지만 내가 누릴 수 있었던 가장 큰 영광은 국민의 사랑을 받으며 통치할 수 있었다는 것입니다. 하느님께서 나를 왕좌에 앉히셨다는 점보다 이렇게 애정을 보내준 백성의 여왕이 되어 그들을 안전하게 보호하고 위험에서 구하도록 하셨다는 점이 훨씬 더 기쁩니다. 내가 부여한 권한이 백성들에게 불만이 되고 특권이 탄압으로 여겨지는 상황을 결코 좌시하지 않을 것입니다. 내가 내린 특권을 오용하고 남용했던 자들을 그대로 내버려두지 않을 것입니다. 하느님께서는 그들의 죄를 내게 묻지 않을 것입니다.

왕관은 남이 쓴 모습을 보고 있을 때 영광스러운 법이며, 직접 써보면 그다지 즐겁지 않습니다. 하느님께서 내게 주신 책무를 이행하고, 하느님의 영광을 드높이며, 국민을 안전하게 지켜야 한다는 양심의 명령이 없었다면, 나도 이 왕관을 누구에게든 주어버리고 말았을 것입니다. 나는 내가 백성들에게 도움이 될 수 있는 날까지만 살아서 통치할 생각입니다. 나보다 더 강하고 현명한 군주는 과거에도 있었고 앞으로도 있을지 모르지만 나만큼 백성을 사랑하는 군주는 이제까지 없었고 앞으로도 없을 것입니다."

미국 경제의 초석,
알렉산더 해밀턴

━━━ **사생아로 태어난 '건국의 아버지'**

미국의 법률가이자 정치가, 재정가, 정치 사상가, 웅변가로 명성을 떨쳤던 알렉산더 해밀턴Alexander Hamilton. 그는 1755년 카리브 해의 작은 섬 네비스에서 스코틀랜드인 상인의 사생아로 태어났다. 그가 열 살 때 아버지는 실종되고 열세 살 때 어머니마저 병사한다.

고아가 된 해밀턴은 열네 살 때 크루거와 비쿠만 소유의 가게에서 일하기 시작해, 4년 후에는 주인 대신 가게를 맡아서 운영하여 경영 능력을 높이 평가받았다.

1773년 가게 주인과 친척의 원조로 해밀턴은 뉴욕의 킹스 칼리지(현 콜롬비아 대학교)에 입학해 행정학과 정치학을 배우면서 역사·문학·정치·철학 등 폭넓게 독서를 했다. 하늘은 스스로 돕는 자를 돕는다고 했던가. 가난한 고학생에 지나지 않았던 해밀턴은 자신의 천부적인 재능을 발휘할 호기를 맞이했다.

당시의 뉴욕은 식민지의 독립운동을 진압하기 위해 영국군이 진격해오고 있는 긴박한 분위기였다. 해밀턴은 1976년 학생의용군을 조직하고 영국군에게서 야포를 빼앗아 야포부대를 조직하여 전과戰

票를 올렸다. 해밀턴의 활약을 눈여겨본 미군 총사령관 조지 워싱턴은 해밀턴을 자신의 부관으로 발탁한다. 당시 해밀턴은 스물한 살이었다. 조지 워싱턴은 인격자로서 매우 존경받는 사람이었지만 문장은 서툴렀다. 그래서 해밀턴이 워싱턴의 공문을 거의 다 대필했다. 해밀턴은 군인으로서 전공을 올리고 싶어서 전선에 배치될 것을 희망하지만 워싱턴은 허락하지 않았다. 해밀턴이 전선에 보내주지 않으면 군대를 그만두겠다고 하자 워싱턴은 마지못해 그를 전선으로 보낸다. 그때 전투가 영국을 격퇴시키는 데 결정적인 전환점이 된 요크타운 전투다. 해밀턴은 여기에서 큰 전공을 올린다.

영국군을 격퇴한 후 전쟁에 참가했던 미국의 13주는 모든 경제력을 전쟁에서 쏟아 부어 파산 상태나 다름없었다. 채권자에게 돈을 갚을 수 없는 것은 물론 군인의 급여도 못 줄 지경이었다. 13주는 돈에 쪼들려 서로 으르렁거리며 채무불이행의 위기를 맞는다. 해밀턴은 통일된 강력한 중앙 정부의 필요성을 역설하고, 1787년 헌법제정회의에 뉴욕 대표로 참가하여 미국 헌법의 초고를 작성하고 이어서 헌법 초안에 서명한다. 그리고 제임스 매디슨 등과 미국 헌법을 지지하는 연작 논문 〈더 페더럴리스트〉를 집필하여 발표하고, 미국 헌법의 비준을 촉진하여 마침내 비준을 얻어내는 데 큰 공헌을 했다.

1789년 워싱턴 내각의 재무장관에 임명된 해밀턴은 신생 국가 미국의 경제, 자본 시장, 심지어 미국 산업혁명에 대해서까지 초석을 다져놓았다. 미국 경제에 있어 불가결한 첫 연방 중앙은행의 설립과 미국 조폐국의 설치에 따른 최초의 달러 동전의 발행은 해밀턴의 성과였다.

1804년 7월 11일, 알렉산더 해밀턴은 부통령 에런 버와의 결투에서 에런 버가 쏜 총에 맞아 마흔일곱 살이라는 한창 나이에 사망했다. 그의 초상화는 10달러의 지폐에 새겨져 있으며 '건국의 아버지'로 현재까지도 많은 미국인들에게 추앙 받고 있다.

━━ 이것이 합리적인 해답입니다

다음은 1788년 6월 24일, 연방 헌법의 비준을 위해 역설한 해밀턴의 연설의 일부다.

"비준을 반대하는 분들은 주 정부가 닥칠 위험에 대해 너무나 많은 비합리적인 걱정을 하고 있습니다. 그들은 누구든지 연방 의회에 들어가면 부패하고 독단적인 사람으로 변해 동료 시민들에 대한 모든 애정을 한순간에 잃어버릴 것이라고 생각하는 것 같습니다.

그러나 의원들이 선거구민의 진정한 이익을 희생시킬 만큼 무엇이 자신들에게 유리한지 모르는 사람들이라고 생각하십니까? 주 정부는 형식적인 면에서나 정신적인 면에서나 전체 연방 조직을 이루는 데 반드시 필요한 것입니다….

인간의 본성에는 개인과 집단의 행동에 관련해 우리가 언제나 신뢰할 수 있는 몇 가지 사회적 원칙이 있습니다. 사람들은 가족을 이웃보다 더 사랑하며, 이웃을 동포보다 더 사랑합니다. 이러한 사람들의 애정은 마치 태양열처럼 중심에서 멀어질수록 그 강도가 약해지고, 원이 커질수록 그에 비례하여 무관심한 것이 되고 맙니다. 이러한 원칙을 따른다면 국민 개개인이 가지는 애착은 처음부

터 그리고 영원히 주 정부의 것이 될 것입니다. 이 관계는 서로 보호하고 지지하는 관계가 될 것입니다

미 합중국의 법률이 최상위의 권위를 가지는 동시에 주 정부의 법률이 최상위의 권위를 가질 수 있습니다. 이들 두 최상위 법률은 서로 다른 대상에 적용함으로써 충돌하지 않으며, 동일한 대상이라도 서로 다른 측면에서 작용함으로써 완벽한 조화를 이룰 수 있습니다….

여러분, 우리에게 추구해야 할 국가적인 목표가 있다면 국가적인 재원이 있어야만 합니다. 만약 징발 명령이 내려졌는데도 그 명령을 수행하지 않았다면 어떤 일을 할 수 있겠습니까? (…) 우리는 다음과 같은 딜레마에 빠지게 됩니다. 그것은 징발 명령을 강행시킬 상설 연방 군대를 유지해야 하며, 그렇지 않으면 연방의 재정은 바닥나고 연방 정부는 자신을 스스로 유지할 수 없게 됩니다. 이런 재난을 막을 수 있는 길은 무엇일까요? 그것은 주 정부들의 법률을 국민 개개인에게 직접 적용하듯이 연방 정부도 국민 개개인에게 직접 행사할 수 있는 법적 권능을 부여하는 것입니다. 이것이 이 문제에 대한 합리적인 해답입니다….

오늘 제가 특혜를 가진 소수가 될 수 있는 여지가 있다면, 내일 저의 후손이 억압받는 다수에 속할 여지가 있기 때문입니다. 우리 삶에서 변화란 도무지 예측할 수 없는 것입니다. 현재는 운이 따르고 있는 사람이라도 그 사람의 가문이 과거에 매우 어려운 환경에 처했을 수도 있으며 현재 무명인 사람도 그 조상은 부와 높은 신분을 자랑했을 수도 있는 것입니다. 이 정도에서 저의 주장을 마무리하고자 합니다."

이탈리아 통일의 영웅,
주세페 가리발디

━━ 어부의 아들로 태어나 최고 명장이 되다

'이탈리아 혁명가', '최고의 전쟁 영웅', '이탈리아 통일의 주역'으로 이탈리아 국민의 추앙을 받는 주세페 가리발디Giuseppe Garibaldi. 그는 1807년 이탈리아 니스에서 어부의 아들로 태어나 바다 위에서 자랐고, 1832년 스물다섯의 젊은 나이에 상선의 선장이 된다.

당시 이탈리아의 상황은 비참했다. 로마제국 멸망 이후 천여 년 동안 나라는 여러 작은 군주국으로 쪼개져 대부분이 부패한 군주와 외세의 지배 아래 있었다. 지도층은 무능했고 국민은 가난과 압제에 허덕였다.

가리발디는 고통 받던 조국의 독립을 추진하던 마치니에게 감화되어 청년 이탈리아당에 가입, 1834년 통일을 위한 봉기에 참여했다. 그러나 실패하고 프랑스로 피신한 뒤 남미로 건너갔다. 남미에서 13년을 보낸 그는 우루과이의 독립전쟁에 참가해 공을 세웠다.

이 무렵 그는 브라질 출신의 여전사 아니타를 만난다. 그녀는 부드럽고 매력적이면서도 남자가 무색할 만큼 강인함과 용기를 지닌 여성이었다. 18세의 유부녀였지만 첫눈에 반한 가리발디가 '당신은 내 여자가 되어야 해'라고 프러포즈했고 1842년 결혼, 다섯 자녀를 낳았다. 1848년 가리발디가 이탈리아로 돌아와 조직한 '붉은 셔츠' 군대와도 함께했다. 그러나 아니타는 말라리아에 걸려 29세에 세상을 하직하고 만다.

1848년 이탈리아의 통일운동이 일어나자 가리발디는 의용대를 조직하여 로마공화국에 참가하여 나폴레옹 3세의 무력간섭에 대한 방어전을 지휘했다. 그러나 공화 정부가 붕괴되자 뉴욕으로 망명했다가 1854년 귀국하여 카프레라 섬에서 살았다.

가리발디는 사르데냐 왕국에 의한 이탈리아 통일을 긍정적으로 받아들였다. 그는 1859년 해방전쟁에서 알프스 의용대를 조직했고 이듬해 5월에는 '붉은 셔츠대'를 조직하여 남시칠리아왕국을 정복했다. 1860년 다시 진군하여 칼라브리아와 나폴리 지방을 점령하고 사르데냐의 왕인 비토리오 에마누엘레 2세에게 바침으로써 이탈리아 통일에 기여했다.

가리발디는 만년을 카프레라 섬에서 보냈다. 종종 왕국과 의회로부터 수훈과 의석이 주어졌지만 그는 일체를 거부하고 은거생활을 하다가, 1882년 카프레라 섬의 별장에서 75세의 일기로 세상을 떠났다.

그에 대한 사후평가는 사심 없는 용감한 애국자, 이탈리아 통일의 주역으로, 이탈리아의 진정한 '국민적 영웅'으로 추앙받고 있다. 빅토르 위고는 그를 위해 이러한 헌시獻詩를 지었다.

'가리발디, 그에게는 권력도 군대로 없었다. 그의 모든 힘은 국민의 영혼으로부터 나왔다.'

다음은 가리발디가 시칠리아 출정을 앞두고 '붉은 셔츠단'에 한 명 연설의 요지다.

"우리는 민족 재생의 거의 마지막 단계로서 종말이 가까워오고 있는 이 시점을 깊이 생각해야 하며, 신의 부름을 받고 선택된 젊은 20대 용사들의 놀라운 계획과 오늘의 행운을 위해 하느님께서 잘 보존해두었던 그 계획의 완성을 훌륭하게 마칠 수 있도록 각오를 굳게 해야 하겠습니다.

그렇습니다, 젊은 용사들이여! 이탈리아는 이 세상의 모든 찬사를 받을 과업을 여러분에게 맡겼습니다. 여러분은 전투에서 승리할 전술을 잘 알기에 지금까지 적들을 정복했고, 앞으로도 계속 정복할 것입니다. 여러분은 과거 마케도니아 병사들 못지않게 용맹스러우며 아시아의 강병들을 상대로 승전한 당시의 병사들처럼 훌륭한 병사들입니다. 우리나라의 자랑스러운 역사에 또 한 페이지 영광스러운 사실이 추가될 것입니다. 노예들도 속박의 굴레 속에서 갈아두었던 날카로운 칼을 들고, 마침내 우리 자유의 형제들과 합세할 순간이 찾아왔습니다.

자, 그러면 모두 다 무기를 듭시다. 한 명도 빠짐없이 무기를 드십시오! 그렇게 되면 압제자들과 권세가들은 물거품처럼 사라질 것입니다. 여성 여러분들도 그대들의 품에서 비겁자들을 떨쳐버려야 합니다. 그들은 여러분에게 오직 나약한 아기들만 낳게 할 뿐입니다. 이탈리아의 딸들인 여러분은 고결하고 용감한 아이들만 낳아야 합니다.

나약하고 겁 많은 공리 공론가들은 우리들 곁에서 물러가라. 당신들의 노예 근성과 가련한 공포심을 어디 다른 곳에나 가서 품고 있어라. 여기 우리 국민은 노예가 아니라 주인입니다. 우리 국민들은 다른 나라 국민들의 형제가 되기를 원합니다. 오만불손한 자들을 당당한 눈초리로 바라볼 뿐, 그들 앞에 엎드려서 자유를 달라고 애원하지는 않을 것입니다. 우리 국민은 부패한 정신을 가진 자들의 뒤를 더 이상 따라가지 않을 것입니다.

　　다시 한 번 돌격의 함성을 외치노니 '한 사람도 빠짐없이 모두 무기를 듭시다!'

　　1861년 3월까지 이탈리아 국민 백만 명이 무기를 들지 않는다면 우리에겐 자유도 없습니다. 이탈리아의 운명도 끝장납니다. 독약만큼이나 싫어하는 이상한 생각들은 떨쳐버립시다. 1861년 3월, 필요하다면 2월이라도 우리의 진지에서 서로 만납시다. 칼라타피미에서, 팔레르모에서, 안코나에서, 볼투로노에서, 카스텔피다르도에서 그리고 이세르니아에서, 모든 이탈리아인들이 함께할 것입니다. 겁쟁이나 노예가 아닌 이 땅의 모든 청년들이 우리와 함께할 것입니다. 우리 모두 팔레스트로의 영광스러운 영웅 주변에 모여 허물어져 가는 폭군의 거점에 마지막 일격을 가합시다. 나의 용감한 젊은 의병들이여, 그리고 난 뒤 열 차례 전투를 영광스럽게 끝낸 자리에서 내가 건네는 작별 인사를 받으리라."

강철왕,
앤드루 카네기

━━ 악덕 자본가와 자선 사업가

미국의 이민자로 당대에 자수성가하여 재벌이 된 입지전적 인물 앤드루 카네기Andrew Carnegie. 그는 1835년, 스코틀랜드의 던펌린에서 태어났다. 그의 부친은 수동식 직조기로 가내공장을 운영했는데, 증기식 직조기가 도입되면서 하루아침에 생계가 어려워졌다.

가난을 견디다 못한 카네기 일가는 1848년에 고향을 떠나 이민 선에 몸을 실었고, 미국에 도착해서는 친척이 사는 펜실베이니아 주 피츠버그 인근에 정착했다. 당시 13세였던 앤드루는 주급 1달 러 20센트를 받는 면직물 공장의 공원으로 시작했지만 43세 때인 1878년에는 미국 최대의 강철공장을 설립한 백만장자 '강철왕'에 등극해 있었다. 카네기가 '강철왕'이라는 별명을 얻게 된 까닭은 미국에서 강철의 대량 제조 및 유통을 실현시켰기 때문이다.

그가 어떻게 하여 당대에 자수성가로 성공했는가는 차치하고, 그에 대한 당시의 평가는 '악덕 자본가'와 '자선 사업가'로 상반된다.

악덕 자본가는 '홈스테드 학살사건'이 주원인이었다. 1892년 6월에 카네기의 소유인 홈스테드 제강소에서 임금 협상 문제로 노사갈등이 첨예화되었다. 카네기의 동업자이며 회사의 2인자였던 헨리 클레이 프릭은 공장 폐쇄라는 일방적인 조치를 감행했고, 이에 반발한 노동자들이 공장을 점거하며 사태가 악화되었다. 프릭은 공장을 탈환하기 위해 경비용역 업체인 핑커턴회사 소속의 사설경비원을 수백 명을 투입했다. 그 와중에 경비원과 노동자 간에 충돌이 빚어져 10명의 사망자와 수백 명의 부상자가 발생했으며, 결국 주방위군이 투입되어서야 사태가 진정되었다.

이 사건은 미국 역사상 최악의 노동탄압사건 가운데 하나로 평가된다. 사태를 수수방관했다는 비난이 빗발치면서 이전까지만 해도 정직한 기업가이며 노동자의 벗으로 행세했던 카네기의 이미지에는 타격이 불가피했다.

그런가 하면 자선 사업가로 추앙받는 데는 그만한 이유와 실적이 있다. 카네기는 사업 확장에 분주했던 33세 때 은퇴계획을 세운 바 있었다. 35세에 은퇴하고 생활비 연 5만 달러를 제외한 나머지 수입은 모두 자선사업에 쓰겠다는 계획이었다. 실제 그의 은퇴는 계획보다 30년이 늦은 1901년에야 이루어졌다.

카네기는 자선사업을 관장할 기구를 조직했다. 1902년 카네기협회, 1905년 카네기교육진흥재단, 1910년 카네기국제평화재단, 1911년 카네기재단이 설립된다. 카네기의 수많은 자선사업 중에서도 가장 돋보이는 것은 도서관 건립이었다. 1881년에 카네기의 고향 던펌린을 시작으로 미국과 영국에서 2,500개 이상의 도서관이 세워졌다. 1900년에는 카네기공과대학이 설립되었고, 1891년에는 세계적인 공연장으로 유명한 카네기홀을 개관했다.

━━━ 시간은 돈보다 귀합니다

카네기는 달변으로도 유명했으며 여러 권의 책을 저술했다. 그중에서 부자의 사회적 책임을 역설한 '부의 복음'이 당대에 크게 주목을 받았다. 그의 명연설문을 보기로 하자.

"인생은 시간의 연속입니다. 시간은 영원한 것이니, 천지와 더불어 무한합니다. 따라서 우리들의 일생이란 그 무한한 시간의 단 한 순간을 차지할 따름입니다. 그러므로 시간보다 더 귀중한 것이 없다면, 우리들은 모든 일을 한시바삐 이루어 나가야 합니다.

우리들이 완전무결한 생활을 영위하려면 적어도 200년이란 세월이 필요합니다. 그러나 사실에 있어서 우리들의 생명이란 아무리 오래 산다 하더라도 80~90년밖에 살지 못합니다. 이른바 '인생 50년'이란 말이 있습니다만, 대부분의 사람이 그 일생을 50년 안에 마치고 있습니다. 그러면 이와 같이 짧은 시일 동안 우리는 과연 얼마만 한 일을 할 수 있겠습니까?

그러고 보니 시간이란 돈 이상의 것이고 힘 이상의 것입니다. 어떤 사람이든 간에 시간은 단 한 푼의 대가도 지불하지 않고 얼마든지 소유할 수도 있고 사용할 수도 있습니다. 그래서 많은 사람들은 시간의 귀중함을 모르고 낭비하고 있습니다.

시간이란 대가가 없는 대신 한정이 있는 것입니다. 그것을 많은 사람들이 생각하지를 않습니다. 자기에게만은 무한한 시간이 앞에 놓여 있는 듯이 낭비하다가 다 늙어 죽음을 앞에 두고서야 당황하고 후회하는 것이 예사입니다. '아, 때는 지났다. 그 시간을 낭비하고 말았으니, 나는 얼마나 어리석은 자였는가!' 이러한 한탄을 하지 않고 이 세상을 떠난 사람이 몇이나 되겠습니까?

우리들이 살아가는 동안 하루라도 낭비해서 좋은 날은 없습니다. 단 한순간이라도 아끼고 이용하도록 노력합시다. 남을 사랑하고 음악을 듣고 학문을 닦읍시다. 가정을 단란하게 꾸립시다. 그리하여 우리들의 생활을 뜻 깊게 합시다. 이것이야 말로 생존경쟁에서 이기는 떳떳하고 당연한 이치입니다. 그리고 가장 적은 시간을 잘 이용하는 곳에만 능률 증진의 원칙이 있습니다. 우리들이 하루 24시간 중 값있게 사용하는 참된 시간이란 과연 얼마나 되겠습니까?

그렇다고 개미처럼 분주하게만 살며 턱없이 큰 계획만 세우라고 하는 것은 아닙니다. '일하라. 현재의 생활을 충실하기에만 노력하라.' 이것이 시간을 선용하는 단 하나의 길입니다. 후회하지 말고, 피로를 느끼지 말아야 합니다. 그리고 내일을 믿지 않는 것이 또한 뜻 있는 생활을 할 수 있는 중요한 길입니다.

모든 종교는 미래를 위해서 현재를 희생시키라고 가르치지만 그것은 너무도 느린 짓입니다. 인생은 짧습니다. 우리는 만사를 뒤로 미루어서는 안 됩니다. 미래를 기다려서는 안 됩니다.

우리는 흔히 내일을 내세우지만, 이 내일은 '내일' 또 '내일' 하는 동안에 영원한 내일이 되어 아무것도 못하게 하고 마는 것입니다. 그리고 지나치게 많은 희망을 가져서는 안 됩니다. 백 관이나 넘는 희망 속에서 겨우 한 관쯤의 행복을 얻는 것이 인생입니다…"

영원한 퍼스트레이디,
송미령

빼어난 미모와 탁월한 언변, 정열적인 외교 활동으로 수많은 일화를 남기며 중국 현대사의 한 페이지를 장식했던 송미령宋美齡, 그녀는 중화민국 장개석將介石 총통의 부인이자 훌륭한 외교 참모였으며 대만의 '영원한 퍼스트레이디'로 불린다.

그녀는 1897년 중국 재벌가문의 아버지 송가수와 기독교 가문의 현대교육을 받은 어머니 예계진 사이에서 세 딸 중 막내로 태어났다. 1908년 미국으로 건너가 1917년 웰슬리 대학교에서 영문학과를 졸업했으며, 1920년 중국으로 돌아가 YWCA, 영화심의위원회, 소년노동위원회 등에서 근무했다.

장개석將介石은 그녀를 처음 만나 첫눈에 반했다. 그녀 역시 건장하고 준수한 국민당 장교에게 호감이 있었다. 장개석이 그녀에게 청혼하자 열 살 연상에 불교신자이고 이미 결혼한 부인이 있다는 이유로 집안에서 반대했다. 그러나 장개석이 본부인과 이혼하고 개신교로 개종하겠다는 약속을 해 1927년 두 사람은 결혼했다.

장개석의 부인이 된 송미령은 신생활운동을 시작하며, 중국 정

452

치에 활발하게 관여하게 된다. 장개석이 장군이 되고 국민당의 총수가 되자 송미령은 영어 통역사, 비서, 외교 참모, 조언자로의 역할을 활발하게 했다. 1936년 장개석이 감금되는 사태가 발생하자 그녀는 남경에서 서안으로 달려가 장학량과 담판 끝에 남편을 구해냈다. 이 사건으로 1937년 미국 〈타임〉 지는 송미령을 '세계에서 가장 잘 알려진 여성'으로 선정했다.

1943년에는 카이로 회담에 참석하여 장개석의 통역을 넘어서 외교의 실질적 주역이 되었다. 카이로 회담에서 루스벨트, 처칠 등이 모여 일본 패망 후를 논의할 때 현재 대만과 대한민국을 일본 영토에서 빼야 한다고 주장한 사람이 송미령이었다.

중국과 서방의 문화에 모두 익숙한 그녀는 미국과 중국을 넘나들며 활동했고 양국 모두에서 개인적인 인기를 모았다. 그녀가 미국을 방문하자 3만여 명의 인파가 모였고 '올해의 남편과 아내', '용의 여인'이라는 제목으로 〈타임〉 지의 표지를 두 번이나 장식했다. 1940년대 미국 의회를 상대로 로비활동을 펼쳐 미국의 원조를 끌어냈으며 '차이나로비'의 주역이 되었다.

1949년 중국 내전에서 남편의 정부가 패배한 후 그녀는 남편을 따라 대만으로 이주했다. 내전 이후에도 중화민국의 국제관계에서 중요한 역할을 담당했고 국제적십자사의 후원자, 대중국 영국연합 원조기금의 명예의장, 최초의 권리장전기념 회원이었다. 1960년대 말에는 '미국의 가장 존경하는 10인의 여성'에 포함되었다. 1975년 남편 중화민국 총통 장개석이 작고한 뒤 활동을 줄였으며, 1978년 대만에서 미국으로 이주한 그녀는 2003년, 뉴욕의 맨해튼에서 향년 107세의 나이로 조용히 세상을 떠났다.

━━ 중국인 최초 '미국 의회에서 연설'

이것은 1943년 2월 18일, 루스벨트 대통령의 초청으로 송미령이 중국인 최초로, 그리고 여자로서는 두 번째로 미국 상하합동회의에서 연설한 것이다.

"신사 숙녀 여러분, 미국 의원 여러분, 그리고 대통령께, 저는 미국 국민 여러분의 환대와 따스함에 마음속 깊이 감동을 받았습니다.

여러분의 나라와 우리나라의 오랜 우정은 벌써 160년의 역사를 가지고 있습니다. 그렇지만 두 나라가 공유하는 엄청난 동질성이 우리 두 국가 우정의 밑바탕이라 생각하는 것은 아마 저 혼자일지도 모릅니다. 저는 이러한 제 생각을 뒷받침하는 작은 일화를 여러분께 말씀드리겠습니다. 두리틀 제독과 그의 부하들이 도쿄를 공격했을 당시 여러분 병사 중 일부는 중국내륙으로 풀려났습니다. 그들 가운데 한 명이 조국으로 편지를 부치고 싶다며 저에게 말해준 것입니다. 그가 중국 땅에 도착했을 때 중국 사람들이 그를 향해 환호하며 모여들자 그는 그의 팔을 흔들며 그가 아는 유일한 중국어를 외치기 시작했다고 합니다. '메이쿠오, 메이쿠오' 이 단어는 바로 'America'입니다.

중국어로 뜻을 옮기면 '아름다운 나라'라는 뜻입니다. 우리나라 사람들은 마치 오래전 잃었던 형제를 만난 것처럼 웃으며 그를 껴안고 인사했습니다. 그가 말하기를 마치 고향에 온 듯한 기분이었다고 합니다. 사실 난생처음 중국에 온 것이었는데 말이에요.

저는 아주 작은 소녀일 때 여러분의 나라로 왔습니다. 저는 여러분들을 압니다. 저는 여러분과 함께 살았습니다. 저는 제 삶이 형성되는 시기를 여러분들과 살았습니다. 저는 여러분의 언어로 말을 합니다. 단순히 여러분의 언어를 알고 있는 것뿐 아니라 여러분과 같은 마음으로 말을 합니다. 그래서 오늘 이렇게 왔을 때 저 역시 고향에 온 듯한 기분이 듭니다.

　그러나 저는 압니다, 저는 단순히 고향으로 돌아온 사람일뿐만이 아니란 것을. 만약 중국 사람들이 여러분의 언어로 말을 할 수 있다면 여러분들이 우리의 말을 들을 수 있다면, 여러분께 간단하지만 근본적인 사실을 말할 것입니다. 우리는 같은 적을 두고 싸우고 있다고 말입니다. 왜냐하면 우리는 여러분의 대통령이 전 세계를 향해 선언한 '4대 자유'의 이상을 공유하고 있기 때문입니다. 이 선언은 저희의 황량한 땅을 가로질러 자유의 종을, 연합국의 자유 종을 울렸습니다. 그리고 침략자에게는 종말의 종을 울렸습니다.

　저는 여러분께 단언합니다. 우리나라 사람들은 기꺼이 이 이상을 실현시키기 위해 여러분들과 함께하리란 것을. 왜냐하면 우리는 이상이 공허하게 울리는 것을 원치 않기 때문입니다. 저희는 이 이상이 우리 자신들에게, 그리고 여러분의 후손들에게, 우리들의 후손들에게, 더 나아가 모든 인류에게 실현되기를 원합니다.

　동지 여러분, 우리에게 필요한 것은 단순히 이상을 품고 그것을 선언하는 것뿐만이 아닙니다. 그것을 이루기 위해 행동하는 것입니다."

전설적인 경영자,
리 아이어코카

—— **파산 직전의 회사를 살려낸 재건왕**

미국의 재건왕再建王, '산업계의 영웅'으로 불리는 전설적인 경영자
리 아이어코카Lee Iacocca. 그는 1924년 부유한 이탈리아 이민자의 아
들로 미국 펜실베이니아주 알렌 타운에서 태어났다. 미국 명문대학
의 하나인 리 하이 대학교에서 기계공학과 관리공학을 배웠고, 프
린스턴 대학교 대학원에서 석사학위를 취득했다.

1946년에 미국 자동차 회사 포드에 입사했고, 판매기획을 성공
시켜 두각을 나타내면서 1960년 포드 부문의 총지배인 겸 부사장
으로 취임했다. 1960년대 들어 호경기를 배경으로 2차 세계대전
이후에 출생한 이른바 '베이비부머'라고 불리는 세대용 중형차로
개발된 스포츠 카, '머스탱'의 개발 책임자가 된다. 1964년 뉴욕만
국박람회의 첫날에 발표된 초대 머스탱은 미국 자동차 역사에 남
는 베스트셀러가 되어 아이어코카의 이름은 머스탱과 함께 전 세
계에 알려지게 된다.

1970년에 포드의 사장으로 취임했다. 사장 재임 중에는 오일쇼
크와 일본제 소형차와의 경쟁 격화로 침체된 국내외의 판매를 비

대화한 머스탱의 소형화와 국내 판매망의 강화, 전륜구동 소형차인 '축제'의 도입을 실시하여 극복했다.

순조로운 경영 성적을 배경으로 아이어코카는 포드의 회장 헨리 포드 2세와 좋은 관계를 맺고 있었다. 그러나 아이어코카가 뛰어난 경영수완을 발휘하여 명성을 높여가는 한편 공사公私를 혼동한 독단적인 경영기법을 드러내자, 경영방침을 둘러싸고 헨리 포드 2세와 대립하게 된다.

급기야 1978년 10월, 포드가 사상 최고의 매출을 2년 연속으로 달성했음에도 불구하고 헨리 포드 2세는 "이유는 없다, 나는 너를 싫어한다"며 아이어코카 사장을 해고했다.

어느 날 갑자기 황당무계하게 포드의 사장직에서 해고된 아이어코카는 분노와 치욕에 온몸을 떨었다. 누군가를 죽이고 싶었고 자신도 죽고만 싶었다. 그러나 그는 평정심을 잃지 않았다. 자신의 실추된 명예를 회복하고 능력을 입증하기 위해 당시 심각한 경영위기에 빠져 있던 라이벌 회사 크라이슬러의 사장으로 취임한다. 이듬해인 1979년, 회장이 된 아이어코카는 자신의 연봉을 1달러로 정하고 사내개혁을 단행하는 한편, 새로운 경영계획을 세운다. 그리고 기사회생에 절대적으로 필요한 자금조달을 위해 미국 의회로 달려가서 정부가 채무보증을 서달라고 의원들을 설득하여 15억 달러라는 거금을 융자받는 데 성공한다. 그것을 밑천으로 소형차 개발로 대박을 터트렸고, 10년 상환의 부채를 3년 만에 다 갚아 세상을 놀라게 했다. 아이어코카는 만성적자로 파산 직전까지 몰린 크라이슬러를 살렸고, 60여만 명의 일자리를 지켜냈다. 이 공로로 아이어코카는 '미국 산업계의 영웅'으로 일컬어지게 되었다.

▬▬ 내 말을 액면 그대로 받아들이십시오

다음은 리 아이어코카가 미국 의회에 출두하여 크라이슬러는 지금 파산 지경의 어려움에 처해 있다는 것과 살아날 대안이 있으니 도산시켜서는 안 된다는 당위성을 설명하고, 정부의 대출 보증이 필요하다고 역설한 연설의 일부다.

"본인은 오늘 이 자리에서 혼자 말하고 있는 것이 아니라는 점을 명심해주기를 바랍니다. 저는 크라이슬러자동차회사에 생계를 걸고 있는 수십만 명의 고용인들을 대표하여 말하고 있습니다. 그리고 4,700명이나 되는 판매 대리업자들과 그들의 종업원을 대신하여 말씀드리고 있는 것입니다. 판매 대리업자들은 15만 명이나 되는 고용인들을 거느리고 있고, 우리 회사의 제품을 판매하며 제품 서비스를 수행하고 있습니다. 그리고 1만 9,000여 납품 회사들이 우리 회사에 생계를 걸고 있는데 그 납품 회사들에 또한 25만 명이나 되는 고용인들이 일하고 있습니다. 게다가 그 고용인들 모두에게는 부양가족들이 딸려 있습니다."

아이어코카는 국민기업이라는 대의명분을 내세운 뒤에 분명한 어조로 말한다.

"우리는 무작정 도움을 청하는 것이 아니며 어떠한 특혜도 바라지 않습니다. 우리가 바라는 것은 오직 정부의 대출 보증입니다. 그리고 대출금에 대해서는 한 푼도 남김없이 이자까지 합산하여 상환할 것입니다."

그러나 대부분의 의원들은 아이어코카의 말을 귀담아듣지 않고 과거의 잘못으로 빚어진 부실경영만을 나무랐으며 한 의원은 다음과 같은 말을 했다.

"내 관심은 당신이 우리가 믿을 수 있는 어떠한 확신을 제시하는가, 그리고 지난날의 잘못을 반복하지 않겠다는 확신을 어떻게 제시하는가 하는 겁니다. 당신의 주장은 당신네 회사의 경영상의 잘못이 수정되었고 기업 이윤을 위하여 새로운 경영방침을 세워놓았다고 했는데 솔직히 말해서 그 정도의 대답으로는 잘 납득이 가지 않습니다."

증거를 보여줄 수 없는 상황에서 의아심을 가진 자에게는 신념에 찬 의지를 보여줄 수밖에 없다. 아이어코카는 다음과 같이 단호하게 말했다.

"의원님, 당신께서 저의 말을 액면 그대로 받아들이시는 것 외에 달리 당신께 확신시켜드릴 방법이 없습니다. 저는 크라이슬러자동차회사의 새로운 경영 팀을 구성했습니다. 제 생각으로는 그들은 미국 내에서 가장 훌륭한 자동차 맨이라고 생각합니다. 우리들은 장래 계획을 수립해놓았고 소형 승용차들을 제작하는 방법을 알고 있습니다. 당신께 말씀드릴 수 있는 것은 이것뿐입니다. 당신께서 우리의 계획을 직접 와서 보고 확인할 수도 있습니다. 제가 말씀드릴 수 있는 것은 이것뿐입니다."

조직 활성화의 탁월한 공로자,
코피 아난

━━━ 유엔 직원에서 사무총장이 된 최초의 인물

아프리카 가나공화국 태생으로 유엔의 직원으로 들어가 사무총장이
되었고, 노벨평화상을 받은 입지전적 인물 코피 아난Kofi Atta Annan. 그는
1938년 영국령 골드 코스트, 쿠마시에서 쌍둥이로 태어났다. 아버지
는 아샨티주의 주지사였고 판티족의 세습 족장이었다. 그는 아홉 살
에 가나의 독립을 경험했고 이후 미국과 스위스에서 공부했다.

코피 아난은 1962년 스위스 제네바에 위치한 세계보건기구WHO
예산담당관으로 유엔에 발을 들여놓았다. 유엔의 행정직을 두루 거
치며 승진한 끝에, 1993년에는 평화유지활동 담당 사무차장으로
선출되었는데, 재직 중 그는 보스니아헤르체고비나 내전기에 특히
유엔군에서 북대서양조약기구NATO군으로의 평화유지활동 이관을
유연하게 처리하면서 유명해졌다.

1997년 1월 1일, 코피 아난은 유엔의 직원으로 들어가 34년 만
에 사무총장으로 선출된다.

그는 정치가형 유엔 사무총장으로서 국제사회가 지향해야 할 이
상을 제시했고, 유엔을 국제사회의 주요 행위자로 복귀시켰다는 평

가를 받는다. '개혁 총장'이라는 별명으로 불릴 만큼 그는 유엔 사무국 내의 1,000여 개의 직책을 폐지하고 대폭적인 기구의 통폐합을 내용으로 하는 유엔개혁안을 내놓았다.

또한 유엔 활동을 안보, 개발, 인권 등으로 결집시키고, 특히 국제사회에 인도주의적 위기가 닥칠 때 유엔이 적극적으로 간섭할 수 있다는 '인도주의적 개입' 개념을 확산시켰다. 2000년 유엔이 개최한 새천년정상회의에서 설정한 '새천년개발목표MDGs'는 빈곤과 저발전 등 전 지구적 8대 목표를 성공적으로 제시했다는 평가를 받는다.

그는 유엔의 운영을 위해 미국의 지원과 협력이 절대적임을 인식하고 있었고, 그런 이유로 '친미 사무총장'이라는 비판이 꼬리표처럼 따라붙기도 했다. 미국의 이라크전쟁을 앞두고 "유엔의 인증 없이 실시하는 무력제제는 불법"이라고 강하게 주장했으나 끝내 이라크전쟁은 개시되었고 그에 대한 비판은 피할 수 없게 되었다.

그는 유엔사무총장 재임 중 2001년 노벨평화상을 받았고, 2002년 중국 절강 대학교와 2006년 일본 도쿄 대학교에서 명예 박사학위를 받았으며, 가나대학교의 명예 총장이다.

■■■ 어려운 상황을 해결하는 것이 유엔의 사명

다음은 2001년 12월 10일, 코피 아난이 오슬로에서 한 노벨평화상 수상 연설의 일부다.

"오늘, 아프가니스탄에서 한 여자아이가 태어날 것입니다. 그 아기의 어머니는 세상 어느 곳의 어머니와 마찬가지로 아이를 품안에 안고, 먹을 것을 주고, 편안히 해주고, 돌볼 것입니다. 이 인간 본성의 가장 기본적인 행동에 대해서는 어떠한 이견異見도 없을 것입니다. 그러나 오늘날 아프가니스탄에서 여자아이로 태어난다는 것은 소수의 인간들이 이룩한 번영과는 멀리 뒤쳐진 구시대에서 삶을 시작하는 것이나 마찬가지입니다. 오늘날의 실질적인 국경은 국가와 국가 사이에 존재하는 것이 아니라, 권력을 가진 자와 못 가진 자, 자유로운 자와 억압받는 자, 특권을 누리는 자와 굴욕을 당하는 자 사이에 존재합니다. 오늘날에는 세계의 어떠한 장벽도, 세계 어느 한 지역에서 벌어지는 인도주의 또는 인권의 위기를 다른 나라의 국가안보 위기와 분리하지 못합니다.

여러분! 우리는 고난의 문을 통해 새로운 천년에 들어왔습니다. 오늘날 우리가 9.11테러 이후 더 잘 보고 더 멀리 본다면 인류는 분리될 수 없다는 것을 깨닫게 될 것입니다. 새로운 위협은 인종, 국가 또는 지역 간에 차이를 두지 않습니다.

민주주의를 가로막는 장애물은 문화나 종교와는 거의 무관하며, 어떤 희생을 치러서라도 자신들의 지위를 유지하려는 집권자들의 욕망과 더 깊은 관계가 있습니다. 이것은 새로운 현상도 아니고, 세계의 어느 특별한 지역에만 국한된 이야기도 아닙니다. 모든 문화권의 사람들은 선택의 자유를 중요시하며, 자신들의 삶에 영향을 미치는 결정에 대해 발언권을 가질 필요성을 느낍니다.

전 세계 거의 모든 국가들이 회원국인 유엔은 모든 인간이 동등한 가치를 지니고 있다는 원칙에 바탕을 두고 있습니다. 유엔은 모든 국가와 모든 민족들의 이익을 다룰 수 있는 대표기관에 가장 근접한 기구입니다. 인류 발전에 없어서는 안 되는 이 만인의 기구를 통해, 국가들은 공통의 이익을 인식하고 단합하여 그것을 추구함으로써, 자국 국민들의 이익에 기여할 수 있습니다. 의심의 여지없이 바로 이런 이유 때문에 노벨위원회는 '100주년을 맞이하여 세계 평화와 협력을 위한 유일한 협상 방법은 유엔을 통하는 것이라고 선언하고 싶은 생각'을 가지고 있습니다.

여러분은 오늘 제가 연설을 시작하면서, 아프가니스탄에서 태어난 여자아이를 언급한 것을 기억할 것입니다. 아기의 엄마가 자신의 모든 힘을 다하여 아이를 보호하고 키운다 할지라도, 이 아이가 다섯 살 생일까지 생존하지 못할 확률이 4분의 1입니다. 이 여자아이가 다섯 살을 넘기느냐 하는 문제는 동료들을 향한 우리 개개인의 책임감에 대한 믿음인, 우리의 공통된 인간성을 알아보는 하나의 시험일뿐입니다. 하지만 이것은 정말 중요하고 유일한 시험입니다.

이 여자아이를 기억하시면 빈곤과 싸우고 전쟁을 예방하거나 질병을 치유하려는 우리의 원대한 목표가 멀리 있거나 불가능해 보이지 않을 것입니다. 사실 그러한 목표들은 아주 가까이에 있고, 성취할 가능성이 높아 보일 것이며, 당연히 그래야 합니다. 국가와 민족, 사상과 언어라는 표면 아래에는 도움이 필요한 인간 개개인의 운명이 놓여 있기 때문입니다. 그들의 어려운 상황을 해결하는 것이 앞으로 21세기에 유엔이 수행해야 할 임무가 될 것입니다. 대단히 감사합니다."

빈민들의 희망,
무하마드 유누스

━━ 작은 돈을 쉽게 빌리는 제도를 만들다

'빈민들을 위한 착한 은행' 그라민 은행의 총재, 무하마드 유누스 Muhammad Yunus. 그는 1940년 당시 영국령 인도 방글라데시 치타공의 유복한 무슬림 집안에서 아홉 남매 중 셋째로 태어났다. 다카 대학교에서 경제학을 전공한 후 풀브라이트 장학금을 받아 미국으로 유학, 1969년 밴더빌트 대학교에서 경제학 박사학위를 받았다.

1972년 방글라데시로 귀국해서 대학교에서 경제학을 강의했는데 국민 대부분이 빈곤에 시달리는 현실을 개탄하며 이에 대한 연구도 하였다.

그러던 1973년 어느 날 우연히 대학 주변에 있는 마을에서 작은 대나무 의자를 만들어 생계를 꾸려나가는 여성을 발견했다. 그녀는 재료를 사기 위해 20여 달러를 고리대금업자에게 대출한 뒤 이를 갚기 위해 하루하루 힘들게 살아가고 있었다. 그는 경제학 강의에서는 몇 백 억이 왔다 갔다 하는데 당장 밖에선 몇 달러에 생계가 달려 있다는 것을 깨달았다.

유누스는 우선 사정이 딱한 주민에게 자신이 가진 약간의 돈을 무이자로 빌려주었는데 거기에는 한계가 있었다. 그래서 1976년 무담보 소액대출(마이크로 크레디트)이라는 프로젝트를 제안하고, 대학생들과 함께 이 프로그램을 실험적으로 운영하였는데 회수율이 99퍼센트였다. 확신을 얻은 그는 1983년 그라민 은행을 설립하였고 여러 가구가 혜택을 보면서 사업이 차츰 확장되어 1982년에는 회원수가 2만 8,000여 명에 이르렀다. 2007년까지 그라민 은행에서 700만 명 이상이 대출을 해간 것으로 집계되었다.

그라민 은행은 외부의 지원이나 기부금에 의존하지 않는다. 100퍼센트 은행 회원들의 예금으로 충당한다. 또한 갚지 않아도 법적책임을 묻지 않는데, 설립 이후 연평균 90퍼센트 이상의 상환율을 보이고 있다. 그라민 은행의 소액신용대출 모델은 아시아, 아프리카, 북미, 유럽 등지에 널리 전파되어 그 지역 빈곤층의 자활을 돕고 있다.

그 공로를 인정받아 2006년 그라민 은행과 설립자 무하마드 유누스는 공동으로 노벨평화상을 수상하였다. 그 외에도 '막사이사이상', '세계식량상', '서울평화상' 등 여러 상을 받았다.

유누스는 2006년 10월 서울평화상을 수상하러 우리나라를 방한했을 때 노무현 대통령을 예방하기도 했다. 2007년 그는 정계 입문을 선언, 신당 나고리크 샤크티(시민의 힘)를 창당하고 총선 참여 의사를 밝혔으나 별다른 성과를 내지 못하자 몇 달 만에 정계 진출을 포기했다.

▬▬ 가난은 평화에 대한 위협입니다

다음은 유누스의 노벨평화상 수상 연설의 일부다.

"국왕 폐하, 노르웨이 노벨위원회 멤버, 정부 고위 관계자들, 그리고 여러분. 그라민 은행과 나는 깊은 경의와 함께 이 최고의 상을 받습니다. 우리는 이 영예에 떨려서 당황하고 있습니다.

700만 명이 있는 그라민 은행의 채무자이자 오너 중에서 뽑힌 아홉 명의 대표자가 이 상을 받기 위해서 나와 함께 오슬로에 와 있습니다.

나는 그들을 대표해서 올해 노벨평화상에 그라민 은행을 선택한 노르웨이 노벨위원회에 감사드립니다. 올해의 상은 자신의 아이들에게 생활과 내일의 희망을 주기 위해서 하루하루 버티고 있는 전 세계 수백만 명의 여성에게 최고의 영예와 존엄성을 부여하는 것입니다. 이것은 그들에게 있어서 역사적 순간입니다.

여러분, 노르웨이 노벨위원회는 이 상을 우리에게 줌으로써, 평화와 불가분한 요인인 빈곤이라는 과제에 대한 중대한 지원을 해준 것입니다. 가난은 평화에 대한 위협입니다.

세계 수입의 편향은 매우 비참한 상태입니다. 세계 수입의 94퍼센트가 세계 인구의 40퍼센트에 가는 데 비해, 60퍼센트의 인간은 세계 수입의 6퍼센트로 생활하고 있습니다. 세계 인구의 절반은 하루 2달러로 생활하고 있습니다. 10억 명 이상의 인간이 하루 1달러 이하로 생활하고 있습니다. 이것은 평화를 나타내는 도식이 아닙니다.

신세기는 지구 규모의 위대한 꿈과 함께 시작되었습니다. 세계의 지도자가 2000년에 유엔에 모여 다른 나라와 공동으로 2015년까지 빈곤을 반감시킨다는 역사적인 목표를 채택했습니다. 모든 나라가 한 목소리로, 기한과 규모를 정한 명확한 목표를 채택한 것은 인류 역사상 처음이었습니다. 그러나 9.11이후 이라크전쟁이 시작되어 세계는 꿈의 추구로부터 이탈했습니다. 세계 지도자의 관심은 빈곤과의 싸움으로부터 테러리즘과의 싸움으로 옮겨갔습니다. 그리고 오늘까지 미국 단독으로도 5,300억 달러 이상이 이라크전쟁에 투입되었습니다.

나는 군사행동으로 테러를 패배시킬 수는 없다고 믿습니다. 테러리즘은 가장 강한 어조로 비난을 받아야 합니다. 우리는 그것에 강경하게 맞서지 않으면 안 되고, 그것을 박멸하는 모든 방법을 찾아내야 합니다. 우리는 지금부터 시간을 두고 테러리즘을 박멸하기 위해서, 그 진정한 원인을 찾지 않으면 안 됩니다.

나는 가난한 사람들의 삶을 개선하는 데 자재를 투입하는 것은 그것을 무기로 지급하는 것보다 뛰어난 전략이라고 믿고 있습니다.

평화는 인간적으로 널리 사회적, 정치적 그리고 경제적으로 이해되고 있습니다. 부정한 경제와 사회, 정치체제, 민주주의의 결핍과 환경 파괴 그리고 인권의 미비에 의해서 빈곤은 모든 인권의 결여입니다. 비참한 빈곤에 의해서 생성되는 불만과 적의 그리고 분노는 어떤 사회에서도 평화를 유지시키지 못합니다.

흔들림 없는 평화를 만들기 위해서는 사람들에게 평균적 생활을 할 수 있는 기회를 주는 방법을 찾아내야 합니다…"

컴퓨터 황제,
빌 게이츠

──── **냉혹한 자본주의에서 창조적 자본주의로**

'디지털 시대의 거인', '컴퓨터 황제', '세계 최대의 부자', '세계 제일의 자선 사업가'로 불리는 윌리엄 헨리 게이츠 3세_{William Henry Gates Ⅲ}, 본명보다 '빌 게이츠_{Bill Gates}'라는 애칭으로 더 잘 알려져 있다. 그는 1955년 미국 시애틀에서 변호사인 아버지와 교사인 어머니 사이에서 태어나 부유하고 안정적인 환경에서 성장했다. 초등학교 시절 백과사전 전체를 독파할 정도의 독서광이었던 그는 공립도서관에서 열린 독서경진대회에서 아동부 1등과 전체 1등을 차지했다. 중고등학교는 시애틀의 명문사립 레이크사이드에 다녔으며 이곳에서 열세 살 때 처음으로 컴퓨터를 접하고, 열일곱 살에 고등학교 2년 선배인 폴 앨런과 함께 교통량 데이터를 분석해 그래프로 그려주는 회사를 설립하기도 했다.

대학은 명문 하버드에 들어갔으나 2학년인 1975년 학교를 중퇴하고 자본금 1,500달러를 가지고 '마이크로소프트'를 창업했다. 그가 설립한 마이크로소프트는 2000년대 초반까지 IT 및 소프트웨어 업계를 이끌었고, 그는 '세계 최대의 부자'가 되었다. 〈포브스〉

가 선정하는 세계 억만장자 순위에서 13년 연속 1위를 차지했고, 2009년에도 1위에 올랐다.

그렇다고 빌 게이츠가 탄탄대로만 걸어온 것은 아니다. 회사가 반석 위로 접어든 2000년대 전까지는 수시로 위기를 겪어야 했다. 한때는 마이크로소프트가 망할 것이라는 위기설이 나돌기도 했다. 냉혹한 자본주의의 생존전에서 살아남기 위해 온갖 수단을 동원해서 경쟁업체들을 몰아내는 데 성공했지만 독점적인 영업행위로 한때 마이크로소프트는 '공공의 적'이 되었으며 빌 게이츠는 '악의 제국 수장'이라는 오명을 얻었다.

그런 그가 2008년 6월 27일, 33년 간 이끌던 마이크로소프트의 경영에서 물러나 공식 은퇴를 했다. 제2의 인생 목표인 자선활동에 전념하기 위해서다. 즉 돈을 생산적으로 쓰는 것, 정확히 말하면 2000년에 자신과 부인의 이름을 따서 설립한 '빌앤멜린다 게이츠 재단'이라는 자선단체를 통해 기부사업을 펼치는 것이다.

빌 게이츠의 재산은 약 1,000억 달러, 그중에서 자신이 죽을 경우 자녀 세 명에게는 1,000만 달러씩만 상속하고 나머지 전 재산은 사회에 기증한다고 했다. 이는 자녀들이 가난에 시달리지 않는 최소한의 금액만 상속하고 대부분의 재산은 어려운 사람들을 돕기 위해 사회에 환원하겠다는 것이다. 냉혹한 자본주의에서 창조적인 자본주의로의 전환이다.

우리나라 속담에 '개같이 벌어서 정승같이 쓴다'는 말이 있듯이 빌 게이츠는 '악의 제국 수장' 소리를 들어가면서 개같이 모은 막대한 재산을 사회에 환원함으로써 정승같이 쓰겠다는 것이다. 빌 게이츠가 세상 사람들의 존경을 받는 이유 중의 하나다.

━━ 하버드 대학교 졸업식 연설

다음은 2007년 6월 7일, 빌 게이츠가 하버드 대학교 중퇴 32년 만에 명예졸업장을 받으며 한 연설의 요지다.

"저는 이 말을 하기 위해 30년 간 기다렸습니다. '아버지, 제가늘 학교로 돌아와 학위를 받을 것이라고 말씀드렸잖아요.' 이 시의적절한 영예에 대해 하버드에 감사를 드립니다. 저는 내년에 직업을 바꿀 텐데 이력서에 대학 학위는 많은 도움이 될 것입니다.

저를 크림슨(하버드 대학교 신문)이 '하버드의 가장 성공한 중퇴자'라고 부르는 데 대해 매우 만족스럽습니다. 하버드의 가장 큰 추억 중하나는 커리어 하우스에서 1975년 1월 뉴멕시코 주 앨버커키에 있는회사에 전화를 건 일입니다. 그 회사는 세계 최초의 개인 컴퓨터를 만들기 시작했고 저는 그들에게 소프트웨어를 팔고자 했습니다.

제가 학생이라는 것을 알고 끊어버릴까 걱정했지만 그들은 준비가 덜 되었다며, 한 달 내에 다시 연락해달라고 했습니다. 우리는아직 소프트웨어를 만들기 전이었기 때문에 오히려 잘된 일이라고여기며, 그 순간부터 프로젝트를 하기 위해 밤낮으로 힘썼습니다.이것으로 대학 교육에 마침표를 찍고 마이크로소프트와 함께하는놀라운 여행을 시작했습니다.

하지만 진지하게 돌아보면 한 가지 큰 후회가 남습니다. 저는 세상의 아주 심한 불평등, 즉 수백만 사람들을 절망에 빠트리는 부와건강 및 기회의 불평등에 대한 실질적인 인식 없이 하버드를 떠났습니다. 이것을 깨닫는 데 수십 년이 걸렸습니다.

　나는 이 나라에서는 오래전 치료 가능하게 된 질병으로 인해 가난한 나라의 수백만 어린이들이 매년 죽는다는 기사를 읽었습니다. 홍역, 말라리아, 폐렴, B형간염, 황달 등. 이러한 질병 중 제가 들어보지 못한 로타 바이러스 때문에 매년 50만 명의 아이들이 죽고 있습니다. 우리는 충격을 받았습니다. 만약에 수백만 명의 죽어가는 아이들을 살릴 수 있다면 세계는 이 아이들을 구하기 위해 최우선적으로 치료약을 발견하고 제공해야 한다고 생각했습니다.

　우리가 좀 더 창조적인 자본주의를 발전시킨다면, 우리는 시장이 가난한 사람들을 위해서 보다 적극적으로 힘쓰도록 할 수 있습니다. 다시 말해서 우리가 시장의 힘을 증대시키면, 최악의 불평등에 시달리고 있는 사람들을 도우면서 더 많은 사람들이 이익을 보거나 또는 최소한의 생활을 꾸리는 것을 도울 수 있습니다.

　하버드 지성의 선도자이신 학장님들과 교수님들께 요청합니다. 새로운 교수를 뽑을 때, 교육 과정을 검토할 때, 학위 수여 조건을 결정할 때, 스스로 질문을 해보시길 바랍니다. 세상에서 가장 많은 특권을 가진 사람들이 세상에서 가장 적은 특권을 가진 사람들의 삶에 대해서 배우고 있는가? 여기에 있는 우리는 재능, 특권, 기회 면에서 축복받는 사람들입니다. 세상이 우리에게 기대하는 것은 제한이 없습니다. 이 시대의 약속과 함께 저는 졸업생 모두가 심각한 불평등에 대해 관심을 가지고 문제를 해결하며 전문가가 되기를 권합니다."

일본 제일의 부자가 된
손정의

━━ 가난과 차별을 벗어나 꿈을 이룬 남자

'일본 제1의 부자', '세계 3위의 부자'로 각광을 받고 있는 사업가 손정의孫正義. 그는 재일동포 손삼헌의 차남으로, 1957년 일본 사가현 토스시의 무허가 판자촌 조선인 마을에서 태어났다. 한때 잘나가던 시절도 있었지만 아버지가 병환으로 쓰러지자, 돼지와 양과함께 생활하는 매우 열악한 가정환경과 조센징이라는 차별 속에서어린 시절을 보내야 했다.

고등학생 때, 에도 말기의 풍운아를 주인공으로 한 역사소설 〈료마가 간다〉를 애독하고 열악한 환경에서 벗어나 활약한 료마를 동경해 도미(渡美)를 결의했다. 1974년, 집안의 반대를 무릅쓰고 고등학교를 중퇴한 뒤 단신으로 미국으로 건너간 그는 고등학교 졸업 검정고시에 합격하고 1975년 미국 홀리네임즈 칼리지에 입학했다.

1977년에 캘리포니아 대학교 경제학부 3학년에 편입하고, 재학중에 개발한 자동 번역기를 1979년 샤프에 팔아 번 돈 1억 엔을자본으로 미국에서 소프트웨어 개발회사 '유니손 월드'를 설립했다. 1980년에 대학을 졸업하고 귀국해 1981년 가을 후쿠오카현의 주상복합빌딩 2층에서 '일본 소프트뱅크'라는 회사를 시작했다. 자본금 1,000만 엔, 직원은 아르바이트 두 명뿐이었다.

손정의는 그 둘을 앞에 두고 귤 상자에 올라서서 '30년 후에 우리 회사의 모습을 보라!' 하고 최초의 조례에서 열변을 토했다. 그랬더니 일주일 후 두 사람 모두 그만둬버렸다. 창업 1개월 만에 자본금 1,000만 엔도 다 써버렸다. 오사카의 전자 전시회에 '소프트뱅크라는 회사를 설립했습니다!'라고 홍보하는 데 800만 엔을 썼고, 카탈로그 대신 소프트웨어 카탈로그 잡지 발간에 200만 엔을 쓴 것이다. 그런데 일주일 후 전화 한 통이 걸려왔다.

"죠신 전기라고 합니다. 전자 전시회에서 소프트뱅크 전시 코너를 보았습니다. 깜짝 놀랐습니다! 멋지더군요! 꼭 저희와 거래를 해주십시오."

그렇게 거래가 시작되었고 1년 조금 지나자 연간 매출은 30억 엔이 되었다. 그 후 승승장구, 사업은 나날이 번창하여 굴지의 사업체들을 인수하여 촉망받는 사업가가 되지만, 2000년대에 들어서 인터넷 사업의 거품이 꺼지면서 소프트뱅크는 주식 시가가 94퍼센트나 폭락했고 도산의 위기를 맞기도 했다.

그런 상황에서도 손정의는 적극적인 경영으로 2004년 일본 텔레콤을 인수하고, 2006년에는 세계 최대의 통신업체 '보다폰KK'를 끌어들여 통신사업에도 진출했다. 2007년 2,000억 엔의 영업이익을 기록하며 재기에 성공했다. 게다가 2014년 뉴욕 상장소에 중국의 '알리바바'가 상장되면서, 2000년에 알리바바에 투자했던 2,000만 달러가 3,000배로 뛰어올라 손정의 회장은 일본 제1의 부자, 세계 3위의 부자로 등극한다. 현재 손정의 회장의 총자산은 141억 달러다!

▬▬ 도전과 진화를 지탱하는 다섯 개의 비법

다음은 손정의가 '2015년도 신규 졸업자를 위한 이벤트'에서 한 연설의 일부다.

"기업의 가치는 무엇으로 정해집니까? 그것은 '도전과 진화'입니다. 내 나름의 진화의 비법 다섯 가지를 말씀드리겠습니다.

첫 번째 비법은 '올라갈 산을 정하자'는 것입니다. 올라갈 산을 잘못 정하면 큰 일 납니다. 오른 곳에 멋진 풍경이 기다리고 있는지 아니면 절벽으로 떨어지는 언덕길인지, 즉 인생에서 무엇에 뜻을 세우거나 이것으로 인생의 절반은 결정된다는 것이 나의 지론입니다.

두 번째의 비법은 '뇌가 터질 정도로 생각하라'는 것입니다. 나는 대학을 졸업한 후 일본에서 어떤 사업을 할 것이냐를 1년 반에 걸쳐서 깊이 생각하고, 1981년에 '주식회사 일본 소프트뱅크'를 창업했습니다. 여기에 있는 여러분은 앞으로 반년에서 1년에 걸쳐 입사하는 회사와, 앞으로의 인생에 대해서 생각해야 합니다. 뇌는 생각하면 할수록 활성화됩니다. 취업뿐만 아니라 인생에서도, 뇌가 터질 정도로 생각하는 것은 중요합니다.

세 번째의 비법은 '시대를 쫓지 말고, 시대를 읽고 준비하면서 기다리자'는 것입니다. 1990년대 전반에 인터넷이 전 세계에 퍼질 때 나는 곧 미국 실리콘 밸리에서 창업한 지 얼마 안 된 '야후'에 출자했습니다. 그리고 '합작회사를 만들자'고 설득하고 1996년에 '일본법인 야후주식회사'를 설립했습니다. 그러나 당시 일본의 통신업계는 NTT가 독점하고 있었습니다. 나는 정부에 규제 완화를 호소하는 한편 2001년에 자신의 손으로 고속 인터넷 서비스 '야후 BB'를 스타트시켰습니다. 시대를 쫓아가서는 안 됩니다.

네 번째의 비법은 '뜻을 함께하는 사람을 모으자'는 것입니다. 혁명적인 것을 이루려면 뜻을 공유하는 동료들이 필요합니다. 진짜 동료는 나쁜 때 바로잡아주는 사람입니다. 리먼 쇼크의 영향으로 소프트뱅크는 망할 뻔했습니다. 그때 재무 담당 이사가 버티자고 했습니다. 그 덕분에 소프트뱅크는 국내 제2위까지 오를 수 있었고, 멋지게 살아날 수 있었습니다.

다섯 번째의 비법은 '험준한 길에서도 의로운 길을 택하자'는 것입니다. 즉 '이익'이냐 '의로운 것이냐'를 선택하지 않으면 안 될 때는 망설이지 말고 '의를 선택한다'는 것입니다.

2011년, 동일본대지진. 소프트뱅크의 전파가 한 사람이라도 많은 사람한테로 갔다면 살릴 생명도 있었던 것 아닐까 하고 가슴이 아팠습니다. 우리는 지진 이후 '절대로 접속률에서 넘버 원이 된다'는 강한 집념으로 네트워크를 증강해왔습니다. 그것은 '비용이 든다', '어렵다'는 것이 아니라 때로는 눈앞의 이익을 넘어 의로운 길을 가야 하기 때문입니다."

새롭게 떠오른 큰 별,
마윈

━━ **무일푼으로 시작해 최고 갑부에 오른 인물**

'IT업계의 큰 별', '아시아의 최고 부자', '젊은이들의 희망', '중국의 자선왕'이란 수식어가 붙어 다니는 화제의 사업가 마윈馬云, Jack Ma. 그가 혜성처럼 나타나 전 세계 사람들을 열광시킨 이유는 열악한 성장 배경에도 불구하고 비약적으로 발전시킨 사업의 성공 스토리 때문이다.

그는 1964년 저장성 항저우에서 가난한 경극배우의 아들로 태어났다. 중국 문화대혁명으로 배우들이 일자리를 잃었기에 마윈은 어려서부터 가난하게 자랐다. 게다가 형편없는 외모와 작은 키, 누가 봐도 볼품이 없어 '못난이 윈'으로 놀림을 받기도 했다. 공부도 잘하지 못했다. 장난을 좋아했고 친구들을 꼬여서 학교를 빠지고 축제를 보러 가는 등, 모범생이나 엘리트와는 거리가 아주 멀었다. 특히 수학에는 둔재였다.

그러던 중, 중학교 때 새로 부임한 영어 선생님을 짝사랑하면서 선생님의 눈에 들기 위해 수단과 방법을 가리지 않고 영어 공부에 매진하게 되었다. 그는 대학입학 시험에 두 번이나 떨어졌고, 삼수 끝에 항저우 사범대학교에 들어가 영어교육을 전공했다. 그 후 항저우 전자대학교에서 영어를 가르치는 강사로 일했지만, 월수입은 고작 1만 2,000원 정도였다. 1994년, 영어 강사로 일하던 중 번역과 통역을 해주는 사무소를 개업했지만 실패했다. 하지만 1995년, 통역회사 대표로 미국 땅을 밟게 되면서 인생의 전환기를 맞는다. 인터넷을 처음 본 것이다. 그는 인터넷의 시대가 올 것이라는 것을 직감했고 친구들을 모아 중국판 업종별 전화번호부인 '차이나 옐로페이지'를 창업했지만 실패했다.

잠시 한 기업의 대외무역부에서도 일했는데 '만리장성으로 외국인 한 명을 안내하라'는 지시를 받았다. 그 외국인이 바로 '야후의 창업자 제리 양'이다. '인터넷의 시대가 반드시 열릴 것'이라는 굳은 신념으로 1999년 친구 17명과 함께 '알리바바'를 창업한다. 알리바바는 기업 대 기업의 쇼핑몰로, 중국의 중소기업이 만든 제품을 전 세계 기업들이 구매할 수 있게 하자는 취지였다. 그러나 의욕과는 달리 초창기에는 단 한 건의 거래도 성사시키지 못하고, 출범하자마자 위기에 빠져 이전처럼 다시 실패하는 듯했다.

하지만 2000년, 재일교포 출신의 사업가 손정의孫正義를 만나 단 6분 간의 설득으로 2,000만 달러를 투자 받아 위기를 넘기고, 2003년부터 그의 사업은 점점 성공궤도를 달리기 시작했다. 그리고 2004년 야후가 알리바바의 지분 40퍼센트를 받는 조건으로 10억 달러를 투자받아 크게 성공한다.

현재 알리바바를 통한 거래는 중국 국내총생산의 2퍼센트에 이르고, 중국 국내 소포의 70퍼센트가 알리바바 관련 회사들을 통해 거래된다. 중국 국내 온라인 거래의 80퍼센트가 알리바바 계열사들을 통해 이뤄진다.

중국 내에서 '공산당 다음으로 영향력 있는 사람'으로 불릴 정도로 그의 영향력은 중국을 휘어잡고 이제는 전 세계 시장을 눈독들이고 있다. 마윈은 무일푼에서 시작해 15년 만에 약 170조 원 이상의 기업 가치를 지닌 알리바바 그룹을 키워낸 신화적인 인물이다. 그는 작년에 3조 원을 기부하여 '자선왕'으로도 불린다.

■■ 사업성공의 비결은 세 가지 승리에 있습니다

다음은 2013년 11월 20일, 세계인터넷대회에서 마윈이 한 연설의 일부분이다.

"우리는 15년 전에 영세기업을 위해 일하자고 다짐했습니다. 영세기업은 매우 힘듭니다. 30~40년 전에 실리콘밸리에서 서른 군데를 찾아갔지만 그 누구도 우리에게 관심을 갖지 않았습니다. 그들 대부분이 "이런 비즈니스 모델로는 성공할 수 없다"고 했습니다. 왜냐하면 미국에도 없는 모델인데 무슨 근거로 중국에서 가능하냐는 것이었습니다.

그들의 말도 맞습니다. 당시 중국에서 인터넷 사업을 한다는 것은 미국이 해온 것을 그대로 카피하는 것에 불과했습니다. 그래서 우리가 생각한 중소기업을 위한 모델은 공감을 얻지 못했습니다. '모기다리에 살이 있어봐야 얼마나 있겠는가? 먹을 것이 별로 없다'는 것입니다.

상어나 고래로 돈을 벌 수 없다면 작은 새우 살로 돈을 만들어내야 합니다. 사람들이 각자 주머니에서 돈을 꺼내게 하는 것도 가능합니다. 하지만 그들로부터 돈을 꺼내게 하려면, 매번 독특한 가치를 만들어야 합니다. 이것은 여타 기술 기반 회사들이 할 수 없는 것입니다. 그래서 15년 간 알리바바는 중소기업에 집중했습니다. 한순간에 현재의 모델이 나온 것이 아니었고 수많은 실수를 저질렀습니다. 그러다 7~8년 전, 우리는 하나의 명확한 가치에 도달했습니다. 영세기업을 도울 수 있는 생태계를 만들자는 것이었습니다.

영세 상인을 돕기 위해서는 인재를 보내 그들과 소통하게 하고 솔루션을 만들어야 했습니다. 영세기업에게 필요한 것은 많습니다. 물류, 신용, 정보, 데이터, 지불 그리고 시스템입니다. 우리도 이것들은 전부다 만들어낼 수 없습니다. 그래서 각 방면의 협력자를 찾아 함께 만들어가면서 성공의 기회를 찾았습니다.

어떤 사업을 하든 세 가지 승리에 대해 생각해야 합니다. 첫째는 고객이 승리하는 것입니다. 둘째는 협력사가 승리해야 합니다. 셋째가 당신의 승리입니다.

어떤 상품이나 서비스를 만들 때 우선 '고객에게 필요한가?'를 물어야 합니다. 개발자가 느끼기에 가치가 있거나 좋거나 하는 것은 의미가 없습니다. 고객이 안 쓰면 소용없습니다. 고객의 입장에서 생각하십시오. 다음은 참여하는 많은 사람들에게 기회가 있느냐 하는 것입니다. 그리고 이렇게 많은 일을 하면서 우리가 살아갈 수 있느냐 하는 것입니다. 이것이 내가 생각하는 알리바바만의 독특한 비즈니스 모델입니다. 중국의 수많은 영세업은 이러한 도움이 필요합니다. 우리의 출발점이 여기에 있습니다."

김양호 박사가 선정한
세계의 명연설

초판 1쇄 인쇄 2016년 7월 5일
초판 1쇄 발행 2016년 7월 15일

지은이 김양호
펴낸이 이범상
펴낸곳 (주)비전비엔피 · 비전코리아

기획 편집 이경원 박월 김승희 강찬양 배윤주
디자인 김혜림 이미숙 김희연
마케팅 한상철 이재필 반지현
전자책 김성화 김희정
관리 박석형 이다정

주소 121-894 서울특별시 마포구 잔다리로7길 12 (서교동)
전화 02) 338-2411 | **팩스** 02) 338-2413
홈페이지 www.visionbp.co.kr
이메일 visioncorea@naver.com
원고투고 editor@visionbp.co.kr

등록번호 제313-2005-224호

ISBN 978-89-6322-103-8 03320

· 값은 뒤표지에 있습니다.
· 잘못된 책은 구입하신 서점에서 바꿔드립니다.

이 도서의 국립중앙도서관 출판시도서목록(CIP)은 서지정보유통지원시스템 홈페이지(http://seoji.nl.go.kr)와
국가자료공동목록시스템(http://www.nl.go.kr/kolisnet)에서 이용하실 수 있습니다.(CIP제어번호: CIP2016014656)